Schulung
für die
juristische Praxis

Ein induktives Lehrbuch

von

Dr. Walter Lux
Rechtsanwalt in Breslau

3. vollständig neubearbeitete Auflage

IV. Abteilung: Strafsachen
einschließlich Schutzaufsicht und Fürsorgeerziehung.

Preis RM. 5.40.

Berlin und München 1933
Verlag von H. W. Müller

Der Abschnitt „Militärgerichtsbarkeit“ wird in der V. Abteilung behandelt.

Vierte Abteilung:

Straffachen

einschließlich Schutzaufsicht und Fürsorgeerziehung.

17. Kapitel.

Beim Staatsanwalt.

Urheber- und Verlagsrechtsverletzung. Verweisung auf die Privatklage.

„*Wilbrand & Mylius* Leipzig, den 25. April 1934.
Verlagsbuchhandlung.

An den Herrn Oberstaatsanwalt, Breslau.

Hiermit stellen wir gegen den Verlagsbuchhändler *Raimund Elster* und die verehelichte Theaterkassierer *Helene Däubler* geb. *Krause*, beide in Breslau, als Verleger bzw. Verfasserin des Werkes „Der siamesische Glockenturm und andere Märchen für die reifere Jugend" Strafantrag wegen Verletzung des Urheber- und Verlagsrechts. Wir haben im Herbst v. J. das Buch „Im Reiche des weißen Elefanten", phantastische Märchen von *Jucunda Becher*, herausgebracht, welches sowohl bei der literarischen Kritik wie beim Publikum außerordentlichen Anklang gefunden hat. In den Besprechungen war uns vielfach die Veranstaltung einer Ausgabe für Jugendliche nahegelegt worden. Nach dem mit *Jucunda Becher* abgeschlossenen Verlagsvertrage haben wir das Recht der Bearbeitung, und es war beabsichtigt, daß die Verfasserin nach ihrer Rückkehr von einer Studienreise in Asien an die Bearbeitung herangehen sollte. Wie die hiermit überreichten Exemplare der beiden Bücher zeigen, ist das von *Elster* herausgegebene Werk nichts weiter als eine Bearbeitung der *Becher*schen Märchen, in der die Liebesgeschichten fortgelassen und durch Natur- und Tierschilderungen ersetzt sind. Der Gang der Handlung und die Charakterisierung der auftretenden Personen stimmt im wesentlichen überein, sogar der Dialog ist streckenweise übernommen.

(wird näher dargelegt).

Wir haben in Erfahrung gebracht, daß ursprünglich sogar die Absicht bestand, die Bearbeitung unter dem Titel ‚Der weiße Elefant, Ausgabe für die reifere Jugend' mit einer der unsrigen ähnlichen Ausstattung und Umschlagszeichnung erscheinen zu lassen und als Autorin formell ein Fräulein *J(osefa) Becher* anzugeben, die Stenotypistin bei *Elster* ist. Durch alles das sollte der Anschein hervorgerufen werden, als ob es sich um eine offizielle, von der Verfasserin des Originalwerks herrührende, Bearbeitung handele. Hiervon haben *Elster* und Frau *Däubler* aus Furcht vor Bestrafung schließlich abgesehen. Aber auch so ist unser Schaden groß genug. Das *Däubler*sche Buch ist im ‚Buchhändler-Börsenblatt' vom 3. Februar d. Js., das wir beifügen, angezeigt. Wenige Tage später haben wir die widerrechtliche Verwendung unseres Buches festgestellt. *Jucunda Becher*, der wir sofort Mitteilung machten, sandte uns aus Alighar in Indien am 5. März das beiliegende Telegramm:

‚Mit Vorgehen gegen *Elster* einverstanden. Sendet Strafantrag zur Unterzeichnung.
Jucunda Becher.'

Nachher erkrankte sie am gelben Fieber, so daß wir ihre Unterschrift bisher nicht erhalten konnten. Sie liegt im Malteser-Hospital in Singapore. Wegen des bevorstehenden Ablaufs der Antragsfrist stellen wir daher den Strafantrag auch in ihrem Namen.

Wilbrand & Mylius
Verlagsbuchhandlung.
ppa. *Schiller.*"

Das Gesetz schützt nicht die abstrakte künstlerische Idee, sondern nur ihre konkrete Verkörperung als Schriftwerk, Vortrag, Rede, Gemälde usw. (§§ 1f. LitUG., 1f. KunstschG.). Jedoch umfaßt das ausschließliche Recht des Urhebers auch die „Bearbeitung" im weitesten Sinne, wie Bearbeitungen für Kinder oder für die reifere Jugend, Übersetzung in fremde Sprachen, Dramatisierung, Verfilmung. Wird allerdings durch „freie" Benutzung eines Werkes eine „eigentümliche Schöpfung" hervorgebracht, so muß sie sich der Urheber gefallen lassen. §§ 12, 13 LitUG., 15 f. KunstschG. Werke der Tonkunst, denen eine fremde Melodie „erkennbar zu Grunde gelegt" ist, gelten nach § 13 II LitUG. stets als unabhängige Bearbeitungen und damit als unzulässiger Eingriff in das fremde Urheberrecht. Im übrigen wird die Grenze zwischen bloßer Bearbeitung und Benutzung zu einer eigentümlichen Schöpfung unter Berücksichtigung der besonderen Umstände des Einzelfalles gezogen, wobei sich das Gericht der Hilfe der literarischen bzw. künstlerischen Sachverständigenkammern (§§ 49 LitUG., 46 KunstschG.) bedienen kann. Was die Folgen der Rechtsverletzung anlangt, so begründet jeder objektiv unberechtigte Eingriff einen Unterlassungsanspruch (§§ 11 LitUG, 15 KunstschG.), bei Vorsatz oder Fahrlässigkeit (auch leichter Fahrlässigkeit! vgl. oben S. 495) hat der Urheber außerdem Schadensersatzansprüche (§§ 36f. LitUG, 31 KunstschG.), und bei vorsätzlicher Verletzung erfolgt auf Antrag Bestrafung (§§ 38f. LitUG, 32f. KunstschG.).

Durch den Verlagsvertrag haben Wilbrand & Mylius kein Urheberrecht erworben, sondern lediglich die Vervielfältigung und Verbreitung des Werkes für eigene Rechnung übernommen (§ 1 VerlG.), während das Urheberrecht bei der Verfasserin Jucunda Becher verblieben ist. Unbeschadet der rein obligatorischen Wirkung des Verlagsvertrags haben aber Wilbrand & Mylius an dem Werke das absolute „Verlagsrecht" erlangt, kraft dessen sie alle dem Verfasser zustehenden Urheberrechte ebenfalls als actiones utiles im eigenen Namen geltend machen dürfen, soweit ihre Befugnisse als Verleger beeinträchtigt sind (§§ 8, 9).

Die Konstruktion des „Verlagsrechts" findet ihr Gegenstück in der — nicht vom Gesetz, sondern von der Praxis geschaffenen — „ausschließlichen Lizenz". Lizenzen sind obligatorische Verträge, durch welche der Inhaber eines Patents oder sonstigen gewerblichen Schutzrechts einem anderen die Erlaubnis erteilt, das (dinglich dem Patentinhaber verbleibende) Recht zu benutzen. Die „nichtausschließliche" („einfache") Lizenz gewährt dem Lizenznehmer beispielsweise die Befugnis zur 10-, 20- oder 100maligen Herstellung des patentierten Apparates gegen Zahlung einer bestimmten „Lizenzgebühr". Sie hat gegenüber Dritten keine Wirkung. Wenn aber der Lizenznehmer das Patent ausschließlich ausüben soll — sei es ganz allein, oder für ein abgegrenztes Gebiet oder eine bestimmte Zeit oder gewisse Benutzungsarten ausschließlich —, so liegt eine „ausschließliche" Lizenz vor, bei der man dem Lizenznehmer das Recht zubilligt, gegen Verletzungen des Patentrechts unmittelbar und im eigenen Namen vorzugehen. RG. 83, 93 c. cit.

Hätten die Beschuldigten ihren ursprünglichen Plan ausgeführt und das Buch unter dem irreführenden Titel mit der vorgeschobenen Verfasserin und der ähnlichen Ausstattung und Umschlagszeichnung herausgebracht, so würde weiterhin unlauterer

Wettbewerb, und zwar die unwahre Erweckung des Anscheins eines besonders günstigen Angebots (§ 4 UWG.), vorliegen. Der Wettbewerb würde mit der Urheber- und Verlagsrechtsverletzung in Idealkonkurrenz (§ 73 StGB.) stehen. Ein Wettbewerbsdelikt wäre übrigens auch dann gegeben, wenn Elster und Frau Däubler Märchen, die inhaltlich durchaus selbständig sind, in der irreführenden Form veröffentlicht hätten.

Dagegen, daß der nach §§ 45 Lit.UG, 9^{II} VerlG. notwendige Strafantrag durch Vertreter gestellt wird, bestehen keine grundsätzlichen Bedenken. Da es sich um eine Schädigung geschäftlicher Interessen handelt, muß der Prokurist Schiller ohne weiteres als ermächtigt gelten den Antrag namens der Verlagsfirma zu stellen. Seitens der Verfasserin Becher fehlt es aber an einer Vollmacht, denn das Telegramm aus Alighar ist wohl nicht als Ermächtigung für Wilbrand & Mylius zu verstehen, daß diese die Verfasserin bei der Antragstellung vertreten sollen, sondern nur als Ankündigung eines eigenen Strafantrages.

Anders wenn Jucunda Becher telegraphiert hätte: „Ermächtige Euch gegen Elster Strafantrag zu stellen". Ist gegen einen an der Straftat Beteiligten Strafantrag gestellt, so werden alle Täter, Anstifter, Teilnehmer und Begünstiger verfolgt (§ 63 StGB.: „Unteilbarkeit des Strafantrags"). Die Formvorschrift des § 158^{II} StPO. bezieht sich ausschließlich auf den Strafantrag selbst, nicht auf die Vollmacht zum Strafantrag.

Wie lange kann die Vollmacht der Jucunda Becher nachgebracht werden? Nach RGSt. 60, 281; 61, 357 soll es genügen, wenn der Nachweis der Vollmacht bis zum Urteil erbracht wird, mag auch die Antragsfrist inzwischen bereits verstrichen sein. Richtiger dürfte die vom Kammergericht (Höchstrichterliche Rechtsprechung, Beil. z. Ztschr. f. d. ges. Strafrechtswissenschaft, 3, 87, 88) vertretene Ansicht sein, nach welcher der angebliche Bevollmächtigte sich innerhalb der Antragsfrist legitimieren muß. Bei gesetzlichen Vertretern ist der Nachweis der Vertretungsmacht auch nach Ablauf der Antragsfrist zuzulassen.

Falls Jucunda Becher infolge ihrer Krankheit und Abwesenheit es unterläßt innerhalb von 3 Monaten, seitdem sie von der Verletzung ihres Urheberrechts Kenntnis erlangt hat, den Strafantrag zu stellen, so würde ihr Antragsrecht endgültig erloschen sein. Für die Annahme, das die Frist des § 61 StGB. tempus utile sei, bietet das Gesetz keine Grundlage. Frank VIII 7 zu § 61. Nicht einmal die entsprechende Anwendung der §§ 203, 206 BGB. ist vorgesehen. Wiedereinsetzung in den vorigen Stand findet nur gegen die Versäumung prozessualer Fristen (§ 44 StPO.) und gewisser Termine (unten S. 934) statt. —

Der Referendar: Ich habe in erster Reihe die Zuständigkeit geprüft und komme zu dem Ergebnis, daß zwar die örtliche Zuständigkeit in Breslau als Begehungsort nach § 7 gegeben ist, daß aber unserer Behörde die sachliche Zuständigkeit fehlt. Verletzungen des Urheber- und Verlagsrechts werden nur mit Geldstrafe bis 3000 RM. und Vernichtung der widerrechtlich hergestellten Exemplare bestraft, die Ersatzfreiheitsstrafe darf 6 Monate Gefängnis nicht übersteigen (§§ 38f. LitUG.). Mithin gehört dieses Delikt zu den Vergehen, welche der Kompetenz des Einzelrichters unterstehen (§§ 1^{II} StGB., 25 Ziff. 2 b GVG.) und folglich von der Amtsanwaltschaft zu bearbeiten und in der mündlichen Verhandlung zu vertreten sind. (I A I 1b, 3 der AV. vom 17. Februar 1931, JMBl. 66). Ich will die Sache zuständigkeitshalber an den Leiter der Amtsanwaltschaft abgeben.

Nach § 25 Ziff. 2 c Abs. II GVG. entscheidet der Einzelrichter auch über Vergehen, die mit mehr als 6 Monaten Gefängnis bedroht sind, sofern die Staatsanwaltschaft es beantragt, was nur dann geschehen soll, wenn mit höchstens 1 Jahr Gefängnis zu rechnen ist. Die AV. erklärt nun gewisse Vergehen, bei denen dieses Strafmaß selten überschritten wird, zu Amtsanwaltssachen, darunter Diebstähle, Unterschlagung, Begünstigung und Betrug bei Objekten bis 300 RM., während die übrigen zunächst an die Staatsanwaltschaft zu leiten sind. Nötigenfalls erfolgt nachträglich eine gegenseitige Abgabe (III der AV.).

Der Staatsanwalt: Bei uns hat die Zuständigkeit nicht die gleiche Bedeutung wie beim Gericht. Der Aufbau der Staatsanwaltschaften ist ein bürokratischer: die einzelnen Dezernenten handeln als Vertreter des Leiters der Behörde (Oberreichsanwalts, General- oder Oberstaatsanwalts bzw. Leiters der Amtsanwaltschaft), und jede Behörde kann vermöge des „Devolutionsrechts" einzelne Fälle aus der Zuständigkeit der Unterbehörden an sich ziehen. §§ 144, 145 GVG. Dem entsprechend ist auch die Kompetenzabgrenzung zwischen Staats- und Amtsanwaltschaft eine elastische. Sachen, die an sich unter die Zuständigkeit des Amtsanwalts fallen, sind ausnahmsweise von der Staatsanwaltschaft zu bearbeiten, sofern es sich um politische oder Preßdelikte handelt oder die Sache aus sonstigen Gründen „erheblichere Bedeutung" besitzt oder ihre Aufklärung sich „besonders schwierig" gestaltet (I A I[2a] der AV.). Sogar Übertretungen können unter dieser Voraussetzung zur Staatsanwaltssache werden. Urheber- oder Verlagsrechtsverletzungen gehören also regelmäßig in das Arbeitsgebiet der Staatsanwaltschaft. Obendrein bestimmt III 3, daß in Sachen, die eigentlich der Amtsanwalt bekommen müßte, die aber entscheidungsreif sind, der Staatsanwalt selbst die Verfügung treffen soll, wenn er sich bereits materiell mit ihr befaßt hatte. — Was würden Sie in der Sache tun?

Referendar: Urheber- und Verlagsrechtsverletzung sind Privatklagedelikte (§ 374[8] StPO.), in denen nur beim Vorliegen eines öffentlichen Interesses öffentliche Klage erhoben wird (§ 376). Die AV. vom 7. September 1926 (JMBl. 342) legt gerade bei Vergehen gegen das geistige Eigentum den Staatsanwaltschaften die öffentliche Verfolgung nahe, weil Schriftsteller und Künstler gewöhnlich nicht die Mittel haben, um die Verletzung ihrer Rechte mittels Privatklage zu verfolgen. In unserem Fall scheidet jedoch dieser Gesichtspunkt aus, denn die kapitalkräftige Verlagsfirma wird die Sache schon verfolgen. Ich bin daher für Verweisung auf die Privatklage.

Legalitäts- und Opportunitätsprinzip: Zum Wesen des Rechtsstaats gehört die gleichmäßige Anwendung der Gesetze gegen jedermann. Auf der anderen Seite wird durch eine Flut belangloser Strafprozesse das Ansehen der Strafrechtspflege geschädigt. Das Gesetz stellt für die Beamten der Staatsanwaltschaft das „Legalitätsprinzip" auf: sie müssen wegen aller zu ihrer Kenntnis gelangenden strafbaren Handlungen einschreiten (§ 152 II StPO.) und machen sich durch vorsätzliche Unterlassung der Amtsbegünstigung (§ 346 StGB.) schuldig. In einer Reihe von Fällen gilt jedoch ausnahmsweise das „Opportunitätsprinzip":

1. Übertretungen werden nur verfolgt, wenn das öffentliche Interesse es erfordert, worüber zunächst die Staatsanwaltschaft entscheidet. Ist bereits Klage erhoben, so kann das Gericht mit Zustimmung des Staatsanwalts einstellen, weil das öffentliche Interesse keine Verfolgung erfordert. III. NotVO., 6. Teil I. Kap. § 2.

2. Von Erhebung der Klage wegen eines Vergehens darf die Staatsanwaltschaft absehen, wenn „die Schuld des Täters gering ist und die Folgen der Tat unbedeutend sind", aber nur mit Zustimmung des Amtsrichters. Unter den gleichen Voraussetzungen kann nach Erhebung der Anklage das Gericht mit Zustimmung des Staatsanwalts jederzeit bis zur rechtskräftigen Beendigung des Verfahrens die Einstellung des Verfahrens durch unanfechtbaren Beschluß aussprechen. § 153 II, III StPO. — Für Verbrechen besteht keine entsprechende Vorschrift. Deshalb schützt der Einstellungsbeschluß den Beschuldigten nicht vor erneuter Anklage, falls sich herausstellt, daß die Tat in Wahrheit

ein Verbrechen war (z. B. Meineid, während bei der Einstellung fahrlässiger Falscheid angenommen worden war). Überhaupt begründet Einstellung aus § 153 III nicht ohne weiteres den Verbrauch der materiellen Strafklage. RGSt. 65, 291.

3. Wegen eines Privatklagedelikts erhebt, wie wir gesehen haben, der Staatsanwalt öffentliche Klage nur beim Vorliegen eines öffentlichen Interesses. Der Verletzte hat aber nicht einmal ein absolutes Recht auf Durchführung der Privatklage, vgl. S. 931 über Einstellung belangloser Privatklagen. Nach Erhebung der öffentlichen Klage gibt es keine Verweisung auf die Privatklage mehr, während umgekehrt der Staatsanwalt jederzeit ein durch Privatklage eingeleitetes Verfahren zur öffentlichen Verfolgung übernehmen darf. § 377 II StPO.

Verfahren bei Begehung eines Privatklagedelikts durch einen Jugendlichen: unten S. 932, 968 f.

Die wichtigsten Privatklagedelikte sind nach § 374: Beleidigung, vorsätzliche einfache Körperverletzung (§ 223 StGB.), „gefährliche" Körperverletzung mittels einer Waffe, eines hinterlistigen Überfalls oder einer das Leben gefährdenden Behandlung, sowie gemeinschaftliche Körperverletzung (§ 223 a I; nicht dagegen Mißhandlung Pflegebefohlener oder Kindermißhandlung, § 223 a II), fahrlässige Körperverletzung, außer bei Übertretung einer Amts- oder Berufspflicht (§ 230), die Vergehen des Wettbewerbsrechts. Die Übertretungen des UWG. — unkorrekter Ausverkauf (§§ 6, 10) und Verletzung der Vorschriften des Reichsrats über Einheitsmengen beim Verkauf von Garnen usw. (§ 11) — sind wegen ihres gewerbepolizeilichen Charakters als Offizialdelikte zu verfolgen (arg. § 374 7 StPO.).

4. Unterlassung der öffentlichen Klage und Einstellung des Verfahrens gegen Jugendliche wegen mangelnder Einsicht, im Hinblick auf bereits angeordnete Erziehungsmaßregeln oder in „besonders leichten" Fällen: § 32 JugGG. (vgl. 21. Kap.).

5. Nach § 4 II StGB. „kann" eine im Ausland begangene Straftat unter gewissen Voraussetzungen im Deutschen Reich in Gemäßheit der deutschen Strafgesetze verfolgt werden. Damit wird der Staatsanwaltschaft hinsichtlich der Anklageerhebung freies Ermessen eingeräumt. Hat sie einmal angeklagt, so darf das Gericht nicht wegen des ausländischen Begehungsorts, sondern nur nach Maßgabe des § 153 III StPO. die Verfolgung ablehnen.

6. Bei Verfolgung eines Beschuldigten wegen mehrerer Delikte kann die Staatsanwaltschaft einzelne von ihnen von der Erhebung der öffentlichen Klage ausschließen, wenn sie auf die zu erwartende Strafe ohne Einfluß sind. Entsprechend vorläufige Einstellung durch das Gericht mit Zustimmung der Staatsanwaltschaft, wenn diese schon Anklage erhoben hatte. Unter Umständen wird das Verfahren wegen der vorläufig eingestellten Fälle später wieder aufgenommen. § 154.

7. Keine öffentliche Klage im Hinblick auf die Auslieferung des Beschuldigten an eine ausländische Regierung: § 154 a.

8. Um zu verhindern, daß das Strafverfahren mit seiner Offizialmaxime von Querulanten dazu mißbraucht wird, ohne Kosten für sie selbst eine Beweiserhebung und Entscheidung über zivil- oder verwaltungsrechtliche Verhältnisse herbeizuführen, kann nach § 3 der III. NotVO., 6. Teil I. Kap. die Staatsanwaltschaft dem Denunzianten eine Frist bestimmen, innerhalb deren er über die Vorfrage ein Urteil des Zivil- bzw. Verwaltungsrichters beizubringen hat. Nach fruchtlosem Fristablauf wird eingestellt. Damit ist der sonst herrschende Grundsatz durchbrochen, daß jede Behörde und jedes Gericht auch die einem anderen Rechtsgebiet angehörenden — Verwaltungsbehörden und -gerichte, Staatsanwaltschaft und Strafrichter die bürgerlich-rechtlichen, Zivilgerichte die verwaltungsrechtlichen usw. — Voraussetzungen selbständig nachprüfen muß. Die Vorschrift bildet ein Gegenstück zur Aussetzung von Zivilprozessen bis zur Erledigung eines Strafverfahrens (§ 149 ZPO.). Bringt der Anzeigende die ihm aufgegebene Entscheidung des Zivil- bzw. Verwaltungsrichters rechtzeitig bei, so sind die Strafverfolgungsbehörden ebensowenig an sie gebunden, wie im Falle des § 262 II StPO., oder wie der Zivilrichter im Falle des § 149 ZPO. an das Urteil des Strafrichters. Anders bei der verwandten Aussetzung des Zivilprozesses nach § 901 RVO. (oben S. 598).

Es entsteht noch die Frage, wer die Verfügung verantwortlich zeichnen soll. Die Dezernenten der Staatsanwaltschaft haben nämlich nicht (wie diejenigen des Gerichts) alle die gleichen Befugnisse. Vielmehr sind gewisse Verfügungen von besonders großer Bedeutung — z. B. Anträge auf Voruntersuchung, Anklageschriften und Einstellungsbescheide in politischen und Pressestrafsachen, Schwurgerichtsanklagen, Auslieferungssachen — dem Oberstaatsanwalt vorbehalten. Eine weitere Gruppe von Verfügungen — darunter Rechtsmittel, Wiederaufnahmesachen, Anträge auf Voruntersuchung in nichtpolitischen Sachen — darf bei kleineren Staatsanwaltschaften nur der Oberstaatsanwalt, bei größeren auch der dem Oberstaatsanwalt beigegebene „Abteilungsvorsteher" zeichnen, welcher in der Regel ein Erster Staatsanwalt ist. Andrerseits besitzen Assessoren zunächst überhaupt keine Zeichnungsbefugnis, sondern müssen ihre Verfügungen von einem Staatsanwaltschaftsrat gegenzeichnen lassen, bis sie das „kleine" oder „große" Zeichnungsrecht erhalten, was regelmäßig nach einer Karenzzeit von 3 bzw. 12 Monaten bei praktischer Bewährung geschieht. Sämtliche Dezernenten zeichnen, dem bureaukratischen Aufbau der Behörde entsprechend, „im Auftrage" des Oberstaatsanwalts, nur der stellvertretende Oberstaatsanwalt darf „in Vertretung" zeichnen. AV. vom 16. Februar 1931 (JMBl. 62).

Verfügung:

„1. An *Wilbrand & Mylius*:

Auf den von Ihnen, zugleich im Namen des Frl. *Jucunda Becher*, gestellten Strafantrag gegen *Elster* und Genossen wegen Urheber- und Verlagsrechtsverletzung:

Die in Betracht kommenden strafbaren Handlungen sind grundsätzlich im Wege der Privatklage zu verfolgen. Die öffentliche Klage ist nur dann zu erheben, wenn dies im öffentlichen Interesse liegt. §§ 374[8], 376 StPO. Da es sich um eine rein geschäftliche Angelegenheit handelt, durch die nur private Vermögensinteressen berührt werden, vermag ich ein öffentliches Interesse nicht anzuerkennen und stelle Ihnen und Frl. *Becher* anheim Privatklage zu erheben.

Die Ordnungsmäßigkeit des von Ihnen für Frl. *Becher* gestellten Strafantrags erscheint zweifelhaft, weil das überreichte Telegramm keine Vollmacht zur Antragstellung enthält.

Breslau, den 28. April 1934.

Der Oberstaatsanwalt bei dem Landgericht.

i. A.:

Scharf, Staatsanwaltschaftsrat.

2. Weglegen."

Anfechtung des ergangenen Bescheides: unten S. 858/9.

Wenn die Antragsteller sich bei der Verfügung beruhigen und Privatklage erheben, so kommt Wilbrand & Mylius der von ihnen ordnungsmäßig gestellte Strafantrag zu statten. Vgl. S. 929/30. —

Der Referendar: Verschlechtert sich die Rechtsstellung der Verletzten, wenn die Verfolgung der Straftat durch Privat- statt durch öffentliche Klage erfolgen muß?

Der Staatsanwalt: Im Privatklageverfahren hat der Privatkläger die Rolle des Anklägers, wird vor allen Entscheidungen gehört, kann Rechtsmittel einlegen (§§ 385, 390) und hält dadurch das Verfahren straff in der Hand, während bei öffentlicher Klage dem Verletzten als solchen keinerlei prozessualen Befugnisse zustehen und er oft nicht einmal von Terminen, Entscheidungen und Fristen Kenntnis erlangt. In diesem wichtigen Punkte ist also die Privatklage günstiger. Die Kehrseite der Parteirechte des Privatklägers bildet aber seine Belastung mit den Kosten des Verfahrens im Falle der Freisprechung, Außerverfolgungsetzung oder Einstellung (§ 471) und seine Vorschußpflicht (unten S. 928); hauptsächlich aus diesem Grunde versuchen die Privatklageberechtigten zunächst, die Staatsanwaltschaft zur Erhebung der öffentlichen Klage zu veranlassen. Leugnet der Beschuldigte und kann er nur durch den Verletzten selbst überführt werden — wie z. B. bei Beleidigungen oder Körperverletzungen unter vier Augen — so hängt der ganze Erfolg des Verfahrens von der öffentlichen Klage ab, denn als Privatkläger kann der Verletzte nicht Zeuge sein. Im Privatklageverfahren fehlt die Möglichkeit, durch ein Ermittlungsverfahren den Sachverhalt zu erforschen und das Hauptverfahren vorzubereiten. Stirbt der Verletzte, so hindert das bei öffentlicher Klage den Fortgang des Verfahrens in keiner Weise; dagegen führt Tod des Privatklägers nach § 393 regelmäßig zur Einstellung, auch bei den Privatklagedelikten des gewerblichen Rechtsschutzes; nur im Falle der verleumderischen Beleidigung haben Eltern, Kinder und Ehegatte des Privatklägers die Befugnis innerhalb bestimmter Zeit das Verfahren fortzusetzen, weil der Sachverhalt hier ein ähnlicher ist wie in § 189 StGB. — Nach Erhebung der öffentlichen Klage kann der zur Privatklage Berechtigte bis zur rechtskräftigen Beendigung sich dem Verfahren als Nebenkläger anschließen (§ 395^{I} StPO.) und erlangt damit alle Parteirechte eines Privatklägers (§ 397) und eine sehr vorteilhafte Doppelstellung: einerseits wird er als Zeuge vernommen und beeidigt, andrerseits bleibt er als Nebenkläger während der Vernehmung des Angeklagten und der Zeugen im Sitzungssaal, darf selbst plädieren oder durch einen von ihm beauftragten Anwalt — dessen Kosten im Falle der Verurteilung der Angeklagte zu erstatten hat — plädieren lassen, eine Buße fordern, Rechtsmittel einlegen. RGSt. 2, 384; 3, 47; 25, 177; JW. 91, 55[55]; 31, 2505[33], dazu v. Beling.

Ermittlungsverfahren wegen Wechselfälschung. Einstellungsverfügung. Gerichtliche Entscheidung.

Strafanzeige. Ersuchen um gerichtliche Vernehmung.

„Breslau, Ohlau-Ufer 8, den 24. April 1934.

An den Herrn Oberstaatsanwalt, Hier.

Der Student der Landwirtschaft *Egon Heidenreich* hier, Sternstraße 50, hat mehrfach von mir Darlehen gegen Wechsel erhalten. Am 23. Oktober v. J. gewährte ich ihm ein Darlehn von 450 RM. gegen einen am 23. Januar 1934 in Breslau zahlbaren, von ihm ausgestellten und von seinem Vater, Rittergutsbesitzer *Ferdinand Heidenreich* in Buchwald, Kreis Münsterberg, angenommenen Wechsel. Bei Fälligkeit verweigerte *Ferdinand Heidenreich* die Einlösung, und als ich beim Amtsgericht Breslau unter dem Aktenzeichen 21 D 15. 34 Wechselklage erhob, ließ er durch RA. *Weiß* die Echtheit des Akzepts bestreiten. Am 26. Februar 1934 sollte er vor dem im Wege der Rechtshilfe um die Abnahme ersuchten Amtsgericht Münsterberg einen Eid über die Echtheit leisten, doch mußte der Termin auf Grund eines ärztlichen Attestes aufgehoben werden. Am 20. März 1934 ist *Ferdinand Heidenreich* gestorben und hat ein Testament vom 4. Oktober 1932 hinterlassen, nach welchem ich dem *Egon Heidenreich* nichts pfänden kann[1]). Ich erstatte daher gegen *Egon Heidenreich* Anzeige wegen Wechsel-

---

[1]) Vgl. S. 54 f.

fälschung. Zwei von *Ferdinand Heidenreich* eigenhändig geschriebene Briefe füge ich bei, ferner ein Blatt, auf welchem *Egon Heidenreich* den Namen seines Vaters mehrere Male geschrieben hat, offenbar um sich für die Fälschung zu üben. Daß die Namenszüge auf dem überreichten Blatte vom Beklagten herrühren, wird seine frühere Wirtin Frau *Säuberlich* in Breslau, Adalbertstraße 17 bekunden.

Ernst Schenk."

Nach der Anzeige hat Egon Heidenreich schwere Urkundenfälschung (§§ 267, 268^1 StGB.) und Betrug (§ 263) begangen. Die beiden Delikte stehen nicht in Gesetzes- sondern in Idealkonkurrenz (§ 73): denn zum Tatbestand der schweren Urkundenfälschung gehört nur die „Absicht" sich oder einem anderen einen Vermögensvorteil zu verschaffen oder einem Anderen Schaden zuzufügen, nicht die Verwirklichung der Schädigung. Gestraft wird nach der strengeren Vorschrift, das ist nach § 263^{IV} (Fassung der Novelle vom 26. Mai 1933, RGBl. I 295), falls ein „besonders schwerer Fall" des Betruges vorliegt, anderenfalls nach § 268^1. Unter Umständen hat daher die Feststellung des Betruges zunächst keine praktische Bedeutung; sie wird jedoch wichtig, falls Egon Heidenreich später abermals einen Betrug begeht, weil dann eine Verurteilung wegen Urkundenfälschung in Tateinheit mit Betrug für den Rückfall mitzählen würde.

Der Staatsanwalt fordert die Akten des Wechselprozesses ein, in denen gemäß § 443 ZPO. der streitige Wechsel asserviert ist, ferner zur Erlangung von Vergleichsunterschriften die Ferdinand Heidenreichschen Testamentsakten und die Grundakten des Amtsgerichts Münsterberg über das Rittergut Buchwald. Die Unterschrift „Ferdinand Heidenreich" auf dem Wechsel sieht ein wenig anders aus als die Vergleichsstücke. —

Werden im Vorverfahren (Ermittlungsverfahren) Vernehmungen erforderlich, so hat die Staatsanwaltschaft die Wahl, ob sie sich an das Amtsgericht oder die Polizei wenden oder aber die Vernehmungen selbst ausführen will (§§ 161/2 StPO.). Eidliche Vernehmungen sind allerdings dem Gericht vorbehalten (§ 161 S. 1), auch gibt die StPO. nur dem Gericht Mittel an die Hand, um Beschuldigte zum Erscheinen, Zeugen und Sachverständige zum Erscheinen und zur Aussage zu zwingen (§§ 48, 51, 70, 72, 77, 133^{II}). Ergänzend greift § 17^I pr. PolVerwG. vom 1. Juni 1931 (GS. 77) ein, der den Polizeibehörden die Befugnis gibt Vorladungen im Zwangswege durchzuführen, aber nur wenn es sich um Aufklärung von Verbrechen oder Vergehen handelt, also nicht in Übertretungssachen. Zur Aussage kann der vor die Polizei Vorgeladene niemals genötigt werden. Zur Vernehmung vor dem Staatsanwalt zu erscheinen oder dort auszusagen, ist überhaupt niemand verpflichtet, Löwe-Rosenberg 3 b zu § 161. — Praktisch wird die weitaus größte Zahl aller Vernehmungen im Ermittlungsverfahren mit Hilfe der Polizei erledigt. Das Gericht wird nur dann ersucht, wenn es der Staatsanwaltschaft auf Unterbrechung der Verjährung ankommt (die Verjährung der Strafverfolgung wird nämlich bloß durch richterliche Handlungen unterbrochen, § 68 StGB.), oder wenn es sich um eine rechtlich besonders verwickelte und schwierige Sache handelt. Der letzte Fall ist hier gegeben.

Verfügung:

„7 J 388. 34.

Urschriftlich nebst Akten und Beiakten

dem Amtsgericht hier

mit dem Ersuchen: 1. den Beschuldigten wegen schwerer Urkundenfälschung in Tateinheit mit Betrug verantwortlich, 2. den Rechtsanwalt *Weiß*, Frau *Säuberlich* und die etwa vom Beschuldigten zu benennenden Entlastungszeugen, soweit sie im Gerichtsbezirk wohnen, als Zeugen zu vernehmen.

Breslau, den 5. Mai 1934.
Der Oberstaatsanwalt beim Landgericht.
i. A.: *Scharf*."

Die Stellung des Gerichts gegenüber derartigen Ersuchen der Staatsanwaltschaft ist eine ähnliche, wie im Falle der Rechtshilfe (§§ 156 f. GVG.). Der Richter darf weder die rechtliche Schlüssigkeit der Beschuldigung noch das Vorhandensein tatsächlichen Verdachts oder die Erheblichkeit des speziellen Beweises nachprüfen, muß vielmehr das Ersuchen ausführen, sobald es in abstracto zulässig und die erbetene Handlung im Gerichtsbezirk vorzunehmen ist. Bildet sich der Richter auf Grund seiner Vernehmungen und sonstigen Beweishandlungen eine bestimmte Auffassung über den Fall, die Glaubwürdigkeit eines Zeugen, das weiterhin einzuschlagende Verfahren usw., so bindet das den Staatsanwalt in keiner Weise, selbst wenn der Richter seine Ansicht aktenkundig gemacht hat. Ergibt sich im Laufe des gleichen Ermittlungsverfahrens die Notwendigkeit weiterer Vernehmungen, so braucht die Staatsanwaltschaft diese nicht wiederum dem Gericht zu übertragen. Nur bei dem von ihm erlassenen Haftbefehl behält der Ermittlungsrichter auch nachher einen sachlichen Einfluß. Vgl. S. 891 f.

Der Richter lädt Egon Heidenreich, RA. Weiß und Frau Säuberlich vor, den Anwalt mit einem orientierenden Zusatz.

Die Ladungsformulare in Ermittlungssachen enthalten nicht (wie Zeugen- oder Sachverständigenladungen im Zivilprozeß) ein Beweisthema, nicht einmal den Namen des Beschuldigten. Vielmehr wird dem Zeugen (Sachverständigen) lediglich mitgeteilt, daß er „in einer Strafsache", dem Beschuldigten, daß er „über eine gegen Sie eingegangene Anzeige" vernommen werden solle. Ob die hiermit verfolgte Überraschungstaktik praktischen Wert hat, muß gerade bei schuldbewußten bzw. mit dem Täter in Verbindung stehenden Personen, auf die sie berechnet ist, bezweifelt werden; sie wissen schon, worum es sich handelt, und treffen entsprechend ihre Vorbereitungen. Dagegen bereitet die allgemeine Form der Ladung erfahrungsgemäß gewissenhaften und ängstlichen Leuten qualvolle Tage der Spannung und Ungewißheit bis zur Vernehmung. — Bei RA. Weiß hat das Gericht eine Ausnahme gemacht, damit er sein Gedächtnis durch Einsicht der Akten auffrischen, auch wegen Entbindung von der Schweigepflicht das Erforderliche veranlassen kann.

Verantwortliche Vernehmung.

„Amtsgericht. Breslau, den 14. Mai 1934.
Gegenwärtig: Amtsgerichtsrat *Richter* als Richter,
Aktuar *Urkund* als Urkundsbeamter
der Geschäftsstelle.

In der Strafsache gegen den Studenten der Landwirtschaft *Egon Heidenreich* in Breslau wegen schwerer Urkundenfälschung in Tateinheit mit Betrug erschien vorgeladen:
der Beschuldigte."

Zu Anfang der ersten Vernehmung muß dem Beschuldigten mitgeteilt werden, was man ihm zur Last legt (§ 136 I S. 1 StPO.):

„Es wurde ihm eröffnet, daß ihm zur Last gelegt werde im Jahre 1933 eine Privaturkunde, welche zum Beweise von Rechten oder Rechtsverhältnissen von Erheblichkeit ist, nämlich das Akzept ‚*Ferdinand Heidenreich*' auf dem Blatt 5 der Beiakten 21 D 15.34 befindlichen Wechsel, fälschlich angefertigt und von demselben zum Zwecke einer Täuschung Gebrauch gemacht zu haben, und zwar in der Absicht, sich einen Vermögensvorteil zu verschaffen oder einem anderen, dem Kaufmann *Ernst Schenk* in Breslau, Schaden zuzufügen und durch dieselbe Handlung in der Absicht, sich einen rechtswidrigen Vermögensvorteil zu verschaffen, das Vermögen des *Schenk* dadurch geschädigt zu haben, daß er durch Vorspiegelung der falschen Tatsache, das Akzept sei echt, einen Irrtum erregte,

Verbrechen und Vergehen gegen §§ 267, 268[1], 263, 73 StGB."

Anschließend werden die persönlichen Verhältnisse festgestellt (§ 136^{III} StPO.):

„Die Befragung über die persönlichen Verhältnisse ergab Folgendes:

Vorname und Familienname (bei Frauen auch der Geburtsname): *Egon Heidenreich.*

Vor- und Zuname des Vaters: *Ferdinand Heidenreich*, verstorben.

Vor- und Zuname der Mutter: *Klara Heidenreich* geb. *Mellenthin.*

Datum und Ort der Geburt:
- Tag, Monat und Jahr: 18. November 1909,
- Gemeinde: Buchwald,
- Kreis: Münsterberg,
- Landgerichtsbezirk: Glatz,
- Staat: Preußen."

Diese Daten werden aufgenommen, um im Strafregister der zuständigen Staatsanwaltschaft feststellen zu können, ob Heidenreich bereits bestraft ist. Sie ergeben ferner, daß er nicht zu den „Jugendlichen" (vgl. Kap. 21: „Jugendstrafsache") gehört.

„Familienstand: ledig.

Letzter Wohnort: Breslau, Sternstraße 50 bei *Hawelka*,

Kreis: Breslau,

Staat: Preußen."

Gemeint ist bei den Fragen der „Wohnsitz" (§§ 7f. BGB.) im Hinblick auf den Gerichtsstand des § 8 StPO. Studenten, selbst wenn sie volljährig sind, behalten im allgemeinen den Wohnsitz des Vaters, weil das Beziehen einer Universität keine „Niederlassung" im Sinne des Gesetzes darstellt; darum gibt auch § 20 ZPO. für vermögensrechtliche Klagen gegen Studenten den besonderen Gerichtsstand des Aufenthaltsortes. Heidenreich ist aber ein „ewiger Student", der nicht mehr die Absicht hat nach Buchwald zurückzukehren.

„Religionsbekenntnis: evangelisch."

Nach der Zugehörigkeit zu Religionsgemeinschaften darf nur gefragt werden, wenn von der Beantwortung der Frage Rechte oder Pflichten (z. B. Kirchensteuern) abhängen oder eine gesetzlich angeordnete statistische Erhebung (z. B. Volkszählung) es erfordert (Art. 136^{III} RVerf.). In unserem Falle dürfte die Frage zuzulassen sein, weil es im Falle der Verurteilung zu Freiheitsstrafe auf die Konfession des Verurteilten ankommt (unten S. 878).

„Stand, Berufs-, Erwerbs- oder Nahrungszweig sowie Arbeits- oder Dienstverhältnis im Beruf: Student der Landwirtschaft.

Vermögensverhältnisse: Mein Vater hat den mir zustehenden Pflichtteil der Verwaltung eines Testamentsvollstreckers unterstellt und angeordnet, daß mir nur die Reinerträge ausgezahlt werden. Diese werden sich voraussichtlich auf 250 bis 280 *RM* monatlich belaufen. Sonstiges Vermögen oder regelmäßige Einkünfte besitze ich nicht."

Das hat Bedeutung für die spätere Beitreibung der Kosten und einer etwaigen Geldstrafe.

„Orden und Ehrenzeichen: keine.

Von dem Beschuldigten geführte Vormundschaften und Pflegschaften: keine."

Diese Fragen sind für den Fall gestellt, daß das Verfahren mit Verurteilung zu Ehrverlust endet. Vgl. S. 880.

„Vorbestrafungen: keine.

Der Beschuldigte, befragt, ob er etwas auf die Beschuldigung erwidern wolle, erklärte nach Vorlegung des Wechsels im Umschlage Bl. 8 der Akten 21 D 15. 34:"

Vgl. § 136^{II} S. 2 StPO. Niemand ist verpflichtet als Beschuldigter (Angeschuldigter, Angeklagter) sich zur Sache zu erklären und dadurch möglicher Weise selbst zu seiner Verurteilung beizutragen. Doch kann das Gericht — und darauf wird der Beschuldigte gegebenen Falls hinzuweisen sein — die Ablehnung der Erklärung als Schuldbewußtsein deuten. Läßt sich der Beschuldigte auf die Beschuldigung aus, so ist der Sachverhalt sowohl zu seinen Gunsten wie zu seinen Ungunsten zu erforschen; die Vorschrift des § 136^{II} bedeutet lediglich, daß die entlastenden Momente nicht unberücksichtigt bleiben dürfen. Unzulässig sind alle Druckmittel, besonders die — bei polizeilichen Vernehmungen bisweilen angewandte — Drohung mit Untersuchungshaft für den Fall des Leugnens bzw. das Versprechen der Freilassung bei Ablegung eines Geständnisses. Um den Beschuldigten zu überführen, soll der Inquirent möglichst wenig fragen sondern ihn im Zusammenhang erzählen lassen. Auf Fragen des Richters hat sich der Beschuldigte gewöhnlich präpariert und beantwortet sie ohne Zögern; soll er dagegen frei erzählen, so gerät er in Verlegenheit, sobald ein gefährlicher Punkt berührt wird. Der geschulte Richter erkennt alsbald, ob der Beschuldigte in seiner Darstellung absichtlich etwas ausläßt; er wird ihn ruhig zu Ende sprechen lassen und dann um Aufklärung über das, was der Beschuldigte gerade nicht sagen wollte, bitten. Dessen Verlegenheit steigert sich, wenn er schuldig ist, er verwickelt sich in Widersprüche und legt schließlich ein Geständnis ab. Gerade die erste Vernehmung, welche die weitaus wichtigste ist, kann bei geschickter Handhabung zur Vereinfachung des ganzen Verfahrens führen.

Grundsätzlich auf gleiche Art sind Zeugenvernehmungen (auch im Zivilprozeß) auszuführen. Es ist ein Irrtum, wenn viele Richter glauben durch Fragen an den Zeugen die Vernehmung beschleunigen zu können. Die Erfahrung lehrt, daß man dasjenige, was man wissen will, am schnellsten erfährt, indem man den Zeugen ruhig sein Garn zu Ende spinnen läßt. Jede Unterbrechung, jede Zwischenfrage stört ihn, bringt ihn aus der Ruhe und verlängert in Wahrheit die Vernehmung. Mit gutem Grunde schreibt deshalb § 69 StPO. (entsprechend § 396 ZPO.) vor, daß der Zeuge zunächst alles, was ihm vom Gegenstande der Vernehmung bekannt ist, im Zusammenhang vortragen soll. Dadurch erfährt der Richter auch — was ihm durch Fragen nicht so leicht gelingen würde —, wie der Zeuge zum Beschuldigten oder Geschädigten steht, ob er ihm freundlich oder feindlich gesinnt ist, ob er an der Angelegenheit irgendwie interessiert ist, ob er ein ruhig beobachtender oder ein aufgeregter Mensch ist usw.

Auch bei wiederholter Vernehmung über das gleiche Thema muß der Zeuge jedesmal zunächst frei und im Zusammenhang erzählen. Es ist ungehörig, ihm lediglich das Protokoll mit der früheren Aussage vorzulesen und dessen Richtigkeit bestätigen zu lassen. Unzulässig ist es auch, daß der Protokollführer zunächst allein vernimmt, die Aussage niederschreibt und sodann die Niederschrift in Gegenwart des Richters verliest. Ein Verstoß hiergegen kann 1. die Revision wegen Verletzung des § 69 StPO begründen, falls in der Hauptverhandlung von der in gesetzwidriger Weise zu Stande gekommenen Vernehmung Gebrauch gemacht worden war, 2. der Aussage sogar die Eigenschaft eines „Zeugnisses" im Sinne von § 154 StGB. nehmen, so daß die Bestrafung des Zeugen wegen Meineids ausgeschlossen ist (wenigstens dann, wenn die Unrichtigkeit der Aussage wahrscheinlich auf der falschen Vernehmungsweise beruht). Vgl. RGSt. 65, 273; JW. 33, 1729[19], dazu Lang.

Wie schon diese Betrachtung zeigt, macht die Beherrschung des Juristisch-Technischen nicht den guten Kriminalisten aus. Gewiß muß der Richter, Staatsanwalt oder Polizeibeamte das materielle Strafrecht genau kennen und die Prozeßgesetze richtig anwenden. Seine Hauptaufgabe liegt aber in der Ermittlung des Tatbestandes. Darum ist es nötig, daß er die Vernehmung zu einer wirklichen Kunst ausbildet, daß er sich mit den Ergebnissen der forensischen Psychologie vertraut macht, den Wert von Zeugenaussagen und Geständnissen sachkundig beurteilen lernt und die verschiedenen Zweige der Kriminalistik studiert. Niemals darf er schematisch verfahren, sondern in jeder einzelnen Sache muß überlegt werden, welcher Weg nach der Besonderheit des konkreten Falles wohl der geeignetste ist, um die Wahrheit zu erforschen. Wird es erforderlich, so soll der Richter — vorausgesetzt, daß keine berechtigten Interessen dadurch verletzt werden — sich auch nicht scheuen die Vorschriften der Prozeßordnung frei zu handhaben bzw. von ihnen abzuweichen.

Vgl. RGSt. 60, 179 (Identifizierungsexperiment des bekannten Potsdamer Strafkammervorsitzenden Hellwig vor Beginn der eigentlichen Hauptverhandlung). Interessant ist auch die „nach dem ungeschriebenen Gesetz der Menschlichkeit" vom Reichsgericht gebilligte Abweichung von dem Grundsatz der Anwesenheit des Angeklagten während der Erstattung eines ärztlichen Gutachtens über seinen Gesundheitszustand, RGSt. 60, 313. — Zur Einführung in die moderne kriminalistische Literatur eignen sich besonders die Schriften von Hellwig und Wulffen, weil dort die, für Juristen nicht immer ohne weiteres verwendbaren, experimentellen Forschungen der Psychologen verarbeitet sind. Das klassische Hauptwerk der Kriminalistik ist immer noch das Handbuch von Groß.

Egon Heidenreich leugnet jede Schuld:

„Das Akzept hat mein Vater selbst geschrieben, und zwar am 27. Oktober 1933 in seinem Wohnzimmer in Buchwald. *Schenk* hatte am 23. Oktober mit mir abgemacht, daß ich das Darlehn erhalten sollte, wenn ich das Akzept meines Vaters bringen würde. Am 27. Oktober, einem Sonntag, besuchte ich meine Eltern in Buchwald. Als nach dem Mittagessen meine Mutter, die von meinen Geldsachen nichts wissen durfte, hinausgegangen war, bat ich meinen Vater um die Wechselunterschrift. Er regte sich zuerst sehr über meinen Leichtsinn auf, dann ließ er sich von mir Besserung versprechen und schrieb seinen Vor- und Zunamen quer.

Auf Befragen:

Bei dem Vorfall war Niemand zugegen.

Der Wechsel war, als mein Vater ihn akzeptierte, bereits vollständig ausgefüllt, auch datiert. Ich hatte die Ausfüllung des Formulars am 23. Oktober nach dem Diktat *Schenk*'s vorgenommen.

Warum die Unterschrift auf dem Wechsel von den übrigen Unterschriften meines Vaters abweicht, kann ich nicht sagen.

Ich kann auch nicht sagen, warum mein Vater die Echtheit im Prozesse bestritten hat. Wahrscheinlich hat er sich geärgert, weil er erfahren hatte, daß ich an *Schenk* hohe Zinsen zahlen mußte. Wie hoch sie waren, weiß ich heute nicht mehr genau, zumal die Zinsen von dem auszuzahlenden Darlehn vorweg abgezogen wurden und es eine verwickelte Verrechnung gab."

Wahrscheinlich hat Schenk unter Ausbeutung von Egons Leichtsinn Wucher begangen. Während § 138 II BGB. Kredit- und Sachwucher gleichmäßig für nichtig erklärt, unterscheidet das Strafrecht: der (hier nicht in Betracht kommende) Kreditwucher wird schon bei Begehung in einem Einzelfall bestraft (§ 302 a StGB.), Sachwucher nur bei Gewerbs- oder Gewohnheitsmäßigkeit (§ 302e). Für die Strafbarkeit des Egon Heidenreich (sofern er das Akzept überhaupt gefälscht hat), würde es natürlich gleich sein, ob sich Schenk ebenfalls straffällig gemacht hat. Deshalb will Egon den Schenk schonen, indem er ganz unbestimmte Angaben über die Darlehen macht.

„Daß mein Vater die Echtheit seiner Unterschrift unter Eid geleugnet haben würde, ist ganz ausgeschlossen. Er wollte wohl bloß *Schenk* etwas drücken, um sich auf eine niedrigere Summe mit ihm zu vergleichen. Gesprochen hat mein Vater mit mir darüber nicht.

Das Akzept hat mein Vater mit meinem Füllfederhalter geschrieben, weil in dem Zimmer kein Schreibzeug war. Er stand beim Schreiben in etwas gebeugter Haltung am Fenster.

Nach Vorlegung des Zettels Blatt 2 der Akten:

Ich muß zugeben, die Namenszüge ‚*Ferdinand Heidenreich*' auf diesem Blatte geschrieben zu haben. Das geschah während eines Kollegs aus Langeweile. Ich hatte früh von meinem Vater einen Brief mit Vorwürfen erhalten, den ich während des Kollegs las. Dann zeichnete ich, ohne mir etwas dabei zu denken, die Unterschrift auf dem Blatte nach. Ich glaube, daß das nach dem 27. Oktober war, kann mich aber auch täuschen.

Auf Befragen:

Daß ich die Unterschriften in der angegebenen Weise auf das Blatt gemalt habe, kann der mir befreundete Sportlehrer *Kurt Kraft* in Breslau-Leerbeutel, Dahnstr. 1 bezeugen, der das Blatt bei mir gesehen hat. Mir fällt ein, daß *Kraft* auch mit meinem Vater über die Wechselsache gesprochen haben muß. Ich bitte ihn als Zeugen zu vernehmen.

Vorgelesen, genehmigt, unterschrieben.

Egon Heidenreich.

Richter. *Urkund.*"

Vgl. §§ 168, 187, 188^III^ StPO.

Das Protokoll soll so gefaßt sein, daß es dem Leser ein, soweit erreichbar, zuverlässiges Bild vom Gange der Vernehmung gewährt. Leider ist — im Gegensatz zum Zivilprozeß (§ 163a ZPO.) — die, hier noch viel wichtigere, stenographische Aufnahme in der StPO. nicht vorgesehen; etwaige stenographische Niederschriften des Richters oder Protokollführers haben lediglich die Bedeutung privater, das eigentliche Protokoll vorbereitender Notizen. Jedenfalls muß das Protokoll die zusammenhängende Darstellung des Beschuldigten oder Zeugen (den „Bericht") von den Erklärungen, die er auf besonderes Befragen abgegeben hat (dem „Verhör") deutlich trennen; können die Fragen nicht (wie in unserem Fall) aus den Antworten ohne weiteres ersehen werden, so sind auch sie in das Protokoll aufzunehmen, denn für die Bewertung der Aussage kann die Art der Fragestellung von größter Bedeutung sein. Damit für künftige Bearbeiter der Sache das Bild der Persönlichkeit des Beschuldigten (Zeugen), seine Einstellung zu den Beteiligten usw. möglichst genau festgehalten wird, darf der Richter bei der Protokollierung nicht etwa bloß das Endergebnis der Vernehmung (so wie er es auffaßt) in kurzen, juristisch prägnant formulierten Sätzen niederlegen, sondern die Auslage ist so zu protokollieren, daß daraus das Verhältnis des Vernommenen zu den Beteiligten, sein persönliches Interesse, die Färbung seiner Aussage, etwaige Veränderungen der Aussage hervorgehen und ohne Not nichts an seiner eigenen Ausdrucksweise verbessert wird. Muß damit gerechnet werden, daß abgegebene Erklärungen auf Zwischenfragen geändert oder eingeschränkt werden, so ist abschnittweise zu protokollieren, um die Aussage festzulegen und spätere Widersprüche schwarz auf weiß vorhalten zu können.

Es folgen die Zeugenvernehmungen:

„Die Zeugen, mit dem Gegenstand der Vernehmung und der Person des Beschuldigten bekannt gemacht, wurden einzeln und in Abwesenheit der später abzuhörenden Zeugen, wie folgt, vernommen:"

Vgl. § 59^{I} StPO. Die Person des Beschuldigten wird im Hinblick auf etwaige Zeugnisweigerungsgründe wegen verwandtschaftlicher Beziehungen (§ 52) mitgeteilt.

„1. Zeuge *Weiß*:

Z. P.: ....

Die *Ferdinand Heidenreich*schen Erben haben mich von der Schweigepflicht befreit."

Infolge dessen hat RA. Weiß kein Zeugnisweigerungsrecht. § 53^{II} StPO., entsprechend § 385^{II} ZPO.

Ist der Zeuge zur Aussage bereit, so prüft das Gericht nicht nach, ob der Auftraggeber ihm die Erlaubnis zur Aussage erteilt hat. Ob der Anwalt — oder Arzt —, der über eine unter das Berufsgeheimnis fallende Tatsache ohne Einwilligung des Klienten Zeugnis ablegt, sich aus § 300 StGB. strafbar macht, ist streitig. Die herrschende Meinung (Leipz. Komm. 7, Olshausen 9, Frank III 2 c zu § 300; Löwe-Rosenberg 18 zu § 53) verneint es, weil die Offenbarung von Privatgeheimnissen durch einen Zeugen keine „unbefugte" sei. Das wird dahin einzuschränken sein, daß (wie in anderen Fällen der Pflichtenkollision) eine sorgfältige Abwägung der widerstreitenden Interessen vorgenommen werden muß. Das Interesse der Rechtspflege an der Erforschung der materiellen Wahrheit mag unter Umständen das höhere sein, z. B. wenn die Verurteilung eines Unschuldigen verhindert werden soll. Aber auch das Vertrauen des Klienten zur unbedingten Geheimhaltung durch den Anwalt (Arzt) bedarf eines starken Schutzes.

Soll ein Notar als Zeuge über Tatsachen, die unter das Berufsgeheimnis fallen, gehört werden, so ist vorher — von Amts wegen — die Genehmigung der vorgesetzten Dienstbehörde (Landgerichtspräsident) einzuholen. § 54^{I} S. 1 StPO., vgl. § 376$^{I, III}$ ZPO. Im Zivilprozeß hat der Notar außerdem das gleiche, durch Aussageerlaubnis der Beteiligten auszuschaltende, Weigerungsrecht wie der Anwalt (§ 383^{5} ZPO.: „Personen, denen kraft ihres Amtes, Standes oder Gewerbes Tatsachen anvertraut sind usw."). Dagegen wird in § 53 StPO. den Notaren kein Weigerungsrecht zugesprochen.

Die Heidenreichschen Erben haben die Erlaubnis zur Aussage erteilt, weil der Beschuldigte dadurch entlastet wird:

„Z. S.: Ich erhielt das Mandat von *Ferdinand Heidenreich*, den ich schon wiederholt in Prozessen vertreten hatte, schriftlich kurz vor dem Termin mit der Anweisung, die Wechselunterschrift zu bestreiten. Dieser Weisung gemäß habe ich gehandelt. Später, nachdem der Eid bereits normiert war, telefonierte mir *Ferdinand Heidenreich* noch einmal, daß er einen Vergleich schließen möchte, um seinen Sohn von seinen sämtlichen Schulden zu befreien. Ich gab den Vorschlag dem Anwalt des Klägers weiter. Dann kam die Krankheit und der Tod des *Ferdinand Heidenreich*.

Wenn ich gefragt werde, ob ich es für möglich halte, daß *Ferdinand Heidenreich* die Echtheit der Wechselunterschrift nur deshalb bestritten und den Eid angenommen hat, um sich mit *Schenk* unter dem Nennbetrag des Wechsels einigen zu können, so möchte ich diese Frage bejahen. *Ferdinand Heidenreich* war nach dem Eindruck, den ich von seiner Persönlichkeit hatte, trotz seiner sehr guten Vermögenslage verhältnismäßig kleinlich und geizig. Er besaß die sog. ‚Bauernschlauheit' und würde wahrscheinlich kein Bedenken darin gefunden haben, den Kläger durch wahrheitswidriges Bestreiten in seiner Forderung herabzudrücken.

Sonst ist mir nichts bekannt, was Aufschluß über die Frage der Echtheit des Akzeptes geben könnte.

Vorgelesen, genehmigt, unterschrieben
Wolfgang Weiß

2. Zeugin *Säuberlich*:

Z. P.: . . . .

Z. S. erklärte die Zeugin nach Vorlegung des Zettels Bl. 2 d. A.:

Den Zettel habe ich gefunden, als der Beschuldigte Anfang Januar d. Js. von mir ausgezogen war. Er steckte eingeklemmt hinter einem Brett des Büchergestells und war wohl aus Versehen dort hingeraten. Ich habe ihn aufgehoben, weil mir die Sache sonderbar vorkam. Einige Zeit später besuchte mich ein mir unbekannter Herr, der mich über den Beschuldigten und sein Verhältnis zu seinem Vater ausfragte. Diesem gab ich das Blatt.

Sonst kann ich nichts bekunden.

Vorgelesen, genehmigt, unterschrieben.
Minna Säuberlich geb. *Holst*."

Um Gegenüberstellung der Zeugen mit dem Beschuldigten hat die Staatsanwaltschaft nicht ersucht und die Aussagen geben zu einer solchen keinen besonderen Anlaß. Es wird jetzt noch der von Egon Heidenreich als Entlastungszeuge benannte Kraft geladen, der aussagt:

„Z. P.: . . . .

Z. S. nach Vorlegung des Zettels Bl. 2 d. A.: Ich erinnere mich, daß ich dieses Blatt, als der Beschuldigte noch bei Frau *Säuberlich* wohnte, eines Tages bei ihm liegen sah. Als ich ihn fragte, was das sei, antwortete er ungefähr: ‚das Resultat des heutigen Kollegs über landwirtschaftliche Drainage. Der alte Herr hat mir eine wunderschöne Bußpredigt geschrieben, und da habe ich mir das Vergnügen gemacht seine Unterschrift nachzumalen, damit ich nicht auf den stumpfsinnigen Professor zu hören brauchte.' Ob das vor oder nach dem 23. bzw. 27. Oktober 1933 war, weiß ich nicht mehr, ich glaube eher, vorher.

Der verstorbene *Ferdinand Heidenreich* hat, als er kurz vor Weihnachten v. J. in Breslau war, mich beiseite genommen und gefragt, wozu eigentlich sein Sohn das viele Geld brauche und warum er mit seinem Monatswechsel nicht auskomme. Ich gab eine ausweichende Antwort. Darauf sagte er: ‚Zuschanden könnte man sich ärgern, wenn man bedenkt, daß das Geld so unnütz vergeudet worden ist und ich jetzt womöglich noch die hohen Zinsen mit bezahlen soll.' Sonst kann ich über die Frage, ob das Akzept des mir vorgelegten Wechsels Bl. 8 der Beiakten 21 D 15. 34 von *Ferdinand Heidenreich* geschrieben ist oder nicht, nichts bekunden. Den Wechsel habe ich bisher niemals gesehen.

Auf Befragen:

Der Beschuldigte erhielt von seinem Vater monatlich 200 *RM*, außerdem größere Geldbeträge zu seinem Geburtstag und zu Weihnachten. Kolleggelder und Bücher bezahlte der Vater. Der Beschuldigte reichte aber damit nicht und war in ständiger Geldverlegenheit.

Ich bin mit dem Beschuldigten befreundet, habe mich jedoch durch diesen Umstand in meiner Aussage nicht beeinflussen lassen. Der Beschuldigte hat ein paar Tage, nachdem er hier auf dem Gericht vernommen worden war, zu mir gesagt: ‚Höre, Kurt, ich habe Dich als Zeugen angegeben, weil Du doch den Zettel mit den Unterschriften damals gesehen hast. Hoffentlich kannst Du mich herausreißen.' Sonst ist zwischen uns über die Aussage, die ich abgeben sollte, nichts gesprochen worden.

Vorgelesen, genehmigt, unterschrieben.
Kurt Kraft.

Richter. *Urkund.*"

Die Akten kommen mit der Verfügung:

„2 G 396. 34.

Urschriftlich nebst Akten und Beiakten

dem Herrn Oberstaatsanwalt

beim Landgericht

hier"

zur Staatsanwaltschaft zurück, die nunmehr ein chemisches und ein Schreibgutachten einholt. Die Schlußfeststellung des Chemikers lautet:

„Die beiden mit ‚*Ferdinand Heidenreich*' unterzeichneten Briefe im Umschlag Bl. 2 d. A. sind mit einer der allgemein benutzten Schreibtinten (Eisengallustinte) geschrieben. Mit der gleichen Tinte sind auch die Unterschriften ‚*Ferdinand Heidenreich*' Bl..... der Grundakten geschrieben. Das Akzept ‚*Ferdinand Heidenreich*' auf dem Wechsel vom 23. Oktober 1933 ist mit der selben Tinte geschrieben wie der übrige handschriftliche Teil des Wechseltextes und zwar mit einer dünnflüssigen Füllfedertinte."

Der Schreibsachverständige faßt das Ergebnis seiner Prüfung dahin zusammen:

„Das Akzept ‚*Ferdinand Heidenreich*' auf dem Wechsel vom 23. Oktober 1933 weicht zwar in Bezug auf Größe und Stärke der einzelnen Buchstaben von allen als echt beigebrachten Vergleichsschriften ab und nähert sich in dieser Hinsicht der Schrift des Beschuldigten. Doch ist der Grundcharakter und die Form der Schrift, bis auf den Schlußschnörkel, der gleiche wie in den echten Vergleichsschriften. Die Abweichungen in Größe und Stärke können darauf beruhen, daß *Ferdinand Heidenreich*, der gewohnt war eine spitze Stahlfeder zu benutzen, die Unterschrift mittels einer ausgeschriebenen Füllfeder geleistet und daß er dabei in unbequemer Haltung etwas geneigt gestanden hat. Darnach ist mit hoher Wahrscheinlichkeit anzunehmen, daß das Akzept echt ist. Der Beweis einer Fälschung und insbesondere einer Fälschung durch den Beschuldigten läßt sich durch Schriftvergleichung nicht erbringen."

Eidliche Vernehmung im Vorverfahren. Wie die beim Strafregister auf Grund der Personalangaben S. 848 eingeholte Auskunft ergibt, ist Egon Heidenreich bisher völlig unbestraft. Man kann nicht erwarten, daß das vorliegende Belastungsmaterial zu seiner Verurteilung ausreichen wird. Verdächtig bleibt freilich der Zettel mit den Namenszügen des Vaters, aber auch er wird unverfänglich, wenn der Aussage Krafts Glauben zu schenken ist. Deshalb entschließt sich der Staatsanwalt dazu, Kraft ausnahmsweise im Vorverfahren beeidigen zu lassen. Verfügung:

„7 *J* 388. 34.

Urschriftlich mit Akten und Beiakten

dem Amtsgericht hier

mit dem Ersuchen, den Zeugen *Kraft* gemäß § 66 III StPO. eidlich zu vernehmen, weil die Beeidigung zur Herbeiführung einer wahrheitsgemäßen Aussage über eine Tatsache erforderlich erscheint, von der die Erhebung der öffentlichen Klage abhängt."

Ob die Vereidigung aus § 66 III zulässig ist, entscheidet das Gericht auf Grund eigener Prüfung. Im Falle der Ablehnung hat die Staatsanwaltschaft Beschwerderecht (§ 304 I). Löwe-Rosenberg 4 zu § 66.

Nach 10 Tagen gehen die Akten — mit einem neuen gerichtlichen G-Aktenzeichen — bei der Staatsanwaltschaft wieder ein. Kraft hat seine frühere Aussage aufrecht erhalten und beschworen.

Einstellung. Der Dezernent trägt jetzt die Sache dem Abteilungsvorsteher (S. 844) vor, welcher verfügt:

„1. An *Schenk.* Auf die Strafanzeige vom 29. April 1934 gegen den Studenten der Landwirtschaft *Egon Heidenreich* wegen schwerer Urkundenfälschung in Tateinheit mit Betrug:

Das Ermittlungsverfahren hat keinen genügenden Anlaß zur Erhebung der öffentlichen Klage ergeben. Nach dem Gutachten des Schreibsachverständigen ..... ist die Echtheit des Akzepts mit hoher Wahrscheinlichkeit anzunehmen. Zwar weicht es in Bezug auf die Größe der einzelnen Buchstaben von anderen als echt beigebrachten Vergleichsschriften des verstorbenen *Ferdinand Heidenreich* ab und nähert sich in dieser Beziehung der Schrift des Beschuldigten, doch sind Grundcharakter und Form der Schrift, bis auf den Schlußschnörkel, die gleichen wie in den echten Vergleichsschriften. Die Abweichungen in Größe und Stärke können darauf beruhen, daß *Ferdinand Heidenreich*, der gewohnt war eine spitze Stahlfeder zu benutzen, die Unterschrift mittels einer ausgeschriebenen Füllfeder geleistet und daß er dabei in unbequemer Haltung etwas geneigt gestanden hat. Das spätere Bestreiten der Echtheit durch *Ferdinand Heidenreich* ist für die Fälschung nicht beweiskräftig; denn nach der Bekundung des R.-A. *Weiß* muß damit gerechnet werden, daß *Ferdinand Heidenreich* die Unterschrift nur bestritten hat, um zu einem möglichst billigen Vergleich mit Ihnen zu gelangen. Hierfür spricht auch die eidliche Aussage des Sportlehrers *Kraft*, daß *Ferdinand Heidenreich* kurz vor Weihnachten v. J. ihm gegenüber seinem Unmut über hohe Zinsen, die er jetzt womöglich noch für seinen Sohn bezahlen solle, Ausdruck gegeben hat. Schließlich hat *Kraft* bekundet, daß ihm der Beschuldigte den Zettel mit dem Namenszug des Vaters als Schreibübung bezeichnet habe, die er während einer Vorlesung aus langer Weile gemacht hätte. Die Angabe des Beschuldigten, daß *Ferdinand Heidenreich* das Akzept am 27. Oktober 1933 in Buchwald mit dem Füllfederhalter des Beschuldigten selbst geschrieben habe, läßt sich daher nicht widerlegen.

Gemäß §§ 170^{II}, 171 StPO. habe ich das Verfahren eingestellt.

Breslau, den 8. Juli 1934.
Der Oberstaatsanwalt beim Landgericht.
i. A.: *Scharf.*

2. Zustellen an *Schenk.*"

Die Zustellung erfolgt zur zuverlässigen Feststellung der Frist des § 172^{I}.

„3. Nachricht von der Einstellung dem Beschuldigten."

Auf die Benachrichtigung hat der Beschuldigte nach § 170^{II} einen Rechtsanspruch, weil er vom Richter vernommen worden war. Die Gründe werden ihm nicht mitgeteilt.

Beschwerde. Am 10. Juli ist die Einstellungsverfügung an Schenk zugestellt worden. Am 24. Juli geht die von ihm unterzeichnete Beschwerdeschrift beim Oberstaatsanwalt ein.

Die Zweiwochenfrist des § 172^{I} wird nur durch Einreichung bei der höheren staatsanwaltschaftlichen Instanz gewahrt, nicht durch Eingang bei der Behörde, welche die Einstellung verfügt hat (Löwe-Rosenberg 2b zu § 172). Verfügung:

„Eilt sehr!

Urschriftlich mit Akten
dem Herrn Generalstaatsanwalt
hier

zur Wahrung der Frist des § 172^{I} StPO. überreicht. Die angefochtene Verfügung befindet sich Blatt ..... der Akten, zur Erhebung der öffentlichen Klage oder zur Wiederaufnahme der Ermittlungen sehe ich keinen Anlaß."

Der Generalstaatsanwalt weist die Beschwerde durch Bescheid vom 7., zugestellt an Schenk am 9. August 1934 als unbegründet zurück.

Gerichtliche Entscheidung. Ende August erbittet RA. Schwarz als Vertreter Schenks die Einsicht der Ermittlungsakten. Einen Rechtsanspruch hierauf hat der Anzeigende oder sein Bevollmächtigter nicht, doch wird die Einsicht im Interesse zweckentsprechender Rechtsverfolgung bewilligt. Alsdann reicht RA. Schwarz innerhalb der Monatsfrist des § 172[1] beim Oberlandesgericht einen Antrag auf gerichtliche Entscheidung ein. Er bekämpft die Beweiswürdigung der Staatsanwaltschaft und legt besonderes Gewicht auf das Blatt mit dem Namenszug „Ferdinand Heidenreich":

„Die Angabe, daß der Beschuldigte die Unterschrift seines Vaters aus Langeweile nachgeahmt habe, ist gänzlich unglaubhaft. Vielmehr bilden diese Schreibübungen des Beschuldigten zusammen mit den übrigen Belastungsmomenten einen Beweis dafür, daß er das Akzept auf dem Wechsel vom 23. Oktober 1933 gefälscht hat, zumal nach der Aussage des mit dem Beschuldigten befreundeten Zeugen *Kraft* anzunehmen ist, daß sie vor dem 23. bzw. 27. Oktober liegen. Die Möglichkeit, daß *Ferdinand Heidenreich* der Wahrheit zuwider seine Unterschrift bestritten und sich dadurch wegen Betrugs bzw. Betrugsversuchs strafbar gemacht haben sollte, muß als gänzlich ausgeschlossen betrachtet werden."

§ 263 StGB. verlangt keine Identität der getäuschten und der geschädigten Person. „Prozeßbetrug" durch Schädigung des Prozeßgegners unter Täuschung des Richters ist daher an sich denkbar. Er wird aber vielfach daran scheitern, daß kein Kausalzusammenhang zwischen Täuschung und Schädigung festgestellt werden kann. Denn nach der den Zivilprozeß beherrschenden Verhandlungsmaxime hat das Gericht die zugestandenen oder nicht bestrittenen Parteibehauptungen als richtig zu unterstellen, gleichviel ob es sie für richtig hält oder nicht, während es bei den bestrittenen Behauptungen auf das Gelingen des Beweises, nicht auf die Behauptung der Partei ankommt. Anders wenn eine Partei sich unwahrer Beweismittel bedient, indem z. B. der Beklagte eine Quittung produziert, welche nicht die eingeklagte sondern eine andere Forderung betrifft; oder indem er sich zum Beweis der exceptio plurium auf das Zeugnis eines verheirateten Mannes beruft, der nach Verabredung mit ihm die Aussage verweigert. In diesen Fällen ist die Täuschungshandlung ursächlich für die Entscheidung des Gerichts und es liegt daher Betrug vor. Beim Erlaß von Versäumnisurteilen, Zahlungs- und Vollstreckungsbefehlen ist das Gericht an die Behauptung der Partei ohne Rücksicht auf seine innere Überzeugung gebunden und daher Betrug ausgeschlossen. RGSt. 20, 391; 42, 410; 59, 104 c. cit. Olshausen 40, Leipz. Komm. 5 d, Frank VI 2 zu § 263.

Im Bereich der Offizialmaxime fallen diese Hindernisse fort. Macht also ein Verletzter bei der Unfalluntersuchung nach §§ 1559 f. RVO. wissentlich unrichtige Angaben, so erfüllt das den Tatbestand des (versuchten oder vollendeten) Betruges. RGSt. 63, 391.

Im übrigen bleibt nach der bekannten subjektiven Versuchstheorie des Reichsgerichts in allen Fällen die Möglichkeit eines versuchten Betruges mit untauglichen Mitteln, sofern nur der Täter irrtümlich annahm, der Richter werde sich durch seine Angaben sachlich überzeugen lassen. Ferner kann auch dort, wo die Verhandlungsmaxime gilt, Prozeßbetrug durch Täuschung des Prozeßgegners begangen werden. RGSt. 65, 33, dazu Grünhut JW. 31, 1813[24] (der Angeklagte hatte Zahlungsbefehle über fingierte Forderungen erwirkt, um bei den Schuldnern — unerfahrenen kleinen Leuten — den Anschein zu erwecken, als habe das Gericht die Richtigkeit seiner Angaben bereits nachgeprüft, und sie so von der Erhebung des Widerspruchs abzuschrecken). Auf diese Möglichkeit zielt wohl RA. Schwarz mit seiner Bemerkung hin. Denn wenn man dem von RA. Weiß in seiner Zeugenaussage vertretenen Gedankengang (S. 852) folgt, so hat Ferdinand Heidenreich durch die Ableugnung seiner Unterschrift, die Annahme des Eides und die Verschleppung des Eidesleistungsverfahrens Schenk zu einer vergleichsweisen Ermäßigung seiner Forderung bestimmen wollen.

„In zweiter Reihe wird geltend gemacht, daß die Anfertigung der falschen Unterschriften auf dem Zettel Blatt 2 d. A. selbst den Versuch einer schweren Urkundenfälschung darstellt, weil der Beschuldigte diese Unterschrift später zur Herstellung einer rechtserheblichen Privaturkunde verwenden wollte, um sich auf Grund der gefälschten Urkunde Vermögensvorteile zu verschaffen und anderen Schaden zuzufügen.

Für den Antragsteller *Schenk*:

Schwarz, Rechtsanwalt."

Der Tatbestand der Urkundenfälschung (§ 267 StGB.) setzt sich aus zwei Handlungen zusammen: der Fälschung (Verfälschung) und dem Gebrauchmachen. Deshalb wird die Meinung vertreten, zum Versuch gehöre der Beginn der Ausführung (§ 43ᴵ) auch des Gebrauchmachens. Wenn also jemand einen gefälschten Wechsel anfertigt und in seinem Schreibtisch aufbewahrt, um bei sich bietender Gelegenheit von ihm Gebrauch zu machen, so ist das nach dieser Ansicht kein Versuch, sondern straflose Vorbereitung. Die Rechtsprechung faßt jedoch bei der schweren Urkundenfälschung (der Versuch einer einfachen Urkundenfälschung wird, weil bloß Vergehen, nicht bestraft, arg. § 43ᴵᴵ) den Versuchsbegriff weiter. War bei Herstellung der falschen Urkunde der Entschluß des Täters zur Begehung der ganzen Straftat bereits gefaßt und die Tragweite dieses Entschlusses erkennbar, so genügt die — gänzliche oder teilweise — Verwirklichung der Fälschungshandlung, ohne Versuch des Gebrauchmachens. Wer sich dagegen in der Anfertigung einer fremden Unterschrift übt, die er später anfertigen und auf ein Wechselformular setzen will, bleibt eben so straffrei wie derjenige, der sich zu einem Morde durch Übungen im Pistolenschießen vorbereitet. RGSt. 7, 54; 13, 212; 16, 133; 23, 213; 44, 87; 56, 204; Leipz. Ztschr. 22, 594; 23, 287. —

Zunächst verlangt das Oberlandesgericht gemäß §§ 176ᴵ StPO., 57ᴵ GKG. von Schenk unter Fristbestimmung Sicherheitsleistung in Höhe von 40 RM. Nachdem der Betrag hinterlegt ist, wird nach Anhörung des Generalstaatsanwalts (§ 33 StPO.) entschieden:

„18 W 179.34.

Beschluß.

In der Strafsache usw.

hat auf den von dem Kaufmann *Ernst Schenk* in Breslau gegenüber dem ablehnenden Bescheid des Generalstaatsanwalts vom 7. August 1934 gestellten Antrag auf gerichtliche Entscheidung der I. Strafsenat des Oberlandesgerichts in Breslau in der Sitzung vom 18. September 1934 unter Mitwirkung .... beschlossen:

Der Antrag wird auf Kosten des Antragstellers verworfen.

Gründe:

Der Senat schließt sich den Ausführungen des Oberstaatsanwalts im Bescheide vom 8. Juli und des Generalstaatsanwalts im Bescheide vom 7. August 1934, daß die Angaben des Beschuldigten nicht zu widerlegen sind, in allen Punkten an. Die Ansicht des Antragstellers, daß der Wert des Schreibgutachtens überschätzt worden sei, trifft nicht zu. Nachdem der Sachverständige ..... in seinem eingehenden und in wissenschaftlicher Weise begründeten Gutachten sich dahin ausgesprochen hat, daß für die Echtheit des Akzepts hohe Wahrscheinlichkeit spreche, erscheint die Überführung des Beschuldigten angesichts des Fehlens direkter Beweise gänzlich ausgeschlossen."

Die Tendenz der modernen Kriminalistik geht dahin, wegen der zahlreichen dem Zeugenbeweis anhaftenden Mängel möglichst auf Grund objektiver Beweismittel zu entscheiden. Die Graphologie wird aber nicht als vollwertiges Beweismittel anerkannt, und man berücksichtigt ihre Ergebnisse im allgemeinen nur, wenn wesentliche andere Indizien in gleicher Richtung vorliegen.

„Die Angabe des Beschuldigten, daß er die Schriftzüge ‚*Ferdinand Heidenreich*' auf dem Papier Blatt 2 d. A. aus Langeweile geschrieben habe, ist nach der eidlichen Zeugenaussage des *Kraft* nicht zu widerlegen und die Tatsache dieser Schreibübungen daher nicht als Beweismittel für die Fälschung des Akzepts zu verwenden.

Noch weniger können die vom Beschuldigten auf dem Blatte gefertigten Namenszüge seines Vaters als selbständiger strafbarer Versuch eines Verbrechens der schweren Urkundenfälschung aufgefaßt werden. Wenn man dem Beschuldigten die für die Entstehung der Unterschriften angegebene Erklärung nicht glauben will, so liegt doch höchstens eine Vorbereitungshandlung zu der beabsichtigten künftigen Anfertigung einer gefälschten Urkunde vor, nicht aber der Beginn der Herstellung der gefälschten Urkunde selbst. Ein Wechsel oder eine andere rechtserhebliche Privaturkunde, auf ein herausgerissenes Notizbuchblatt gesetzt, würde etwas so Ungewöhnliches sein, daß dem Beschuldigten der Plan, die von ihm auf das Blatt gesetzte Unterschrift durch Hinzufügung eines Urkundentextes später zur Urkunde auszugestalten, nicht zugetraut werden kann. Vorbereitungshandlungen sind aber straflos."

Ausgenommen natürlich in den Fällen, wo die Vorbereitung zu einer anderen strafbaren Handlung als delictum sui generis unter Strafe gestellt ist, z. B. §§ 49a, 81, 83, 87, 111, 151, 159 StGB.

„Es ist daher kein genügender Anlaß zur Erhebung der öffentlichen Klage gegeben. Der Antrag war zu verwerfen und der Antragsteller mit den durch das Verfahren über den Antrag veranlaßten Kosten zu belasten. §§ 174^{I}, 177 StPO.

Richter I. *Richter II.* *Richter III.*"

Wie alle gerichtlichen Entscheidungen, welche die Eröffnung des Hauptverfahrens ablehnen, hat der Beschluß des Strafsenats beschränkte Rechtskraftwirkung: die öffentliche Klage kann gegen Egon Heidenreich nur noch auf Grund neuer Tatsachen und Beweismittel erhoben werden. § 174^{II}, vgl. dazu unten S. 909, 946.

Wäre es dagegen beim Abschluß des Verfahrens durch Einstellungsverfügung geblieben, so würde die Fortsetzung auch ohne nova jederzeit zulässig sein, weil die Einstellungsverfügung keine Rechtskraft begründet. Neben der formellen und befristeten Beschwerde des § 172^{I} besteht die an keine Form und Frist gebundene, beim Justizminister endigende Verwaltungsbeschwerde. Es ist nichts Seltenes, daß der vom Staatsanwalt abgewiesene Denunziant sich noch nach Jahr und Tag beschwert und daß auf Anweisung des Generalstaatsanwalts Anklage erhoben oder wenigstens die Wiederaufnahme der Ermittelungen angeordnet wird.

Rechtsbehelfe gegen Verweisung auf die Privatklage: Hat der Staatsanwalt einen Antragsberechtigten auf den Weg der Privatklage verwiesen (S. 844), so schafft das Verfahren nach §§ 172f. keine Abhilfe. Wenn das Oberlandesgericht über den „genügenden Anlaß zur Erhebung der öffentlichen Klage" (§ 174^{I}) entscheidet, so bedeutet das: verstoßen die dem Beschuldigten zur Last gelegten Taten gegen ein Strafgesetz? besteht hinreichender Verdacht, daß er sie begangen hat? Dieses Verfahren dient ausschließlich der Nachprüfung, ob die Staatsanwaltschaft das Legalitätsprinzip beachtet hat, während in dem hier unterstellten Falle das „öffentliche Interesse“ des § 376, also die Ausübung des Opportunitätsprinzips, in Frage steht. Derartige Zweckmäßigkeitsfragen sind aber den Gerichten grundsätzlich entzogen. Verwandte Erscheinung bei den Verwaltungsgerichten: unten S. 923. Folglich kommt bloß die soeben behandelte unbefristete Verwaltungsbeschwerde in Betracht.

Verneint die Staatsanwaltschaft bei einem Privatklagedelikt öffentliches Interesse und Tatverdacht, so findet wegen des öffentlichen Interesses Verwaltungsbeschwerde, wegen des Tatverdachts das Verfahren aus §§ 172f. statt.

Untreue- und Unterschlagungsfall (Schöffengerichtssache). Durchsuchung, Beschlagnahme, Postbeschlagnahme.

Polizeiliche Anzeige.

„Polizeipräsidium. Breslau, den 28. April 1934.
Kriminalpolizei.
Gegenwärtig: Kriminalkommissar *Hufeland.*
Unvorgeladen erschien:
der Schuhfabrikant *Anton Kaldewey* aus Erfurt
und erstattete gegen den
Schuhwarengroßhändler *Günther Elflein* in Breslau, Dorotheengasse 18 bei *Grosche*
folgende Strafanzeige wegen Untreue und Unterschlagung:

Seit September v. J. habe ich dem Beschuldigten Waren meines Fabrikats in Kommission gegeben. Die näheren Bedingungen gehen aus dem hiermit überreichten Original-Bestätigungsschreiben des Beschuldigten vom 3. September 1933 hervor.“

Das Bestätigungsschreiben lautet:

„An die Schuhfabrik *Anton Kaldewey*
hier.

Hierdurch bestätige ich Ihnen unsere heute getroffenen Vereinbarungen, wie folgt:

1. Sie geben mir Waren Ihres Fabrikats in Kommission.
2. Für die Waren werden mir Ihre Listenpreise abzüglich 5% Vorzugsrabatt berechnet.
3. Bezahlung erfolgt innerhalb 70 Tagen, vom Eintreffen der Ware ab gerechnet.
4. Die gelieferten Waren verbleiben bis zur vollständigen Bezahlung in Ihrem Eigentum. Jedoch wird mir der Weiterverkauf zu regulären Grossistenpreisen schon vor der Bezahlung unter der Bedingung gestattet, daß ich die von den Kunden hereingegebenen Wechsel sofort auf Sie übertrage.
5. Die für unbezahlte Kommissionswaren von mir vereinnahmten Barkaufpreise sind am Schlusse jedes Kalendermonats abzurechnen und das Ihnen gehörige Geld an Sie abzuführen.
6. Ferner übernehme ich die Verpflichtung, Ihnen am Schlusse jedes Kalendermonats eine genaue Aufstellung über den Bestand des noch nicht bezahlten Kommissionslagers zu übersenden und von Pfändungen des Kommissionslagers und sonstigen Ereignissen, welche einen Eingriff von Ihrer Seite erforderlich machen, Ihnen sofort Kenntnis zu geben.
7. Außer Ihren Fabrikaten darf ich nur noch Gummi-, Reit- und sonstiges Spezialschuhwerk wieso Filzschuhe führen.

z. Zt. Erfurt, den 3. September 1933.
Günther Elflein.“

In der Kaufmannssprache, welche ja nicht selten von der juristischen Ausdrucksweise abweicht, werden die Bezeichnungen „Kommissionsware“ und „Ware in Kommission geben“ in verschiedener Bedeutung gebraucht: 1. für die Verkaufskommission im Sinne der §§ 383f. HGB., bei welcher der Kommissionär die Ware im eigenen Namen aber für Rechnung des Kommittenten vertreibt, so daß Verluste bei der Kundschaft den Kommittenten treffen (natürlich vorbehaltlich des Regresses aus § 384 I, sofern der Kommissionär die Bonität des Kunden nicht mit der Sorgfalt eines ordentlichen Kaufmanns geprüft hatte), und der Verdienst des Kommissionärs in einer vereinbarten Provision besteht, 2. für das, namentlich im Verkehr zwischen Verlegern und Sortiments-, Buch- oder Musikalienhändlern übliche, Rechtsverhältnis, das dem Käufer die Rückgabe der Ware innerhalb gewisser Frist gestattet („Trödelvertrag“ des römischen Rechts: ut reddat aut rem aut aestimationem), 3. für den Verkauf unter Eigentumsvorbehalt, weil auch hier, ähnlich wie bei der Verkaufskommission, das Eigentum zunächst dem Lieferanten verbleibt und von diesem direkt auf die Abkäufer übergeht. In unserem Falle liegt offenbar ein solcher Verkauf mit Eigentumsvorbehalt vor, mit der Besonderheit, daß Kaldewey sich dingliche Rechte am baren Verkaufserlös bzw. den ausstehenden Kaufpreisforderungen gesichert hat.

„Während der ersten Monate hat *Elflein* die vertraglichen Bestimmungen korrekt durchgeführt. Seit Anfang d. J. sind die vereinbarten Abrechnungen der eingegangenen Verkaufserlöse und Aufstellungen über den Bestand des Kommissionslagers ausgeblieben, und *Elflein* hat auf alle Erinnerungen meiner Vertreter nur erwidert: ich solle ihn mit solchen überflüssigen und lächerlichen Formalitäten verschonen:

Beweis: Zeugnis meines Reisenden *Bernhard Loder* in Erfurt.

Schließlich habe ich aus einer Reihe von Anzeichen entnommen, daß *Elflein* die Barzahlungen der Kunden und die von ihnen hereingegebenen Wechsel zum großen Teil für sich verbraucht hat.

(folgen nähere Darlegungen).

Vorgelesen, genehmigt, unterschrieben.

Anton Kaldewey

Geschlossen: *Hufeland*, Kriminalkommissar.“

Hat Elflein sich bei diesem Sachverhalt einer Unterschlagung schuldig gemacht? 1. Falls Elfleins Wille schon bei der Weiterveräußerung der unbezahlten und daher in Kaldeweys Eigentum stehenden Schuhwaren dahin ging, den von den Kunden zu zahlenden Erlös bzw. ihre Wechsel, entgegen der vertraglichen Vereinbarung, für sich selbst zu verwenden, würde seine Handlungsweise eine „Zueignung“ im Sinne des § 246 StGB., mithin eine Unterschlagung an der Ware, darstellen. 2. Möglich ist ferner Unterschlagung an dem Gelde, vorausgesetzt daß es in Kaldeweys Eigentum gelangt war: a) z. B. weil die Abkäufer Elflein bloß als den Vertreter der Fabrikfirma ansahen und deshalb in nach außen erkennbarer Weise Kaldewey zum Eigentümer des von ihnen gezahlten Geldes machen wollten. Einen solchen Willen wird man hier schwer annehmen können. Anders wenn es sich um Lebensmittel für den hauswirtschaftlichen Bedarf handelt, die dem Lieferanten gehören und die der Zwischenhändler unmittelbar an die Konsumenten verkauft hat: in derartigen Fällen ist es nämlich dem Käufer gleichgültig, an wen er leistet, so daß Eigentümer derjenige wird, den die Zahlung nach den bestehenden Vereinbarungen materiell angeht. b) Legt man § 5 des Vertrages dahin aus, daß Kaldewey Eigentümer des Kaufpreises werden soll und daß Elflein die Verpflichtung hat, die von der Kundschaft zunächst ihm übereigneten Gelder sofort in Kaldeweys Eigentum zu überführen, so wurde Kaldewey durch „antizipiertes Besitzkonstitut" (vgl. S. 9, 377, 815) Eigentümer, es sei denn, daß Elflein seinen gegenteiligen Willen alsbald bei Empfang des Geldes zum Ausdruck gebracht hat. c) Auch sonst kann Kaldewey Eigentum an dem Gelde dadurch erworben haben, daß Elflein es mittels erlaubten Selbstkontrahierens (§ 181 BGB. a. E.) auf ihn übertragen hat. Hierzu bedarf es aber — zum Unterschied vom antizipierten Besitzkonstitut — eines äußerlich erkennbaren Aktes (etwa in der Art, daß Elflein die vereinnahmten Beträge in eine für Kaldewey bestimmte und als solche gekennzeichnete Kasse gelegt, oder zu dritten Personen gesagt hat, daß sie Kaldewey gehören. — Soweit hiernach das Geld in Kaldeweys Eigentum gelangte, wird die „Fremdheit" und damit die Unterschlagung nicht dadurch beseitigt, daß Elflein es mit eigenem Gelde vermischte: denn bei Vermischung entsteht Miteigentum (§§ 947 I, 948 I), und eine Unterschlagung kann auch an Sachen begangen werden, die dem Täter als Miteigentümer gehören. RGSt. 62, 31, 58; JW. 31, 540[21], dazu Mannheim.

Viel einfacher läßt sich das Delikt der Untreue (§ 266 StGB.) konstruieren, dessen Tatbestand seit der Novelle (S. 846) immer gegeben ist, wenn der Täter vorsätzlich

entweder die ihm durch Gesetz, behördlichen Auftrag oder Rechtsgeschäft eingeräumte Befugnis, über fremdes Vermögen zu verfügen oder einen anderen zu verpflichten, mißbraucht

oder die ihm kraft Gesetzes, behördlichen Auftrags, Rechtsgeschäfts oder eines Treuverhältnisses obliegende Pflicht, fremde Vermögensinteressen wahrzunehmen, verletzt

und dadurch dem, dessen Vermögensinteressen er zu betreuen hat, Nachteil zugefügt hat. Gleichviel ob man den zwischen Kaldewey und Elflein geschlossenen Vertrag als Kauf mit Eigentumsvorbehalt oder als ein anderes Rechtsgeschäft rubriziert, ob Kaldewey Eigentümer des Geldes geworden ist oder nicht, ob Elflein den Entschluß Geld und Wechsel nicht an Kaldewey abzuführen schon bei Veräußerung der Waren oder erst später gefaßt hat: jedenfalls bestand ein „Treuverhältnis", kraft dessen er zur Wahrung der Vermögensinteressen Kaldeweys verpflichtet war, und das genügt, um die vorsätzliche Schädigung strafbar zu machen.

Die subtilen Unterscheidungen des alten § 266, welche durch die neuere Rechtsprechung (RGSt. Bd. 61 ff.) ihre Bedeutung bereits zum großen Teil verloren hatten, sind völlig beseitigt. Die früheren 3 Ziffern sind zusammengezogen. Von den beiden Tatbeständen der neuen Fassung entspricht der erste der „Mißbrauchs-", der andere der „Treubruchs-"theorie (vgl. dazu die Kommentare zu § 266). Praktisch interessiert bloß der zweite, da man sich kaum einen Fall vorstellen kann, in welchem der Mißbrauch einer Verfügungs- oder Verpflichtungsbefugnis nicht zugleich Verletzung eines Treuverhältnisses wäre. Damit ist der Gedanke der Verletzung bzw. des Mißbrauchs einer quasi-dinglichen Rechtsstellung, welcher der Bestrafung der Untreue ursprünglich zugrunde lag, gänzlich aufgegeben und die Verletzung der obligatorischen Verpflichtung wegen ihres qualifizierten Charakters als Treupflicht in den Vordergrund gerückt. Die Verletzung obligatorischer Verpflichtungen wird im geltenden Strafrecht nur ausnahmsweise unter Strafe gestellt: 1. beim Schiffsmann, der mit der Heuer entläuft (§ 298), wegen der auf Seeschiffen notwendigen besonderen Disziplin, 2. bei der Nichterfüllung von Kriegslieferungsverträgen od. dergl. (§ 329) wegen der Gemeingefährlichkeit eines solchen Verhaltens, 3. als Betrug (§ 263), wenn die Absicht der Nichterfüllung schon beim Vertragsschluß bestand, und 4. als Untreue, wenn die verletzte Verpflichtung auf die Betreuung der Vermögensinteressen eines Dritten ging.

Speziell gegen die Untreue des Kommissionärs wendet sich § 95[3] BörsGes. Die Vorschrift, die nicht bloß für Börsen-, sondern für alle kaufmännischen Kommissionäre im Sinne von § 383 HGB. gilt (RGSt. 61, 341, 344), hat durch die Erweiterung des allgemeinen Untreue-Tatbestandes ihre praktische Bedeutung eingebüßt.

Von den beiden in Tateinheit (§ 73 StGB.) verletzten Strafgesetzen ist § 266 das strengere, sowohl wegen der Möglichkeit der Zuchthausstrafe in besonders schweren Fällen (Abs. II), wie wegen der Notwendigkeit, selbst in leichten Fällen auf Gefängnis und Geldstrafe neben einander zu erkennen.

Polizeiliche Haussuchung und Beschlagnahme von Schriftstücken. Elflein wird von der Polizei verantwortlich vernommen und bestreitet sich strafbar gemacht zu haben:

„Die Bestimmungen des Vertrages vom 3. September 1933 hatten nicht den Sinn, daß die Zahlungen der Kunden sofort ins Eigentum *Kaldeweys* übergehen sollten. Wir haben sie auch nicht so gehandhabt.

(wird näher dargelegt).

Im übrigen habe ich alle von den Kunden für *Kaldewey*sche Waren, die noch unbezahlt waren, gezahlten Geldbeträge und hingegebenen Wechsel restlos an den Anzeigenden abgeführt. Zu seinen Angaben im einzelnen kann ich keine Stellung nehmen, weil Ende Februar d. J. bei mir eingebrochen wurde. Die Diebe haben nicht nur einen Betrag von 450 *RM* erbeutet, wodurch ich zur pünktlichen Zahlung an *Kaldewey* außer stande gesetzt wurde, sondern auch meine Bücher und Korrespondenz in Unordnung gebracht und größtenteils verbrannt. Dies wird meine damalige Kontoristin

Frl. *Irmgard Bolle* hier,
Lehmgrubenstraße 48

als Zeugin bestätigen."

Die Erzählung von dem Einbruch macht den Kommissar stutzig. Es liegt die Vermutung nahe, daß der Beschuldigte durch seine Bücher und Korrespondenz überführt wird und daß er die Schriftstücke aus diesem Grunde bei Seite gebracht hat oder bei Seite zu bringen beabsichtigt. Dem muß man durch eine sofortige Haussuchung zuvorkommen. Grundsätzlich sollen Durchsuchungen nur auf richterliche Anordnung erfolgen[2]), doch können bei „Gefahr im Verzug", wie sie hier gegeben scheint, die Staatsanwaltschaft sowie ihre Hilfsbeamten auch selbständig vorgehen. § 105[I] StPO.

Zu „Hilfsbeamten der Staatsanwaltschaft" sind gemäß § 152[II] GVG. nicht alle, sondern bloß bestimmte Kategorien von Polizeibeamten erklärt, z. B. Kriminalkommissare, Kriminalschutzleute und Landjäger, nicht dagegen die Polizeipräsidenten. Vgl. Kommentare zu § 152; Friedersdorff S. 13. Soweit gegen solche Beamte in ihrer Eigenschaft als Organe der gerichtlichen Polizei Dienstaufsichtsbeschwerde erhoben wird, ist sie nicht an die polizeilichen Vorgesetzten sondern an die Staatsanwaltschaft zu richten. § 81[1] pr.AG. zum GVG.

Der die Untersuchung führende Kommissar entsendet sofort zu Fräulein Bolle einen Kriminalbeamten, um sie möglichst unbeeinflußt vom Beschuldigten über den angeblichen Diebstahl zu vernehmen. Dann entläßt er Elflein und begibt sich schleunigst mit einem Begleiter zur Haussuchung:

---

[2]) Die besondere Rechtslage des Ausnahmezustandes (Art. 48[II], 114, 115 RVerf.) ist außer Betracht gelassen.

„Polizeipräsidium. Breslau, den 2. Mai 1934.
Kriminalpolizei.

Heute um 13 Uhr 20 Minuten nachmittags habe ich, weil Gefahr im Verzuge war, als Hilfsbeamter der Staatsanwaltschaft gemäß §§ 94, 98, 102, 103, 105 StPO. in den Wohnräumen der verwitweten Frau Hausbesitzer *Irma Grosche* geb. *Kania* in Breslau, Dorotheengasse 18, besonders in den dem Schuhwarengroßhändler *Günther Elflein* als Wohnung und Geschäftslokal abvermieteten zwei Vorderzimmern, eine Durchsuchung angeordnet und gemeinschaftlich mit dem Kriminalschutzmann *Senftleben* ausgeführt behufs Verfolgung des *Elflein* wegen Vergehens gegen §§ 246, 266, 73 StGB. und behufs Beschlagnahme dem Beschuldigten gehöriger Schriften, weil anzunehmen ist, daß die gesuchten Sachen sich in den zu durchsuchenden Räumen befinden.

Der Durchsuchung wohnte in Vertretung der abwesenden Wohnungsinhaberin *Irma Grosche* und des ebenfalls abwesenden Untermieters *Grosche* die volljährige Schwester der Wohnungsinhaberin, Kassiererin *Renate Kania* bei, welcher der Grund der Durchsuchung vor deren Beginn bekannt gemacht wurde."

Vgl. § 106^{I} S. 2, Abs. II S. 1 StPO.

„Ferner waren zugegen:

1. der Hausdiener *August Teubner*,
2. die Handelsfrau *Anna Igel* geb. *Haberkorn*, beide in Breslau, Dorotheengasse 18 wohnhaft."

Die Zuziehung erfolgt, weil kein Richter oder Staatsanwalt bei der Durchsuchung zugegen ist. § 105^{II}.

„Es wurden eine Anzahl Schriftstücke, die als Beweismittel von Bedeutung sein können, vorgefunden und beschlagnahmt."

„Beschlagnahme" ist die zwangsweise Sicherstellung solcher Sachen, die

1. als instrumenta et producta sceleris der Einziehung nach § 40 StGB. unterliegen
2. oder als Beweismittel für die Untersuchung von Bedeutung sein können,

und deren freiwillige Herausgabe vom Besitzer verweigert wird (§ 94 StPO.). Während der erste Beschlagnahmefall der Durchsetzung des materiellen Rechtes dient, ist der zweite ein rein prozessualer Behelf zur Beschaffung des erforderlichen Beweismaterials, welches auf diese Weise im Strafverfahren (auch in Privatklagesachen!) viel radikaler erfaßt und zur Kenntnis des Gerichts gebracht werden kann als im Zivilprozeß. Auch bei der Beschlagnahme wird die vom Gesetz aufgestellte Regel der richterlichen Anordnung durch die Ausnahme durchbrochen, daß die Staatsanwaltschaft und ihre Hilfsorgane bei „Gefahr im Verzug" ohne solche Anordnung vorgehen dürfen (§ 98^{I}).

„Gegen die Beschlagnahme wurde seitens des Frl. *Kania* kein Widerspruch erhoben. Die Schriften wurden in einen Umschlag gelegt und dieser mit Klebstoff sowie mit dem Amtssiegel des Polizeipräsidiums in Breslau verschlossen und mit folgender Aufschrift versehen:

‚Inhalt: beschlagnahmte Schriften, deren Durchsicht durch das Amtsgericht erfolgen soll.

Breslau, den 2. Mai 1934.

(gez.) *Hufeland*
Kriminalkommissar.'

Frl. *Kania* drückte das Siegel der Wohnungsinhaberin: ‚*I. G.*' dreimal auf die Verschlußstelle auf. Abschrift dieser Verhandlung wurde ihr auf Verlangen ausgehändigt, worüber sie durch ihre Unterschrift:

Renate Kania

quittiert.

Geschlossen:

Hufeland, Kriminalkommissar."

Vgl. §§ 107, 110.

Frl. Bolle hat bei ihrer Vernehmung die Angaben des Beschuldigten bestätigt. Das Bankhaus Schilling, bei dem Elflein seine Wechsel diskontiert hat, lehnt die Vorlegung des mit dem Beschuldigten geführten Schriftwechsels ohne gerichtliche Anordnung ab.

Gerichtliche Mitwirkung bei der Beschlagnahme. Postbeschlagnahme. Der Kriminaldirektor übersendet die Akten und das versiegelte Couvert der Staatsanwaltschaft

„zur weiteren Veranlassung gemäß §§ 98^{II}, 110^{I} StPO."

Die Beschlagnahme bedarf nämlich gerichtlicher Bestätigung, weil sie nicht vom Richter angeordnet worden und weil weder Elflein noch einer seiner erwachsenen Angehörigen bei der Ausführung zugegen gewesen war (§ 98^{II}). Außerdem müssen die beschlagnahmten Papiere vom Richter durchgesehen werden (§ 110^{I}), denn der Beschuldigte hat die Durchsicht durch Polizeibeamte nicht genehmigt (§ 110^{II}). Die Staatsanwaltschaft soll die erforderlichen Anträge beim Gericht stellen.

Bei Prüfung der Sache gelangt der Dezernent zu dem Ergebnis, auch den in Schillings Besitz befindlichen Schriftwechsel durch das Amtsgericht beschlagnahmen zu lassen, weil er als Beweismittel für Elfleins Überführung von Bedeutung sein kann (§ 94^{I}). Zwar sind schriftliche Mitteilungen zwischen dem Beschuldigten und zur Zeugnisweigerung berechtigten Personen, so lange sie in Händen der letzteren sind, durch § 97 der Beschlagnahme entzogen. Die geschäftliche Verbindung eines Bankiers mit seinen Kunden begründet aber im Strafprozeß — abweichend vom Zivilprozeß (§ 384^{3} ZPO.) — weder Zeugnis- noch Aussageweigerungsrecht (arg. §§ 52/3 StPO.). Gefahr ist bei Schilling nicht im Verzuge, so daß lediglich gerichtliche Beschlagnahme in Frage kommt (§ 98^{I}).

Weiterhin hält der Staatsanwalt eine Postbeschlagnahme für notwendig, um festzustellen, an wen Elflein Kaldeweysche Waren geliefert hat, ob sie in bar oder durch Wechsel bezahlt sind usw. Unter Durchbrechung des in Art. 117 RVerf., §§ 5 PostG. vom 28. Oktober 1871, 10 FernmeldeAnlG. vom 14. Januar 1928 (RGBl. I 8), 355 StGB. gewährleisteten Postgeheimnisses gestatten §§ 99f. StPO. die Beschlagnahme der an den Beschuldigten gerichteten Briefe und Sendungen auf der Post sowie der an ihn gerichteten Telegramme auf den Telegraphenanstalten. Die Maßnahme ist nicht auf wichtige Strafsachen beschränkt, sondern beispielsweise in Verfahren aus dem Ges. betr. das Spiel in außerpreußischen Lotterien vom 29. August 1904 (GS. 255) geradezu typisch und sogar in Übertretungssachen zulässig (arg. § 100^{I} S. 1 StPO.). Daß sie regelmäßig richterliche Anordnung voraussetzt (§ 100^{I} S. 1), stimmt mit §§ 98^{I}, 105^{I} überein. Bei Gefahr im Verzuge darf die Staatsanwaltschaft (nicht auch ihre polizeilichen Hilfsorgane!) die Postbeschlagnahme selbständig erlassen, doch tritt die staatsanwaltschaftliche Postbeschlagnahme ipso iure außer Kraft, wenn sie nicht binnen 3 Tagen vom Richter bestätigt ist (§ 100^{II}), und die beschlagnahmten Sendungen sind stets — uneröffnet — dem Gericht vorzulegen (§ 100^{I} S. 2).

Als der Beschlagnahme unterliegende „Briefsendungen" gelten geschlossene Briefe und Päckchen, Postkarten, Drucksachen, Blindenschriftsendungen, Geschäftspapiere, Warenproben und Mischsendungen. Vgl. über die postalische Terminologie § 3 AV. vom 17. Juli 1932 (JMBl. 538). Die Beschlagnahme trifft bloß die noch im Gewahrsam der Post bzw. ihrer Beamten befindlichen Sendungen. Nach der Bestellung an den Adressaten unterliegen die Postsendungen den allgemeinen Beschlagnahmevorschriften. Außer den an den Beschuldigten gerichteten Briefen usw. dürfen nach § 99 StPO. auch Postsendungen beschlagnahmt werden, bei denen auf Grund konkreter Tatsachen anzunehmen ist, daß sie vom Beschuldigten herrühren oder für ihn bestimmt sind (Deckadresse!) und daß ihr Inhalt für die Untersuchung Bedeutung habe. Naturgemäß ist die Beschlagnahme in diesem Fall sehr schwer durchführbar.

Gibt es eine der Postbeschlagnahme entsprechende Kontrolle des Fernsprechverkehrs? Nach § 12 Fernmelde AnlG. steht dem Gericht — und in Verbrechens- und Vergehenssachen bei Gefahr im Verzuge auch der Staatsanwaltschaft — das Recht zu, „Auskunft über den Fernmeldeverkehr" des Beschuldigten (wiederum einschließlich der Deckadresse) zu verlangen. Obgleich der Wortlaut zweifelhaft sein kann, versteht man ihn dahin, daß der Strafverfolgungsbehörde sowohl über die Tatsache des Ferngesprächs und die Person des anderen Teils, als auch über den Inhalt der Gespräche Auskunft zu erstatten ist — natürlich soweit ihn die Postverwaltung kennt. Es handelt sich jedoch immer um einen in der Vergangenheit liegenden Verkehr; das Mithören von Gesprächen durch Organe der Rechtspflege läßt sich nach herrschender Meinung aus § 12 nicht herleiten. Neugebauer, Fernmelderecht, 4 zu § 12.

Verfügung:

„1. Strafregisterauszug über *Günther Elflein* erfordern.

2. Urschriftlich nebst Akten und versiegeltem Umschlag
dem Amtsgericht hier

mit dem Antrag:

a) die am 2. Mai 1934 vorgenommene Beschlagnahme zu bestätigen und die beschlagnahmten Schriftstücke gemäß § 110 I StPO. durchzusehen,

b) den gesamten Schriftwechsel zwischen dem Beschuldigten *Günther Elflein* und dem Bankhaus *Ferdinand Schilling* in Breslau, soweit er sich im Besitz des Bankhauses befindet, gemäß §§ 94, 98 I StPO. zu beschlagnahmen, weil diese Schriftstücke als Beweismittel für die Untersuchung von Bedeutung sein können,

c) gemäß § 99 StPO. die Beschlagnahme aller unter der Adresse des Beschuldigten eingehenden Briefsendungen und Telegramme bei den hiesigen Post- und Telegraphenämtern anzuordnen.

Von einer Benachrichtigung der Beteiligten bitte ich gemäß § 101 I StPO. vorläufig abzusehen.

Breslau, den 4. Mai 1934.

Der Oberstaatsanwalt bei dem Landgericht.

J. A.: *Scharf.*"

Ähnlich wie § 929 III S. 1 ZPO. die Vollziehung von Arresten und einstweiligen Verfügungen vor ihrer Zustellung gestattet (S. 427), können im Interesse des Untersuchungszwecks Beschlagnahmen — einschließlich der Postbeschlagnahme — angeordnet und vollzogen werden, ohne daß der Betroffene anders als durch Zufall etwas erfährt. Das ihm zustehende Beschwerderecht (§ 304 I StPO.) wird dadurch praktisch zunächst lahmgelegt. —

Hat das Gericht außer der — ohne weiteres gegebenen — Zulässigkeit der beantragten Beschlagnahme in abstracto auch ihre Notwendigkeit und Angemessenheit zu prüfen? Man wird die Frage mit Löwe-Rosenberg 11a zu § 162 bejahen müssen. Denn es handelt sich um eine Maßnahme, die — ähnlich wie der Haftbefehl, dessen Voraussetzungen im Gesetz genau umgrenzt sind — tief in die persönlichen, wirtschaftlichen und geschäftlichen Interessen der Beteiligten eingreift. Nach Lage des Falles erscheinen die Beschlagnahmen angebracht. Zu a beschränkt sich die gerichtliche Nachprüfung auf die Zulässigkeit gemäß §§ 94/97; ob Gefahr im Verzuge vorgelegen hat, ist unerheblich geworden.

Nachdem der Amtsrichter den versiegelten Umschlag eröffnet und die darin enthaltenen Schriftstücke auf ihre Bedeutung für das Verfahren untersucht hat, verfügt er:

„Geschäftsnummer: 2 G 403.34.

1. Beschluß. In dem Strafverfahren usw.
   wird die Beschlagnahme der gesamten zwischen dem Beschuldigten und dem Bankhaus *Ferdinand Schilling* in Breslau gewechselten Korrespondenz, soweit sie sich im Besitz dieses Bankhauses befindet, angeordnet, weil sie als Beweismittel für die Untersuchung von Bedeutung sein kann (§§ 94, 98 StPO.).
2. Beschluß. In dem Strafverfahren usw.
   wird die Beschlagnahme aller Briefsendungen und Telegramme, gerichtet an den Schuhwarengroßhändler (Kaufmann) *Günther Elflein* in Breslau, Dorotheengasse 18 bei *Grosche*, bei den Post- und Telegraphenämtern in Breslau angeordnet, weil sie als Beweismittel für die Untersuchung von Bedeutung sein können (§§ 94, 99, 100 StPO.). Beschlagnahmte Sendungen und Telegramme sind unter obigem Aktenzeichen dem unterzeichneten Gericht einzusenden.
3. Ausfertigung zu 2 der Oberpostdirektion hier übersenden.
4. Von den im versiegelten Umschlag befindlichen Schriftstücken sind die mit rot I bis V bezeichneten offen zu den Akten zu nehmen.
5. Die übrigen Schriftstücke sind in einem Umschlag unter Gerichtssiegel zu verschließen und der Umschlag dem Beschuldigten gegen Quittung auszuhändigen.
6. Demnächst urschriftlich nebst Akten
   dem Oberstaatsanwalt bei dem Landgericht
   hier
   zu übersenden.

Breslau, den 5. Mai 1934.
Amtsgericht.
Richter."

Die Postbeschlagnahme belastet — hierin der Briefkontrolle der Untersuchungsgefangenen ähnlich — den Richter mit der dauernden Prüfung der vom Post- und Telegraphenamt abgelieferten Sendungen. Während aber bei Untersuchungsgefangenen Beanstandungen bekannt gegeben werden sollen (§ 114[6] Dienst- und VollzugsO., vgl. AV. vom 10. Oktober 1923, JMBl. 571), schreibt § 101[I] StPO. bei der Postbeschlagnahme die Geheimhaltung vor. Die als verfänglich betrachteten Briefe usw. verschwinden also in den Akten. Nur wenn lediglich ein Teil eines zurückbehaltenen Briefes sich auf die Strafsache bezieht, muß der übrige Teil alsbald dem Empfangsberechtigten in Abschrift mitgeteilt werden (§ 101[III]).

Zu 5 der Verfügung s. § 111[I].

Anklageerhebung. Die Bearbeitung solcher Strafsachen, in denen sich nicht alsbald die Grundlosigkeit der Anzeige erweist, stellt den Staatsanwalt vor die Wahl zwischen mannigfachen Möglichkeiten. Soll er alsbald Anklage mit dem Ziel der

Eröffnung des Hauptverfahrens erheben, oder zunächst gerichtliche Voruntersuchung beantragen, oder die Ermittlungen fortsetzen, oder einen Einstellungsbescheid erlassen? Soll die Anklage in der regelmäßigen Form der Anklageschrift, oder im Schnellverfahren erhoben, oder aber gerichtlicher Strafbefehl beantragt werden? Soll man den Beschuldigten bis zum Urteil auf freiem Fuße belassen, oder seine Verhaftung beantragen? An welches der vielfach in Konkurrenz stehenden, Instanzgerichte ist die Sache zu bringen?

Die gerichtliche Voruntersuchung ist eine Art der „Erhebung der öffentlichen Klage" (§ 170^{I}). Die Leitung des Verfahrens wird dem Staatsanwalt, der sie im Ermittlungsverfahren besaß, aus der Hand genommen und auf den Untersuchungsrichter übertragen (§ 184). Der Staatsanwalt kann von den Gerichtsakten Kenntnis nehmen und Anträge stellen (§ 196), hat aber im übrigen zu warten, bis der Untersuchungsrichter den Zweck der Voruntersuchung — die notwendigen Unterlagen für die Entscheidung zu beschaffen, ob das Hauptverfahren zu eröffnen oder der Angeschuldigte (§ 157) außer Verfolgung zu setzen sei — für erreicht hält und die Voruntersuchung schließt (§§ 190^{I}, 197). Obgleich die Voruntersuchung den Staatsanwalt von einer Fülle von Einzelarbeit entlastet, zieht er im allgemeinen doch das außergerichtliche Ermittlungsverfahren vor, um die Disposition über den Fortgang des Verfahrens zu behalten, und stellt nur aus besonderen Gründen den Antrag auf fakultative (§ 178^{II} StPO.; ferner Hoch- und Landesverratssachen: § 10 VO. vom 28. Februar 1933, Art. 2 VO. vom 18. März 1933, RGBl. I 85 bzw. 131) Voruntersuchung. Ein solcher Grund war früher die Begrenzung der Haftdauer im Ermittlungsverfahren auf höchstens 4 Wochen (§ 126 StPO. alter Fassung). Seit der „lex Höfle" vom 27. Dezember 1926 (RGBl. I 529) ist statt der Höchstfrist die periodische Haftprüfung (unten S. 899 zu 3) eingeführt, und damit dieser Anlaß zum Antrag auf Voruntersuchung weggefallen. Bei umfangreicheren Strafsachen erweist sich aber die Voruntersuchung sachlich als zweckmäßig, weil der Untersuchungsrichter, in dessen Hand sich fast alle Befugnisse vereinigen, besser in der Lage ist den Sachverhalt aufzuklären als die Staatsanwaltschaft.

Der Zeitpunkt, zu welchem er vom Vorverfahren zur gerichtlichen Voruntersuchung übergehen will, steht auch in den Fällen der obligatorischen Voruntersuchung (§ 178^{I} StPO.: Schwurgerichtssachen) im freien Ermessen des Staatsanwalts.

Hat einmal Voruntersuchung stattgefunden, so kann das Verfahren nicht mehr mit einem staatsanwaltschaftlichen Einstellungsbescheid abschließen, sondern es muß eine gerichtliche Entscheidung — entweder auf Eröffnung des Hauptverfahrens oder auf Außerverfolgungsetzung — ergehen. § 198, vgl. unten S. 909.

Schnellverfahren: S. 946 f., Strafbefehl: S. 915, Haftverfahren: S. 894 f.

Was die sachliche Zuständigkeit anlangt, so besteht eine absolute Regelung nur für Einzelrichtersachen in den Fällen von § $25^{1,\ 2a,\ b}$ GVG., für gewisse erstinstanzliche Strafkammersachen (§ 1^{1} des Art. 1, 1. Teil, I. Kap. der VO. vom 14. Juni 1932), Schwurgerichtssachen (§ 80 GVG.) und Sondergerichtssachen (§ 2 VO. vom 21. März 1933, RGBl. I 136). Im übrigen kann die Staatsanwaltschaft bei Einreichung der Anklageschrift zwischen Einzelrichter, Schöffengericht und Strafkammer bzw. zwischen Reichs- und Oberlandesgericht wählen (§§ 25^{2c}, 28, 134 III GVG., 1^{2} VO. vom 14. Juni 1932). Im Einzelnen gestaltet sich der Instanzenzug, nachdem das erweiterte Schöffengericht durch die erstinstanzliche Strafkammer ersetzt worden ist (§ 1 VO. vom 14. Juni 1932), folgendermaßen:

1. Ermittlungsverfahren — Entscheidung des Amtsrichters über Eröffnung des Hauptverfahrens — Hauptverfahren vor dem Einzelrichter — Berufung an die kleine Strafkammer — Revision ans Oberlandesgericht, in landesrechtlichen Sachen ans Kammergericht,
2. Ermittlungsverfahren — Voruntersuchung — Entscheidung der Beschluß-Strafkammer (§ 76^{I} GVG.) über Eröffnung des Hauptverfahrens — Hauptverfahren vor dem Einzelrichter — Be-

rufung an die kleine Strafkammer — Revision ans Oberlandesgericht, in landesrechtlichen Sachen ans Kammergericht,

3. Ermittlungsverfahren — Entscheidung des Amtsrichters über Eröffnung des Hauptverfahrens — Hauptverfahren vor dem Schöffengericht — Berufung an die große Strafkammer — Revision ans Oberlandesgericht, in landesrechtlichen Sachen ans Kammergericht,
4. Ermittlungsverfahren — Voruntersuchung — Entscheidung der Beschluß-Strafkammer über Eröffnung des Hauptverfahrens — Hauptverfahren vor dem Schöffengericht — Berufung an die große Strafkammer — Revision ans Oberlandesgericht, in landesrechtlichen Sachen ans Kammergericht,
5. Ermittlungsverfahren — Entscheidung der Beschluß-Strafkammer über Eröffnung des Hauptverfahrens — Hauptverfahren vor der großen Strafkammer — Revision ans Reichsgericht,
6. Ermittlungsverfahren — Voruntersuchung — Entscheidung der Beschluß-Strafkammer über Eröffnung des Hauptverfahrens — Hauptverfahren vor der großen Strafkammer — Revision ans Reichsgericht,
7. Ermittlungsverfahren — Voruntersuchung — Entscheidung der Beschluß-Strafkammer über Eröffnung des Hauptverfahrens — Hauptverfahren vor dem Schwurgericht — Revision ans Reichsgericht.

§§ 73^{II}, 74, 76^{II}, 121^{1a-c}, 135 GVG., 50 pr.AG. zum GVG., 198, 199 StPO. Daß im Falle 5 die Eröffnung durch die Strafkammer beschlossen wird, ist aus § 209^{I} S. 1 zu folgern. Über die Beschränkung der Instanzen s. unten S. 993/4.

Dazu kommen noch die besonderen Instanzen für Jugendgerichtssachen, Hoch- und Landesverratssachen, Sondergerichtssachen.

Nach Eröffnung der „Untersuchung", d. h. eines gerichtlichen Verfahrens, darf die öffentliche Klage nicht mehr zurückgenommen werden (§ 156 StPO.). Hieraus folgt per argumentum e contrario die Möglichkeit der Rücknahme, so lange nicht — im Falle des Antrags auf gerichtliche Voruntersuchung: diese, im Falle der Einreichung einer Anklageschrift: das Hauptverfahren — eröffnet oder der Antrag vom Gericht abgelehnt worden ist. In diesem Rahmen besitzt also die Staatsanwaltschaft das ius variandi: sie kann einen gestellten aber noch unerledigten Antrag auf Voruntersuchung zurücknehmen und das Ermittlungsverfahren fortsetzen, eine beim Amtsrichter zwecks Eröffnung vor dem Einzelrichter oder dem Schöffengericht eingereichte Anklageschrift zurücknehmen und die Anklageschrift der Strafkammer zwecks Eröffnung des Hauptverfahrens vor der großen Strafkammer vorlegen, vom Strafbefehlsantrag zur Anklageschrift übergehen oder umgekehrt usw. Der Angeklagte kann sich gegen die Anrufung eines niedrigeren statt des höheren Gerichts nur im Falle des § 26 GVG (Einzelrichter-, Verbrechenssachen) wehren. Es ist aber denkbar, daß er durch Beschwerden an die vorgesetzte Behörde des Staatsanwalts die Zurücknahme der Anklage beim niederen, und ihre Einreichung beim höheren Gericht herbeiführt. —

In unserer Sache ergeben bereits die beschlagnahmten Schriftstücke, daß Elflein augenscheinlich verschiedene Wechsel und Barbeträge, die er für Kaldewehsche Schuhwaren empfangen hatte, für sich zurückbehalten und verwendet hat. Um die Sache für das Eröffnungsverfahren genügend aufzuklären, bedarf es bloß noch einiger Zeugenvernehmungen. Diese läßt der Staatsanwalt durch Ersuchen von Amtsgerichten ausführen, weil eine Voruntersuchung sich nicht lohnen würde. Der Verdacht wird durch die Vernehmungen bestätigt und die Sache ist nunmehr zur Anklageerhebung reif.

Nach dem Strafregister hat Elflein zwei kleinere Vorstrafen. Die Strafe für das jetzt zur Anklage kommende Delikt wird wegen des groben Vertrauensbruchs und der Höhe des angerichteten Schadens nicht niedrig ausfallen, sie wird aber nicht so exemplarisch sein, daß mit Rücksicht auf sie Fluchtverdacht (§ 112^{I} StPO.)

gerechtfertigt wäre. Auch liegt der Fall nicht so verwickelt, daß man ihn vor die große Strafkammer bringen müßte. Deshalb wird Schöffengerichtsanklage erhoben:

„Der Oberstaatsanwalt bei dem Landgericht
7 J 393/34. Breslau, den 5. Juni 1934.

Anklageschrift.

Der Schuhwarengroßhändler *Günther Elflein* in Breslau, Dorotheengasse 18 bei *Grosche*, geboren am 25. Januar 1908 zu Neustadt O.S., bestraft 1904 wegen Körperverletzung in Tateinheit mit schwerem Hausfriedensbruch mit 300 *RM* Geldstrafe, 1906 wegen Betruges mit 10 Tagen Gefängnis, wird angeklagt:

zu Breslau im Jahre 1934 durch eine fortgesetzte Handlung"

— für die Einheit oder Mehrheit der „Handlungen" (§§ 73, 74 StGB.) kommt es entscheidend auf die Art des Vorsatzes an; mithin kann der Täter, der den Entschluß zur Begehung gewisser gleichartiger Handlungen ein für alle Male gefaßt hat, nur wegen einer (fortgesetzten) Handlung bestraft werden, während die (schwerer zu bestrafende) Handlungsmehrheit vorliegt, wenn der Entschluß sich anfänglich bloß auf den ersten Fall bezog und für die späteren Fälle besonders gefaßt wurde —

„vorsätzlich die ihm durch Rechtsgeschäft eingeräumte Befugnis, über fremdes Vermögen zu verfügen, mißbraucht und die ihm kraft Rechtsgeschäfts und eines Treueverhältnisses obliegende Pflicht, fremde Vermögensinteressen wahrzunehmen, verletzt und dadurch dem, dessen Vermögensinteressen er zu betreuen hatte, Nachteile zugefügt zu haben, indem er, entgegen seiner vertraglichen Verpflichtung, den Erlös für Schuhwaren, welche ihm von dem Schuhfabrikanten *Anton Kaldewey* in Erfurt unter Eigentumsvorbehalt zum Weiterverkauf überlassen worden waren, nicht an *Kaldewey* abführte, sondern für sich verwendete,

und durch dieselbe Handlung fremde bewegliche Sachen, die er in Besitz oder Gewahrsam hatte, und die ihm anvertraut waren, nämlich ungefähr 790 *RM* dem *Kaldewey* gehöriges Geld, sich rechtswidrig zugeeignet zu haben,

Vergehen gegen §§ 266, 246, 73 StGB.

Ermittlungsergebnis.

Beweismittel:

I. Eigene Angaben des Angeschuldigten.
II. Die Schriftstücke Blatt ...... der Akten.
III. Zeugnis:
1. des Schuhfabrikanten *Anton Kaldewey* in Erfurt, Domstraße 16,
2. des Geschäftsreisenden *Bernhard Loder* in Erfurt, Bismarckplatz 4,
3. der Kontoristin Frl. *Irmgard Bolle* in Breslau, Lehmgrubenstraße 48,
4. ....
IV. Strafregisterauszug Blatt .... der Akten.

Es wird beantragt:

das Hauptverfahren vor dem Schöffengericht hier zu eröffnen.

Untersuchungshaft wird nicht beantragt.

An das Amtsgericht i. A.:
hier. *Scharf.*"

Vgl. § 200 StPO. Ein Zwang, das Ermittlungsergebnis in die Anklageschrift aufzunehmen, besteht bei Schöffengerichtsanklagen nur, wenn es sich um ein Verbrechen handelt oder Voruntersuchung stattgefunden hat. Im Falle Elflein würde aber eine rein formale Anklageschrift unzweckmäßig gewesen sein, da der Sachverhalt immerhin nicht ganz einfach liegt.

Eine wichtige Rolle spielen in der staatsanwaltschaftlichen Dekretur die Nachrichten an Behörden. Ist der Angeschuldigte ein Beamter, Geistlicher, Anwalt, Arzt oder sonstige Medizinalperson, Privatlehrer, vereidigter Landmesser, Auktionator, Bücherrevisor, Schüler oder Student (um nur die Hauptfälle zu erwähnen), so muß die vorgesetzte Dienstbehörde (Disziplinarbehörde, Aufsichtsinstanz usw.) sowohl von der Erhebung der öffentlichen Klage — Antrag auf Voruntersuchung bzw. Einreichung einer Anklageschrift — wie vom Ausgang des Verfahrens, in den meisten Fällen auch vom Hauptverhandlungstermin, der Einlegung von Rechtsmitteln und anderen Vorgängen, in Kenntnis gesetzt werden. Weitere Benachrichtigungen sind in Strafsachen gegen Minderjährige, gegen Inhaber von Orden und Ehrenzeichen, in politischen und Pressestrafsachen, in Verfahren wegen Münz-, Zoll-, Steuer- und vielen anderen Sachen vorgeschrieben. Damit die Erteilung der Nachricht nicht übersehen wird, erhalten die Akten zutreffenden Falls einen farbigen Aufklebezettel:

„Mitteilungen sind zu machen nach §§ .... der AV. vom 12. Dezember 1927. Grund: ......"

Vgl. AV. vom 12. Dezember 1927 (JMBl. 395) mit einer übersichtlichen Zusammenstellung der einzelnen Fälle. Nachträge: AV. vom 23. März 1929 (JMBl. 103). Verurteilungsnachricht an die Polizei: unten S. 878.

In der Elflein'schen Sache sind keine Nachrichten erforderlich.

Staatsanwaltschaftliche Handakten: Außer den Hauptakten führt die Staatsanwaltschaft gemäß § 61 GeschO. sogenannte „Handakten". Sie sind Retentakten und sollen jederzeit ergeben, wo sich die Hauptakten befinden. Sie enthalten vor allem den Entwurf der Anklageschrift, ferner alle den inneren Dienst bei der Staatsanwaltschaft betreffenden Schriftstücke (z. B. Schriftwechsel zwischen Ober- und Generalstaatsanwalt über die Behandlung der Sache). Soweit sich die Handakten bei Gericht befinden (s. unten), bilden die Handakten für den Staatsanwalt die einzige Unterlage, namentlich muß sich der in der Hauptverhandlung als Terminsvertreter fungierende Staatsanwalt aus ihnen vorbereiten, wenn er nicht zufälliger Weise zugleich ordentlicher Dezernent der Sache ist. Schon aus diesem Grunde empfiehlt es sich, in verwickelteren Fällen das Ermittlungsergebnis auch dann in der Anklageschrift wiederzugeben, wenn § 200 StPO. dies nicht zwingend vorschreibt.

Die Handakten führen das Aktenzeichen der Hauptsache mit dem Zusatz: „HA".

Eröffnungsverfahren. Schöffenanklagen ohne Ermittlungsergebnis werden dem Angeschuldigten (§ 157) nicht mitgeteilt, sondern das Gericht entscheidet ohne seine Anhörung. Die Aufnahme des Ermittlungsergebnisses in die Anklageschrift gegen Elflein hat die wichtige Wirkung, daß ihm die Anklageschrift zugestellt werden muß mit der Aufforderung, innerhalb bestimmter Frist seine Einwendungen gegen die Eröffnung sowie etwaige Anträge auf gerichtliche Voruntersuchung oder auf Erhebung einzelner Beweise vor der Hauptverhandlung vorzubringen. § 201^{I} S. 2.

Der Eröffnungsrichter entscheidet nicht über Schuld oder Unschuld, sondern darüber, ob der Angeschuldigte einer strafbaren Handlung „hinreichend verdächtig" erscheint (§ 203), d. h. ob die Verdachtsgründe so stark sind, daß es sich rechtfertigt die Anklage zur Hauptverhandlung zu bringen. Dabei hat das Eröffnungsgericht nur nach eigener pflichtmäßiger Überzeugung zu entscheiden und ist an die Rechtsauffassung und die Anträge der Staatsanwaltschaft weder zu Gunsten noch zu Ungunsten des Angeschuldigten gebunden (§ 206). Es kann also wegen eines anderen als des in der Anklageformel bezeichneten Delikts eröffnen, kann aber auch Eröffnung beschließen, wenn seitens der Staatsanwaltschaft Außerverfolgungsetzung beantragt war (§ 208). In unserem Fall bestehen gegen die Anträge und Rechtsansichten des Staatsanwalts keine Bedenken:

„Beschluß.

Der Schuhwarengroßhändler *Günther Elflein* in Breslau, Dorothengasse 18 bei *Grosche*, wird beschuldigt:

zu Breslau im Jahre 1934 durch eine fortgesetzte Handlung

(folgt die Formel der Anklageschrift mit ihren abstrakten und konkreten Merkmalen, vgl. § 207^{I})

Vergehen gegen §§ 266, 246, 73 StGB.

Er ist dieser Tat hinreichend verdächtig.

Auf Antrag der Staatsanwaltschaft wird daher gegen ihn das Hauptverfahren vor dem Schöffengericht in Breslau eröffnet.

Untersuchungshaft wird nicht angeordnet.

Breslau, den 18. Juni 1934.

Amtsgericht.

Richter

Landgerichtsdirektor und Amtsgerichtsrat."

Vgl. § 22^{II} GVG. Über Anordnung bzw. Fortdauer der Untersuchungshaft ist immer von Amts wegen zu beschließen (§ 207^{II} StPO.).

Der Angeschuldigte, der nunmehr „Angeklagter" heißt (§ 157), hat gegen den Eröffnungsbeschluß kein Rechtsmittel. Dagegen steht dem Ankläger sofortige Beschwerde zu, falls nicht in vollem Umfang nach seinen Anträgen eröffnet worden war (§ 210).

Abweichungen vom normalen Eröffnungsverfahren: 1. In Reichs- bzw. Oberlandesgerichtssachen geht der Antrag der Staatsanwaltschaft nicht auf Eröffnung des Hauptverfahrens, sondern auf Anordnung der Hauptverhandlung. Die Anklageschrift — welche immer das Ermittlungsergebnis enthalten muß (§ 200^{II} S. 1) — wird dem Angeschuldigten in üblicher Weise mit Frist mitgeteilt. Nach Ablauf der Frist ordnet der Vorsitzende, wenn er hinreichenden Verdacht als gegeben ansieht, kurzer Hand die Hauptverhandlung an und beschließt gleichzeitig über die Anordnung oder Fortdauer der Untersuchungshaft. Nur in Zweifelsfällen wird eine Entscheidung des Gerichts eingeholt. Art. 3 § 1 der NotVO. vom 18. März 1933 (RGBl. I 131). 2. In Sondergerichtssachen findet statt der Eröffnung des Hauptverfahrens lediglich die Anordnung der Hauptverhandlung (regelmäßig durch den Vorsitzenden ohne Befragung des Kollegiums) statt, und das Ermittlungsergebnis in der Anklageschrift ist obligatorisch. Die Hauptverhandlung wird aber alsbald nach Eingang der Anklageschrift — also ohne Mitteilung an den Angeschuldigten und ohne Fristbestimmung — angeordnet. § 12^{II} VO. vom 21. März 1933 (RGBl. I 136). 3. Im Schnellverfahren (S. 946 f.) fällt nicht bloß der Eröffnungsbeschluß sondern sogar die schriftliche Anklageerhebung weg. 4. Verfahren nach vorausgegangenem amtsrichterlichen Strafbefehl: S. 915 f., Verfahren nach Strafbescheid des Finanzamtes: 25. Kap. „Steuerstrafsache".

Hauptverfahren. Bei Erlaß des Eröffnungsbeschlusses hat der Eröffnungsrichter in seiner Eigenschaft als Vorsitzender des Schöffengerichts zugleich den Hauptverhandlungstermin auf den 4. Juli 1934 bestimmt. Die Zustellung des Beschlusses jedoch, die Ladung des Angeklagten, der Zeugen und Sachverständigen, sowie die Herbeischaffung der als Beweismittel dienenden Gegenstände zur Hauptverhandlung werden durch die Staatsanwaltschaft, nicht durch das Gericht, ausgeführt: Prinzip der „Reinerhaltung des richterlichen Amtes" von formalem Betrieb, §§ 36, 213, 214 StPO. Die Regelung gilt auch für die Berufungs- und Revisionsinstanz, für die Zustellung des Urteils an den abwesenden Angeklagten (§§ 35^{III}, 235^{I}) oder in Verfolg einer Berufungs- oder Revisionseinlegung (§§ 316^{II},

343[II]) usw. Nur in Einzelrichtersachen erster Instanz hat das Gericht selbst zuzustellen und zu laden (unten S. 911). Sondergerichtssachen: § 12[III] VO. vom 21. März 1933. Über die ähnliche Regelung des Strafvollstreckungswesens vgl. S. 876.

Außerdem muß vor jeder gerichtlichen Entscheidung, (z. B. über einen Beweisantrag des Angeklagten oder Verteidigers) die Staatsanwaltschaft gehört werden (§ 33 StPO.).

Die Folge ist, daß die Akten fortwährend zwischen Staatsanwaltschaft und Gericht hin- und herwandern. —

Vermerk des Terminsvertreters über die Elfleinsche Hauptverhandlung in den Handakten der Staatsanwaltschaft:

„Antrag: 8 Monate Gefängnis, 1000 *RM* Geldstrafe (Ersatzfreiheitsstrafe 100 Tage Gefängnis), 2 Jahre Ehrverlust.

Urteil: 6 Monate Gefängnis, 1000 *RM* Geldstrafe (Ersatzfreiheitsstrafe 100 Tage Gefängnis), 2 Jahre Ehrverlust.

Angeklagter hat sich Einlegung eines Rechtsmittels vorbehalten.

4. Juli 1934.

Scharf."

Handakten und Terminsnotiz werden sofort dem ordentlichen Sachbearbeiter vorgelegt, der in erster Reihe zu prüfen hat, ob etwa dem Abteilungsvorsteher (S. 844) die Einlegung eines Rechtsmittels vorgeschlagen werden soll. In unserer Sache gibt die verhältnismäßig geringfügige Abweichung des Urteils vom Antrag der Staatsanwaltschaft keinen Anlaß, von sich aus ein Rechtsmittel einzulegen. Es wird also lediglich (in den Handakten) eine Frist

„nach 1 Woche"

verfügt, um festzustellen, ob Elflein das Urteil angefochten hat oder ob es rechtskräftig geworden ist.

Auch Elflein legt kein Rechtsmittel ein.

Strafkammeranklage wegen Tötung im Zweikampf.

„Der Oberstaatsanwalt bei
dem Landgericht.
7 J 209.34.

Breslau, den 5. Mai 1934.

Anklageschrift.

Der beratende Ingenieur Diplomingenieur *Gustav Flohr* in Breslau, Harrasgasse 7, geboren am 3. Oktober 1903 zu Heilbronn, nicht bestraft, wird angeklagt:

zu Breslau im Jahre 1934 seinen Gegner, den praktischen Arzt *Dr. Felix Barkhausen*, im Zweikampf getötet zu haben,

Verbrechen gegen § 206 StGB.

Ermittlungsergebnis.

Am 12. Februar 1934 nach 23 Uhr abends geriet der Angeschuldigte mit dem praktischen Arzt *Dr. Barkhausen* in der Bar ‚Max und Moritz' in Breslau in einen Wortwechsel, weil *Barkhausen* sich nach Ansicht des Angeschuldigten gegenüber einer Dame ungebührlich benommen haben sollte. Von beiden Seiten fielen Beschimpfungen. Am folgenden Tage ließ *Barkhausen* durch den Zeugen *Kleinrath* dem Angeschuldigten eine Säbelforderung überbringen. Der Angeschuldigte bestellte den — inzwischen nach Brasilien ausgewanderten —

Dr. Peter Klingsporn zu seinem Beauftragten. *Kleinrath* und *Klingsporn* gaben sich große Mühe den Ehrenhandel durch einen gütlichen Ausgleich beizulegen, doch scheiterten die Einigungsversuche."

Kleinrath hat den Auftrag zu einer Herausforderung übernommen und ausgerichtet und sich dadurch als Kartellträger strafbar gemacht (§ 203 StGB.). Weil er aber ernstlich bemüht gewesen war den Zweikampf zu verhindern, bleibt er nach § 209 straflos, und wird nicht mit angeklagt. Straflos sind nach § 209 ferner — ohne Rücksicht darauf ob sie das Duell zu verhindern gesucht hatten oder nicht — Sekundanten, Zeugen und Ärzte (die man sonst als Gehilfen nach §§ 49, 205 bestrafen müßte). Anders liegen die Dinge bei Klingsporn. Wer namens des Herausgeforderten über die Bedingungen des Zweikampfs verhandelt und die Herausforderung für ihn annimmt, ist zwar im gewöhnlichen Sprachgebrauch, aber nicht nach der Legaldefinition des § 203 „Kartellträger". Ebenso wenig erkennt ihn die Rechtsprechung als „Sekundanten" an, indem sie diesen Begriff auf die bei der Ausführung des Kampfes tätigen Freunde der Kampfparteien beschränkt. Klingsporns Rolle stellt sich vielmehr als Beihilfe zur Annahme der Herausforderung (§§ 49, 201) dar. Nun sollte man meinen, daß die gleiche Straflosigkeit, welche § 209 dem um Verhinderung des Kampfes bemühten Kartellträger des Herausforderers gewährleistet, dem Beauftragten des Herausgeforderten zum mindesten im Wege der Analogie zugestanden werden müsse. Die herrschende Ansicht (RGSt. 25, 81) lehnt jedoch die Analogie ab. Nur wegen seiner tatsächlichen Abwesenheit ist Klingsporn nicht mit angeklagt worden; es hätte auch vorläufige Einstellung (§ 205 StPO.) gegen ihn beantragt werden können.

„Am 16. Februar vormittags 8 Uhr fand der Zweikampf zwischen *Barkhausen* und dem Angeschuldigten in einem diesem gehörigen Wochenendhäuschen in Breslau-Deutsch Lissa unter den vereinbarten Bedingungen ‚schwere Säbel, ohne Mütze, Binden und Bandagen, Dauer 15 Minuten' statt. Im fünften Gang verfingen sich die Klingen der beiden Gegner. Der Angeschuldigte behauptet, daß die Sekundanten ‚Halt' gerufen hätten und daß dadurch eine Kampfpause eingetreten sei. Doch haben die beiden Sekundanten *Diehm* und *Seitz* einen derartigen Zuruf als Zeugen auf das Bestimmteste in Abrede gestellt, und es ist anzunehmen, daß der Haltruf, den der Angeschuldigte gehört haben will, von dem Zeugen *Henkel* ausging. Unzweifelhaft steht fest, daß die Sekundanten nicht eingesprungen sind, so daß schon aus diesem Grunde von einer Kampfpause keine Rede sein kann. Die Fechtenden bemühten sich nun, ihre Säbel wieder auseinander zu bekommen. Dabei beugte sich *Barkhausen* in unvorsichtiger Weise vor, geriet mit der Brust in die Klinge des Angeschuldigten und zog sich eine stark blutende Verwundung zu, so daß der Kampf sofort abgebrochen werden mußte. Der als Arzt anwesende Zeuge *Dr. Friedrich Hofmann* legte *Barkhausen* einen Verband an und brachte ihn in einer Autodroschke nach Hause. Nach drei Tagen zeigte sich eine Wundrose, und am 22. Februar starb *Barkhausen* im Elisabethinerinnen-Krankenhaus, in welches er inzwischen überführt worden war. Ein Anhalt dafür, daß *Barkhausen* selbst störend in den Heilverlauf eingegriffen hätte oder daß das tödliche Ende durch unsachgemäßes Verhalten eines Dritten herbeigeführt worden wäre, ist nach dem Gutachten des Primärarztes Prof. *Dr. Brandt* nicht gegeben, vielmehr bestand nach diesem Gutachten infolge der Verwundung auch bei vollkommen sachgemäßer Behandlung eine typische Todesgefahr."

Rechtfertigt dieser Sachverhalt die Schlußfolgerung, daß Flohr seinen Gegner im Zweikampf getötet hat? Das Delikt des § 206 StGB. ist ein durch den Todeserfolg qualifizierter Sonderfall des einfachen Zweikampfs (§ 205). Bei den sog.

„Erfolgsdelikten" (§§ 178, 221 III, 224, 226, 239 II, III, 251, 307 1, 309, 312 usw.) braucht der Erfolg vom Täter nicht schuldhaft herbeigeführt zu sein (arg. § 225), vielmehr genügt es, wenn er die eigentliche strafbare Handlung (hier: den Zweikampf) mit dem vom Strafgesetz bezeichneten Verschulden vorgenommen hat und wenn zwischen dieser Handlung und dem Erfolge objektiver Kausalzusammenhang besteht. Die im Strafrecht herrschende Buri'sche Lehre von der Gleichwertigkeit („Äquivalenz") der Bedingungen betrachtet im allgemeinen jede conditio sine qua non als Ursache. Gerade für die Erfolgsdelikte stellt man jedoch das weitere Erfordernis auf, daß die vom Täter schuldhaft gesetzte Bedingung den Erfolg in typischer Kausalität herbeigeführt haben muß, während bei bloß zufälliger Verkettung von Umständen die Herbeiführung des Erfolges durch die Straftat verneint wird. Frank III 2 b zu § 1 c. cit. Weiterhin geht eine (allerdings bestrittene) Meinung dahin, daß — sowohl bei Erfolgs- wie bei anderen Delikten — der Kausalzusammenhang „unterbrochen" ist, wenn der Verletzte selbst oder ein Dritter durch eine willkürliche Handlung in den Verlauf der Dinge eingegriffen hat. RGSt. 64, 143; JW. 30, 2874[23], 2962[30]; a. M. RGSt. 58, 366; 61, 318. Vgl. Steiniger JW. 31, 940[14]. Deshalb stellt die Anklageschrift besonders fest, daß Barkhausens Verwundung im typischen Verlauf zum Tode zu führen geeignet war und daß eine Störung des Heilverlaufs durch den Verletzten oder einen Dritten nicht in Betracht kommt. Die weitere Feststellung, daß Barkhausen nicht während einer Kampfpause verwundet wurde, ist wichtig, weil sonst keine Tötung „im" Zweikampf vorliegen würde. Der Tod muß als Folge einer Kampfhandlung erscheinen, dagegen ist nicht erforderlich, daß er gerade im Verlaufe des Duells eingetreten sei. RGSt. 63, 6; 64, 143. Über den gegenwärtigen Stand der strafrechtlichen Verursachungslehre vgl. noch v. Beling JW. 31, 188.

Wie sind die bei studentischen Schlägermensuren vorkommenden Tötungen und Verletzungen zu behandeln? Früher betrachtete die herrschende Meinung (Plenarentscheidung RGSt. 60, 257) Schläger als „tödliche Waffen" und wandte die §§ 201 f. auf Schlägermensuren an. Ob die gegenteilige Ansicht dazu führen müsse, die Tötungen und Körperverletzungen ganz straffrei zu lassen, oder sie nach §§ 211 f. bzw. 223 f. zu bestrafen oder die §§ 201 f. (besonders § 206) wenigstens insoweit analog anzuwenden, war streitig. Vgl. RGSt. 60, 257; Engelhard JW. 28, 2275[1]; Graf zu Dohna DJZ. 31, 1365 und JW. 32, 428[8]. Jetzt ist die erwähnte Rechtsprechung, mit der sich das Rechtsgefühl des Volkes niemals recht befreunden konnte, durch § 210a (Fassung der Novelle vom 26. Mai 1933) gegenstandslos geworden. Die Novelle erklärt a) den Zweikampf mit Schlägern unter Vorkehrungen, die bestimmt und geeignet sind gegen Lebensgefahr zu schützen, b) die Herausforderung zu einem solchen Zweikampf, c) die Annahme der Herausforderung ausdrücklich für straflos. Nun soll nach § 207 StGB. die mittels vorsätzlicher Übertretung der Duellregeln bewirkte Tötung oder Körperverletzung nach den allgemeinen Vorschriften über Tötung bzw. Körperverletzung bestraft werden. Die hieraus per argumentum e contrario abzuleitende Straflosigkeit der Körperverletzung durch regelrechten Zweikampf muß auch der Schlägermensur zu gute kommen: denn die Einlassung auf die Mensur enthält die Einwilligung des Verletzten zu allen derartigen Verletzungen, und von einem Verstoß gegen die guten Sitten kann selbstverständlich nicht die Rede sein, womit gemäß § 226a die Rechtswidrigkeit der Körperverletzung entfällt. Bei tödlichem Ausgang der Schlägermensur wird § 206 analog anzuwenden sein, da man eine solche Mensur weder straffrei lassen noch nach §§ 211 f. verfolgen darf. Die Straflosigkeit des „Zweikampfes" im Sinne des ersten Falles des § 210a (oben zu a) ist also nur auf den einfachen Zweikampf ohne Todeserfolg des § 205, nicht auf die „Tötung im Zweikampf" des § 206 zu beziehen.

Die Anklageschrift hat offenbar zu Einwendungen des Angeschuldigten Stellung genommen. Gegen ein solches Verfahren ist nichts einzuwenden. Das „Ermittlungsergebnis" braucht keineswegs aus einer trockenen Nebeneinanderstellung von Tatsachen zu bestehen. Auch Deduktionen — tatsächlicher oder rechtlicher Art — sind erlaubt, obgleich sie das Gesetz nicht erwähnt. Unter Umständen sind sie zur sachgemäßen Vorbereitung des weiteren Verfahrens sogar dringend zu empfehlen[3]).

„Beweismittel:

I. Eigene Angaben des Angeschuldigten.

II. Die in Büroverwahrung befindlichen Überführungsstücke.

III. Zeugnis: 1. des Apothekers *Ewald Diehm* in Freiburg (Schlesien),

2. ....

IV. Sachverständiges Gutachten des Primärarztes *Prof. Dr. Rolf Brandt* in Breslau, Gräbschenerstraße 125/137 (Elisabethinerinnen-Krankenhaus).

Es wird beantragt:

das Hauptverfahren vor der Strafkammer hier zu eröffnen.

Untersuchungshaft wird nicht beantragt.

An

das Landgericht, Strafkammer — i. A.:

hier. — *Scharf.*"

Vgl. VO. vom 14. Juni 1932, 1. Teil, Kap. I Art. 1 § 1.

Strafvollstreckung. Begnadigung und Strafaussetzung.

„Amtsgericht. — Breslau, den 12. Juli 1934.

An den Herrn Oberstaatsanwalt hier.

In der Strafsache gegen *Elflein*[4]) werden, nachdem das Urteil des Schöffengerichts vom 4. Juli 1934 Rechtskraft erlangt hat, anbei die Akten nebst beglaubigter Abschrift der Urteilsformel zur weiteren Veranlassung gemäß § 451 I StPO. übersandt. Bedingte Strafaussetzung wird nicht befürwortet.

Richter

Landgerichtsdirektor und Amtsgerichtsrat."

„Beglaubigte Abschrift.

Geschäftsnummer: (11) 7 M 108/34.

Strafsache

gegen den Schuhwarengroßhändler *Günther Elflein* in Breslau, geboren am 25. Januar 1908 in Neustadt O.S., wegen Untreue und Unterschlagung.

Das Schöffengericht in Breslau hat am 4. Juli 1934 für Recht erkannt:

Der Angeklagte wird wegen fortgesetzter Untreue in Tateinheit mit Unterschlagung zu sechs Monaten Gefängnis, 1000 *RM* (i. W.) Geldstrafe und zwei Jahren Verlust der bürger-

---

[3]) Auch als Inhalt der „vorbereitenden Schriftsätze" des Zivilprozesses sieht § 130[3—5] ZPO nur tatsächliche Ausführungen vor (während der mündliche Vortrag der Parteien nach § 137 II neben den tatsächlichen die Rechtsfragen umfassen soll), und trotzdem ist es allgemein üblich, daß die Schriftsätze Rechtsausführungen enthalten. In Anklageschriften kommen Rechtsdeduktionen, Entscheidungszitate und dergl. verhältnismäßig selten vor, höchstens wird einmal ein nicht ganz naheliegender Gesichtspunkt kurz angedeutet. — Falls in einer Klausurarbeit eine Anklageschrift entworfen werden soll, sind die Rechtsfragen immer in einem besonderen Gutachten (bzw. Aktennotiz) zu erörtern, auch wenn die Anklageschrift mit Ermittlungsergebnis gefertigt wird.

[4]) oben S. 859 f.

lichen Ehrenrechte verurteilt. An Stelle der Geldstrafe treten im Falle der Nichtbeitreibbarkeit weitere hundert Tage Gefängnis.

Die Kosten des Verfahrens fallen dem Angeklagten zur Last.

Die vorstehende Abschrift der Urteilsformel wird beglaubigt. Das Urteil ist vollstreckbar.

Breslau, den 12. Juli 1934.

(Siegel) *Urkund*

Justizobersekretär als Urkundsbeamter der Geschäftsstelle."

Strafurteile dürfen erst nach Eintritt der Rechtskraft vollstreckt werden (§ 449), eine vorläufige Vollstreckbarkeit gibt es in Strafsachen nicht. Die Vollstreckung geschieht durch die sog. „Vollstreckungsbehörde" auf Grund einer von der Geschäftsstelle des erkennenden Gerichts erteilten, mit der Bescheinigung der Vollstreckbarkeit, d. h. der Rechtskraft, versehenen beglaubigten Abschrift der Urteilsformel (§ 451^{I}). Die Vollstreckungsbehörden sind teils staatsanwaltschaftliche, teils richterliche:

- in Reichsgerichtssachen die Reichsanwaltschaft,
- in Oberlandesgerichtssachen die Generalstaatsanwaltschaft beim Oberlandesgericht,
- in Schwurgerichts-, Strafkammer-, Schöffen- und Sondergerichtssachen die Staatsanwaltschaft beim Landgericht,
- in Jugendsachen der Jugendrichter,
- in Einzelrichtersachen der Amtsrichter.

§§ $451^{I, III}$ StPO., 36^{I} S. 1 JugGG., 2^{I} pr. Strafvollstreckungs- und GnadenrechtsG. vom 1. August 1933 (GS. 293). Der Jugendrichter handelt bei der Strafvollstreckung als unabhängiger Richter kraft reichsgesetzlicher Übertragung und gegen seine Vollstreckungsentscheidungen findet sofortige Beschwerde an die übergeordnete Strafkammer statt. § 36^{II} JugGG. Dagegen wird der Einzelrichter bei Vollstreckung seiner Urteile nur zufolge landesrechtlicher Delegation tätig und hat demgemäß die Rolle eines Organs der Justizverwaltung, genau so wie sonst der Staatsanwalt: denn materiell gehört die Strafvollstreckung zur Justizverwaltung. Daraus folgt, daß er in dieser Eigenschaft an Weisungen der vorgesetzten Stellen gebunden ist und daß Beschwerden gegen seine Verfügungen im Aufsichtswege zu erledigen sind. RGSt. 21, 424; 31, 76; 63, 168; Löwe-Rosenberg 5 zu § 451.

Die bedingte Strafaussetzung, zu welcher das Begleitschreiben des Gerichts Stellung genommen hat, bildet einen besonderen Anwendungsfall des **Gnadenrechts**. Im Wege der Gnade können nämlich rechtskräftig erkannte Strafen nicht bloß gänzlich oder teilweise erlassen, sondern auch umgewandelt (Todesstrafe in Freiheitsstrafe, Freiheits- in Geldstrafe) oder ihre Vollstreckung hinausgeschoben werden. Die Begnadigung erstreckt sich auf Strafen aller Art, einschließlich Einziehung und Verfallerklärung, Ehren- und sonstige Nebenstrafen und gesetzliche Folgen der Verurteilung; sie besteht dann beispielsweise in der Wiederverleihung der bürgerlichen Ehrenrechte oder der Fähigkeit zur Bekleidung öffentlicher Ämter, bzw. in der Aufhebung der Zulässigkeit von Polizeiaufsicht. §§ 43, 44 StVollstr. u. GnR. Das Gnadenrecht ist Ausfluß der Regierungsgewalt und steht als solcher demjenigen Lande zu, dessen Gerichte erkannt haben, gegenüber erstinstanzlichen Urteilen des Reichsgerichts dem Reiche. § 452 StPO. Das Begnadigungsrecht des Reiches übt der Reichspräsident unter Gegenzeichnung des zuständigen Reichsministers aus

(Art. 49, 50 RVerf.), dasjenige der Länder der Reichsstatthalter, in Preußen der Reichskanzler (§§ 1⁵, 5¹ ReichsstatthG. vom 7. April 1933, RGBl. I 173). Durch Gesetz vom 25. April 1933 (RGBl. I 225), Erl. vom 26. Mai 1933 (JMBl. 189) und verschiedene ältere Erlasse ist das Begnadigungsrecht des Reichskanzlers in den preußischen Sachen weiter übertragen: bei Todesurteilen auf den preußischen Ministerpräsidenten, für gewisse Sondermaterien auf den preußischen Finanz- oder sonstigen Fachminister, sonst allgemein auf den preußischen Justizminister. Vgl. § 45 StVollstr. u. GnR. Eine Reihe von Jahren bediente sich der preußische Justizminister in Gnadensachen der Mitwirkung eines Richters, des „Beauftragten für Gnadensachen beim Landgericht", und es wurde auch ein Vertreter der Anwaltschaft tätig. § 42 beseitigt diese Institutionen: „Der Verzicht auf den rechtskräftig erkannten staatlichen Strafanspruch ist nicht ein Akt der Rechtsprechung, sondern stellt sich als Ausübung der Staatsgewalt auf dem Gebiete der Verwaltung dar. Die straffe Zusammenfassung und klare Abgrenzung der Behörden im autoritären Staate erfordert, daß der Staat sich bei der Ausübung seines Gnadenrechts derjenigen Justizorgane bedient, deren eigentliche Aufgabe es ist, die staatlichen Ansprüche auf dem Gebiete des Strafrechts geltend zu machen und zu verwirklichen. Die Bearbeitung der Gnadensachen wird daher den Staatsanwaltschaften übertragen."

Gerade in dieser Beziehung nimmt die Strafaussetzung mit Bewährungsfrist behufs künftiger Begnadigung eine Ausnahmestellung ein. Sie beruhte früher auf einer generellen Delegation des ministeriellen Begnadigungsrechts an die erkennenden Gerichte, welche bei der Urteilsfällung durch verkündeten Beschluß über die bedingte Strafaussetzung endgültig zu entscheiden und sie durchzuführen hatten. Die Weitherzigkeit, mit der die preußischen Gerichte von ihrer Befugnis Gebrauch machten, hat zu dem bekannten drastischen Witzwort geführt: „erst klaue ick, und denn bewähr ick mir". Auch hierin hat das StVollstr. u. GnR. Wandel geschaffen. § 42 fährt fort: „Ebenso erfordert die klare Abgrenzung der Behördenaufgaben, daß die Strafgerichte, deren Aufgabe und hohes Amt es ist, im Staate unabhängig Recht zu sprechen und den staatlichen Strafanspruch endgültig festzustellen, nicht mit Aufgaben belastet werden, die sich als reine Verwaltungstätigkeit darstellen. Daher wird die Entscheidung über die Aussetzung der Strafvollstreckung unter Bewilligung von Bewährungsfrist den Strafvollstreckungsbehörden übertragen." Bedingte Strafaussetzung kann also, wenn er Strafvollstreckungsbehörde ist, auch der Amtsrichter bewilligen. In Jugendsachen entscheidet nach den unverändert gebliebenen §§ 10—15, 34 JugGG. immer noch das erkennende Gericht, außerhalb der mündlichen Verhandlung der Jugendrichter. Soweit dagegen die Strafvollstreckung durch die Staatsanwaltschaft vollzogen wird, beschränkt sich die gerichtliche Mitwirkung darauf, daß das erkennende Gericht bei Übersendung der Akten an die Strafvollstreckungsbehörde zur Frage der bedingten Strafaussetzung „Stellung zu nehmen" hat (§ 63 StVollstr. u. GnR.), während die eigentliche Bearbeitung und die Entscheidung in den Händen der Staatsanwaltschaft liegt. Da die gerichtliche Äußerung außerhalb der Hauptverhandlung erfolgt, wird sie für das Schöffengericht vom Vorsitzenden, für die erstinstanzliche Strafkammer und das Schwurgericht von der dreigliedrigen Beschlußstrafkammer abgegeben. §§ 30ᴵᴵ, 76ᴵ, 82ᴵᴵ GVG. Für das zweitinstanzliche Gericht äußert sich nur der Vorsitzende. § 63 S. 3 StVollstr. u. GnR. —

In jedem einzelnen Falle haben die Strafvollstreckungsbehörden vor Einleitung der Vollstreckung — ohne jedoch diese zu verzögern — von Amtswegen zu prüfen, ob Anlaß zur Bewilligung bedingter Strafaussetzung besteht (§ 62). Eine Strafe von 6 Monaten, wie sie gegen Elflein ausgesprochen wurde, ist das Maximum, bei welchem gerade noch bedingte Strafaussetzung stattfindet; außerdem können die Vollstreckungsbehörden Reste einer längeren Freiheitsstrafe bis zu 6 Monaten sowie Geldstrafen unter Bewilligung einer Bewährungsfrist aussetzen (§ 56). Aus den Akten ergeben sich aber keine besonderen Gründe für eine Strafaussetzung. Um die Achtung vor den Gesetzen und der staatlichen Straffestsetzung zu wahren, bestimmt § 57 I, daß die erkannte Strafe regelmäßig voll zur Verwirklichung gelangen und nur ausnahmsweise ausgesetzt werden soll. Verfügung des Abteilungsvorstehers, dem die Sache vorgelegt wird, weil er allein Zeichnungsrecht in Gnaden-, Strafaussetzungs- u. dgl. Angelegenheiten hat (AV. vom 16. Februar 1931, Fassung vom 11. September 1933, JMBl. 377):

„Kein Anlaß zur Bewilligung bedingter Strafaussetzung."

Alsdann geht die Sache an den Rechtspfleger (S. 72 zu 8). Dieser stellt aus dem allgemeinen Strafvollstreckungsplan fest, in welchem Gefängnis Elflein mit Rücksicht auf sein Alter, Geschlecht, Religion und Strafdauer die Strafe verbüßen muß. Alsdann verfügt er:

„1. Rechtskräftig."

Die Strafvollstreckungsbehörde darf sich nicht auf die Rechtskraftbescheinigung des Gerichts verlassen, sondern hat die Rechtskraft selbständig nachzuprüfen.

„2. Zählkarte."

Dieses Institut dient statistischen Zwecken. Vgl. AV. vom 21. Dezember 1881 (JMBl. 329) und 28. Dezember 1927 (JMBl. 435).

„3. Strafregisternachricht.

4. Nachricht dem Polizeipräsidium hier."

Alle in gerichtlichen Urteilen oder Strafbefehlen, polizeilichen Strafverfügungen, Finanzamts-Strafbescheiden und -Unterwerfungsverhandlungen ausgesprochenen Strafen sind registerpflichtig, ausgenommen:

a) Geldstrafen wegen Übertretung, jedoch kommen Geldstrafen aus §§ 361, 363 StGB. ins Register; Haftstrafen sind stets registerpflichtig,

b) „Ordnungsstrafen" wegen Zuwiderhandlungen gegen Steuergesetze (§ 413 AbgO.), die in Wahrheit Vergehensstrafen sind (vgl. die „Steuerstrafsache" des 25. Kap.).

Zwischen öffentlicher und Privatklage besteht hinsichtlich der Eintragung ins Strafregister kein Unterschied. Strafregisterbehörde ist die Oberstaatsanwaltschaft des Geburtsorts, für Personen, die im Ausland geboren sind, das Reichsjustizministerium. §§ 1, 2 StRegVO. (unten S. 886).

Die Mitteilungen an die Polizei sind durch § 13 der AV. vom 12. Dezember 1927 (oben S. 870) vorgeschrieben. Sie bilden die Grundlage der von der Polizei geführten eigenen Straflisten.

„5. Aufforderung an *Elflein*, bis zum 28. Juli 1934 die Strafe im Strafgefängnis hier, Kletschkaustraße, anzutreten.

6. Ersuchen an Strafgefängnis hier, Kletschkaustraße, um Vollstreckung wegen 6 Monaten Gefängnis."

Mit dem Ersuchen erhält das Strafgefängnis die beglaubigte Abschrift der Urteilsformel sowie einen Strafregisterauszug.

„7. Geldstrafe und Kosten erfordern. Frist: 2 Wochen."

Nach fruchtlosem Ablauf der Frist verfügt der Rechtspfleger die Aufnahme von Geldstrafe und Kosten in die „Vollstreckungsliste". Die Einstellung wird darauf vom Urkundsbeamten vorgenommen (§ 42 KassO.) und die Sache dem Gerichtsvollzieher zur Mobiliarvollstreckung übergeben. Die Vollstreckung von Geldstrafen ist ebenso wie die Einziehung von Gerichtskosten (S. 435) Verwaltungszwangsverfahren, soll jedoch „nach den Vorschriften über die Vollstreckung der Urteile der Zivilgerichte" geschehen (§ 463 StPO.). Das legen einzelne Schriftsteller und Entscheidungen so aus, daß sämtliche Bestimmungen der §§ 704f. ZPO. maßgebend seien, auch soweit die Zustellung des Schuldtitels (§ 750) in Betracht kommt. Dagegen erklärt § 108¹ S. 2 pr. GeschAnw. f. GV. (S. 138) die Zustellung der Entscheidung für nicht erforderlich. § 463 StPO. bedeutet also wohl bloß die Anwendbarkeit der materiellen Bestimmungen der ZPO., insbesondere ihrer Unpfändbarkeitsvorschriften. Vgl. Löwe-Rosenberg 3 zu § 463.

Kosten in Strafsachen: Bei rechtskräftiger Verurteilung wird eine Gerichtsgebühr erhoben, welche bei Geldstrafen 10% der erkannten Summe (mindestens 5 RM.) beträgt, bei Freiheits- und Todesstrafe von 5 bis 300 RM. abgestuft ist. Die Gebühr entsteht für jede Instanz mit materieller Hauptverhandlung besonders. §§ 52^I, ^II, 55 GKG. Diese Gebühren zusammen mit den Auslagen — zu denen die oft sehr hohen Kosten der Zeugen und Sachverständigen gehören — bilden den Inhalt der im Verurteilungsfall den Angeklagten treffenden Kostenlast. Bei Freisprechung und Einstellung fehlt es an einem eigentlichen Kostenschuldner. Da nun das Urteil in jedem Falle eine Kostenentscheidung enthalten muß (§ 464^I StPO.), ergibt sich die übliche Formel, daß die Staatskasse die Kosten zu tragen habe (vgl. z. B. unten S. 915). Ohne rechtskräftige Verurteilung werden Kosten im Verfahren auf öffentliche Klage nur ganz ausnahmsweise erhoben, z. B. im Verfahren nach §§ 172f. (oben S. 857) und bei Antragsrücknahme (unten S. 915). Vgl. dazu §§ 57, 58 GKG. Durch Privatklage entstehen immer Kosten (§§ 59f.).

Die Pfändungsbeschränkungen der ZPO. gelten auch für die Beitreibung der Kosten. §§ 464^II S. 2 StPO., 46f. VO. über das Verwaltungszwangsverfahren (oben S. 644), 15^I pr. GKG. Eine weitere Beschränkung der Zwangsvollstreckung enthält § 15^II pr. GKG.: wegen Kostenforderungen darf niemals ein Grundstück zur Zwangsversteigerung gebracht werden, wenigstens nicht gegen den ursprünglichen Kostenschuldner oder seine näheren Angehörigen als Erben. Zwangsverwaltung und Zwangshypothek sind dagegen unbeschränkt zulässig.

Zahlt Elflein von der an Strafe und Kosten von ihm erforderten Summe nur einen Teil, so würde nach dem Prinzip des § 367 BGB. der geleistete Betrag in erster Reihe auf die Kosten anzurechnen sein. §§ 41⁷, 42⁵ KassO. bestimmen jedoch humaner Weise, daß gezahlte oder beigetriebene Teilleistungen in Strafsachen zunächst auf die Geldstrafe verrechnet werden. Die Kosten können nämlich lediglich mit den Mitteln der Zwangsvollstreckung beigetrieben werden, während bei Nichtbezahlung von Geldstrafen die Verbüßung der Ersatzfreiheitsstrafe eintritt. Deshalb suchen übrigens die Verurteilten die ihnen auferlegte Geldstrafe, wenn irgend möglich, aufzubringen, während sie es wegen der Kosten ruhig zur fruchtlosen Vollstreckung kommen lassen. Das Schicksal der Kostenforderung teilen gewöhnlich Geldbeträge, auf deren Einziehung in gewissen Fällen erkannt wird, ohne daß ihnen eine Freiheitsstrafe substituiert werden kann, z. B. Bestechungssummen und Schmiergelder (§§ 335 StGB., 12^III UWG.), sowie Bußen (unten S. 973).

Ist von vornherein mit Sicherheit vorauszusehen, daß die Geldstrafe nicht beitreibbar sein wird, so darf der vorherige Beitreibungsversuch unterbleiben. § 28a^II StGB.

„8. Nachricht dem Magistrat hier."

Die Aberkennung der bürgerlichen Ehrenrechte bewirkt a) den dauernden Verlust der öffentlichen Ämter, der aus Wahlen für den Verurteilten hervorgegangenen Rechte usw., welche er z. Zt. der Rechtskraft des Urteils bekleidet, b) außerdem während der im Urteil bestimmten Zeit die Unfähigkeit neue öffentliche Ämter usw. zu erlangen, politische Rechte auszuüben, Vormund zu werden. Zu b läuft die Frist erst von der Verbüßung der Freiheitsstrafe ab. §§ 33, 34, 36. Die Nachricht soll dem Magistrat Veranlassung geben, bei Aufstellung von Wählerlisten u. dgl. auf den Ehrverlust Rücksicht zu nehmen. War der zu Ehrverlust Verurteilte Inhaber von Orden oder Ehrenzeichen, so werden sie ihm samt den darüber ausgestellten Patenten und Besitzzeugnissen auf Ersuchen der Strafvollstreckungsbehörde von der Polizei abgenommen. AusfVO. zum St.Vollstr. u. GnR. vom 1. August 1933 (JMBl. 276 Anm.), A zu § 36.

Bei Verurteilung von Beamten, Anwälten usw. sind weiterhin die S. 870 erwähnten Benachrichtigungen zu erlassen.

„9. Am 30. Juli."

Bei der Wiedervorlegung kontrolliert der Rechtspfleger gemäß Ziff. 5 und 7 der Verfügung den Strafantritt und die Zahlung von Geldstrafe und Kosten. — Wenige Tage vor Ablauf der ihm zum Strafantritt bestimmten Frist reicht Elflein ein Gesuch ein, in welchem er gegen die Strafantritts- und Zahlungsaufforderung Vorstellungen erhebt:

„*Kaldewey* hat jetzt seine ganze Restforderung, teils in Wechseln, teils bar, erhalten, ist also nicht geschädigt. Ich bleibe nach wie vor dabei, daß ich den zwischen uns geschlossenen Vertrag genau befolgt habe, abgesehen von der durch den Einbruch hervorgerufenen zeitweiligen Zahlungsstockung, an der mich keine Schuld trifft. Sollte ich gleichwohl schuldig sein, so habe ich doch bloß aus Unerfahrenheit und Not gefehlt, was am besten daraus hervorgeht, daß ich mich mit allen Kräften bemüht habe den Schaden *Kaldeweys* wieder gut zu machen. Die Vollstreckung der gegen mich erkannten Gefängnisstrafe würde mir gerade im gegenwärtigen Zeitpunkt schweren gesundheitlichen Schaden bringen, da ich ausweislich des beiliegenden Attestes des *Dr. med. Unblutig* in Breslau an Nierenentzündung leide, die sich mit Gewißheit im Gefängnis verschlimmern würde. Außerdem habe ich, wie die beiliegenden Briefe beweisen, Aussicht auf eine festbezahlte Anstellung als Reisender für Pirmasenser Schuhfabriken, wobei aber Voraussetzung ist, daß ich die Stellung spätestens Mitte August antreten kann, damit die Firma während der vereinbarten vierwöchigen Probezeit bis zum Einsetzen des eigentlichen Wintergeschäfts feststellt, ob sie mit meinen Verkaufsresultaten zufrieden ist und mich dauernd behalten will. Falls ich die Stellung erhalte, hoffe ich in geordnete Verhältnisse zu kommen und in der Lage zu sein, die Geldstrafe nach und nach abzuzahlen. Ich bitte deshalb:

a) in erster Reihe: die gegen mich verhängte Strafe im Gnadenwege zu erlassen,

b) in zweiter Reihe: mir Aufschub der Vollstreckung der Gefängnisstrafe, möglichst mit Bewährungsfrist und mit Aussicht auf spätere Begnadigung, zuzubilligen,

c) wegen der Geldstrafe: anzuordnen, daß die Vollstreckung der Ersatz-Freiheitsstrafe unterbleibt, oder mir wenigstens geräumige Ratenzahlungen zur Abtragung der Strafe zu gewähren,

d) in jedem Falle aber bis zur endgültigen Entscheidung die Strafvollstreckung auszusetzen.

Soweit die Staatsanwaltschaft zur Entscheidung nicht zuständig sein sollte, bitte ich dieses Gesuch an die zuständige Stelle weiterzuleiten.

Günther Elflein."

Auf welchen Wegen kann die endgültige Niederschlagung oder zeitweilige Aussetzung rechtskräftig erkannter Strafen herbeigeführt werden?

1. Amnestie schließt die Strafverfolgung oder Strafvollstreckung wegen gewisser Delikte oder zu Gunsten bestimmter Kategorien von Tätern allgemein aus. Soweit rechtskräftig erkannte Strafen in Frage kommen, wirkt die Amnestie wie eine generelle Begnadigung. Zum Unterschied von der Begnadigung ist sie aber eine Norm des objektiven Rechts, auf deren Anwendung der Täter einen festen Rechtsanspruch hat, den er bis zur Rechtskraft durch Rechtsmittel (auch durch Revision), im Vollstreckungsstadium gemäß §§ 458, 462 IV StPO. geltend machen kann.
2. Begnadigung: s. oben S. 876.
3. Strafaussetzung mit Bewährungsfrist und Aussicht auf Begnadigung durch die Strafvollstreckungsbehörde: oben S. 877.
4. Strafaussetzung mit Bewährungsfrist und Aussicht auf Straferlaß durch die Jugendgerichte: oben S. 877, unten S. 973 f.
5. Aufschub der Vollstreckung von Freiheitsstrafen (ohne Aussicht auf Begnadigung) wegen absoluter Haftunfähigkeit — Geisteskrankheit oder „nahe Lebensgefahr" — durch die Vollstreckungsbehörde: §§ 455 StPO., 38 StVollstr. u. GnR. Beim Vorhandensein der gesetzlichen Voraussetzungen muß der Aufschub gewährt werden.
6. Aufschub der Vollstreckung von (Freiheits- und Geld-)Strafen, weil dem Verurteilten oder seiner Familie durch sofortige Vollstreckung „erhebliche außerhalb des Strafzwecks liegende Nachteile" drohen, durch die Vollstreckungsbehörde: §§ 456 StPO., 38 StVollstr. u. GnR. In diesem Falle bedarf es eines Antrages und die Strafvollstreckungsbehörde hat freies Ermessen („kann").
7. Vorläufige Entlassung der zu längerer Zuchthaus- oder Gefängnisstrafe Verurteilten nach Verbüßung von $\frac{3}{4}$ der Strafzeit: §§ 23—26 StGB. Zuständig ist der preußische Justizminister als „oberste Justiz-Aufsichtsbehörde" (§ 25 I S. 1).
8. Bei Geldstrafen kann das erkennende Gericht erster Instanz — im Urteil oder nachträglich — dem Verurteilten Fristen oder Ratenzahlungen bewilligen, oder, wenn die Geldstrafe „ohne Verschulden des Verurteilten nicht eingebracht werden kann", anordnen, daß die Vollstreckung der Ersatzfreiheitsstrafe unterbleibt. §§ 28, 29 VI.

Für Elfleins Gesuch kommen die Vergünstigungen zu 2, 3, 5, 6 und 8 in Frage. Zu 3, 5 und 6 ist die Staatsanwaltschaft, zu 8 das Gericht zuständig, zu 2 hat die Staatsanwaltschaft die Entscheidung des Justizministers vorzubereiten. Es werden Ermittlungen notwendig sein, die sich innerhalb der Strafantrittsfrist nicht durchführen lassen. Soll bis zur Erledigung des Gesuchs die Strafvollstreckung ausgesetzt werden, wie es Elflein in seinem letzten Antrag wünscht? Nach der StPO. braucht die Vollstreckungsbehörde nur im Falle der Todesstrafe die Entscheidung der Gnadeninstanz abzuwarten (§ 453), und die Tendenz des StVollstr. u. GnR. geht dahin, daß Gnadengesuche u. dgl. die Vollstreckung des Urteils grundsätzlich nicht aufhalten dürfen, es sei denn, daß dem Verurteilten durch den baldigen Strafantritt ein „unwiederbringlicher Schaden" droht und der Strafzweck die sofortige Vollstreckung nicht verlangt (vgl. §§ 51, 63). Nach den eingereichten Unterlagen muß man hier mit diesem Ausnahmefall immerhin rechnen. Verfügung des Abteilungsvorstehers:

„1. Die Strafvollstreckung wird bis auf weiteres ausgesetzt.

2. Nachricht a) dem Verurteilten. Zusatz: Wenn Sie Ihren Strafaussetzungsantrag vom 23. d. M. darauf stützen wollen, daß Sie haftunfähig seien oder daß die Vollstreckung der Gefängnisstrafe Ihre Gesundheit schädigen würde, wird Ihnen anheimgegeben sich innerhalb von 10 Tagen bei dem Gerichtsarzt Geh. Medizinalrat *Dr. Ansorge* hier zur Untersuchung auf Ihre Kosten zu melden.

b) dem Strafgefängnis hier, Kletschkaustraße.

3. Abschrift des Gesuchs dem Polizeipräsidium hier mit dem Ersuchen um baldige Feststellung, ob dem Verurteilten bei alsbaldiger Vollstreckung der Strafe unwiederbringliche wirtschaftliche oder sonstige Nachteile drohen, welche einen Strafaufschub angebracht erscheinen lassen. Ist ihm zu glauben, daß er Aussicht auf Erlangung einer Stellung hat, aus deren Verdienst er die Geldstrafe bezahlen würde? Scheint er eines Gnadenerweises, insbesondere der gänzlichen oder teilweisen Niederschlagung der erkannten Strafe, oder der Aussetzung der Strafvollstreckung unter Zubilligung einer Bewährungsfrist würdig? Ist anzunehmen, daß die begangene Verfehlung durch Verdorbenheit und verbrecherische Neigung veranlaßt wurde, oder hat der Verurteilte aus Leichtsinn, Unerfahrenheit, Verführung oder Not gehandelt, und kann mit Sicherheit erwartet werden, daß er sich durch gute Führung während der Bewährungsfrist eines künftigen Gnadenerweises würdig erzeigen wird?

4. Mitteilung zu 2 a an Geheimrat *Ansorge* mit Fragebogen.

5. Nach 10 Tagen."

Die Gnadenvorgänge werden nicht in die Hauptakten eingeheftet, sondern in einem besonderen „Gnadenheft" (Aktenzeichen „Gn R") aufbewahrt. § 54 II St.-Vollstr. u. GnR., § 66 GeschO. in der Fassung der AV. vom 11. September 1933 (JMBl. 377). —

Die Polizei berichtet, daß Elflein wiederholt eine Neigung zu Unredlichkeiten im geschäftlichen Leben gezeigt habe. Es schwebe schon wieder ein Verfahren gegen ihn wegen einer im Mai 1934 begangenen Tat. Die Angaben seines Gesuchs über die Schadloshaltung Kaldeweys seien zum großen Teil, die Angaben über die festbezahlte Reisestellung gänzlich aus der Luft gegriffen. Zur gerichtsärztlichen Untersuchung hat Elflein sich nicht gestellt. Verfügung:

„1. An *Elflein*: Der von Ihnen gestellte Antrag auf Aufschub der Strafvollstreckung wird abgelehnt, weil die Voraussetzungen des § 455 StPO. nicht nachgewiesen sind und Ihnen oder Ihrer Familie keine erheblichen außerhalb des Strafzwecks liegenden Nachteile (§ 456 StPO.) durch die sofortige Vollstreckung erwachsen.

Über Ihr Gnadengesuch und Ihren Antrag auf bedingte Strafaussetzung wird nach Einholung der gerichtlichen Äußerung entschieden werden.

Wegen der Bewilligung von Ratenzahlungen für die Geldstrafe und der Niederschlagung der Ersatzfreiheitsstrafe wird eine Entscheidung des Gerichts herbeigeführt werden.

Eine weitere Aussetzung der Strafvollstreckung im Hinblick auf das schwebende Gnadengesuch und den Antrag auf bedingte Strafaussetzung kann ich nicht gewähren, da die Vollstreckung des Urteils durch derartige Anträge grundsätzlich nicht aufgehalten werden darf und besondere Gründe, welche eine Ausnahme rechtfertigen würden, nicht dargetan sind. Ich widerrufe also die Aussetzung, soweit es sich um die Vollstreckung der Freiheitsstrafe handelt. Sie erhalten gleichzeitig erneute Aufforderung zum Strafantritt.

2. Urschriftlich mit Akten und Gnadenheft
dem Amtsgericht hier

zur Stellungnahme gemäß §§ 47^{II}, 63 StVollstr. u. GnR. und zur Entscheidung gemäß §§ 28, 29^{VI} StGB. Einen Anlaß, dem Verurteilten Teilzahlungen zur Abtragung der Geldstrafe zu gewähren oder anzuordnen, daß die Vollstreckung der Ersatzfreiheitsstrafe unterbleibt, halte ich nicht für gegeben.

Breslau, den 4. August 1934.

Der Oberstaatsanwalt beim Landgericht.

i. A.: *Scharf*, Erster Staatsanwalt."

Befindet oder befand sich der Verurteilte in Haft, so ist außer der gerichtlichen eine Äußerung der Strafanstalt über Persönlichkeit, Führung und Gnadenwürdigkeit einzuholen. Ist er Beamter, so muß weiterhin seine vorgesetzte Behörde gehört werden. § 47^{II} S. 3, 5 StVollstr. u. GnR.

„3. Herrn Sachbearbeiter zur weiteren Verfügung wegen des Strafantritts."

Die weitere Verfügung wegen des Strafantritts erfolgt wieder durch den Rechtspfleger und zwar mit Frist bis zum 18. August.

Gegen die Ablehnung des Strafaufschubs kann sich Elflein mit der Begründung, daß die Erfordernisse des § 455 StPO. vorliegen, an das Gericht wenden und gegen die Entscheidung des Gerichts gegebenen Falls sofortige Beschwerde einlegen. §§ 458^{II}, 462^{IV}. Die Anwendung des § 456 ist der gerichtlichen Nachprüfung entzogen, und Elflein hat insoweit bloß die allgemeine Verwaltungsbeschwerde. Diese geht in Strafaufschubssachen, wenn der Amtsrichter Vollstreckungsbehörde ist, an den Oberstaatsanwalt, wenn es der Oberstaatsanwalt ist, an den Generalstaatsanwalt beim Oberlandesgericht. Ist der Generalstaatsanwalt Vollstreckungsbehörde (S. 876), so findet keine Beschwerde statt. § 40 StVollstr. u. GnR. Selbstverständlich sind alle diese Rechtsbehelfe ohne aufschiebende Wirkung. —

Der Vorsteher des Strafgefängnisses Kletschkaustraße meldet, daß Elflein

„am 17. August 1934, vormittags 8 Uhr 45 Minuten die Strafe angetreten hat. Voraussichtliche Entlassung: 17. Februar 1935, vormittags 8 Uhr 45 Minuten."

Die Berechnung der Strafe bietet in unserem Falle keine Schwierigkeiten. Anders wenn das erkennende Gericht gemäß § 60 StGB. die gänzliche oder teilweise Anrechnung der Untersuchungshaft angeordnet hat, oder die Untersuchungshaft dem Verurteilten nach § 450 StPO. von dem Zeitpunkt ab angerechnet werden muß, zu welchem er auf Einlegung eines Rechtsmittels verzichtet oder sein Rechtsmittel zurückgenommen hat oder die Rechtsmittelfrist abgelaufen ist. Jedenfalls hat der Rechtspfleger der Strafvollstreckungsbehörde die Berechnung der Gefängnisverwaltung stets unter eigener Verantwortung (§ 345 StGB.!) nachzuprüfen.

Hätte sich Elflein nicht gestellt, so hätte die Staatsanwaltschaft Vorführungsbefehl, Haftbefehl oder Steckbrief gegen ihn erlassen können (§ 457 StPO.).

Wegen des Eingangs der Entlassungsanzeige wird eine Vorlegung angeordnet. —

Inzwischen sind die Akten vom Gericht wieder eingegangen:

„1. Beschluß: In der Strafsache usw.

wird der Antrag des Verurteilten vom 24. Juli 1934, ihm zur Abtragung der Geldstrafe von 1000 *RM* Ratenzahlungen zu bewilligen und anzuordnen, daß die Vollstreckung der Ersatzfreiheitsstrafe unterbleibt, nach Anhörung der Staatsanwaltschaft und des Verurteilten gemäß §§ 28, 29^{VI} StGB., 462 StPO. zurückgewiesen.

(folgt kurze Begründung)

2. Urschriftlich nebst Akten
dem Herrn Oberstaatsanwalt beim Landgericht
hier
zur Kenntnisnahme und Zustellung.
Breslau, den 15. August 1934.
Amtsgericht.
Richter
Landgerichtsdirektor und Amtsgerichtsrat."

Daß die Staatsanwaltschaft die Zustellung des Gerichtsbeschlusses auszuführen hat, folgt aus § 36^{I} S. 1 StPO. (oben S. 871). Nach Ablauf der einwöchigen Beschwerdefrist wird der Beschluß rechtskräftig (§§ 311^{II}, 462^{IV}).

Gleichzeitig teilt das Gericht mit, daß es weder einen Gnadenerweis noch bedingte Strafaussetzung befürworten könne. Der Abteilungsvorsteher erteilt Elflein folgenden Bescheid:

„Ihr Gnadengesuch vom 24. Juli 1934 wird hiermit, nachdem sich das Gericht gegen einen Gnadenerweis ausgesprochen hat, gemäß § 47^{III} S. 1 StVollstr. u. GnR. namens des Herrn Justizministers abgelehnt.

Das Gesuch um Gewährung bedingter Strafaussetzung weise ich gemäß § 57^{II} StVollstr. u. GnR. zurück, weil die angestellten Ermittlungen weder ergeben haben, daß die begangene Verfehlung durch Leichtsinn, Unerfahrenheit, Verführung oder Not veranlaßt worden ist, noch mit Sicherheit erwartet werden kann, daß Sie sich durch gute Führung während der Bewährungsfrist eines künftigen Gnadenerweises würdig erzeigen werden."

Die Entscheidung über Gnadengesuche steht grundsätzlich dem Justizminister zu. Doch ist die Staatsanwaltschaft befugt auf Grund selbständiger Entschließung den Gesuchsteller ablehnend zu bescheiden:

a) wenn die nach § 47^{II} zu befragenden Stellen (S. 883) sich sämtlich gegen einen Gnadenerweis geäußert haben (§ 47^{III} S. 1),
b) ohne vorherige Befragung dieser Stellen: wenn das Gesuch sich als bloße Wiederholung eines früher abgelehnten Gnadengesuchs darstellt (§ 47^{III} S. 2).

Sobald eine der Stellen den Gnadenerweis befürwortet oder die Staatsanwaltschaft selbst ihn für geboten erachtet, muß an den Minister berichtet werden (§ 47^{IV}).

Über die bedingte Strafaussetzung kann die Staatsanwaltschaft als Strafvollstreckungsbehörde sowohl im bejahenden wie im ablehnenden Sinne entscheiden, und zwar auch gegen das Votum der anzufragenden Stellen (Gericht, Strafanstalt). Eines Berichts an den Minister bedarf es insoweit nur in dem Falle, daß Gericht und Strafanstalt übereinstimmend befürwortet haben, die Staatsanwaltschaft aber ablehnen will. § 63 S. 6. —

Der Rechtspfleger ordnet nunmehr die Beitreibung der Geldstrafe an. Die Vollstreckung ist fruchtlos. Die Staatsanwaltschaft könnte die Beitreibungsversuche fortsetzen, vor allem Elflein zu dem, auch im Verwaltungszwangsverfahren zulässigen (S. 644), Offenbarungseid laden lassen. Praktischer ist jedoch die Vollstreckung der Ersatzstrafe:

„1. An *Elflein*: Nachdem die Vollstreckung der gegen Sie durch Urteil vom 4. Juli 1934 erkannten Geldstrafe von 1000 *RM* fruchtlos ausgefallen ist, wird die Vollstreckung der dort bestimmten Ersatzfreiheitsstrafe von 100 Tagen Gefängnis angeordnet. Die Strafe ist im Anschluß an die Gefängnisstrafe von 6 Monaten zu verbüßen.

2. Ersuchen an Strafgefängnis hier, Kletschkaustraße, um Vollstreckung der Ersatzfreiheitsstrafe

von 100 Tagen Gefängnis im Anschluß an die Strafe von 6 Monaten Gefängnis gemäß dem Ersuchen vom 6. August 1934.

3. am 31. Mai 1935 (Entlassungsanzeige)."

Falls nichts Besonderes dazwischen kommt, muß die Entlassung am 28. Mai 1935, vormittags 8 Uhr 45 Minuten, erfolgen (vgl. S. 883).

Am 17. Februar 1935 (dem Tag, an welchem Elflein ohne die Vollstreckung der Ersatzstrafe frei geworden wäre) vormittags gegen 11 Uhr erscheint in der Kasse eine Dame und zahlt 1000 RM. für seine Rechnung als Geldstrafe ein. Ist Elflein zu entlassen, oder hat sich die Geldstrafe des Urteils durch die Vollstreckungsanordnung endgültig in Gefängnisstrafe verwandelt? Nach § 29^{V} StGB. kann der Verurteilte jederzeit, also auch nach teilweiser Vollstreckung der Ersatzfreiheitsstrafe, ihre weitere Vollstreckung dadurch abwenden, daß er den pro rata temporis noch zu zahlenden Betrag der Geldstrafe entrichtet. Der Rechtspfleger ordnet daher, zunächst telephonisch, die sofortige Freilassung an.

Bei Eingang der Entlassungsanzeige muß die Vollstreckungsbehörde, wenn es sich um eine Freiheitsstrafe von mehr als 3monatlicher Dauer handelt, den Zeitpunkt der erfolgten Strafverbüßung sowohl zum Strafregister wie zur polizeilichen Strafliste mitteilen, weil er für den Lauf der beschränkten Auskunfts- und Tilgungsfrist (unten S. 887) von Bedeutung ist. §§ 4^{I} StRegVO., 13 AV. vom 12. Dezember 1927 (oben S. 870). Dabei würden die 100 Tage Ersatzfreiheitsstrafe, auch wenn sie in vollem Umfang zur Vollstreckung gebracht worden wären, außer Betracht geblieben sein: denn insoweit war nicht, wie es die Vorschriften voraussetzen, „auf" Gefängnis erkannt.

Strafregister.

Beschränkte Auskunft. Straftilgung. Am 22. Mai 1934 ersucht die Staatsanwaltschaft in Hildesheim um Übersendung eines vollständigen Strafregisterauszugs über Fridolin Brummer, geboren am 12. Januar 1888 zu Hochkirch, Landkreis Breslau, zu den Akten 3 J 265/34. Der Referendar schlägt das alphabetisch in Kartothekform geführte Register nach und findet folgende Strafliste:

„Mitteilende Behörde:	A	*b*[5])
Amtsgericht Habelschwerdt.	**Strafnachricht** für das Strafregister zu Breslau.	Aktenzeichen: 2 E 73. 10.

Familiennamen (bei Frauen Geburtsname): *Brummer*
Vornamen (Rufname zu unterstreichen): *Fridolin*

Familienstand: ~~ledig~~ ~~verheiratet~~ verwitwet ~~geschieden~~
Vor- und Familien- (Geburts-) Name
des (bzw. früheren) Ehegatten: *Berta Tippelt*

des Vaters Vor- und Familienname: *Raimund Brummer*
der Mutter Vor- und Geburtsname: *Anna Krug*

Geburtstag:	Tag: 12. Monat: 1. Jahr: 1888.	Geburtsort:	Gemeinde: Hochkirch evtl. Stadtteil: Straße: Verwaltungsbezirk: Landkreis Breslau	Landgerichtsbezirk: Breslau Land: Preußen

[5]) Das „*b*" ist im Original rot.

Wohnort: Habelschwerdt Stettin Fulda evtl. **letzter Aufenthaltsort:**

Stand (Beruf, Gewerbe): Klempner evtl. Stand des Ehemanns:

Vorbestraft durch registerpflichtige Verurteilungen: nein

Sonstige Bemerkungen:
Staatsangehörigkeit: Preußen
Heimatgemeinde: Habelschwerdt Fulda
Heimatbezirk: Kreis Habelschwerdt
Vorstehende Person ist rechtskräftig verurteilt worden:

am	durch	wegen	auf Grund von	zu	Bemerkungen
23. 8. 10	Sch. G. Habelschwerdt	Mundraub	§ 370^5 StGB	1 Woche Haft	Strafe im Gnadenweg erlassen 18. 10. 10.

Ort und Datum: Habelschwerdt, den 27. August 1910.

Unterschrift (Behörde): Amtsgericht.
Urkund, Justizobersekretär.

(Rückseite)

Umstehend bezeichnete Person ist weiter verurteilt worden:

Nr.	nach Mitteilung von	Aktenzeichen	am	durch	wegen	auf Grund von	zu	Bemerkungen
2	AG Waldenburg	5 D 203. 11	5. 9. 11	Sch.G. Waldenburg	Betrug	§ 263 StGB	4 Mon. Gfg.	verbüßt 17. 1. 12
3	StA Stettin	10 (6) L 528. 12	14. 12. 12	St.K. Stettin	Einbruchsdiebstahl	§ 243^2 StGB	1 J. 3 M. Gfg. 2 J. Ehrverlust	verbüßt 5. 3. 14."
4	AG Merseburg	4 D 39. 16	19. 5. 16	AG. Merseburg	Hehlerei	§ 259 StGB	1 Mon. Gfg.	
5	AG Fulda	3 B 70. 28	20. 6. 28	AG. Fulda	Beleidigung	§ 185 StGB	60 RM. evtl. 12 Tge. Haft	

Ferner liegt eine besondere Mitteilung bei, daß Brummer

„am 7. April 1927 durch rechtskräftiges Urteil des Amtsgerichts in Hamborn, Aktenzeichen 4 D 96.27, von der Anklage der fahrlässigen Transportgefährdung auf Grund von § 51 StGB. freigesprochen"

worden ist. Der Registerführer, ein Justizobersekretär, erläutert die Einrichtung des Registers und die Handhabung der Auskünfte, für welche die StRegVO. vom 8. März 1926 (RGBl. 157, 254), Fassung vom 11. März 1930 (RGBl. I 36), die zugehörigen — reichsrechtlichen — Formulare und die preußischen Ausf.-Vfgen vom 14. April 1926, Fassung vom 11. Dezember 1928, 23. Januar und 30. April 1930 (JMBl. 138, 462, 23, 124) maßgebend sind.

Welche Tatsachen kommen ins Register? Außer den oben S. 878 bezeichneten Verurteilungen die auf Grund einer Überweisung an die Landespolizeibehörde von dieser erlassenen Beschlüsse, die Strafverbüßung in den Fällen S. 885, die Bewilligung von Bewährungsfristen, vorläufige Entlassung nach § 23 StGB., alle Gnadenakte, die Aufhebung eines Urteils im Wiederaufnahmeverfahren, rechtskräftig gerichtliche Freisprechungen oder Außerverfolgungssetzungen auf Grund von §§ 51, 58,

Entmündigungen (ausgenommen den Fall der Verschwendung), endlich etwaige kriminalbiologische Untersuchungen, §§ 2—9, 21a StRegVO., VI der AV. vom 29. Juli 1930 (JMBl. 266). So ergibt sich eine Sammlung von Tatsachen, welche für die kriminalistische Beurteilung der Registrierten von besonderer Bedeutung sind.

Wie entsteht eine Strafliste? Die erste Strafnachricht wird einzeln ins Register eingelegt. Sobald aber eine zweite Strafnachricht über dieselbe Person eingeht, überträgt der Registerführer entweder die zweite Nachricht (und ebenso alle folgenden) auf die erste, wie wir es in dem Beispiel S. 885 sehen, oder er überträgt beide Nachrichten auf ein neues Strafnachrichtsformular, dessen Aufschrift entsprechend abgeändert wird. Die Strafverbüßungen usw. sind auf der so geschaffenen Strafliste zu vermerken. Freisprechungs- und einige andere Nachrichten werden nicht in die Liste aufgenommen, sondern mit ihr zusammen aufbewahrt. Die kriminalbiologische Untersuchung macht der Registerführer durch ein rotes „Kr. U." in der linken oberen Ecke kenntlich. Die eingegangenen Originalnachrichten werden, nachdem sie in die Strafliste übertragen sind, vernichtet. Eine Zeichnung der Eintragungen durch den Registerführer findet nicht statt. Akten werden nicht geführt. §§ 23 StRegVO., 17 AusfVfg.

Auskünfte dürfen nur an Gerichte, Staatsanwaltschaften, Polizei- und höhere Verwaltungsbehörden, niemals an Privatpersonen erteilt werden (§§ 32, 36 StRegVO.). Welchen Inhalt hat die Auskunft? Bei oftmals verurteilten Personen besteht gewöhnlich kein Interesse an allen Verurteilungen. Zur Vermeidung überflüssigen Schreibwerks gilt deshalb folgendes:

a) Von Verurteilungen wegen Übertretungen oder leichter Vergehen sind nur die 3 letzten in die Auskunft aufzunehmen, während für die übrigen gleichartigen Verurteilungen die Angabe ihrer Zahl genügt (§ 35).

b) In Übertretungssachen werden nur die Verurteilungen wegen Übertretungen angegeben und außerdem die Gesamtzahl der Verurteilungen wegen Verbrechen und Vergehen mitgeteilt (§ 35a).

Beide Vereinfachungen fallen fort, wenn die ersuchende Behörde ausdrücklich einen vollständigen Auszug erfordert hat, wie in unserem Falle. Aber auch dann ist nicht etwa mechanisch der Inhalt der Strafliste und der zugehörigen Mitteilungen abzuschreiben, sondern es muß noch geprüft werden, ob nach dem Ges. über die beschränkte Auskunft aus dem Strafregister und die Tilgung von Strafvermerken vom 9. April 1920 (RGBl. 507) die Angabe einzelner Verurteilungen unterbleibt. Denn ungeachtet des großen Wertes wahrheitsgemäßer und vollständiger Auszüge bedeutet es doch eine große Härte einem Bestraften, der kein Gewohnheitsverbrecher ist, seinen früheren Fehltritt immer wieder vorzuhalten. Darum setzt das StTG. Fristen fest, nach deren Ablauf die Registerbehörde über die Strafe bloß noch „beschränkte Auskunft" gibt, und weitere Fristen, nach deren Ablauf sie gänzlich „getilgt" wird. Parallele dieses Gedankens im Zivilrecht: wer in Auskünften zeitlich weit zurückliegende Straftaten unmotiviert hervorhebt, kann dadurch gegen die guten Sitten verstoßen, so daß Schadensersatz- und Unterlassungsansprüche aus §§ 826, 249 BGB. begründet werden. RG. 115, 416 (der Beklagte wurde verurteilt in der Auskunft nur zu sagen, daß der Beauskunftete „in jungen Jahren sich in Geschäfte hat verwickeln lassen, die ihn mit dem Strafgesetz in Konflikt gebracht haben"). Das rote „b" rechts oben auf der Brummerschen Strafliste bedeutet, daß der Registerführer bei früherer Gelegenheit Strafen, die der beschränkten Auskunft unterliegen, auf der Liste festgestellt hat (§ 31 III AusfVfg.). Das Zeichen befreit ihn übrigens nicht von der Verpflichtung, bei Erteilung einer Auskunft immer von neuem zu prüfen, ob und über welche Verurteilungen beschränkte Auskunft zu geben ist, zumal in der Zwischenzeit sowohl die Voraussetzungen der Tilgung eingetreten, als auch die Vergünstigung der beschränkten Auskunft wieder verloren gegangen sein kann (unten S. 889).

Nach §§ 6, 7 StTG. beträgt die beschränkte Auskunftsfrist: bei Geldstrafen und Freiheitsstrafen bis zu drei Monaten 5 Jahre, sonst 10 Jahre; die Tilgungsfrist: bei Geldstrafen und Freiheitsstrafen bis zu einer Woche 5 Jahre, sonst 10 Jahre. Die 5jährige beschränkte Auskunftsfrist rechnet vom Verurteilungsdatum an (§ 6 II), die 10jährige beginnt erst mit dem Tag, an dem die erkannte Strafe vollstreckt, verjährt oder erlassen ist. Wir sehen also, daß Niederschlagung der Strafe im Gnadenwege keineswegs zur Löschung im Register führt, sondern bloß den Lauf der beschränkten Auskunftsfrist beschleunigen kann! Jedoch besteht die Möglichkeit, im Gnadenweg eine Bestrafung der beschränkten Auskunft oder der Tilgung mit sofortiger Wirkung zu unterwerfen (§ 8). — Die Tilgungsfrist läuft stets vom Ende der beschränkten Auskunftsfrist ab (§ 7 II). War der Verurteilte bei Begehung der Tat noch nicht 18 Jahre alt („materielle Jugendstrafsache", unten S. 966), so verkürzen sich die Fristen von 5 auf 3, von 10 auf 6 Jahre (§§ 6 IV, 7 III).

So lange aber die Voraussetzungen der beschränkten Auskunft für eine von mehreren Verurteilungen einer Person nicht erfüllt sind, werden sämtliche Verurteilungen unbeschränkt beauskunftet und so lange nicht alle tilgungsreif geworden sind, darf keine von ihnen getilgt werden: s.g. „Verkoppelungsprinzip" (§ 2 I). Daher hindert z. B. eine Zuchthausstrafe dauernd die Auskunftsbeschränkung oder Tilgung der übrigen Strafen, da Zuchthaus und Todesstrafe — abgesehen von der gnadenweisen Anordnung gemäß § 8 — von den Bestimmungen des StTG. überhaupt ausgenommen sind (§ 1 III). Nur für die Geldstrafen gilt das Verkoppelungsprinzip nicht: ist für die Geldstrafe die beschränkte Auskunfts- oder Tilgungsfrist noch nicht abgelaufen, so können trotzdem andere Strafen beschränkt beauskunftet bzw. getilgt werden (§ 2 II). Die Höhe der Geldstrafe macht dabei keinen Unterschied, ebenso wenig der Umstand, daß die Geldstrafe nach § 27b StGB. an Stelle einer an sich verwirkten Freiheitsstrafe getreten ist oder daß wegen ihrer Uneinziehbarkeit Ersatz-Freiheitsstrafe vollstreckt werden mußte.

Wir müssen also die im Gesetz vorgeschriebenen Fristen zunächst für jede einzelne Verurteilung gesondert berechnen, alsdann aber den § 2 StTG. anwenden.

Die Auskunft- bzw. Tilgungsfrist ist abgelaufen: bei Nr. 1 am 22. August 1915 bzw. 22. August 1920, bei Nr. 2 am 17. Januar 1922 bzw. 17. Januar 1932, bei Nr. 3 am 5. März 1924 bzw. 5. März 1934, bei Nr. 4 am 19. Mai 1921 bzw. 19. Mai 1931. Die Strafe Nr. 5 unterliegt seit 20. Juni 1933 der beschränkten Auskunft, kann aber erst am 20. Juni 1938 getilgt werden. Da Nr. 5 nur eine Geldstrafe ist, übt sie auf die Behandlung der seit Ablauf des 5. März 1934 tilgungsreif gewordenen Strafen Nr. 1—4 keinen Einfluß aus. Die Auskunft wird der Staatsanwaltschaft Hildesheim dahin gegeben:

„Im Strafregister sind folgende Verurteilungen vermerkt:

Nr. 1: Nach Mitteilung von Amtsgericht Fulda, 3 B 70/28, am 20. Juni 1928 durch Amtsgericht Fulda wegen Beleidigung auf Grund von § 185 StGB. zu 60 *RM*, evtl. 12 Tage Haft.

Die Strafe unterliegt der beschränkten Auskunft.

Durch rechtskräftiges Urteil des Amtsgerichts Hamborn, 4 D 96/27, vom 7. April 1927, ist *Brummer* nach Mitteilung dieses Gerichts von der Anklage der fahrlässigen Transportgefährdung auf Grund von § 51 StGB. freigesprochen worden.

Breslau, den 23. Mai 1934.

Urkund

Justizobersekretär als Registerführer."

Die Strafliste nebst der Hamborner Freisprechungsnachricht werden unverändert ins Register zurückgelegt. —

Der Referendar: Mir ist nicht klar geworden, warum die Strafe Nr. 5 in die Auskunft kommt, obgleich sie doch der beschränkten Auskunft unterliegt. Aus welchem Grunde werden die Strafen Nr. 1—4 nicht tatsächlich im Register getilgt, aber trotzdem in der Auskunft als nicht existierend behandelt?

Der Registerführer: Verurteilungen, für welche die Voraussetzungen der Auskunftsbeschränkung vorliegen, wie unsere bisherige Nr. 5, sind nach ausdrücklicher Bestimmung des § 4 I StTG. dem Gericht und der Staatsanwaltschaft regelmäßig mitzuteilen, jedoch unter Hinweis darauf, daß sie der beschränkten Auskunft unterliegen. Die Angabe der Verurteilungen unterbleibt, falls das Gericht bzw. die Staatsanwaltschaft bloß eine „beschränkte Auskunft" erfordert hatte. Ferner werden die Verurteilungen aber nur auf ausdrückliches Verlangen, auch den obersten Reichs- und Landes-Zentralbehörden mit bekannt gegeben. §§ 4 I StTG., 31 II AusfVfg. — Die Tilgung von Nr. 1—4 scheitert vorläufig an den Vorschriften über die Wartefrist. Man muß nämlich immer mit der Möglichkeit rechnen, daß vor Ablauf der Tilgungsfrist eine neue Verurteilung erfolgt war, die nach dem Verkoppelungsprinzip des § 2 die Tilgung der bisherigen Strafvermerke ausschließt, aber dem Registerführer unbekannt ist. Die Tilgung geschieht nicht durch einen Löschungsvermerk nach Art des Grundbuchs, sondern durch radikale Entfernung und Vernichtung des Vermerks aus dem Register (§ 5 I S. 1 StTG.). Bei dem gänzlichen Fehlen von Akten und Unterlagen würde eine materiell ungerechtfertigte Tilgung sehr schwer zu reparieren sein. Übrigens bedarf es zur Wiederherstellung von Strafregistervermerken jedes Mal einer besonderen Anordnung des Oberstaatsanwalts (§ 28 I StRegVO.). Darum sollen tilgungsreife Vermerke erst 3 Monate nach Eintritt der Tilgungsreife getilgt werden (§ 25 I S. 2), Nr. 1—4 also frühestens am 6. Juni 1934. — Andrerseits gilt der tilgungsreife Vermerk als nicht mehr vorhanden. Deshalb mußte ich in der Auskunft Nr. 1—4 ignorieren, Nr. 5 als erste und bisher einzige Bestrafung vortragen und mit dem Zusatz gemäß § 4 I S. 2 StTG. angeben. Schäfer-Hellwig 6 zu § 25 StRegVO.

Referendar: Wird nicht durch § 4 I StTG. der Auskunftsbeschränkung für den Verurteilten jeder praktische Wert genommen?

Registerführer: Das wäre zu viel gesagt. Allerdings liegt die Hauptbedeutung der beschränkten Auskunft darin, daß sie das Vorstadium der Tilgung bildet. Ferner werden Strafen, für welche die Beschränkung gilt, in Auskünfte an Polizeibehörden nicht aufgenommen (arg. § 4 I S. 1). Hätte also statt der Staatsanwaltschaft das Polizeipräsidium Hildesheim angefragt, so würde die Auskunft lediglich gelautet haben:

„Im Strafregister sind keine Verurteilungen vermerkt.
Durch rechtskräftiges Urteil des Amtsgerichts Hamborn usw. wie S. 888."

Erheblich weiter gehen die Wirkungen der Auskunftsbeschränkung bei den polizeilichen Straflisten. Auf sie findet das StTG. entsprechende Anwendung, wobei die Polizei vollkommen selbständig handelt. Falls nun die Polizei ein Führungszeugnis ausstellt, bleiben nach der Sonderbestimmung des § 4 III Strafen, die der beschränkten Auskunft unterliegen, vollkommen außer Betracht. Das ist überaus wichtig, denn bei der Zulassung zur Gesellen- und Meisterprüfung, Aufnahme in die Reichswehr, Einbürgerung usw. spielen polizeiliche Führungszeugnisse eine ausschlaggebende Rolle.

Referendar: Werden am 6. Juni Nr. 1—4 getilgt werden?

Registerführer: Das hängt davon ab, ob und wann ich Brummers Strafliste aus irgend einem Grunde — z. B. wegen Eingangs einer Nachricht, zur Ausstellung eines Registerauszugs, infolge der regelmäßig von 5 zu 5 Jahren vorzunehmenden Revision der Registerfächer (§ 22 AusfVfg.) — zu Gesicht bekomme. Vorlegungen einzelner Registerblätter zu bestimmten Terminen gibt es nicht. Wahrscheinlich wird das in Sachen 3 J 265.34 ergehende Urteil den nächsten Anlaß geben. Unterstellen wir, daß Brunner dort verurteilt wird, und zwar nicht bloß zu einer Geldstrafe (welche keine Verkoppelungswirkung hat, § 2 II StTG.), so entsteht das Problem, ob die neue Bestrafung die Tilgung der an sich tilgungsreifen Strafen Nr. 1—4 hindert. Es versteht sich von selbst, daß einmal getilgte Strafen durch spätere Verurteilungen nicht von neuem aufleben können. Da nun, wie wir gesehen haben, der Zeitpunkt des Vollzugs einer an sich zulässigen Tilgung durch Zufallsmomente bedingt ist, darf für die Frage, ob eine nachträgliche Verurteilung die Tilgungsmöglichkeit nach § 2 I S. 2 beseitigt hat, nicht die technische Ausführung der Tilgung maßgebend sein, sondern der Zeitpunkt der materiellen Tilgungsreife. Mithin steht eine nach dem 5. März 1934 ausgesprochene neue Verurteilung der Tilgung von Nr. 1—4 nach dem 5. Juni 1934 nicht mehr im Wege.

Steckbriefnachricht. Im Register liegt eine Strafnachricht über die aus Breslau gebürtige Plätterin Brigitte Kaßner. Am 24. Mai 1934 geht von der Staatsanwaltschaft Nordhausen auf dem (roten) Formular G eine Mitteilung ein, welche die selbe Kaßner betrifft:

„Gegen die vorstehend bezeichnete Person ist am 21. Mai 1934 Steckbrief erlassen worden."

Die Nachricht wird ins Register eingelegt. Sie belastet den Registerführer mit der dauernden Verpflichtung, bis zur Erledigung des Steckbriefvermerks, längstens 3 Jahre hindurch, der Steckbriefbehörde Kenntnis zu geben, falls er über den Aufenthalt der Kaßner etwas erfährt, namentlich falls er aus anderen Registernachrichten ersieht, daß sie sich in Straf- oder Untersuchungshaft befindet (§§ 40, 41 StRegVO.).

Im Juli ersucht die Amtsanwaltschaft Breslau durch Fernsprecher um sofortige Angabe der Vorstrafen der Kaßner, die in einer Betrugssache 2 P.L. 328.34 festgenommen sei und dem Bereitschaftsrichter (S. 946 f.) vorgeführt werden solle. Telefonische Auskunftserteilung ist in Eilfällen statthaft, doch muß der Registerführer, um Mißbrauch durch Unbefugte zu verhüten, zunächst abhängen, dann von sich aus die anfragende Behörde anrufen und ihr die erbetene Mitteilung machen. Die Angaben sind schriftlich zu wiederholen (§ 33^{V}, letzteres gilt auch für telegraphische Auskünfte, § 33^{IV}). Der Registerführer hat nun nicht bloß das Ersuchen der hiesigen Amtsanwaltschaft zu erledigen, sondern muß außerdem von Amtswegen der Staatsanwaltschaft Nordhausen Nachricht von dem in Breslau schwebenden Verfahren sowie davon geben, daß die Kaßner sich hier in Haft befindet. Die Steckbriefnachricht wird zurückgesandt (§ 40^{III}). Nordhausen wird sich jetzt schleunigst mit dem Breslauer Amtsanwalt in Verbindung setzen und „Überhaft" notieren lassen, d. h. es wird vorgemerkt, daß die Beschuldigte nach Beendigung der ihr in dem Verfahren 2 P.L. 328.34 zudiktierten Untersuchungs- oder Strafhaft nicht entlassen werden darf, vielmehr auf Grund des Nordhausener Steckbriefs bzw. Haftbefehls (§§ 131, 457 StPO.) weiter zur Verfügung der Staatsanwaltschaft Nordhausen festzuhalten ist. So wird die Einrichtung des Strafregisters hier in den Dienst der Ermittlung flüchtiger Verbrecher gestellt.

Die Niederlegung der Steckbriefnachricht beim Strafregister hat zugleich die wichtige materielle Wirkung, daß für die Dauer ihres Bestehens keine Beschränkung der Auskunft und keine Straftilgung eintreten kann (§ 3^{II} StTG.). —

Der „Suchvermerk" — den Gerichte, staatsanwaltschaftliche und Polizeibehörden beim Strafregister niederlegen können, ohne daß ein Steckbrief erlassen ist — legt dem Registerführer die gleichen Verpflichtungen auf wie eine Steckbriefnachricht (§ 42 StRegVO.). Einfluß auf die beschränkte Auskunfts- und Tilgungsfrist hat er nicht.

Bewährungsfrist. Ähnliche Folgen wie die Steckbriefnachricht hat es, wenn die Bewilligung einer Bewährungsfrist (S. 886) zum Register angezeigt wird. Der Registerführer muß alsdann die bei ihm neu eingehenden Straf- und Steckbriefnachrichten, Suchvermerke, Ersuchen um Auskunftserteilung und anderen Nachrichten, die auf eine anhängige Untersuchung schließen lassen, dem Gericht, das die Bewährungsfrist bewilligt hatte, mitteilen, so lange ihm nicht die nach Ablauf der Probezeit vom Gericht getroffene Entscheidung mitgeteilt wird. Auch der Ablauf der beschränkten Auskunfts- und damit indirekt der Tilgungsfrist wird, wenigstens zunächst, hinausgeschoben. §§ 5, 30, 31 StRegVO., 6^{III} S. 2 StTG.

18. Kapitel.

Beim Untersuchungsrichter.

Brandstiftungssache. Haftverfahren. Beobachtung des Geisteszustandes.

Antrag auf Voruntersuchung.

„Der Oberstaatsanwalt beim Landgericht. Breslau, den 1. September 1934.
7 J 431.34.

Urschriftlich nebst Akten
dem Untersuchungsrichter beim Landgericht
hier.

1. Ich beantrage gegen den Stellenbesitzer *Hugo Strobel* aus Nimsdorf, Kreis Wohlau, zur Zeit im hiesigen Untersuchungsgefängnis in Untersuchungshaft, welchen ich beschuldige:

   am 28. August 1934 zu Nimsdorf vorsätzlich Vorräte von landwirtschaftlichen Erzeugnissen in Brand gesetzt zu haben, nämlich einen Strohschober, der seiner Beschaffenheit und Lage nach geeignet war, das Feuer dem alten Kuhstall des Bauergutsbesitzers *Frei* in Nimsdorf — einer Räumlichkeit, welche zeitweise zum Aufenthalt von Menschen dient — mitzuteilen, und zwar zu einer Zeit, während welcher Menschen in demselben sich aufzuhalten pflegen,

   Verbrechen gegen §§ 308, 306^3 StGB.,

   die Voruntersuchung zu eröffnen.

2. Ich beantrage die Fortdauer der Untersuchungshaft, weil Fluchtverdacht besteht.

J. A.:
Scharf
Erster Staatsanwalt."

Am 28. August früh zwischen 1½ und 2 Uhr ist in Nimsdorf der mit Stroh gedeckte alte Kuhstall des Bauergutsbesitzers Frei abgebrannt. Der darin schlafende Knecht Alscher konnte sich mit knapper Not retten. Die im Stalle befindlichen Kühe und Kälber wurden gerettet bis auf eine Kuh, welche verbrannt ist. Frei war nicht versichert. Wie der sofort hinzugerufene Oberlandjäger Spieß aus Wohlau festgestellt hat, erfolgte die Inbrandsetzung des Kuhstalles durch einen Strohschober, der auf dem an die Freische Besitzung unmittelbar angrenzenden Felde des Angeschuldigten (§§ 157, 170^{I} StPO.), etwa 2 m vom Freischen Kuhstall entfernt, gestanden hatte. An der Stelle des verbrannten Strohschobers waren verschiedene Fußspuren sichtbar, von denen eine nach der Wohlau-Winziger Landstraße, eine nach dem Wohnhaus des Beschuldigten führte. Frei und der 59jährige, in guten Vermögensverhältnissen lebende, Angeschuldigte sind seit Jahren schwer verfeindet und führen

Zivil- und Strafprozesse. Die Dienstmagd Tietze gab dem Landjäger an, daß der Angeschuldigte vor einiger Zeit gegenüber seiner Wirtschafterin Mohaupt den Wunsch geäußert habe, Frei möge einmal ordentlich abbrennen. Außerdem meldete sich der Dorfschmied Dach mit der Bekundung, er habe nachts gegen 12 Uhr in der Nähe des Schobers eine männliche Gestalt gesehen und sowohl an den Bewegungen wie im Gesicht Strobel mit Bestimmtheit erkannt. Auf dieses Belastungsmaterial hin hat Spieß morgens gegen 6 Uhr Strobel, der noch im Bett lag, wegen dringenden Verdachts der Brandstiftung vorläufig festgenommen. Bei der Abführung hat Strobel versucht, der Mohaupt einen Zettel zuzustecken, auf dem, mit Bleistift geschreiben, die Worte: „Vergeßt nicht die Katze!" standen. Er ist dem Nimsdorfer Amtsvorsteher zugeführt worden, der gemäß § 163^I sofort die Ermittlungen aufgenommen hat. Die Wirtschafterin Mohaupt hat vor dem Amtsvorsteher ausgesagt:

„Der Beschuldigte kam vor einiger Zeit, es kann 2 Monate her sein, einmal aus Wohlau von einem Termin in einer *Frei*schen Sache. Er hatte verloren und war darüber sehr aufgeregt. U. a. sagte er: ‚Es ist nicht zum Ansehen, wie so ein Lump noch Recht bekommt und wie es ihm immer besser geht. 1000 Mark würde ich zum besten geben, wenn dem mal was passiert. So ein ordentliches Feuer, wenn er nicht versichert ist, das könnte ihm nicht schaden.'

In der letzten Nacht ist der Beschuldigte sicher nicht aus dem Haus gekommen. Er war schon drei Tage wegen seines Rheumatismus im Zimmer geblieben und konnte das linke Bein nur mit großen Schmerzen bewegen."

Strobel selbst hat erklärt:

„Ich bin unschuldig. Seit drei Tagen bin ich wegen rheumatischer Schmerzen nicht aus dem Zimmer gekommen. Den Schober haben wahrscheinlich Zigeuner angezündet, um sich an mir zu rächen, weil ich im Sommer ein paarmal Landstreicher von meiner Besitzung verjagt habe.

Auf Befragen:

In ärztlicher Behandlung bin ich wegen meines Rheumatismus nicht gewesen. Es kann aber nicht bloß die *Mohaupt* sondern mein ganzes Personal bezeugen, daß ich vor Schmerzen unfähig war einen Schritt zu gehen. Den Zettel ‚vergeßt nicht die Katze' habe ich geschrieben, während ich mich anzog, weil unsere Hauskatze, an der ich sehr hänge, krank ist und gepflegt werden muß.

Nach Vorhalt der Aussagen von *Dach*, *Tietze* und *Mohaupt*:

Die Aussage des *Dach* ist ein Racheakt. Ich lasse seit fünf Jahren nicht mehr bei ihm arbeiten, weil er mir ein gutes Pferd vernagelt hat."

Der Amtsvorsteher hat die vorläufige Festnahme aufrechterhalten und Strobel noch am 28. August unter Beifügung der Vorgänge durch den Oberlandjäger dem Wohlauer Ermittlungsrichter zuführen lassen. Von diesem ist Strobel am 29. August verantwortlich vernommen worden (§§ 128^I, 136).

Das Recht zur vorläufigen Festnahme steht Privatpersonen nur gegenüber einem „auf frischer Tat betroffenen oder verfolgten" Täter zu, welcher der Flucht verdächtig ist oder dessen Persönlichkeit nicht sofort festgestellt werden kann (§ 127^I). Dagegen sind Beamte der Staatsanwaltschaft, des Polizei- und Sicherheitsdienstes zur vorläufigen Festnahme schon dann befugt, wenn 1. die Voraussetzungen eines Haftbefehls, d. h. „dringender Tatverdacht" und entweder Flucht- oder Kollusionsverdacht, vorliegen und 2. Gefahr im Verzuge obwaltet. §§ 112, 127^II. Diese Erfordernisse sind von den Beamten pflichtgemäß zu prüfen.

Wann muß die Vorführung des vorläufig Festgenommenen vor den Richter spätestens erfolgen? Wer auf Grund eines richterlichen Haftbefehls ergriffen wird, ist „unverzüglich, spätestens am Tage nach der Ergreifung", dem zuständigen Richter vorzuführen und „unverzüglich, spätestens am nächsten Tage", vom Richter zu vernehmen (§ 114b I, II). Für den Fall der vorläufigen Festnahme verordnet § 128 I S. 1 ebenfalls die „unverzügliche" Vorführung vor den Amtsrichter des Ergreifungsorts, ohne jedoch ausdrücklich eine Höchstfrist zu bestimmen, während § 128 I S. 2 vorschreibt, daß der Richter den Festgenommenen „spätestens am Tage nach der Vorführung" vernehmen muß. Ebenfalls eine Frist von einem Tag enthält Art. 114 II RVerf.: Personen, denen die Freiheit entzogen worden ist, müssen spätestens am darauf folgenden Tage in Kenntnis gesetzt werden, von welcher Behörde die Maßnahme ausgeht und aus welchem Grunde sie erfolgt[1]). Alle diese, der englischen Habeas corpus-Akte nachgebildeten, Bestimmungen wollen die Freiheit des Individuums gegen willkürliche Eingriffe schützen. Den Polizeibehörden ist es natürlich erwünscht, mit der Vorführung des Festgenommenen vor den Richter möglichst lange warten zu können, damit sie in der Lage sind, in der Zwischenzeit das vorhandene Belastungsmaterial zu sichten, zu ordnen und aktenkundig zu machen, unter Umständen noch zu ergänzen. Bei der Ähnlichkeit der Rechtslage liegt es nahe, aus § 114b I StPO. und Art. 114 II RVerf. herzuleiten, daß auch im Fall des § 128 I S. 1 StPO. die Vorführung spätestens am Tag nach der Festnahme stattzufinden habe. Dann wäre aber nicht zu verstehen, warum der Gesetzgeber es nicht deutlich gesagt hat. Herrschende Ansicht: regelmäßig muß der Festgenommene am gleichen oder nächsten Tage vorgeführt werden, bei besonderer Sachlage darf die Frist auch länger erstreckt werden, damit die Polizei ihr Material ordnet, doch darf die Verzögerung nicht dazu dienen, daß die Polizei jetzt überhaupt erst die Belastungsmomente sammelt und für eine Festnahme, die z. Zt. ihrer Vornahme mangels dringenden Tatverdachts, Flucht- oder Verdunkelungsgefahr ungerechtfertigt war, nachträglich eine Grundlage herstellt. RG. 135, 161; AV. vom 12. August 1932 (MBliV. 831). — Art. 114 RVerf. gehört zu den Bestimmungen, die sofort aktuelles Recht schaffen und nicht bloß ein Programm für den Gesetzgeber enthalten. Er gilt für jede Art von Freiheitsentziehung, mag sie auf Reichs- oder — in den Schranken des Art. 13 — Landesrecht beruhen, für zivil- und strafprozessuale Haft wie für vorläufige Festnahme und rein polizeiliche Schutzhaft. Eine Schranke für landesrechtliche Freiheitsentziehungen wird in ihm nicht aufgestellt, daher können die Länder namentlich den Verwaltungsbehörden das Recht zur Vornahme von Freiheitsbeschränkungen auf reichsrechtlich nicht geregelten Gebieten geben.

Das Amtsgericht wird im Vorverfahren regelmäßig auf Ersuchen der Staatsanwaltschaft tätig. Bei „Gefahr im Verzuge" erfolgt aber die Ausführung von Ermittlungshandlungen, die Anordnung von Beschlagnahmen und Durchsuchungen sowie der Erlaß des Haftbefehls auch ohne Antrag (§§ 125 I, 165 StPO.). Wird ein ohne Haftbefehl Festgenommener dem Richter vorgeführt, so muß ex officio geprüft werden, ob Freilassung oder Haftbefehl geboten ist (§ 128 II). Der Wohlauer Amtsrichter hat sich für den Haftbefehl entschieden. Demgemäß schließt das Protokoll, nachdem Strobels Angaben zur Sache wiedergegeben sind, ab:

„Vorgelesen, genehmigt, unterschrieben.

Hugo Strobel.

Der anliegende Haftbefehl wurde verkündet und der Beschuldigte über sein Recht auf Abschriftserteilung, auf Beschwerde und auf mündliche Verhandlung über den Haftbefehl belehrt.

Annahmebefehl wurde erteilt.

Richter. *Urkund.*"

„3 G 84.34.

Haftbefehl.

Der Stellenbesitzer *Hugo Strobel* in Nimsdorf, Kreis Wohlau, geboren am 15. Dezember 1874 zu Nimsdorf, ist zur Untersuchungshaft zu bringen, weil er dringend verdächtig erscheint:

---

[1]) Die besondere Rechtslage des Ausnahmezustandes bleibt auch in diesem Kapitel außer Betracht. Vgl. S. 862 Anm. 2.

am 28. August 1934 zu Nimsdorf vorsätzlich Vorräte von landwirtschaftlichen Erzeugnissen in Brand gesetzt zu haben, nämlich einen Strohschober, der seiner Beschaffenheit und Lage nach geeignet war, das Feuer dem alten Kuhstall des Bauergutsbesitzers *Frei* in Nimsdorf — einer Räumlichkeit, welche zeitweise zum Aufenthalt von Menschen dient — mitzuteilen, und zwar zu einer Zeit, während welcher Menschen in demselben sich aufzuhalten pflegen, Verbrechen gegen §§ 308, 306³ StGB.,

und weil er mit Rücksicht darauf, daß ein Verbrechen den Gegenstand der Untersuchung bildet, sowie wegen der Höhe der zu erwartenden Strafe der Flucht verdächtig ist, außerdem der Versuch des Beschuldigten, bei seiner Festnahme durch den Oberlandjäger *Spieß* seiner Wirtschafterin einen Zettel mit der nicht verständlichen Anweisung ‚vergeßt nicht die Katze' zuzustecken, darauf hinweist, daß er Spuren der Tat vernichten oder daß er Zeugen oder Mitschuldige zu einer falschen Aussage oder Zeugen dazu verleiten wird, sich der Zeugnispflicht zu entziehen. § 112 StPO.

Wohlau, den 29. August 1934.
Amtsgericht.
Richter."

Der Haftbefehl spielt im Strafverfahren eine ähnliche Rolle wie der Arrest im Zivilprozeß. Nebenbei ersetzt er die im Strafprozeß fehlende (S. 876) vorläufige Vollstreckbarkeit, und es ist nichts Seltenes, daß bei Verkündung des erstinstanzlichen Urteils das Gericht Haftbefehl gegen den bis dahin auf freiem Fuße verbliebenen Angeklagten erläßt. Die Verwandtschaft von Arrest- und Haftbefehl zeigt sich besonders in der Parallele: Arrestanspruch — Tatverdacht, Arrestgrund — Flucht- bzw. Kollusionsgefahr. Der „Glaubhaftmachung" des Arrestverfahrens entspricht der „dringende" Verdacht. Der Gegensatz von „Gericht der Hauptsache" (§ 943 ZPO.) und Amtsgericht des § 919 wiederholt sich in dem Haftbefehl, den das „zuständige" Gericht (§ 124 StPO.) und demjenigen, den der Amtsrichter vor Erhebung der öffentlichen Klage (§ 125) oder nach vorläufiger Festnahme (§ 128^II^) erläßt. Die „Verschonung" mit der Untersuchungshaft (unten S. 903f.) erinnert an § 925^II^ ZPO. Immer aber wird im strafprozessualen Haftverfahren, der hier herrschenden Offizialmaxime gemäß, das Gericht von Amtswegen tätig; erst bei der Aufhebung des Haftbefehls können Anträge und Erklärungen der Staatsanwaltschaft bzw. des Beschuldigten von Bedeutung werden (unten S. 901).

Äußere Form des Haftbefehls und Belehrung des Beschuldigten: §§ 114^II, III^, 115 StPO. Zu Haftbefehlen wird rotes Papier verwendet. Bisweilen nimmt übrigens das Gericht den Haftbefehl lediglich in das Protokoll über die Vernehmung des Vorgeführten oder auf Ladung erschienenen Beschuldigten auf. Das Aktenstück erhält einen roten Aufklebezettel: „Haftsache". Außerdem wird im Hinblick auf die vom Gesetz vorgeschriebene periodische Haftprüfung (S. 899 zu 3) ein „Haftkontrollblatt" nach dem Muster der AV. vom 18. Januar 1927 (JMBl. 12) vorgeheftet, und eine Vorlegung kurz vor dem 29. Oktober notiert.

Der Vollzug der Untersuchungshaft ist von dem Gedanken beherrscht, daß dem Verhafteten nur solche Beschränkungen auferlegt werden dürfen, die entweder zur Sicherung des Haftzweckes — Verhinderung von Flucht bzw. Kollusion — oder zur Aufrechterhaltung der Ordnung im Gefängnis notwendig sind (§ 116^II^ StPO.). Untersuchungsgefangene sind keine überführten und verurteilten Verbrecher! Um den Gegensatz zur Strafvollstreckung scharf zu betonen, hat man die Vollziehung der Untersuchungshaft nicht in der „Dienst- und Vollzugsordnung" für die Strafvollstreckungsanstalten (D. u. V.O.), sondern in einer besonderen „Verordnung über die Durchführung der Untersuchungshaft" (V. D. U.) geregelt (beide Verordnungen vom 1. August 1933, vgl.

JMBl. 276 Anm.). Die „Häftlinge" (wie die Untersuchungsgefangenen zum Unterschied von den „Gefangenen" der D. u. V.O. heißen) sollen grundsätzlich in besonderen Untersuchungsgefängnissen oder Gefängnisabteilungen untergebracht werden. Sie haben das Recht sich selbst zu beköstigen, eigene Kleider und Wäsche zu tragen. Die Anstaltskleidung muß von derjenigen der Gefangenen abweichen. Mit Genehmigung des Richters darf der Häftling sich vom Privatarzt behandeln lassen, seine eigenen Bücher lesen und Zeitungen halten. §§ 116^I, ^III, ^V StPO., 1, 2, 6, 7, 10^I, 12^I VDU. Aufnahme und Entlassung nur auf schriftliches Ersuchen des Richters oder Staatsanwalts, in der Praxis „Annahmebefehl" und „Entlassungsbefehl" genannt. §§ 3, 20 V.D.U. —

Vom Amtsgericht sind die Akten der zuständigen Staatsanwaltschaft in Breslau übersandt worden, welche nunmehr die gerichtliche Voruntersuchung beantragt.

Eröffnung der Voruntersuchung und Anordnung der Haftfortdauer. Vernehmung des Angeschuldigten. Außer der, hier zweifelsfrei gegebenen, formellen Ordnungsmäßigkeit des Antrags (§ 179 StPO.) und seiner eigenen Zuständigkeit (§§ 7, 8) hat der Untersuchungsrichter vor Eröffnung der Voruntersuchung zu prüfen, ob die dem Angeschuldigten zur Last gelegte Tat unter ein Strafgesetz fällt, ob die Strafverfolgung und ob die Voruntersuchung zulässig ist (§ 180^I S. 1). Der Strohschober, den Strobel angesteckt haben soll, war sein Eigentum. Abgesehen von dem, hier nicht in Betracht kommenden, Gesichtspunkt des Versicherungsbetrugs (§ 265 StGB.) ist die Inbrandsetzung eigener Sachen nur strafbar, wenn es sich entweder um Kirchen, Wohngebäude oder Räumlichkeiten, die zeitweise zum Aufenthalt von Menschen dienen, während der üblichen Zeit dieses Aufenthalts handelt (§ 306^{1—3}), oder wenn sonstige Gebäude, Warenvorräte, Vorräte landwirtschaftlicher Erzeugnisse u. dergl., bei denen die Gefahr des Übergreifens auf eines der in § 306 aufgeführten Gebäude besteht, angesteckt werden (§ 308). Angesichts der geringen Entfernung des Schobers von dem Kuhstall des Frei, und da der Knecht Alscher nachts im Kuhstall zu schlafen pflegte, sind die gesetzlichen Voraussetzungen erfüllt. Das Delikt wird mit Zuchthaus bis zu 10 Jahren bestraft, zählt also zu den Schöffen- bzw. Strafkammersachen (§§ 24, 25 GVG., § 1 des 1. Teils I. Kap. der NotVO. vom 14. Juni 1932), in welchen die Voruntersuchung zwar nicht obligatorisch ist, jedoch auf Verlangen der Staatsanwaltschaft immer angeordnet werden muß (§ 178^I StPO.). Ob der Sachverhalt noch weiterer Aufklärung bedarf und ob ein wesentlicher Verdacht gegen Strobel besteht, ist für die Eröffnung ohne Belang: der Untersuchungsrichter muß eröffnen, sobald sich die dem Angeschuldigten zur Last gelegte Tat als ein Verbrechen oder Vergehen (arg. § 178^II) darstellt. § 180^I S. 1.

Soweit es sich dagegen um die von der Staatsanwaltschaft beantragte Haftfortdauer handelt, hat der Untersuchungsrichter auch den Tatverdacht sowie die sonstigen Voraussetzungen des Haftbefehls zu prüfen. Verfügung:

„(35) 7 J 431.34.

1. Die Voruntersuchung gegen den Stellenbesitzer *Hugo Strobel* usw. wird gemäß dem vorstehenden Antrag des Oberstaatsanwalts vom 1. ds. Mts. eröffnet und die Fortdauer der Untersuchungshaft aus dem im Haftbefehl des Amtsgerichts Wohlau vom 29. August 1934, Aktenzeichen 3 G 84.34, bezeichneten Gründen angeordnet.

Breslau, den 2. September 1934.

Der Untersuchungsrichter beim Landgericht.

Richter.

2. Nachricht dem Amtsgericht Wohlau zu den Akten 3 G 84.34 mit dem Ersuchen, den An-

geschuldigten alsbald durch die Polizei in das hiesige Untersuchungsgefängnis transportieren zu lassen.

3. Vorzulegen dem Herrn Oberstaatsanwalt zur Kenntnisnahme.

4. Nach 3 Tagen."

Mit Eröffnung der Voruntersuchung ist die Zuständigkeit in Haftsachen (§ 124) auf den Untersuchungsrichter übergegangen, so daß ihm auch die periodische Haftprüfung (S. 899 zu 3) obliegt. In der Kontrollfrist selbst tritt durch den Haftfortdauerbeschluß des Untersuchungsrichters keine Änderung ein. Dagegen hat sich eine Beschwerde nicht mehr gegen den amtsgerichtlichen Haftbefehl sondern gegen den Fortdauerbeschluß des Untersuchungsrichters zu richten; hätte Strobel gegen den Wohlauer Haftbefehl bereits Beschwerde eingelegt gehabt, so würde sie gegenstandslos geworden sein. Hartung, Recht d. Untersuchungshaft, 8 zu § 115. —

Die Akten kommen von der Staatsanwaltschaft nach Kenntnisnahme zurück. Nunmehr erfolgt die Vernehmung des inzwischen in Breslau eingelieferten Angeschuldigten nach § 192:

„Gegenwärtig: Breslau, den 4. September 1934.

Landgerichtsrat *Richter*
als Untersuchungsrichter,
Justizsekretär *Urkund*
als Urkundsbeamter der Geschäftsstelle.

In der Voruntersuchungssache usw. erscheint, aus der Untersuchungshaft vorgeführt:

der Angeschuldigte.

Er wurde mit der Verfügung vom 2. ds. Mts., durch welche die Voruntersuchung eröffnet worden und die Fortdauer der Untersuchungshaft angeordnet ist, sowie mit dem ihm gegen den Haftbefehl zustehenden Beschwerderecht und dem Recht, mündliche Verhandlung gemäß § 114 d StPO. zu beantragen, bekannt gemacht.

Befragt, ob er etwas auf die Beschuldigung erwidern wolle, erklärte der Angeschuldigte:

....

Wegen des Haftbefehls behalte ich mir meine Schritte vor. Zunächst werde ich einen Verteidiger wählen und die weiteren Maßnahmen mit diesem besprechen.

Vorgelesen, genehmigt, unterschrieben.
Hugo Strobel.

Der Angeschuldigte wurde in die Untersuchungshaft zurückgeführt.
Richter. *Urkund.*"

Ermittlungen durch die Polizei. Um Gewißheit über Strobels Täterschaft zu bekommen, bedarf es der sorgfältigen Bearbeitung aller Spuren und eingehender Ermittelungen über die Glaubwürdigkeit des Dach und der übrigen Zeugen. Der Untersuchungsrichter bittet das Polizeipräsidium telefonisch, den Leiter des Brandstiftungsdezernats zu ihm zu entsenden. Über die Besprechung mit dem Kommissar, die keine „Untersuchungshandlung" im Sinne des § 188[I] darstellt, wird nicht ein Protokoll (§ 187 S.1) sondern bloß eine Aktenregistratur aufgenommen:

„Ich händigte dem Krim.-Komm. *Dr. Findig* vom hiesigen Polizeipräsidium die Akten mit dem Auftrag aus, über die Persönlichkeit der Zeugen *Dach, Mohaupt* und *Tietze* und ihre Glaubwürdigkeit Erkundigungen einzuziehen, die an der Brandstelle vorhandenen Spuren durch Photographieren, Messen usw. genau festzulegen und die chemische Bearbeitung vorzubereiten. Krim.-Komm. *Dr. Findig* wird innerhalb 5 Tagen unter Rückgabe der Akten berichten. Er quittiert über den Empfang der Akten durch seine Unterschrift.

Dr. Artur Findig.

Breslau, den 5. September 1934.

Richter."

Die Eröffnung einer gerichtlichen Voruntersuchung macht die selbständige Vornahme von Ermittlungshandlungen durch andere Organe der Strafverfolgung nicht geradezu unzulässig. Aber die Tendenz des Gesetzes geht zweifellos dahin, die Untersuchung von diesem Zeitpunkt an beim Untersuchungsrichter zu konzentrieren. Deshalb sollen Staatsanwaltschaft und Polizei Ermittlungen, die nicht unaufschiebbar dringlich sind, nur noch im Einvernehmen mit dem Richter anstellen. Ungehörig ist vor allem die Vernehmung von Untersuchungsgefangenen durch Staatsanwälte oder Polizeibeamte ohne Vorwissen des Untersuchungsrichters, nicht zu billigen auch die eigenmächtige Vornahme von Haussuchungen, deren Ergebnisse nachher dem Untersuchungsrichter als Material aufgedrängt werden. Vgl. RGSt. 60, 263.

Dagegen besteht kein Bedenken, daß der Untersuchungsrichter sich bei seinen Ermittlungen polizeilicher Hilfe bedient, was § 189 sogar ausdrücklich vorsieht. Unsere Polizeibeamten sind vielfach immer noch allzu inquisitorisch darauf eingestellt die belastenden vor den entlastenden Tatsachen zu bevorzugen und es geht ihnen großenteils die feinere juristische Schulung ab. Doch ersetzen sie diesen Mangel durch den Vorzug größerer Beweglichkeit und Vertrautheit mit den örtlichen Verhältnissen. In den Großstädten kommt ihnen, besonders in Mord-, Betrugs-, Diebstahls-, Hehlerei-, Spieler-, Brandstiftungs- usw. Prozessen, die auf der weitergehenden Spezialisierung der Dezernate beruhende Routine zu gute. Viele von ihnen sind kriminalistisch weit besser vorgebildet als das Gros der Richter und Staatsanwälte.

Verteidigung.

„Breslau, den 11. September 1934.

An den Untersuchungsrichter hier.

In der Untersuchungssache gegen *Strobel* wegen Brandstiftung

überreiche ich die mir von dem Angeschuldigten erteilte Verteidigungsvollmacht und beantrage:

mir die Einsicht der gesamten Gerichtsakten zu gestatten.

Weiß, Rechtsanwalt

als Verteidiger."

Dem Beschuldigten (Angeschuldigten, Angeklagten) als solchem steht die Akteneinsicht niemals zu.

Der Verteidiger hat vom Schlusse der Voruntersuchung bzw. von Einreichung der Anklageschrift ab ein absolutes Recht auf Akteneinsicht (§ 147^{I}). Vorher stehen ihm die Protokolle über verantwortliche Vernehmungen, Sachverständigengutachten und solche gerichtliche Handlungen, denen der Verteidiger nach § 193 beizuwohnen berechtigt ist — Augenscheinseinnahmen; Vernehmung solcher Zeugen oder Sachverständigen, die voraussichtlich am Erscheinen in der Hauptverhandlung verhindert sein werden — unbedingt offen (§ 147^{III}), während die Einsicht der übrigen Akten nur insoweit zu gestatten ist, als es „ohne Gefährdung des Untersuchungszwecks" geschehen kann (§ 147^{II}). Manche Richter lehnen deshalb die Akteneinsicht, so lange der Beschuldigte nicht geständig oder vollständig überführt ist, ab, weil sie befürchten, daß er bei seinen späteren Unterredungen mit dem Verteidiger den Inhalt der Akten von diesem erfahren und seine Kenntnis zur Verdunkelung des Tatbestandes mißbrauchen könnte. Neuerdings hat man eingesehen, daß diese Besorgnis unbegründet ist und die Vorenthaltung der Akten den Untersuchungszweck nicht fördert. Die überraschenden Freisprechungen in der Hauptverhandlung haben ihren Grund nicht selten darin, daß Beweise, die ein aus den Akten informierter Verteidiger schon während der Voruntersuchung beantragt haben würde und die dann kritisch geprüft worden wären, nunmehr in der Hauptverhandlung beantragt und in überstürzter Weise erhoben worden sind. Auch der infolge des Kassibers auf Strobel ruhende Verdunkelungsverdacht würde die Ablehnung der Akteneinsicht nicht rechtfertigen. Der Verteidiger ist kein Komplize des Täters, dem man ohne weiteres Begünstigungshandlungen zutrauen dürfte! In ganz vereinzelten Fällen — etwa wenn ein Polizeibeamter, Sachverständiger oder Zeuge in den Akten einen Plan für die Überführung des Angeschuldigten, für das Verhalten bei Haussuchungen u. dgl. niedergelegt hat — empfiehlt sich die Vorenthaltung gewisser Aktenteile.

Akteneinsicht im staatsanwaltschaftlichen Ermittlungsverfahren: In diesem Stadium hat der Verteidiger nicht einmal die bescheidenen Rechte des § 147 II, III. Denn das Gesetz spricht von „gerichtlichen" Untersuchungsakten, und solche gibt es im Vorverfahren nicht, hier ist die Staatsanwaltschaft Herrin des Verfahrens und der Akten. Natürlich kann aber die Staatsanwaltschaft im Verwaltungsweg dem Verteidiger Einsicht in ihre Akten gewähren, und durch AV. vom 30. Dezember 1918 (JMBl. 19 S. 4) ist sie angewiesen, dies regelmäßig in entgegenkommender Weise zu tun. Die Handakten des Staatsanwalts sind von der Einsichtnahme ausgeschlossen.

Im Schnellrichterverfahren gibt Art. 5 der NotVO. vom 14. Juni 1932, Teil 1 Kap. I, dem Verteidiger das feste Akteneinsichtsrecht, sobald der Staatsanwalt die Anberaumung des Termins beantragt hat. Durch die Akteneinsicht darf das Verfahren nicht aufgehalten werden.

Verteidigungsvollmacht: Der Wahlverteidiger (§§ 137f. StPO.) wird durch eine Vollmacht des Beschuldigten oder durch die Anzeige, daß er den Verteidiger gewählt habe, legitimiert, der Offizialverteidiger (§§ 81 II, 115 d IV, 140 IV, 141) durch die Bestellung seitens des Vorsitzenden (§ 144). Die Verteidigungsvollmacht ist stempelfrei (T.-St. 19 VII, Abs. a, zum pr. StStG.). Die StPO. verlangt schriftliche Vollmacht nur, wenn der Verteidiger an Stelle des Angeklagten die Hauptverhandlung wahrnimmt (§§ 324, 350, 387, 411, 417), doch wird man zweckmäßiger Weise auch sonst eine Vollmacht einreichen und in sie die Befugnis zum Empfang aller für den Angeklagten bestimmten Zustellungen aufnehmen lassen. Sonst gehen nämlich die Zustellungen, statt an den Verteidiger, an den Angeklagten persönlich, wodurch Rechtsmittel- und sonstige Fristen leicht versäumt werden können (besonders wenn sich der Angeklagte in Haft befindet). Aber auch wenn der Verteidiger zur Empfangnahme von Zustellungen ermächtigt ist, bleibt die an den Angeklagten erfolgte Zustellung gültig; bei manchen Zustellungen wird sogar angenommen, daß sie trotz der Zustellungsvollmacht des Verteidigers an den Angeklagten erfolgen müssen! Löwe-Rosenberg 12 zu § 37; 8d vor § 137; 7 zu § 268. Üblicher Weise gibt die Staatsanwaltschaft, wenn sie in solchen Fällen dem Angeklagten zustellt, dem Verteidiger wenigstens Nachricht von der Zustellung, damit er sich mit seinem Klienten in Verbindung setzen und die Frist wahren kann. — Ein richtiger „Vertreter" ist im Strafprozeß der Anwalt des Privatklägers (§ 378).

Verfügung:

„1. Die Einsichtnahme der gesamten Gerichtsakten wird gestattet.

2. Vorzulegen Herrn RA. *Weiß* zur Kenntnisnahme."

In der Folge verkehrt der Verteidiger wiederholt schriftlich und mündlich mit Strobel. Die persönlichen Unterredungen könnte der Richter, weil die Haft hier nicht bloß wegen Fluchtverdacht sondern auch wegen Kollusionsgefahr angeordnet ist, überwachen (§ 148^{III}), indessen macht er von dieser Befugnis keinen Gebrauch. Die Einsicht der vom Verteidiger an den Angeschuldigten gerichteten Briefe steht dem Gericht nicht zu, es darf lediglich diese Briefe, wenn ihm kein Einblick gestattet wird, zurückweisen (§ 148^{II}). Briefe, die der Angeschuldigte seinem Verteidiger schreibt, unterliegen, wie alle Briefe von Untersuchungsgefangenen, der richterlichen Kontrolle.

Haftermin. Um die Aufrechterhaltung grundloser oder grundlos gewordener Haftbefehle nach Möglichkeit zu verhüten, gibt das Gesetz eine Reihe verschiedener Behelfe:

1. Der Beschuldigte hat die (unbefristete) Beschwerde. Gegen die Beschwerdeentscheidung der Strafkammer — einziger Fall eines solchen Rechtsmittels in Strafsachen! — ist weitere Beschwerde an den Strafsenat des Oberlandesgerichts gegeben und zwar ohne Beschränkung auf duae difformes oder Gesetzesverletzungen. §§ 115 S. 1, 304^{I}, 305, 310^{I}.
2. Der Angeschuldigte kann verlangen, daß mündliche Verhandlung über die Aufrechterhaltung des Haftbefehls stattfindet. Ausnahme: wenn der Haftbefehl wegen einer Übertretung (§ 361$^{3, 4, 6}$ StGB.!) erlassen war. § 114 d StPO. Die auf Grund der mündlichen Verhandlung gefällte Entscheidung unterliegt der Beschwerde und weiteren Beschwerde wie zu 1.
3. Ferner wird von Zeit zu Zeit im „Haftprüfungsverfahren" (§ 115a) von Amtswegen über die Aufrechterhaltung der Haft entschieden. Beschwerde wie zu 1.

Das Verfahren entspricht sachlich der Aufhebung eines Arrestes oder einer einstweiligen Verfügung wegen veränderter Umstände (§ 927 ZPO.), unterscheidet sich aber durch das Offizialprinzip. Die erste Haftprüfung findet nach zweimonatiger Dauer der Untersuchungshaft statt; später werden die Haftprüfungsperioden zwischen 3 Wochen und 3 Monaten von Fall zu Fall durch das Gericht festgesetzt. Erhebt der Beschuldigte Beschwerde oder beantragt er mündliche Verhandlung (oben zu 1 und 2), so laufen die Prüfungsfristen erst von der die Haft aufrecht erhaltenden Entscheidung ab. Im Prinzip ist die Haftprüfung ein schriftliches Verfahren, doch kann der Beschuldigte mündliche Verhandlung verlangen. Art. 4 der NotVO. vom 14. Juni 1932, 1. Teil I. Kap. sieht einen Verzicht des Beschuldigten auf weitere Haftprüfung vor. Die Bestimmung ist in erster Reihe auf solche Fälle berechnet, in denen auf Grund des vorliegenden Beweismaterials der Haftbefehl aufrecht erhalten werden muß und die Akten zu neuen Ermittelungen versandt werden sollen, so daß die Durchführung der Haftprüfung lediglich als Verzögerung des Verfahrens und damit der Haftdauer wirken würde. Der Verzicht kann jederzeit widerrufen werden. Selbstverständlich unterliegt die Entscheidung des Haftprüfungsverfahrens wiederum der Beschwerde und weiteren Beschwerde.

4. Auch außerhalb des periodischen Haftprüfungsverfahrens ist das Gericht berechtigt den Haftbefehl wegen veränderter Sachlage auf Antrag oder von Amtswegen aufzuheben, sogar gegen den Widerspruch der Staatsanwaltschaft. Die Aufhebung muß erfolgen, sobald der Beschuldigte außer Verfolgung gesetzt oder freigesprochen wird und damit der Tatverdacht entfällt. § 123 StPO.
5. Während zu 1—4 das Gericht nach seinem pflichtmäßigem Ermessen entscheidet, muß nach § 126 der im Vorverfahren erlassene Haftbefehl auf Antrag des Staatsanwalts unbedingt aufgehoben werden, gleichviel welche Auffassung der Richter selbst von der Sache hat. Gelingt es also dem Beschuldigten (oder seinem Verteidiger) die Staatsanwaltschaft davon zu überzeugen, daß Tat- oder Fluchtverdacht nicht bestehe, so ist ihm seine Freilassung gesichert. Das

gilt freilich bloß so lange, wie der Staatsanwalt vor Erhebung der „öffentlichen Klage" das Verfahren als unbeschränkter Herr in der Hand hat. In der Voruntersuchung wird durch die Zustimmung der Staatsanwaltschaft die eigene Prüfungspflicht des Gerichts nicht beseitigt.

Strobel versucht es zunächst mit der mündlichen Verhandlung:

„Breslau, den 15. September 1934.

An den Untersuchungsrichter hier.

In der Untersuchungssache gegen *Strobel* wegen Brandstiftung beantrage ich: gemäß § 114 d StPO. Termin zur mündlichen Verhandlung über den Haftbefehl anzusetzen.

Weiß, Rechtsanwalt
als Verteidiger."

In der Voruntersuchung sind die Befugnisse des Gerichts in höchst komplizierter Weise zwischen Untersuchungsrichter und Strafkammer aufgeteilt. Eröffnung, Führung, Schließung und Ergänzung der Voruntersuchung geschehen durch den Richter (§§ 184, 197). Dagegen bedarf es zur Ablehnung eines Antrags auf Eröffnung oder Wiedereröffnung eines Beschlusses des Gerichts, d. h. der Strafkammer (§§ 180^{I} S. 2, 197^{II} StPO., 73^{I} S. 1 GVG.), und zwar als erstinstanzliches Gericht, also von der noch zu besprechenden Beschwerdefunktion der Strafkammer gegenüber dem Untersuchungsrichter wohl zu unterscheiden. Beschlüsse über Beschlagnahmen einschließlich der Postbeschlagnahme faßt der Richter (§§ 98^{I}, 100^{I} StPO.) Anordnung der Unterbringung in einer Irrenanstalt: S. 906. Haftbefehle werden vom Untersuchungsrichter erlassen und, wenn die Staatsanwaltschaft es beantragt und der Richter dem Antrag beistimmt, aufgehoben; versagt dagegen der Staatsanwalt seine Zustimmung, so kann der Haftbefehl — außerhalb des Haftterminsverfahrens — nur von der Strafkammer aufgehoben werden. Für die periodische Haftprüfung des § 115a ist die Strafkammer zuständig, welche damit indirekt die Tätigkeit des Richters überwacht. Ebenso wird die Verfallserklärung von Haftkautionen (§ 122) durch die Strafkammer ausgesprochen. Die mündliche Verhandlung gemäß § 114d hingegen spielt sich immer vor dem Untersuchungsrichter ab, welcher in diesem Fall an die staatsanwaltschaftlichen Anträge weder zu Gunsten noch zu Ungunsten des Angeschuldigten gebunden ist. § $124^{I, II, IV}$. — Verfügung:

„1. Termin zur mündlichen Verhandlung über den Haftbefehl gemäß § 114d StPO. am 20. September 1934."

Ohne ausdrückliche Zustimmung des Angeschuldigten darf der Termin nicht über eine Woche hinaus angesetzt werden (§ $114d^{II}$).

„2. Nachricht: a) der Staatsanwaltschaft, b) dem Angeschuldigten, c) Herrn RA. *Weiß*.

3. Der Angeschuldigte ist zum Termin vorzuführen."

§ $115d^{I, II}$. Wird aus irgend welchen Gründen (Krankheit, auswärtiger Haftort) der Angeschuldigte nicht vorgeführt, so muß ein Verteidiger für ihn im Termin auftreten (§ $115d^{II}$ S. 2); hat seine Haft bis zum Termin über 3 Monate gedauert, so ist der Verteidiger auch neben dem vorgeführten Angeschuldigten notwendig (§ $115d^{III}$). Hiernach muß unter Umständen dem Angeschuldigten für den Haftermin ein Offizialverteidiger bestellt werden (§ $115d^{IV}$).

„Gegenwärtig: Breslau, den 20. September 1934.

Landgerichtsrat *Richter*
als Untersuchungsrichter,
Staatsanwaltschaftsrat *Scharf*
als Beamter der Staatsanwaltschaft,
Justizsekretär *Urkund*
als Urkundsbeamter der Geschäftsstelle.

In der Voruntersuchungssache usw.
erschien, aus der Untersuchungshaft vorgeführt:
der Angeschuldigte.

Als Verteidiger meldete sich RA. *Weiß*, welcher anzeigte, daß er die Wirtschafterin *Mohaupt* und den Vogt *Lommel* aus Nimsdorf sowie den Kellner *Hermann Sperling* aus Steinau a. O. als Zeugen zur Stelle gebracht habe."

Die Anwesenheit eines Vertreters der Staatsanwaltschaft ist in Terminen nach § 114 d (oder § 115 a^{IV}) aus sachlichen Gründen immer angebracht. Sie wird aber nicht in dem Sinne vorgeschrieben, daß die Verhandlung (wie eine Hauptverhandlung, § 226) ohne den Beamten der Staatsanwaltschaft nicht stattfinden könnte. Zuhörer werden nicht zugelassen, denn die Verhandlung findet nicht vor dem „erkennenden" Gericht statt und ist demgemäß zwar eine „mündliche" aber keine „öffentliche" (§ 169 GVG.). Öffentliche Termine im Ermittlungs- oder Voruntersuchungsverfahren, wie sie das englisch-amerikanische Recht kennt, gibt es nicht.

„Staatsanwaltschaft, Angeschuldigter und Verteidiger wurden über die Aufrechterhaltung des Haftbefehls vom $\frac{\text{29. August}}{\text{2. September}}$ 1934 gehört. Die Staatsanwaltschaft beantragte:

Aufrechterhaltung des Haftbefehls.

Der Angeschuldigte und sein Verteidiger beantragten:

Aufhebung des Haftbefehls.

In zweiter Reihe erbot sich RA. *Weiß* namens des Angeschuldigten zur Leistung einer Sicherheit von 5 bis 6000 *RM* und beantragte, gegen Leistung dieser Sicherheit den Vollzug der Haft auszusetzen."

Vgl. § 117 StPO.

Über die Ausgestaltung der Hafttermine in den Fällen der §§ 114d, 115a^{IV} gibt § 115d nur einige wenige Bestimmungen. Da auf Grund mündlicher Verhandlung entschieden wird, so darf das Gericht seiner Entscheidung lediglich das zu Grunde legen, was im Termin — beim Kollegialgericht durch den Berichterstatter, beim Einzelrichter durch diesen — vorgetragen und damit zum Gegenstand der Verhandlung gemacht worden ist. Die Schwierigkeiten, die sich sonst für die Verteidigung daraus ergeben, daß vor Eröffnung des Hauptverfahrens der Verteidiger nur ein beschränktes (S. 898), der Beschuldigte als solcher überhaupt kein Recht auf Akteneinsicht hat, werden dadurch wesentlich gemildert. Art und Umfang der Beweisaufnahme bestimmt das Gericht, ohne durch Anträge oder Verzichte gebunden zu sein: es gilt also weder der für die Hauptverhandlung aufgestellte Grundsatz, der „gebundenen Beweisaufnahme" noch das „Unmittelbarkeitsprinzip" mit seiner Beschränkung des Urkundenbeweises (Kap. 22: „Hauptverhandlung wegen Rückfallbetrugs"). Ob das Gericht Beweise durch persönliche Vernehmung der Zeugen oder durch Verlesung eidesstattlicher Versicherungen oder in den Akten befindlicher Protokolle erheben will, steht in seinem Ermessen. Vgl. Hartung 8 zu § 115 d. Das Verfahren nähert sich auch hierin der „Glaubhaftmachung" des Arrestverfahrens.

Von Vernehmung der Mohaupt und des Lommel sieht der Richter ab, weil beide zur Zeit, als Strobel von Dach gesehen worden sein soll, geschlafen haben, und die Bejahung des in ihr Wissen gestellten Beweissatzes, daß Strobel wegen rheumatischer Schmerzen 3 Tage das Zimmer nicht verlassen habe, nicht die Möglichkeit ausschließen würde, daß der Angeschuldigte trotzdem seine Schmerzen überwunden hat, um heimlich nach dem Schober zu gehen und ihn anzustecken. Dagegen will er Sperling vernehmen, der als Zeuge für die Unglaubwürdigkeit des Dach und dessen gehässige Gesinnung gegen den Angeschuldigten benannt ist:

„Der zur Stelle gebrachte Zeuge *Sperling* wurde, wie folgt, vernommen:

Z. P.: ....

Z. S.: Seit einem halben Jahr bediene ich in der zu Steinau, Oderstraße 5 belegenen Gastwirtschaft ‚Zur Kornblume', in der viele Schiffer verkehren. *Dach* besucht das Lokal ab und zu, weil er die Tochter des Inhabers verehrt. Vorige Woche traf er bei uns mit dem Schiffsmaschinisten *Gießwein* aus Küstrin zusammen. Es wurde von dem Brande bei *Frei*, von der Verhaftung des *Strobel* und davon gesprochen, daß *Dach* der Hauptbelastungszeuge sei. Dabei rief *Gießwein* dem *Dach* zu: ‚Alter Schwindler, was du da ausgesagt hast, das glaubst du selbst nicht. Du hast wohl bloß den *Strobel* reinlegen wollen, weil er nicht bei dir arbeiten läßt. Du hast mir ja vor einem Jahre erzählt, daß du ihn gern ins Zuchthaus bringen würdest.' *Dach* erwiderte: ‚Pst, pst, quatsch nicht solch dummes Zeug' und *Gießwein* hörte dann auf von der Sache zu reden.

Auf Befragen:

Gießwein war bei dem Vorfall leicht angetrunken, ich hatte aber den Eindruck, als ob er *Dach* an ein wahres Erlebnis erinnerte und dem *Dach* die Äußerung sehr unangenehm wäre. Deshalb habe ich die Sache einer Schwester des *Strobel* weitererzählt, die es dann wohl dem Verteidiger hinterbracht hat.

Gießwein ist, wie er erzählte, über Küstrin nach Stettin gegangen. Er war für einen Stettiner Dampfer angeheuert, der zwischen deutschen, schwedischen und finnländischen Ostseehäfen fährt. Den Namen des Schiffes und der Reederei habe ich mir nicht behalten."

Da das Protokoll des Hafttermins nach den Grundsätzen der Hauptverhandlung, nicht des Vorverfahrens, zu behandeln ist (§§ 115 d V S. 3, 271/3), werden die protokollierten Aussagen nicht vorgelesen. Eine Vereidigung der im Hafttermin vernommenen Zeugen und Sachverständigen findet nur unter den Voraussetzungen der §§ 66, 72, 223 statt. —

Die seit dem 29. August angestellten weiteren Ermittlungen haben nichts wesentlich neues ergeben. Es ist weder gelungen Klarheit über die am Schober befindlichen Fußspuren zu schaffen, noch Anhaltspunkte für die Täterschaft von Landstreichern festzustellen. Der Verdacht, daß der Zettel „Vergeßt nicht die Katze!" die Wirtschafterin auffordern sollte irgend etwas Belastendes bei Seite zu schaffen, hat sich nicht ausräumen lassen, obgleich Frau Mohaupt bei ihren Vernehmungen auf das Bestimmteste beteuert hat, daß der Angeschuldigte ihr keinerlei Andeutungen gemacht habe und daß er sicherlich bloß an die Hauskatze gedacht habe; der Herr sei halt „manchmal etwas komisch". So bildet die Aussage des Dach in Verbindung mit den von der Mohaupt bekundeten Verwünschungen, immer noch das erheblichste Indiz gegen Strobel. Der Verteidiger führt aus, daß nach der Aussage Sperlings die Belastung durch Dach ausscheide und kein dringender Verdacht mehr vorliege. Zum mindesten sei der Kollusionsverdacht zu verneinen.

Der Richter schließt sich dieser Auffassung nicht an. Er bejaht sowohl den dringenden Tatverdacht und den Fluchtverdacht wie die Verdunkelungsgefahr, womit die Möglichkeit der Entlassung gegen Kaution fortfällt (§ 117):

„Es wurde der Beschluß verkündet:

Der Haftbefehl vom $\frac{\text{29. August}}{\text{2. September}}$ 1934 wird aufrecht erhalten. Der Antrag auf Freilassung gegen Sicherheitsleistung wird abgelehnt.

Gründe:

....

Der Angeschuldigte wurde in die Untersuchungshaft zurückgeführt.

Richter. *Urkund.*"

Haftbeschwerde. Haftkaution. RA. Weiß legt Beschwerde ein und wiederholt seine im Termin gemachten Anführungen und Anträge. Verfügung:

„1. Der Beschwerde wird aus den Gründen des Beschlusses vom 2. September 1934 nicht abgeholfen.

2. Urschriftlich mit Akten

dem Landgericht, Strafkammer, hier

zur Entscheidung über die Beschwerde."

Denn nach § 73 GVG. ist die Strafkammer in der Voruntersuchung nicht nur für gewisse Funktionen erstinstanzliches Organ (S. 900), sondern zugleich Beschwerdeinstanz gegenüber dem Untersuchungsrichter. Hätte der Untersuchungsrichter der Beschwerde ohne Abgabe an die Strafkammer gemäß § $306^{\text{II}, \text{III}}$ abhelfen wollen, so wäre hierzu die Zustimmung der Staatsanwaltschaft erforderlich gewesen (§ 124^{II} S. 1).

Die Strafkammer weist die Beschwerde zurück.

RA. Weiß ruft auch noch die dritte Instanz an und bekämpft in der Begründung seiner weiteren Beschwerde den Standpunkt der Vorinstanzen mit der Ausführung: ganz zweifellos sei „hinreichender" Verdacht gegen Strobel im Sinne des § 203 nicht gegeben, mithin könne kein „dringender" Tatverdacht angenommen werden, denn dieser Begriff erfordere im Vergleich zum hinreichenden Verdacht ein Mehr an Belastung. —

„Beschluß.

In der Voruntersuchungssache gegen usw.

hat der II. Strafsenat des Oberlandesgerichts in der Sitzung vom 14. Oktober 1934 unter Mitwirkung .... beschlossen:

Die von dem Verteidiger des Angeschuldigten, RA. *Weiß* in Breslau, gegen den Beschluß des Landgerichts III. Strafkammer in Breslau vom 3. Oktober 1934 eingelegte weitere Beschwerde wird auf Kosten des Angeschuldigten mit der Maßgabe zurückgewiesen, daß der Angeschuldigte mit der Untersuchungshaft zu verschonen ist, wenn er in Höhe von 6000 *RM* (i. W.) Sicherheit durch Hinterlegung von Geld oder Wertpapieren oder durch Bürgschaft der landwirtschaftlichen Vorschußkasse Wohlau e. G. m. b. H. in Wohlau leistet."

Vgl. § 118. Bei der von der Vorschußkasse abzugebenden Erklärung handelt es sich in Wahrheit nicht um „Bürgschaft" im zivilrechtlichen Sinne, weil die in § 765 BGB. vorausgesetzte prinzipale Verbindlichkeit eines Hauptschuldners fehlt, sondern um eine Garantie.

„Gründe.

Die weitere Beschwerde ist zulässig aber, soweit sie sich gegen die Aufrechterhaltung des Haftbefehls richtet, nicht begründet.

Der Erlaß eines Haftbefehls setzt nach § 112 I S. 1 StPO. ‚dringende Verdachtsgründe' voraus. Damit fordert das Gesetz allerdings einen besonders hohen an vollständige Aufklärung grenzenden Grad von Wahrscheinlichkeit; der dringende Verdacht muß im allgemeinen stärker sein als der zur Eröffnung des Hauptverfahrens ‚hinreichende' Verdacht des § 203, der schon vorliegt, wenn es gerechtfertigt erscheint, durch eine Hauptverhandlung die endgültige Entscheidung über Schuld oder Unschuld herbeizuführen. Auf der anderen Seite ist jedoch der für Erlaß des Haftbefehls maßgebende dringende Verdacht ein relativer Begriff. Er richtet sich nämlich ganz nach dem jeweiligen Stande des Verfahrens, während der hinreichende Verdacht — ebenso wie die vom erkennenden Gericht zu beantwortende Frage, ob der Angeklagte überführt ist — einen gewissen Abschluß der Beweisaufnahme voraussetzt. Da wesentliche Teile der Beweise noch nicht erhoben sind, insbesondere eine Bekundung des *Gießwein* über die gehässige Gesinnung, welche *Dach* gegen den Angeschuldigten geäußert haben soll, noch aussteht, mag sich gegenwärtig nicht sagen lassen, daß dem Angeschuldigten eine strafbare Handlung bewiesen sei. Es mag auch kein hinreichender Verdacht vorliegen. Hingegen kann dringender Tatverdacht schon auf Grund einer unvollständigen und lückenhaften Beweisführung angenommen werden. Man denke an den Fall, daß ein Polizeibeamter nach § 127 II einen Verdächtigen wegen Gefahr im Verzuge festnehmen will, oder daß der vorläufig Festgenommene dem Amtsgericht vorgeführt wird, welches nach § 128 II über den Erlaß eines Haftbefehls zu entscheiden hat. Noch unerhobene Beweise müssen also für die Entscheidung von Haftfragen grundsätzlich außer Betracht bleiben, die ganze Würdigung trägt provisorischen Charakter."

Alles das entspricht der zivilprozessualen „Glaubhaftmachung" (S. 425).

„Auf Grund des zur Zeit vorliegenden Materials aber läßt sich die Ansicht des Untersuchungsrichters und der Strafkammer, daß der Angeschuldigte der Brandstiftung dringend verdächtig sei, nicht beanstanden. Insbesondere reicht die Bekundung des *Sperling*, dessen eigene Glaubwürdigkeit noch nachgeprüft werden muß, über gesprächsweise von dem leicht angetrunkenen *Gießwein* gemachten Bemerkungen nicht aus, um die mit größter Bestimmtheit vorgetragene Aussage *Dach's* zu erschüttern. Hierzu würde es zum mindesten der direkten Aussage des *Gießwein* bedürfen.

(wird näher dargelegt.)

Auch den Fluchtverdacht haben die Vorinstanzen mit Recht bejaht.

Dagegen besteht keine Kollusionsgefahr. Der Zettel ‚Vergeßt nicht die Katze!' und vor allem der Versuch des Angeschuldigten, ihn seiner Wirtschafterin heimlich zuzustecken, sind allerdings auffällig, doch kann hier eine Sonderbarkeit des nicht mehr jungen Angeschuldigten vorliegen. Weder der Angeschuldigte noch die *Mohaupt* gehören zur Klasse der Gewohnheitsverbrecher, bei denen man eine Übung, sich durch Kassiber in der Gaunersprache oder mittels verabredeter Stichworte zu verständigen, ohne weiteres voraussetzen darf. Zudem ergibt die in § 112 I aufgestellte Vorschrift, daß Verdunkelungsgefahr bloß auf Grund konkreter, vom Richter aktenkundig zu machender, Tatsachen angenommen werden darf, die gesetzgeberische Tendenz, diesen Haftgrund auf solche Fälle zu beschränken, in denen einwandsfreie Anhaltspunkte gegeben sind.

Da hiernach der Haftbefehl lediglich durch Fluchtverdacht gerechtfertigt wird, besteht die Möglichkeit der Freilassung gegen Sicherheit. Im Hinblick auf das Alter und den krankhaften Zustand des Angeschuldigten, der offenbar sehr an seinem Besitze hängt, erschien es angemessen, ihn gemäß § 117 gegen eine Sicherheit von 6000 *RM*, die fast die Hälfte seines Vermögens darstellt, mit der Untersuchungshaft zu verschonen.

Die Kosten des zum größten Teil erfolglosen Rechtsmittels treffen den Angeschuldigten nach § 473 I StPO.

Richter I. Richter II. Richter III."

Bei Wiedereingang der Akten notiert der Untersuchungsrichter zunächst eine neue Frist für die Haftprüfung, deren Zeitpunkt sich infolge des Oberlandesgerichtsbeschlusses gemäß § 115a V (oben S. 899) verschoben hat. Einige Tage später reicht RA. Weiß die Erklärung der Wohlauer Kasse ein. Verfügung:

„1. Entlassungsbefehl anliegend."

Vgl. § 20 VDU. (oben S. 895).

„2. Nachricht der Staatsanwaltschaft.

3. Vorlegung 14. Dezember fällt weg."

Sobald nämlich der Beschuldigte aus der Untersuchungshaft entlassen wird, findet keine periodische Haftprüfung mehr statt (§ 115a I StPO.). Der Haftbefehl selbst bleibt bestehen, denn durch seine Aufhebung würde die Sicherheit endgültig frei werden (§ 121 I), was gerade nicht geschehen soll. Der Haftbefehl kann sogar trotz der Kaution noch vollstreckt werden, falls Strobel Anstalten zur Flucht trifft oder sonstige nova seine Verhaftung notwendig machen (§ 120).

Wofür haftet die Sicherheit? Sie wird, wie § 122 I zeigt, dafür geleistet, daß Strobel sich weder der Untersuchung noch dem Antritt einer etwa gegen ihn zu verhängenden Freiheitsstrafe entziehen wird. Tritt einer dieser Fälle ein, so ist die Kaution vom Gericht für verfallen zu erklären (§ 122 II, III). Für anderweite Verpflichtungen des Angeschuldigten (z. B. Geldstrafen oder Gerichtskosten) haftet sie nicht, noch weniger für Schadensersatzansprüche des Verletzten.

Einschränkung der Rechtsbehelfe des Haftverfahrens in besonderen Fällen: Die oben S. 899 besprochenen Aufhebungsmöglichkeiten gelten im Prinzip für alle Stadien des Verfahrens. Insbesondere findet auch nach Eröffnung des Hauptverfahrens die periodische Haftprüfung statt. Es gibt aber dann keine mündliche Verhandlung mehr (§ 115b), so daß sich der Angeklagte mit schriftlichen Vorstellungen und Beschwerden und schriftlicher Haftprüfung begnügen muß. Der bei Eröffnung des Hauptverfahrens gemäß § 207 II gefaßte Haftfortdauerbeschluß tritt ganz an Stelle des früheren Haftbefehls, so daß die Prüfungsfrist jetzt von der Bekanntmachung der Entscheidung aus § 207 II ab läuft (§ 115a V). Dem Haftfortdauerbeschluß des Untersuchungsrichters bei Eröffnung der Voruntersuchung ist diese besondere Wirkung nicht beigelegt.

In Sondergerichtssachen ist mündliche Verhandlung über den Haftbefehl überhaupt ausgeschlossen. § 9 der VO. vom 21. März 1933.

Beobachtung des Geisteszustandes. Nachdem die Ermittlungen mehrere Wochen weitergeführt worden sind und sich für Strobel immer ungünstiger gestaltet haben, reicht der Verteidiger einen neuen Schriftsatz ein, zählt eine Reihe von Abnormitäten auf, die ihm an dem Angeschuldigten und seinem Verhalten aufgefallen sind, weist auf die Bekundung der Wirtschafterin hin, daß „der Herr manchmal etwas komisch" sei, und bittet um Untersuchung des Geisteszustandes. Darauf wird der Gerichtsarzt vom Untersuchungsrichter beauftragt Strobel zu untersuchen und sich über seinen Geisteszustand zu äußern. Das Gutachten geht dahin:

„Wenn auch der Angeschuldigte gewisse Zeichen geistiger Entartung trägt, so halte ich es doch für wenig wahrscheinlich, daß bei Begehung der ihm zur Last gelegten Straftat seine freie Willensbestimmung im Sinne des § 51 StGB. ausgeschlossen war oder daß er jetzt geisteskrank ist."

Ausschluß der freien Willensbestimmung durch krankhafte Störung der Geistestätigkeit z. Zt. der Begehung schließt eine strafbare Handlung aus und führt zur Außerverfolgungsetzung bzw. zum Freispruch. Erweist sich der Beschuldigte im Laufe des Verfahrens als geisteskrank, so kommt es zu keinem Urteil, sondern das Verfahren wird durch Beschluß vorläufig eingestellt (§ 205 StPO.). Endlich wird durch Geisteskrankheit nach dem Urteil die Vollstreckung der Todesstrafe und von Freiheitsstrafen gehindert (§§ 453 II, 455 I), denn der Verurteilte würde infolge seines Leidens die Strafe nicht als Übel und als Vergeltung empfinden.

„Ein sicheres Urteil läßt sich jedoch nur durch längere Beobachtung in einer Irrenanstalt gewinnen. Ich beantrage daher:

Unterbringung des Angeschuldigten in einer öffentlichen Irrenanstalt und Beobachtung seines Geisteszustandes gemäß § 81 StPO.

Geh. Med. Rat *Dr. Ansorge*
Gerichtsarzt."

Die Entscheidung über den Antrag des Sachverständigen steht der Strafkammer zu (arg. §§ 124 I StPO., 73 I GVG.). Diese gibt zunächst dem Staatsanwalt wie dem Verteidiger — der in diesem Falle notwendig ist (§ 81 II StPO.) — Gelegenheit zur Äußerung. Alsdann ergeht der

„Beschluß.

In der Voruntersuchungssache usw.

wird auf Antrag des Sachverständigen Geh. Medizinalrats *Dr. Ansorge* in Breslau nach Anhörung der Staatsanwaltschaft sowie des Verteidigers gemäß § 81 StPO. angeordnet:

Der Angeschuldigte ist zur Vorbereitung eines Gutachtens über seinen Geisteszustand auf die Dauer von sechs Wochen in eine öffentliche Irrenanstalt zu bringen und dort zu beobachten.

Breslau, den 10. Januar 1935.
Landgericht. III. Strafkammer.
Richter I. *Richter II.* *Richter III.*"

Der Beschluß wird dem Angeschuldigten, Staatsanwalt und Verteidiger zugestellt. Erst nach Ablauf der einwöchigen Frist für die sofortige Beschwerde (§§ 81 III, 311 II) wird er gemäß § 36 S 1 der Staatsanwaltschaft zur Durchführung übergeben, die Strobel nach der Provinzial-, Heil- und Pflegeanstalt in Bunzlau schafft. Denn es handelt sich um eine empfindliche Freiheitsbeschränkung, die mit dem früher erlassenen Haftbefehl nichts zu tun hat und deshalb vom Gesetz an besondere Garantien geknüpft wird (im staatsanwaltschaftlichen Ermittlungsverfahren ist, wie das Wort „Angeschuldigter" in § 81 I zeigt, die Unterbringung überhaupt unzulässig!).

Das spätere Gutachten des Anstaltsarztes lautet:

„*Strobel* leidet an angeborenem leichten Schwachsinn, der sich durch beginnende Alterserscheinungen erheblich verschärft hat. Er leidet ferner zeitweise an epileptischen Anfällen. Es besteht eine große Wahrscheinlichkeit dafür, daß er die ihm zur Last gelegte Brandstiftung unter dem Einfluß epileptischer Störungen in einem Zustand begangen hat, bei dem seine freie Willensbestimmung ausgeschlossen war.

Gegen seine Verhandlungsfähigkeit bestehen keine Bedenken."

Darnach wird das Verfahren voraussichtlich mit Außerverfolgungsetzung oder Freisprechung enden.

Polizeiliche Unterbringung Geisteskranker in Irrenanstalten: Abgesehen von § 81 StPO. besteht keine klare gesetzliche Regelung der Unterbringung geisteskranker Personen in Irrenanstalten. Die Aufnahmevorschriften für Privatanstalten sehen ein ärztliches Zeugnis sowie Anzeige an Polizei und Staatsanwaltschaft vor. Die öffentlichen Anstalten haben Reglements, nach denen gewöhnlich die Mitwirkung der Polizei sowohl für die Aufnahme wie für die Entlassung erfordert wird. Soweit der — geschäftsfähige — Kranke selbst oder sein gesetzlicher Vertreter mit Personensorgerecht die Aufnahme beantragt, ist sie unbedenklich. Für die Aufnahme ohne zivilrechtlich wirksame Einwilligung des Patienten ist jetzt der, an Stelle des aufgehobenen Ges. zum Schutze der persönlichen Freiheit vom 12. Februar 1850 getretene, § 15 pr. Pol.Verw.G. vom 1. Juni 1931 (GS. 77) grundlegend. Darnach haben die Polizeibehörden die Befugnis, Personen zu ihrem eigenen Schutz oder zur Beseitigung einer bereits eingetretenen oder unmittelbar bevorstehenden Störung der öffentlichen Sicherheit oder Ordnung in „polizeiliche Verwahrung" zu nehmen, und es wird gerade für Geisteskranke eine Ausnahme von dem sonstigen Prinzip gemacht, daß die in polizeiliche Verwahrung Genommenen spätestens im Laufe des folgenden Tages wieder zu entlassen sind. Im übrigen vgl. OVG. 65, 247 (mit ausführlicher Darstellung der historischen Entwicklung), 259; Art. „Irrenwesen" in Fleischmanns Wörterbuch; Hue de Grais 23. Aufl. S. 243 Anm. 10. Die polizeiliche Unterbringungsanordnung bedarf nicht der schriftlichen Form und braucht nicht förmlich zugestellt zu werden, sondern es genügt die entsprechende Zwangshandlung der Behörde. Dem Betroffenen stehen die gewöhnlichen Rechtsmittel (vgl. 26. Kap.) zu.

Abschluß der Voruntersuchung. Der Untersuchungsrichter bricht die im Gange befindlichen weiteren Ermittlungen ab und verfügt gemäß § 197$^{I, III}$ StPO.:

„1. Die Voruntersuchung wird geschlossen.
2. Nachricht dem Angeschuldigten.
3. Urschriftlich mit Akten

dem Herrn Oberstaatsanwalt beim Landgericht

hier

zur Stellung seiner Anträge.

Breslau, den 16. Februar 1935.

Der Untersuchungsrichter beim Landgericht.

Richter."

Der Abschluß der Voruntersuchung steht im Ermessen des Untersuchungsrichters. Betrachten Staatsanwalt oder Angeschuldigter die Untersuchung als abschlußreif, während der Untersuchungsrichter noch weiter ermitteln will, so haben sie keine Möglichkeit den Richter zur Aufgabe seiner Ansicht und zum schnelleren Abschluß der Untersuchung zu zwingen. Dagegen kann gegen den Willen des Untersuchungsrichters eine Ergänzung der Voruntersuchung von der Strafkammer angeordnet werden (§ 197^{II}). Das würde z. B. in unserem Falle praktisch werden, wenn die Staatsanwaltschaft § 51 StGB. nicht für anwendbar hält.

Mit Beendigung der Voruntersuchung hat der Untersuchungsrichter jeden Einfluß auf den weiteren Verlauf des Verfahrens verloren. Die Anträge der Staatsanwaltschaft — die entweder auf Eröffnung des Hauptverfahrens oder auf Außerverfolgung oder auf Ergänzung der Voruntersuchung gehen (§§ 197^{II}, 198 StPO.) — können der Auffassung des Untersuchungsrichters von der Sache entgegengesetzt sein. Von der Mitwirkung in der Eröffnungskammer oder dem erkennenden Gericht ist der Untersuchungsrichter kraft Gesetzes ausgeschlossen (§ 23^{II}). Die Praxis beschränkt das auf den Richter, der die Untersuchung wirklich „geführt", d. h. die eigentlichen Untersuchungshandlungen vorgenommen und nicht bloß formale Verfügungen als Untersuchungsrichter erlassen hat. Vgl. Löwe-Rosenberg 7 zu § 23; RGSt. 59, 100; 61, 415.

Voruntersuchung in einer bereits aufgeklärten Bankrottsache.

Der Oberstaatsanwalt stellt Antrag auf Eröffnung der Voruntersuchung — ohne Verhaftung —:

„1. gegen den Kaufmann *Johannes Held* in Breslau, Moltkestraße 25, welchen ich beschuldige:
zu Breslau im Januar und Februar 1934 als Schuldner, welcher seine Zahlungen eingestellt hat und über dessen Vermögen das Konkursverfahren eröffnet worden ist, in der Absicht, seine Gläubiger zu benachteiligen, Vermögensstücke, nämlich eine Kiste mit Kleidungsstücken, Decken und Ledersachen, verheimlicht und bei Seite geschafft zu haben,

2. gegen den Kaufmann *Martin Obst* in Strehlen, Warkotschestraße 17, welchen ich beschuldige:
dem Angeschuldigten *Held* zur Begehung des Verbrechens zu 1 durch Rat und Tat wissentlich Hilfe geleistet zu haben, indem er die Kiste in seine Wohnung einstellen ließ,
Verbrechen gegen §§ 239¹ KO., 49 StGB."

Durch den vom Verwalter ausgefüllten Fragebogen ist zur Kenntnis der Staatsanwaltschaft gelangt, daß der Gemeinschuldner Held z. Zt. der Konkurseröffnung eine Kiste mit Kleidungsstücken, Decken und Ledersachen bei seinem Schwiegervater Obst in Strehlen eingestellt hatte, deren Vorhandensein er erst bei Leistung des Offenbarungseides angegeben hat (vgl. S. 763, 825). In dem daraufhin eingeleiteten Ermittlungsverfahren haben sowohl Held wie Obst versichert, daß es nicht ihre Absicht gewesen sei die Gläubiger zu benachteiligen. Als man im Januar 1934 die Kiste nach Strehlen gebracht habe, sei an Zahlungseinstellung und Konkurs noch nicht zu denken gewesen. Es handle sich um Reise- und Sportsachen, die man bei Obst in Verwahrung gegeben habe, weil dieser einen Kraftwagen besitze, mit dem die Familie Held wiederholt größere Ausflüge unternommen habe. Bei Aufnahme der Masse mit dem Verwalter in den Tagen nach Konkurseröffnung habe Held in seiner begreiflichen Erregung die Kiste vergessen gehabt, sodaß sie ihm erst durch die Vorhaltungen der Gläubiger wieder ins Gedächtnis gerufen worden sei.

Der Referendar: Laut Frachtbrief ist die Kiste am 7. Januar 1934 in Strehlen eingetroffen. Wie der Zeuge Scheffler, ein Bekannter des Gemeinschuldners, bekundet, hat Held kurz vor oder nach Weihnachten zu ihm darüber gesprochen, daß er im kommenden Frühjahr mit seinem Schwiegervater große Touren machen wolle und deshalb verschiedene Sachen hinschaffen wolle oder schon hingeschafft habe. Der Konkursverwalter hat sich dahin geäußert, daß die Schwierigkeiten Helds bereits im letzten Quartal 1933 begonnen hätten, doch sei das Weihnachtsgeschäft gut gewesen und von einer Zahlungsunfähigkeit oder Zahlungseinstellung am 7. Januar könne nicht die Rede sein. — Es wundert mich, daß unter diesen Verhältnissen der Staatsanwalt überhaupt Voruntersuchung beantragt. Er hätte, ohne das Gericht anzurufen, das Verfahren nach § 170ᴵᴵ StPO. einstellen sollen.

Der Richter: Die Erklärung für den Antrag der Staatsanwaltschaft geben die zahlreichen in den Akten enthaltenen Anträge und Eingaben des Gläubigers Mangold. Wahrscheinlich ist die Behörde von Helds Unschuld ebenso wie Sie und ich überzeugt. Sie rechnet aber damit, daß im Falle der Einstellung Mangold, welcher als Konkursgläubiger zu den durch das behauptete Delikt „Verletzten“ gehört, Beschwerde erheben oder später mit neuen Anträgen und Anzeigen kommen wird. Deshalb will der Staatsanwalt die gerichtliche Außerverfolgungsetzung beantragen, welche eine gewisse Rechtskraftwirkung begründet und hierzu bedarf es der vorherigen Voruntersuchung. §§ 198, 211, vgl. oben S. 867. — Ist dem Antrag der Staatsanwaltschaft stattzugeben?

Referendar: Die Voraussetzungen der Voruntersuchung liegen zweifellos vor. Betrügerischer Bankrott ist Strafkammersache (NotVO. vom 14. Juni 1932, 1. Teil, Kap. I Art. 1, § 1[1]), so daß die Voruntersuchung als fakultative auf Antrag des Staatsanwalts eröffnet werden muß. Die Anschuldigung ist schlüssig begründet. Ich verstehe aber nicht, wie hier eine Voruntersuchung durchgeführt werden soll, da doch die Unschuld der Angeschuldigten bereits feststeht?

Richter: Sachlich bleibt uns allerdings kaum noch etwas aufzuklären. Meine Tätigkeit wird sich deshalb auf die nach § 192 StPO. obligatorische Vernehmung der Angeschuldigten beschränken. Alsdann werde ich die Voruntersuchung sofort wieder schließen.

Unzulässiger Antrag auf Voruntersuchung.

Die Staatsanwaltschaft beantragt Eröffnung der Voruntersuchung gegen den Chausseearbeiter Kindermann in Hochkirch mit der Beschuldigung:

> „in den Monaten Januar und Februar 1934 zu Hochkirch durch 5 selbständige Handlungen fremde bewegliche Sachen, nämlich in einem Falle ungefähr 1 Ztr. Kohle und ½ Ztr. Kartoffeln, in einem Falle 2 Pfd. Rauchtabak, 6 Pfd. Fett und 1 Ztr. Kartoffeln, in einem Falle ungefähr 1 Ztr. Kohle, 3 Pfd. Fett und 4 Pfd. Fleisch, in einem Falle ungefähr ½ Ztr. Kohle, 3 Flaschen Kümmel, 2 Pfd. Fett und 1 Ztr. Kartoffeln, in einem Falle 3 Pfd. Fleisch, ½ Ztr. Kartoffeln und 15 Pfd. verschiedene Konserven, sämtlich dem Landkreis Breslau gehörig, dem Eigentümer in der Absicht rechtswidriger Zueignung weggenommen zu haben, und zwar aus einem Gebäude oder umschlossenen Raume, dem Kohlen- und Wirtschaftskeller des Kreiskrankenhauses in Hochkirch, mittels Einbruchs, Einsteigens oder Erbrechens von Behältnissen,
> Verbrechen gegen §§ 242, 243², 74 StGB.“

Der Landkreis hat durch den Landrat als seinen gesetzlichen Vertreter (§ 137^II^ KreisO., oben S. 225, die dort behandelten Erschwerungen des § 137^III^ kommen nicht in Betracht, weil der Strafantrag keine den Kreis verpflichtende Erklärung ist) Strafantrag gestellt und um energische Verfolgung der Täter gebeten, weil in der Bevölkerung das Gerücht verbreitet werde, daß Beamte des Krankenhauses die Sachen entwendet und die Einbrüche fingiert hätten. Kindermann, der mit Frau, Schwiegermutter und 9 unversorgten Kindern ein ärmliches Leben führt, hat sich hauptsächlich deshalb verdächtig gemacht, weil es nach Bekundung verschiedener Zeugen bei Kindermanns seit Beginn der Einbrüche immer auffallend gut geheizt gewesen sein und die Familie, die sonst viel hungern mußte, reichlich zu essen gehabt haben soll. Die Verjährung ist durch richterliche Handlungen (§ 68 StGB.) mehrfach unterbrochen worden. —

Alle entwendeten Sachen sind Nahrungs- oder Genußmittel bzw. „Gegenstände des hauswirtschaftlichen Verbrauchs“. Die Mengen sind, wenn man die Kopfzahl der Familie Kindermann bedenkt, als „gering“ anzusehen, auch liegt auf der Hand, daß die Entwendung nur „zum alsbaldigen Verbrauch“ geschehen sein kann, so daß alle Merkmale des Mundraubs (§ 370⁵) gegeben sind. In der Rechtsprechung steht aber fest, daß ein durch Einbruch begangener Diebstahl geringwertiger Lebensmittel usw. Mundraub bleibt und kein schwerer Diebstahl ist, weil § 370⁵ als lex specialis den §§ 242 f. vorgeht.

Ebenso wird Notdiebstahl, durch Einbruch begangen, nur nach § 248a bestraft. Aus dem selben Grunde kommen Notdiebstahl und Mundraub als Vordelikte für Rückfallsdiebstahl nicht in Betracht. Streitig ist die Beurteilung, wenn der Täter in der Absicht, lediglich Nahrungsmittel usw. zum alsbaldigen Gebrauch zu entwenden, einbricht, demnächst aber infolge eines nach dem Einbrechen gefaßten neuen Entschlusses Sachen anderer Art stiehlt. Vgl. RGSt. 14, 312; Leipz. Komm. V 12 zu § 370; Olshausen 25 zu § 243.

Wenn also Kindermann der Täter ist, so hat er eine bloße Übertretung begangen und in Übertretungssachen findet niemals gerichtliche Voruntersuchung statt (§ 178 II StPO.). Verfügung:

„Urschriftlich mit Akten
dem Herrn Oberstaatsanwalt beim Landgericht
hier
zurückgereicht. Es dürfte nur eine Übertretung (Mundraub) in Frage kommen, so daß die Voruntersuchung unzulässig ist. Wird der Antrag auf Voruntersuchung zurückgenommen, oder soll die Sache gemäß § 180 I S. 2 StPO. der Strafkammer zur Entscheidung vorgelegt werden?"

Wegen der Zurücknahme des Antrags auf Voruntersuchung, d. h. der öffentlichen Klage, vgl. S. 868.

19. Kapitel.

Beim Einzelrichter für Strafsachen.

Vorbereitung der Hauptverhandlung. Hausfriedensbruch, Bedrohung, Widerstand und ruhestörender Lärm.

„Geschäftsnummer: 5 D 95.34.

Beschluß.

Der Elektromonteur *Fritz Keiler* in Breslau, Weißenburgerstraße 42 wird beschuldigt: zu Breslau am 11. August 1934 durch mehrere selbständige Handlungen

1. sich aus den Geschäftsräumen eines Anderen, in denen er ohne Befugnis verweilte, der Gastwirtschaft des Gastwirts *Dünnebier* in Breslau, Elbingstraße 58, auf die Aufforderung des Berechtigten nicht entfernt zu haben,
2. den *Dünnebier* mit der Begehung der Verbrechen des Totschlags und der schweren Körperverletzung bedroht zu haben, indem er ihm einen Revolver vorhielt und ihm zurief: ‚Ich mache dich kalt, du Hund, ich haue dich, daß du deine Knochen im Schnupftüchel nach Hause tragen kannst und daß du in keinen Sarg mehr paßt‘,
3. dem Oberwachtmeister der Schutzpolizei *Schneidt*, einem Beamten, welcher zur Vollstreckung von Gesetzen, von Befehlen und Anordnungen der Verwaltungsbehörden oder von Urteilen und Verfügungen der Gerichte berufen ist, in der rechtmäßigen Ausübung seines Amtes durch Gewalt oder durch Bedrohung mit Gewalt Widerstand geleistet zu haben,
4. ungebührlicher Weise ruhestörenden Lärm erregt zu haben,

Vergehen und Übertretung gegen §§ 123, 241, 212, 223, 224, 113, 360[11], 74, 61 StGB.

Er ist dieser Tat hinreichend verdächtig.

Auf Antrag des Amtsanwalts wird daher gegen ihn das Hauptverfahren vor dem Amtsrichter hier eröffnet.

Die Untersuchungshaft wird nicht angeordnet.

Breslau, den 14. September 1934.

Amtsgericht.

Richter."

Verfügung zum Eröffnungsbeschluß:

„1. Hauptverhandlungstermin am 28. September 1934, vormittags 9¾ Uhr.
2. Zu laden die in der Anklageschrift benannten Zeugen *Dünnebier* und *Schneidt*.
3. Angeklagten unter Zustellung des Eröffnungsbeschlusses und Angabe der Zeugen laden.
4. Vorzulegen dem Herrn Leiter der Amtsanwaltschaft hier.
5. Zu 2 und 3 nach 5 Tagen."

Vgl. §§ 36[II], 200, 203, 207, 213, 215 StPO. Die Anklageschrift in dieser Bagatellsache war ohne Ermittlungsergebnis abgefaßt und ist deshalb dem Angeschuldigten vor der Eröffnung des Hauptverfahrens nicht mitgeteilt worden. §§ 200, 201 I S. 2. —

Der Referendar: Hausfriedensbruch und Bedrohung sind nach § 374 [1], [4] Privatklagedelikte. Wie ist es zu erklären, daß die Amtsanwaltschaft hier ein öffentliches Interesse im Sinne des § 376 angenommen und durch Ausdehnung der Anklage auf den Hausfriedensbruchs- und Bedrohungsfall dem Verletzten Dünnebier eine wesentlich günstigere prozessuale Stellung verschafft hat, als er im Privatklageverfahren gehabt haben würde (vgl. S. 845)?

Der Richter: Wenn der Amtsanwalt die Anklage nicht auf die Offizialdelikte beschränkt hat, so ging er sicherlich nicht von der Ansicht aus, bei dieser „betrunkenen Geschichte" sei ein öffentliches Interesse im Spiel, sondern er hat aus Zweckmäßigkeitsrücksichten gehandelt. Es ist — schon wegen der nach § 79 StGB. notwendigen Bildung einer Gesamtstrafe — unpraktisch, Offizial- und Privatklagedelikte, die in so engem Zusammenhang stehen, in besondere Verfahren zu verweisen. Deshalb entspricht die Einbeziehung konnexer Privatklagedelikte in die öffentliche Klage der allgemeinen Übung der Anklagebehörden. —

Wenige Tage vor dem Termin überreicht RA. Weiß Verteidigungsvollmacht und beantragt:

„gemäß § 219 StPO. zum Hauptverhandlungstermin folgende Zeugen zu laden:

1. die Mutter des Angeklagten, Witwe *Johanna Keiler* hier, Weißenburgerstraße 42.

Sie wird bekunden, daß der Revolver, den der Angeklagte dem *Dünnebier* entgegengehalten hat, ein Scherzrevolver war, zu welchem der Angeklagte nicht einmal Munition besaß, da sie ihm gerade ausgegangen war.

Den Revolver werde ich im Termin vorlegen."

Der Referendar: Der Beweis ist unerheblich. Zum subjektiven Tatbestand der Bedrohung (§ 241 StGB.) gehört nur der Wille, in dem Bedrohten den Glauben hervorzurufen, daß die Drohung ernstlich gemeint sei, um ihn dadurch in Furcht zu versetzen. Daß der Drohende die Absicht hatte seine Drohung zu verwirklichen, wird nicht verlangt.

Der Richter: Trotzdem kann die Natur der Waffe für die Feststellung des Bedrohungsdolus von Bedeutung sein. Vielleicht wollte sich Keiler mit dem Revolver bloß einen schlechten Scherz machen. Auf die Worte, die er dabei gebraucht hat, würde ich überhaupt nicht viel geben; solche drastisch-bramarbasierende Redensarten ungebildeter Leute sind meist nur als Verwünschungen, allenfalls als Ehrenkränkung gedacht, ohne daß es der Täter darauf abgesehen hätte, bei seinem Gegner die Besorgnis hervorzurufen, es würde ein Totschlag oder eine schwere Körperverletzung begangen werden. — Im übrigen fällt die Strafe für die Bedrohung natürlich ganz verschieden aus, je nachdem der Angeklagte seinem Gegner einen richtigen Revolver oder eine Scherzattrappe unter die Nase gehalten hat. Die Umstände, die für Art und Maß der Strafe in Betracht kommen, sind in der Hauptverhandlung ebenso sorgfältig aufzuklären, wie die Voraussetzungen der Schuldfrage.

Sowohl das staatsanwaltschaftliche Ermittlungsverfahren wie die Voruntersuchung stehen unter dem ausschließlichen Bestreben, eine Entscheidung über die Erhebung der Anklage zu gewinnen (§§ 160 I, 190 I StPO.). Deshalb fehlen dem erkennenden Richter gewöhnlich sichere Unterlagen für das Strafmaß und dieser Teil der Entscheidung wird dann recht oberflächlich begründet; typisch ist z. B. die Unterstellung der vom Angeklagten in der Hauptverhandlung behaupteten Milderungsgründe (Krankheit, Arbeitslosigkeit u. dgl.) als richtig, bloß weil das Gericht nicht zum Zwecke der Beweiserhebung vertagen wollte. Dabei hat das Strafmaß sowohl für den Angeklagten wie für die Allgemeinheit meist weit größere Bedeutung als die juristische Subsumtion der Tat unter ein Strafgesetz. Ist es notwendig, zwecks gerechter Strafzumessung von der Persönlichkeit des Täters ein genaues Bild zu gewinnen, so soll das Gericht selbst eine umfangreiche Beweisaufnahme nicht scheuen, und die Gründe sollen das Ergebnis dieser Beweisaufnahme ausführlich wiedergeben, was namentlich in Jugendsachen oft in vorbildlicher Weise geschieht (S. 968). — Nach § 60 StVollstr. u. GnR. soll schon im Vorverfahren mit Aufklärung der Umstände begonnen werden, die für die Frage der späteren bedingten Strafaussetzung erheblich werden könnten (und immer zugleich für die Strafzumessung von Bedeutung sind); doch darf das Verfahren dadurch keine Verzögerung erleiden.

Frau Keiler muß also geladen werden, weil ihre Aussage zum Mindesten für das Strafmaß ins Gewicht fällt.

„2. den Möbeltransporteur *Konrad Wälzer* in Breslau, Weißenburgerstraße 19.

Schneidt hat, obgleich er nur als Gast in der Wirtschaft weilte, sich in den Streit des Angeklagten mit *Dünnebier* eingemischt und ihn für verhaftet erklärt. Der Angeklagte sagte: ‚Sie können mich nicht verhaften. Sie sind überhaupt nicht dienstlich hier. Außerdem wird mich mein Freund *Wälzer* rekognoszieren.' Der Beamte erwiderte jedoch: ‚Ach was, Freund, kommen Sie sofort zur Wache, ich verhafte Sie!' Als der Angeklagte nicht sofort mitging, faßte ihn *Schneidt* am Handgelenk. Darauf warf sich der Angeklagte zur Erde, so daß *Schneidt* ihn fortziehen mußte. Weiteren Widerstand hat er nicht geleistet.

Schneidt befand sich also nicht in rechtmäßiger Ausübung seines Amtes. Jedenfalls hat der Angeklagte die Verhaftung als ungerechtfertigt betrachtet."

Der Referendar: Nach den Akten hat Keiler Hausfriedensbruch begangen, indem er trotz dreimaliger Aufforderung des Dünnebier sich weigerte die Wirtschaft zu verlassen. Schneidt behielt seine Beamteneigenschaft, auch wenn er das Lokal bloß als Gast besuchte. Zu den Obliegenheiten der Polizei gehört, wie man auf Grund von § 10 II 17 ALR. stets angenommen hat, auch die Verhinderung der Begehung oder der Fortsetzung strafbarer Handlungen; das Gleiche muß nach dem an die Stelle der landrechtlichen Vorschrift getretenen, sachlich mit ihr übereinstimmenden, § 14^{I} PolVerwG. (oben S. 907) gelten, der die Polizeibehörden ermächtigt „im Rahmen der geltenden Gesetze die nach pflichtmäßigem Ermessen notwendigen Maßnahmen zu treffen, um von der Allgemeinheit oder dem Einzelnen Gefahren abzuwenden, durch die die öffentliche Sicherheit oder Ordnung bedroht wird". Mithin wäre Schneidt ohne Weiteres berechtigt gewesen den Angeklagten gewaltsam aus der Gastwirtschaft herauszubringen. Vgl. RGSt. 42, 16; 47, 270. Zu der Verhaftung, die er vollzogen hat, war er dagegen nach § 127^{II} StPO. nur unter den Voraussetzungen eines Haftbefehls (S. 894) befugt, und wenn der Angeklagte sich durch Wälzer als Person mit fester Wohnung ausweisen konnte, so war von Fluchtverdacht keine Rede. Schneidt hat aber zweifellos geglaubt, nach Lage des Falles zur Verhaftung berechtigt zu sein, und wenn ein Exekutivbeamter eine im Rahmen seiner Zuständigkeit liegende Handlung auf Grund pflichtmäßigen Ermessens vornimmt, so ist sie rechtmäßig, mag selbst sein Verhalten bei objektiver Nachprüfung unrichtig erscheinen. JW. 31, 2789^{9}; Leipz. Komm. 11 a zu § 113.

Der Richter: Keiler will aber die Verhaftung von seinem subjektiven Standpunkt aus für unberechtigt gehalten haben.

Referendar: Das schützt ihn nicht vor der Verurteilung wegen Widerstandes. Die Rechtmäßigkeit der Amtsausübung gehört nicht zu dem „gesetzlichen Tatbestand", der nach § 59^{I} StGB. vom Vorsatz umfaßt sein muß, sondern ist lediglich als Voraussetzung der Strafbarkeit aufzufassen, ähnlich wie die Scheidung der Ehe in § 172. Olshausen 28, Leipz. Komm. 15 zu § 113.

Richter: Soll also Wälzer geladen werden?

Referendar: Ja, aber nur deshalb, weil ein etwaiger Irrtum des Angeklagten über die Rechtmäßigkeit der Verhaftung strafmildernd wirken würde, und weil der Zeuge ferner bekunden soll, daß Keiler, abgesehen von dem Sichhinwerfen, sich seiner Verhaftung nicht widersetzt habe. Das würde nämlich kein „Widerstand durch Gewalt oder durch Bedrohung mit Gewalt" im Sinne des § 113I, sondern strafloser sog. „passiver Widerstand" sein. Hat sich dagegen Keiler außerdem an einen festen Gegenstand angeklammert, so würde er die Grenzen des passiven Widerstandes überschritten haben und zu bestrafen sein. Vgl. Kommentare zu § 113.

„3. Frau *Berta Strauch* in Breslau, Elbingstraße 58.

Die Zeugin, welche unmittelbar über dem *Dünnebier*schen Lokal wohnt und zu der in Rede stehenden Zeit in ihrer Wohnung war, soll bekunden, daß sie keinen ruhestörenden Lärm gehört hat. Der Angeklagte hat höchstens (wie übrigens auch *Dünnebier* und *Schneidt*) in seiner Erregung etwas lauter als gewöhnlich gesprochen."

Der Referendar: Der Verteidiger scheint auf dem Standpunkt zu stehen, daß zum Tatbestande des § 360[11] eine tatsächlich eingetretene Störung des Publikums gehöre. Nach der jetzt herrschenden Ansicht kommt es indes hierauf nicht an, sondern es genügt, wenn der Lärm objektiv geeignet war die Ruhe anderer zu stören. Ruhestörender Lärm ist darnach ein Gefährdungsdelikt, woraus folgt, daß der Täter das Bewußtsein haben muß, nicht bloß daß er lärmt, sondern auch daß er dadurch die Ruhe des Publikums möglicherweise stört. Frank zu § 360[11] c. cit. Trotzdem dürfte der Beweisantrag unter dem Gesichtspunkt erheblich sein, daß Keilers Lärmen, wenn es nicht einmal von der unmittelbar über Dünnebier wohnenden Zeugin gehört wurde, eben nicht geeignet war einen größeren Personenkreis zu belästigen.

„Sollte mein Antrag abgelehnt werden, so bitte ich um beschleunigte Nachricht.

Weiß, RA.
als Verteidiger."

Im Falle der Ablehnung hat nämlich der Angeklagte bzw. sein Verteidiger nach § 220 StPO. das Recht der unmittelbaren Zeugenladung. Vgl. S. 978.

Verfügung:

„1. Frau *Keiler*, *Wälzer* und Frau *Strauch* zur Hauptverhandlung als Zeugen laden.

2. Nachricht an:
   a) Angeklagten,
   b) Verteidiger,
   c) Amtsanwaltschaft."

Eingang am Morgen des Hauptverhandlungstermins:

Breslau, den 27. September 1934.

An das Amtsgericht hier.

In der Strafsache gegen *Keiler* wegen Hausfriedensbruchs usw., Aktenzeichen 5 D 95/34 nehme ich den am 11. August 1934 von mir gestellten Strafantrag zurück.

Heinrich Dünnebier, Gastwirt."

Durch die Antragsrücknahme wird die Anklage beseitigt, gegen welche Keiler nichts vorbringen konnte, nämlich der Hausfriedensbruch (§ 123III S. 2 StGB.). Bestehen bleiben an sich nicht bloß Widerstand und ruhestörender Lärm, sondern auch die Bedrohung; denn sie ist zwar Privatklage-, aber nicht Antragsdelikt. §§ 241

StGB., 374⁴ StPO. Doch gestaltet sich die Beweisaufnahme in der Hauptverhandlung über die noch abzuurteilenden Nicht-Antragsdelikte für Keiler günstig. Urteil:

„Das Verfahren wegen Hausfriedensbruchs wird eingestellt. Im übrigen wird der Angeklagte freigesprochen.

Die durch das Verfahren wegen Hausfriedensbruchs entstandenen besonderen Kosten werden dem Gastwirt *Heinrich Dünnebier* in Breslau als Antragsteller auferlegt. Im übrigen fallen die Kosten des Verfahrens der Staatskasse zur Last."

Erfolgt eine Einstellung des Verfahrens wegen Zurücknahme des Antrags, durch den es bedingt war, so hat der Antragsteller die Kosten zu tragen (§ 470 StPO.; Höhe der Gebühr: §§ 57^{I}, 58 GKG.). Wahrscheinlich hat Keiler dem Dünnebier vor der Antragsrücknahme die Zusicherung gegeben, ihm die Kosten zu vergüten.

Strafbefehlverfahren und Urteil wegen Jagdvergehens.

Strafbefehl.

„Geschäftsnummer: 5 C 147.34.

Strafbefehl.

Die Amtsanwaltschaft beschuldigt Sie, am 3. September 1934 an einem Orte, an dem zu jagen Sie nicht berechtigt sind, nämlich im Tannensteiner Forst, Landkreis Breslau, die Jagd ausgeübt zu haben,

Vergehen gegen §§ 292, 295 StGB.

Als Beweismittel hat sie bezeichnet:

1. Ihr Geständnis,
2. Zeugnis: a) des Försters *Rehbein* in Tannenstein,
   b) des Waldarbeiters *Axt* in Drachenbrunn,
3. das beschlagnahmte Jagdgewehr.

Es wird gegen Sie eine Geldstrafe von 30 *RM* (i. W.) und für den Fall, daß diese nicht beigetrieben werden kann, eine Haftstrafe von 6 (i. W.) Tagen sowie die Einziehung des beschlagnahmten Jagdgewehrs, welches Sie bei dem unberechtigten Jagen bei sich geführt haben, angeordnet. Zugleich werden Ihnen die Kosten des Verfahrens auferlegt.

Dieser Strafbefehl wird vollstreckbar, wenn Sie nicht binnen einer Woche nach der Zustellung bei dem unterzeichneten Gericht schriftlich oder zu Protokoll Einspruch erheben.

Die Geldstrafe von 30 *RM* und die unten bezeichneten Kosten von 2.50 *RM*, zusammen 32.50 *RM*, sind an die hiesige Gerichtskasse ...... binnen einer Woche nach Eintritt der Vollstreckbarkeit bei Vermeidung der Zwangsvollstreckung zu zahlen. Bei der Zahlung ist dieser Strafbefehl vorzulegen oder durch Angabe Ihres Namens und der obenstehenden Geschäftsnummer genau zu bezeichnen.

Breslau, den 17. September 1934.

Amtsgericht.

Richter.

An
den Stellmacher Herrn *Berthold Schütz*
in Drachenbrunn, Kr. Breslau.

Kostenrechnung:
................."

Vgl. §§ 407$^{I, II}$, 409^{I}, 464^{I}, 465^{I} StPO., 49^{IV}, 53^{I} GKG.

Der amtsrichterliche Strafbefehl ist als summarische Prozeßart dem Mahnverfahren verwandt. Während aber bei Erlaß eines Zahlungsbefehls die vom

Gläubiger angeführten Tatsachen als richtig unterstellt und lediglich auf ihre rechtliche Schlüssigkeit nachgeprüft werden, erläßt das Gericht einen Strafbefehl nur, wenn der Beschuldigte nach dem Akteninhalt der ihm zur Last gelegten Handlung überführt erscheint. Was das Strafmaß anlangt, so ist der Strafbefehl auch dann abzulehnen, wenn die von der Staatsanwaltschaft beantragte Strafe dem Richter zu niedrig erscheint. Hat das Gericht nach irgend einer Richtung Bedenken, so wird — ohne Erlaß eines Eröffnungsbeschlusses — Hauptverhandlungstermin anberaumt und der Antrag auf Strafbefehl als Anklage behandelt (§ 408^{II} StPO.).

Die Zustellung des Strafbefehls erfolgt durch das Amtsgericht (§ 36^{II}) am 19. September.

Einspruch. Vorbereitung der Hauptverhandlung. Am 26. September legt Schütz Einspruch ein und leitet damit die Sache ins ordentliche Verfahren über. Da auf unbefugte Jagdausübung höchstens 3 Monate Gefängnis stehen (§ 292 StGB.), ist die absolute Zuständigkeit des Einzelrichters aus § 25^{2b} GVG. gegeben. Bei den nicht unter diese Vorschrift fallenden Vergehen findet, wenn Strafbefehl erlassen war, die Hauptverhandlung nach Einlegung des Einspruchs vor dem Schöffengericht statt, außer wenn die Staatsanwaltschaft Entscheidung durch den Einzelrichter beantragt hat. §§ 25^{2c} GVG., 407^{IV} StPO. — Verfügung:

„1. Hauptverhandlungstermin wird auf den 10. Oktober 1934, vormittags 10 Uhr bestimmt.
2. Zu laden der Angeklagte und die Zeugen des Strafbefehls. *Rehbein* und *Axt*.
3. Vorzulegen dem Herrn Leiter der Amtsanwaltschaft."

Hauptverhandlung.

„Öffentliche Sitzung des Amtsgerichts. Breslau, den 10. Oktober 1934.

Gegenwärtig:

Amtsgerichtsrat *Richter*
als Richter,
Amtsanwaltschaftsrat *Scharf*
als Beamter der Staatsanwaltschaft,
Justizsekretär *Urkund*
als Urkundsbeamter der Geschäftsstelle.

In der Strafsache gegen den Stellmacher *Berthold Schütz* in Drachenbrunn, Landkreis Breslau, geboren am 7. Mai 1899 daselbst,
wegen unbefugter Jagdausübung
erschien bei Aufruf:

der Angeklagte.

Es wurden die Zeugen aufgerufen. Es meldeten sich:
1. Förster *Rehbein* aus Tannenstein,
2. Waldarbeiter *Axt* aus Drachenbrunn
als Zeugen."

Wäre Schütz ausgeblieben, ohne sich durch einen Verteidiger vertreten zu lassen, so würde sein Einspruch ohne Beweisaufnahme durch Urteil zu verwerfen sein. Vgl. S. 934 zu b. —

Der Richter zum Angeklagten: Bevor wir in die Verhandlung eintreten, muß ich Sie darauf aufmerksam machen, daß das Gericht an die im Strafbefehl festgesetzte Strafe nicht gebunden ist (§ 411^{III} StPO.). Die Strafe könnte also unter Umständen erhöht werden. Die gesetzliche Höchststrafe für Jagdvergehen beträgt 10000 RM. oder 3 Monate Gefängnis (§§ 27[1], 292[I] StGB.). Sie tun daher vielleicht besser, wenn Sie Ihren Einspruch zurückziehen; sobald die Verhandlung erst einmal begonnen hat, ist das nicht mehr möglich (§ 411[I] StPO.).

Der Angeklagte: Ich kann nicht verurteilt werden, es hat niemand gesehen, daß ich den Fasan geschossen habe. —

Im ersten Abschnitt der nunmehr beginnenden eigentlichen Hauptverhandlung — Vernehmung des Angeklagten zur Person, Verlesung des Strafbefehls (an Stelle des Eröffnungsbeschlusses) und Vernehmung des Angeklagten zur Sache — müssen die Zeugen abtreten, um ihre Aussage möglichst unbeeinflußt abzugeben (§ 243[II–IV]):

„Die Zeugen entfernten sich zunächst wieder aus dem Sitzungssaal, nachdem sie mit dem Gegenstand der Untersuchung und der Person des Angeklagten bekannt gemacht und auf die Bedeutung des Eides sowie insbesondere darauf hingewiesen worden waren, daß der Eid sich auch auf die Beantwortung solcher Fragen beziehe, welche dem Zeugen über seine Person und die sonst im § 68 StPO. vorgesehenen Umstände vorgelegt würden.

Der Angeklagte, über seine persönlichen Verhältnisse vernommen, erklärte: ....

Den Strafregisterauszug Blatt .... der Akten erkannte er als richtig an.

Der Strafbefehl vom 17. September 1934 wurde verlesen und festgestellt, daß er dem Angeklagten am 19. September zugestellt worden ist und daß der Angeklagte am 26. September 1934 Einspruch erhoben hat.

Der Angeklagte, befragt, ob er etwas auf die Beschuldigung erwidern wolle, erklärte:

Ich habe nicht gewildert. Ich habe auch vor dem Amtsvorsteher kein Geständnis abgelegt. Da aber der Amtsvorsteher mir sagte, nach der Aussage des Försters könne gar kein Zweifel sein, so habe ich halt das Protokoll, das mir vorgelesen wurde, unterschrieben. Das Gewehr, welches mir hier als das bei der Tat gebrauchte gezeigt wird, habe ich niemals in Händen gehabt."

Die vollständige Protokollierung der sachlichen Erklärungen des Angeklagten im Hauptverhandlungstermin ist ebensowenig notwendig, wie die Wiedergabe des Inhalts der Zeugenaussagen. Dem Protokollführer bleibt hierzu im Allgemeinen nicht viel Zeit, und er muß sich auf das Allernotwendigste beschränken, z. B. ob der Angeklagte leugnet oder geständig ist. In erster Reihe hat er seine Aufmerksamkeit der Protokollierung der Formalien gemäß §§ 272, 273[I] zuzuwenden: öffentliche oder nicht-öffentliche Verhandlung, Vereidigung der Zeugen und Sachverständigen, Verlesung aller in der Anklageschrift als Beweismittel bezeichneten oder sonst herbeigeschafften Urkunden, Anhörung des Angeklagten zu den einzelnen Beweisaufnahmeakten, die gestellten Anträge, die darauf verkündeten Beschlüsse usw. Denn hinsichtlich der Formalien besitzt das Protokoll absolute Beweiskraft (§ 274).

Die korrekte Wiedergabe der Formalien ist besonders wichtig, wenn gegen das Urteil nur die Revision stattfindet, also in erstinstanzlichen Strafkammer- und Schwurgerichtssachen sowie im Falle des § 313. Alsdann muß nämlich ein Mangel im Protokoll zur Aufhebung und Zurückverweisung (vor allem in den Fällen des § 338) führen, auch wenn das tatsächliche Verfahren des Gerichts gesetzmäßig war. — Soweit das Urteil mittel Berufung angefochten werden kann, sollte man stets etwas vom sachlichen Inhalt der Zeugenaussagen ins Protokoll aufnehmen, weil die Möglichkeit besteht, daß das Berufungsgericht, statt die Zeugen nochmals zu hören, sich mit Verlesung des Protokolls begnügt (S. 998). Freilich bleibt der Wert dieser Protokollierung immer problematisch, weil das Hauptverhandlungsprotokoll nicht verlesen wird (§ 271).

Nunmehr folgt die Beweisaufnahme (§ 244):

„Die Zeugen wurden hierauf einzeln vorgerufen und in Abwesenheit der später abzuhörenden Zeugen, wie folgt, vernommen:

1. Zeuge *Rehbein*
   nach Leistung des Zeugeneides:

Z. P.: ....
Z. S.: ....

2. Zeuge *Axt*
   nach Leistung des Zeugeneides:

Z. P.: ....
Z. S.: ....

Nach der Vernehmung eines jeden Zeugen wurde der Angeklagte befragt, ob er etwas zu erklären habe."

Vgl. §§ 61 S. 1 (Voreid), 257.
Es folgen die Plaidoyers (§ 258):

„Die Staatsanwaltschaft und sodann der Angeklagte erhielten zu ihren Ausführungen das Wort.

Die Staatsanwaltschaft beantragte: 50 *RM* Geldstrafe, im Falle der Nichtbeitreibbarkeit 10 Tage Haft und Einziehung des Gewehrs.

Der Angeklagte beantragte: Freisprechung.

Der Angeklagte hatte das letzte Wort."

Die Verhandlung schließt mit der Verkündung des Urteils und der Rechtsmittelbelehrung gemäß §§ 260, 268:

„Es wurde das

Urteil

durch Verlesung der Urteilsformel und durch mündliche Mitteilung des wesentlichen Inhalts der Urteilsgründe dahin verkündet:

Der Angeklagte wird wegen unberechtigter Jagdausübung zu einer Geldstrafe von 50 *RM* (i. W.) und für den Fall, daß diese nicht beigetrieben werden kann, zu einer Haftstrafe von 10 (i. W.) Tagen verurteilt. Ferner ist das beschlagnahmte Jagdgewehr einzuziehen.

Die Kosten des Verfahrens fallen dem Angeklagten zur Last.

Der Angeklagte wurde über die ihm gegen das Urteil zustehenden Rechtsmittel belehrt.

Richter. *Urkund*."

Vgl. dazu unten S. 993 f.

Urteilsgründe. Das Hauptverhandlungsprotokoll (welches nicht vorgelesen und genehmigt wird) ist vom Vorsitzenden und Urkundsbeamten zu unterzeichnen (§ 271). Die Urschrift des Urteils muß von allen bei der Entscheidung mitwirkenden Richtern unterschrieben werden, „falls es nicht bereits vollständig in das Protokoll aufgenommen worden ist" (§ 275$^{\text{I, II}}$). Hieraus ergeben sich zwei Möglichkeiten. Entweder wird eine Urteilsurschrift hergestellt und von sämtlichen Richtern unterzeichnet, welche das Datum sowie die Namen der Gerichtspersonen (§ 275^{III}) enthält. Oder man läßt den Kopf des Urteils weg, hängt die Gründe einfach an den Verkündungsvermerk des Protokolls an und schließt das Ganze mit den Unterschriften des Vorsitzenden und Protokollführers ab. RGSt. 64, 214. Nach der zweiten, besonders in Bagatellprozessen beliebten, Methode wird in unserer Sache verfahren:

„Gründe:

Am 3. September 1934 nachmittags gegen $18^1/_4$ Uhr machte der Zeuge *Rehbein* einen dienstlichen Gang durch den Tannensteiner Forst. Als er auf dem Mathildensteig bis in eine

Entfernung von ungefähr 25 Metern von der sogenannten Krebswiese gelangt war, hörte er aus der Gegend der Wiese kurz hinter einander zwei Schüsse aus einem Jagdgewehr und sah über der Wiese einen Fasan auffliegen. Er eilte nach der Wiese und sah am entgegengesetzten Rande einen Mann, der ein Gewehr unter dem Arm hielt und sich gerade bückte, um einen auf der Erde liegenden Vogel aufzuheben. Der Mann bemerkte das Herankommen *Rehbeins*, nahm den Fasan in den Arm und verschwand im Dickicht. Der Zeuge wollte ihn verfolgen, stürzte aber über eine Wurzel und verlor dadurch mehrere Minuten. Dann raffte er sich auf und lief in der Richtung, die der Flüchtige eingeschlagen hatte, durch den Wald. Als er ungefähr nach sieben Minuten an die Tannenstein-Hertwigswaldauer Landstraße kam, saß der Angeklagte am Straßenrande auf einem Stein, einen Knotenstock neben sich, und steckte sich eine Pfeife an. *Rehbein* warf ihm vor, den Fasan geschossen zu haben, was der Angeklagte mit Entrüstung zurückwies. *Rehbein* gab mit seiner Alarmpfeife ein Signal, worauf der in der Nähe beschäftigte Zeuge *Axt* herbeikam. Diesem übergab *Rehbein* den Angeklagten zur Bewachung, während er selbst nach der Krebswiese zurückging, um den erlegten Fasan sowie Gewehr und Munition zu suchen. Inzwischen sagte *Axt* zum Angeklagten: ‚Leugne nur nicht lange, wer soll's denn sonst gewesen sein,' worauf der Angeklagte erwiderte: ‚Na ja, wer soll's denn sonst gewesen sein' und hinzusetzte: ‚beim ersten Mal kann bloß so ein Pechvogel wie ich reinfallen.' Dann kam *Rehbein* zu den beiden, brachte den Fasan und das beschlagnahmte Jagdgewehr, die er einige Meter von der Krebswiese im Dickicht gefunden hatte, und hielt beides dem Angeklagten vor's Gesicht. *Axt* sagte: ‚Herr Förster, er hat's mir schon gestanden.' Der Angeklagte schwieg.

Bei seiner 5 Tage später erfolgten verantwortlichen Vernehmung vor dem Amtsvorsteher in Drachenbrunn hat der Angeklagte gestanden den Fasan erlegt und nachher, ebenso wie Gewehr und Munition, weggeworfen zu haben.

In der Hauptverhandlung hat der Angeklagte sein Geständnis widerrufen und angegeben, er sei auf dem Heimwege von der Arbeit aus Hertwigswaldau gewesen und habe sich eben hingesetzt gehabt, um etwas auszuruhen. Dem *Axt* habe er auf seine Frage geantwortet: ‚na ja, wer soll's denn gewesen sein? wenn es ein Pechvogel ist, wird ihn der *Rehbein* schon erwischen.' Als *Axt* zu dem Förster von einem Geständnis gesprochen habe, habe er gelacht und gesagt: ‚der *Axt* ist wohl nicht richtig im Kopfe!' Beim Amtsvorsteher habe er die Tat in Abrede gestellt, doch habe ihm der Amtsvorsteher vorgehalten, daß nach der Aussage des *Rehbein* gar kein Zweifel sein könne, und so habe er das vom Amtsvorsteher aufgesetzte Protokoll widerspruchslos unterzeichnet.

Das Gericht hat durch die eidlichen, mit voller Bestimmtheit abgegebenen Aussagen von *Rehbein* und *Axt* die Überzeugung gewonnen, daß der Vorfall sich in der oben angegebenen Weise abgespielt hat und die Darstellung des Angeklagten unwahr ist. Da der Angeklagte von *Rehbein* an der Stelle der Landstraße getroffen wurde, an welcher der Wilderer aus dem Walde herausgetreten sein mußte, da er den beiden Zeugen gegenüber die Tat eingestanden und sein Geständnis bei der polizeilichen Vernehmung wiederholt hat und da schließlich *Rehbein* bekundet hat, daß der von ihm nur von hinten gesehene Mann an der Waldlichtung in Statur und Bewegungen dem Angeklagten geglichen habe, so sieht das Gericht als erwiesen an, daß der Angeklagte mit diesem Manne identisch ist."

Der erkennende Strafrichter hat die Aufgabe den Sachverhalt, so wie er sich ihm in der Hauptverhandlung darstellt, nach den Regeln der Offizialmaxime zu erforschen, rechtlich zu prüfen und darnach sein Urteil zu fällen, ohne an andere Schranken als die seiner gesetzlichen Zuständigkeit gebunden zu sein. Er kann Tatsachen, die von keinem der Prozeßbeteiligten behauptet waren, feststellen und solche, die unter den Prozeßbeteiligten unstreitig waren, als nicht bewiesen ansehen. Die zur Schuld- und Straffrage von Staatsanwaltschaft, Verteidiger und Angneklagte gestellten Anträge haben für das Gericht keine Bedeutung, sie werden nicht einmal in das Urteil aufgenommen. Auch von Anklage und Eröffnungsbeschluß ist der Strafrichter unabhängig. Bringt die Verhandlung Taten des Angeklagten, die vom Eröffnungsbeschluß nicht umfaßt werden, zur Kenntnis des Gerichts, so können sie — wenn nicht der Ausnahmefall des § 266 II vorliegt — auf Antrag der Staatsanwaltschaft und unter Zustimmung des Angeklagten mit zum Gegenstand der Aburteilung gemacht werden (§ 266 I). Einen Tatbestand nach Art des Zivilprozesses (§ 313 3 ZPO.) kann also das Strafurteil nicht haben, weil es hier keinen „Sach- und Streitstand" gibt. An den Anfang der Urteilsgründe gehören vielmehr nach § 267 I S. 1 StPO. die Tatsachen, welche das Gericht als festgestellt ansieht; daran schließt sich die rechtliche Würdigung. Wird, wie in unserem Falle, der Beweis aus anderen Tatsachen gefolgert, so sollen (nicht: müssen) nach § 267 I S. 2 auch die Indizien mitgeteilt werden. Dagegen genügt es in einfachen Fällen, den vom Gericht als erwiesen angesehenen Sachverhalt in direkter Rede zu erzählen, wobei die übliche schematische Einleitung: „die Hauptverhandlung hat folgenden Sachverhalt ergeben" oder „auf Grund der Hauptverhandlung ist Folgendes für erwiesen erachtet worden", im Hinblick auf §§ 261, 264 I selbstverständlich und daher entbehrlich ist.

Sind in der Hauptverhandlung besondere Strafausschließungs-, Milderungs- oder Erhöhungsgründe behauptet worden, so müssen sich die Urteilsgründe auch über deren tatsächliche Voraussetzungen auslassen (§ 267 II). —

Die Gründe gehen jetzt zur rechtlichen Würdigung über, und zwar — da prozessuale Gesichtspunkte nicht zu erörtern sind — alsbald zur materiell-rechtlichen Prüfung der Tat:

„Fasanen sind jagdbare Tiere (§ 1 b pr. Jagd-O. vom 15. Juli 1907, GS. 207).

Daß der Angeklagte nicht berechtigt war die Jagd im Tannensteiner Forst auszuüben, steht außer Zweifel.

Der Forst ist, wie gerichtsbekannt, vollständig eingehegt; am Ein- und Austritt der Tannenstein-Hertwigswaldauer Landstraße befinden sich Gattertore, die von den Passanten jedesmal geöffnet werden müssen und infolge einer Gewichtsregulierung automatisch wieder zufallen. Es entsteht daher die Frage, ob im Anschluß an die Rechtsprechung des Reichsgerichts (RGSt. 60, 273 c. cit.) der Forst als ‚Tiergarten' im Sinne des § 960 I S. 1 BGB. und demgemäß die Tat des Angeklagten als Diebstahl aufzufassen ist."

Die rechtliche Beurteilung des Eröffnungsbeschlusses ist für das Gericht nicht maßgebend; doch darf eine Verurteilung auf Grund eines im Eröffnungsbeschluß nicht angeführten Strafgesetzes nur unter Beachtung des § 265 StPO. erfolgen.

„Das Gericht läßt dahingestellt, ob ein Wald von fast 600 Hektar überhaupt noch Tiergarten sein kann; denn jedenfalls werden Fasanen durch die Einhegung nicht in ihrer natürlichen Freiheit behindert."

Der gewöhnliche Sprachgebrauch versteht unter „Tiergarten" (im Gegensatz zum „Tierpark") ein eingefriedigtes Terrain von so geringer Ausdehnung, daß die darin befindlichen Tiere nicht durch Jagd sondern durch einfaches Einfangen in die Herrschaft des Inhabers gebracht werden können. Die im Urteil erwähnte gegenteilige Rechtsprechung des Reichsgerichts verletzt das natürliche Rechtsgefühl. Sie würde auch zu der unerwünschten Konsequenz führen, daß Wild in eingehegten großen Wäldern ohne Beachtung der Schonvorschriften gejagt werden dürfte: denn Wild, das nicht herrenlos ist, unterliegt den Schonzeiten nicht (§ 39 IV pr. JagdO.: „eingefriedigte Wildgärten").

„Darnach ist der Angeklagte schuldig am 3. September 1934 an einem Orte, an dem zu jagen er nicht berechtigt war, nämlich im Tannensteiner Forst, Landkreis Breslau, die Jagd ausgeübt zu haben,

Vergehen gegen §§ 292, 295 StGB."

An dieser Stelle des Urteils wird vielfach gesagt: „Es war daher tatsächlich festzustellen, daß der Angeklagte ....", „es war nicht tatsächlich festzustellen, daß der Angeklagte ....". Es handelt sich aber gar nicht um tatsächliche Feststellungen, sondern um eine — im Gesetz nicht vorgeschriebene aber zur Erhöhung der Übersichtlichkeit des Urteils sehr zu empfehlende — rechtliche Würdigung des Verhandlungsergebnisses in schematischer Form durch Zusammenfassung der abstrakten und konkreten Tatbestandsmerkmale. Wenn z. B. in der Revisionsinstanz geprüft wird, ob die „tatsächlichen Feststellungen" des Vorderrichters seine Entscheidung rechtfertigen, so kommt es dabei nicht auf die sog. tatsächliche Feststellung am Ende des Urteils an, sondern auf die vorher festgestellten konkreten Einzeltatsachen. — Notwendig ist die Angabe des Strafgesetzes (§ 267^{III} S. 1 StPO.).

„Da der Angeklagte nach dem Strafregisterauszug Bl...... d. A. wegen einschlägiger Vergehen noch nicht bestraft und der von ihm angerichtete Schaden gering ist, so erschien trotz der Dreistigkeit, mit der er zu Werke gegangen ist und nachträglich die Schuld abgeleugnet hat, eine Geldstrafe von 50 *RM* angemessen und ausreichend."

Vgl. § 267^{III} S. 1.

„Gemäß § 29^{I-III} StGB. ist der Geldstrafe für den Fall der Nichtbeitreibbarkeit eine Haftstrafe von 10 Tagen substituiert worden."

Nicht: „für je 5 RM. ein Tag Haft", wie es unter der älteren Fassung des StGB. üblich war. Das Gesetz geht nicht mehr von einem Umwandlungsmaßstab aus, deshalb ist für die gesamte Geldstrafe die an ihre Stelle tretende Freiheitsstrafe als Einheit auszusprechen. RGSt. 60, 244.

„Ferner war gemäß § 295 StGB. auf Einziehung des beschlagnahmten Jagdgewehrs, das der Angeklagte bei der unbefugten Jagdausübung bei sich geführt hat, zu erkennen."

Von dem grundlegenden § 40, auf welchem er beruht, weicht § 295 nach zwei Richtungen ab: die Einziehung kann nur „neben" der Strafe, also nicht auch im sog. „objektiven Verfahren" (§§ 42 StGB., 430/3 StPO.) erfolgen, und sie findet nicht bloß gegen den Täter oder Teilnehmer, sondern ohne Rücksicht auf die Eigentumsfrage statt.

RG. 108, 260 gibt dem Eigentümer gegen die Einziehung die Rechtsbehelfe der Erinnerung und Intervention (§§ 463 StPO., 766, 771 ZPO.). Doch scheint in dem dort entschiedenen Falle nicht die Einziehung eines konkret bestimmten, sondern abstrakt diejenige des „bei der Tat benutzten" Gewehrs im Urteil ausgesprochen gewesen zu sein, und der Streit ging um die Identität der einzuziehenden mit der tatsächlich gebrauchten Waffe. Steht diese Identität fest, so kann sich der Eigentümer nicht darauf berufen, daß das Gewehr ohne sein Wissen zum Wildern mißbraucht worden sei. Für den Fall freilich, daß die Waffe gerade dem durch die Tat verletzten Jagdberechtigten gehört, wird man eine „ungeschriebene Ausnahme" zu machen haben. Vgl. über diese streitige Frage Leipz. Komm. 4 zu § 295.

Die steuerrechtliche Einziehung nimmt niemals Rücksicht auf das Eigentum Dritter. § 414 AbgO.

Auch die Kostenentscheidung bedarf der Begründung im Urteil:

„Die Kosten des Verfahrens hat der Angeklagte nach § 465^{I} StPO. zu tragen, weil er zu Strafe verurteilt ist.

Richter. *Urkund.*"

Verfahren nach polizeilicher Strafverfügung.

Der Amtsvorsteher in Schmolz hat folgende Strafverfügung erlassen:

„Strafverfügung.

Sie sind gestern, am 23. September 1934, in Städten und Dörfern, nämlich auf der Breslauer Straße in Schmolz, auf einem Kleinkraftrade übermäßig schnell gefahren, und zwar mit mehr als 30 km Stundengeschwindigkeit, so daß Sie nicht in der Lage blieben Ihren Verpflichtungen Genüge zu leisten.

Die Übertretung wird bewiesen durch das Zeugnis des Geschäftsführers *Ewald Knopf* in Schmolz.

Auf Grund der §§ 366^2, 27, 29 StGB., 18, 47, 48, 50 Kraftfahrzeug-VO. vom 10. Mai 1932 (RGBl. I 201), 413, 414 StPO., 59, 62, 63 preuß. PolizeiverwaltungsG. vom 1. Juni 1931 (GS. 77) wird deshalb gegen Sie eine Geldstrafe von 20 *RM* (i. W.) festgesetzt, an deren Stelle, wenn sie nicht beizutreiben ist, eine Haftstrafe von 4 (vier) Tagen tritt.

Diese Geldstrafe haben Sie binnen einer Woche unter Vorzeigung dieser Verfügung bei der Amtskasse in Schmolz ..... einzuzahlen oder unter Angabe von Geschäfts- und Kassenzeichen portofrei dorthin einzusenden.

Sollten Sie sich durch diese Straffestsetzung beschwert fühlen, so können Sie

a) innerhalb einer Woche seit Zustellung dieser Verfügung bei dem unterzeichneten Amtsvorstand schriftlich oder mündlich, oder bei dem Amtsgericht in Breslau schriftlich oder zu Protokoll der Geschäftsstelle auf gerichtliche Entscheidung antragen

b) oder statt dessen innerhalb zwei Wochen seit Zustellung Beschwerde an den Landrat in Breslau erheben.

Falls weder der Antrag auf gerichtliche Entscheidung noch die Beschwerde rechtzeitig angebracht wird, so wird die Strafe vollstreckt.

An
den Buchhalter Herrn
Joseph Hindemith
in Breslau, Laurentiusstraße 29.

Schmolz bei Breslau, den 24. September 1934.

Der Amtsvorsteher.
Melcher."

Recht der Kleinkrafträder: oben S. 483.

Von den gegen polizeiliche „Strafmandate" (wie sie der Volksmund nennt) zugelassenen beiden Rechtsbehelfen beruht der Antrag auf gerichtliche Entscheidung auf der reichsrechtlichen StPO., die Beschwerde auf dem landesrechtlichen Pol.-VerwG. Das Gericht darf, wie immer, nur die Rechtsfrage prüfen, während die mit der Beschwerde angegangene Polizeiaufsichtsbehörde auch zur Aufhebung aus Zweckmäßigkeitsgründen befugt ist, z. B. weil sie einen „leichteren Fall" (§ 59^1 S. 3 PolVerwG., entsprechend § 153^1 StPO.) als gegeben ansieht, oder keine „polizeiliche Strafverfügung" sondern eine „polizeiliche Verfügung" (s. unten) oder eine gebührenfreie „polizeiliche Verwarnung" erlassen will (§ 59^1 S. 4 PolVerwG.). Da die polizeiliche Strafverfügung zunächst und in erster Reihe ein Verwaltungsakt ist, kann sie von der Behörde zurückgenommen werden. Das Recht der Rücknahme besteht auch, nachdem Einspruch eingelegt und die Sache an die Amtsanwaltschaft abgegeben ist, doch muß in diesem Stadium der Amtsanwalt seine Zustimmung erteilen. Erst der Erlaß eines gerichtlichen Urteils beseitigt die Rücknahmemöglichkeit. A.V. zum PolVerwG. vom 1. Oktober 1931 (MBliV.) zu § 62, Ziff. 4.

Rechtsweg bei Verstößen gegen Polizeiverordnungen? Eine „Polizeiverordnung" ist ein polizeiliches Gebot oder Verbot, das — im Gegensatz zu der an bestimmte Personen oder einen bestimmten Personenkreis gerichteten „polizeilichen Verfügung" der §§ 40 f. PolVerwG. — für eine unbestimmte Anzahl von Fällen an eine unbestimmte Anzahl von Personen gerichtet wird (§ 24), also eine Norm des objektiven Rechts. Ihre Verletzung war früher unter Übertretungsstrafe gestellt. Jetzt bestimmt § 33, daß für den Fall der Nichtbefolgung ein „Zwangsgeld" (§ 55) und als „Ersatzzwangsmittel" „Zwangshaft" (§ 56) angedroht werden kann. Gegen diese Zwangsmittel ist nicht Anrufung des ordentlichen Gerichts vorgesehen, sondern es finden die gleichen Rechtsmittel statt wie gegen polizeiliche Verfügungen, nämlich Beschwerde und gegen den abweisenden Beschwerdebescheid Klage im Verwaltungsstreitverfahren (wobei wiederum, dem oben behandelten Prinzip gemäß, mit der Klage lediglich die Rechtmäßigkeit, mit der Beschwerde außerdem die Zweckmäßigkeit angefochten wird). §§ 45, 46, 49, 50, 57. Soweit bei Inkrafttreten des Gesetzes von früher her Polizeiverordnungen mit Androhung krimineller Strafen bestanden, wird durch § 76 (dessen Abs. II in § 33^{5} der VO. vom 3. September 1932, GS. 283, gestrichen worden ist) die Strafandrohung aufgehoben und statt dessen Zwangsgeld, für den Nichtbeitreibungsfall Zwangshaft angedroht. Bloß in Polizeiverordnungen der Minister dürfen für den Fall der Nichtbefolgung kriminelle Übertretungsstrafen angedroht werden (§ 33^{I}). Mit dieser Regelung wollte der Gesetzgeber bewußt eine Reihe von Tatbeständen aus dem Gebiet des Kriminellen hinaus in das des „Verwaltungsstrafrechts" oder „Polizeiunrechts" (im Sinne der Goldschmidtschen Theorie) verlegen, um die anerkannter Maßen viel zu große Zahl der Strafdrohungen und Straffälle nach Möglichkeit zu verringern. Ihre Rechtsgültigkeit ist bestritten. Manche Schriftsteller und das KG. erklären „Zwangsgeld" und „Zwangshaft" trotz des gegenteiligen Aufbaus der gesetzlichen Vorschriften für echte Strafen und folgern daraus, daß gemäß Art. 105 S. 2 RVerf., §§ 13 GVG., 413 StPO. die Anrufung des ordentlichen Gerichts zulässig bleibt. Andere bejahen den Strafcharakter, halten jedoch den Ausschluß des Rechtswegs für wirksam, weil das Landesrecht bei dem von ihm geschaffenen Tatbeständen freie Hand habe zu bestimmen, ob sie im Sinne des § 13 GVG. Strafen sein sollen oder nicht. Die herrschende Meinung und der Staatsgerichtshof für das Deutsche Reich leiten die Verfassungsmäßigkeit des PolVerwG. daraus her, daß es sich um keine Strafen sondern um Verwaltungs-Zwangsmittel handelt. Vgl. RG. 137 Anh. 47*, dazu Friedrichs JW. 33, 60^{1}; JW. 32, 1774^{27}, 1778^{28}, dazu v. Beling. Mit dem Urteil des Staatsgerichtshofs ist übrigens die Frage nicht endgültig erledigt, weil nicht die Regierung nach Art. 13^{II} RVerf. („Meinungsverschiedenheiten") das Reichsgericht, sondern eine Landtagsfraktion auf Grund von Art. 19 („Verfassungsstreitigkeit") den Staatsgerichtshof angerufen hatte. Den Entscheidungen des Staatsgerichtshofs wird aber nicht die Gesetzeskraft beigelegt, welche Beschlüssen des Reichsgerichts nach § 3^{III} Ges., vom 8. April 1920 (RGBl. 510) zukommt. Die Praxis der Behörden geht dahin, Zwangsgeld und Zwangshaft nur anzuwenden, wenn die Gefahr einer künftigen Zuwiderhandlung besteht; damit wird der Gegensatz zur kriminellen Strafe, bei der der Gesichtspunkt von Sühne und Vergeltung im Vordergrunde steht, scharf betont. —

Am 30. September beantragt Hindemith gerichtliche Entscheidung:

„Die Beschuldigung ist unbegründet. Ich bin nur mit 22—25 km Geschwindigkeit gefahren, wozu ich nach den in der Strafverfügung angeführten Bestimmungen berechtigt war, da sämtliche Räder meiner Maschine mit Luftreifen versehen sind. Ich beantrage:

zum Termin meine Braut, Modistin Frl. *Mathilde Pupke* hier, Alexanderstraße 38, die hinter mir auf dem Soziussitz meines Rades gesessen hat, als Zeugin vorzuladen.

Joseph Hindemith."

Der Amtsvorsteher übersendet die Akten durch die Amtsanwaltschaft (§ 414^{II} StPO.) dem Amtsrichter, der Hauptverhandlungstermin ansetzt, Knopf und Frl. Pupke als Zeugen laden läßt und einen vollständigen Strafregisterauszug über Hindemith einholt.

"5 E 137.34 Breslau, den 15. Oktober 1934.

Öffentliche Sitzung des Amtsgerichts.

Gegenwärtig: . . .

In der Strafsache gegen *Hindemith*

wegen Übertretung,

erschien bei Aufruf:

der Angeklagte.

Es wurden die Zeugen aufgerufen. Es meldeten sich:

1. Geschäftsführer *Knopf* aus Schmolz,
2. Modistin *Pupke* aus Breslau."

Wenn der Angeklagte weder persönlich erscheint noch einen bevollmächtigten Verteidiger entsendet, muß sein Antrag auf gerichtliche Entscheidung ohne Beweisaufnahme durch Urteil verworfen werden (NotVO. vom 14. Juni 1932, 1. Teil, Kap. I, Art. 7 § 1). Bis zum Beginn der Hauptverhandlung kann der Angeklagte den Antrag zurücknehmen (§ 416 II StPO.); ist aber das Gericht einmal in die Verhandlung eingetreten, so ist es an den Ausspruch der Polizeibehörde nicht mehr gebunden, hat also unter Umständen über die dort festgesetzte Strafe hinauszugehen (§ 417 III).

Der Richter belehrt Hindemith über diese Gefahr: Nach dem Strafregisterauszug sind Sie schon einmal wegen vorsätzlicher und einmal wegen fahrlässiger Körperverletzung bestraft. Wenn Sie verurteilt werden, müssen Sie mit einer erheblichen Verschärfung der Strafe rechnen.

Hindemith: Mein Tachometer hat keine 30 km gezeigt. Ich muß freigesprochen werden.

Richter: Vielleicht hat das Tachometer nicht genau angezeigt. Außerdem befinden Sie sich im Irrtum, wenn Sie glauben, bei Einhaltung der 30 km-Grenze unter allen Umständen straffrei zu sein. An erster Stelle steht die Pflicht des Fahrers, seine Geschwindigkeit und sein Verhalten so einzurichten, daß er jederzeit in der Lage bleibt, den an ihn plötzlich herantretenden Anforderungen Genüge zu leisten (§ 18 KFVO.). Darnach kann eine Geschwindigkeit von 30 km mit Rücksicht auf die Beschaffenheit der Straße, den Verkehr usw. unzulässig sein. Andrerseits wird Überschreitung des 30 km-Tempos innerhalb geschlossener Ortschaften immer bestraft. Schließlich wäre es denkbar, daß Sie schneller als 30 km gefahren sind, ohne es zu bemerken, während Sie es bei Anwendung der erforderlichen Sorgfalt hätten bemerken müssen.

Obgleich § 59 StGB. — aus dem sich das Erfordernis des Vorsatzes ergibt — im allgemeinen Teil des Gesetzes steht und nirgends eine ausdrückliche Ausnahme gemacht wird, hält man doch bei Delikten polizeilichen Charakters Fahrlässigkeit für ausreichend. Denn die polizeiliche Strafbestimmung würde ihren Zweck verfehlen, wenn sie nur auf vorsätzliche Zuwiderhandlungen Anwendung finden könnte. Auch bei polizeilichen Delikten muß aber der Täter die freie Willensbestimmung gehabt haben, und es darf weder Notwehr noch Notstand vorliegen: es genügt also nicht die Erfüllung des äußeren Tatbestandes. Olshausen 4 vor § 51; Leipz. Komm. 3, Frank I, II vor § 360 c. cit. — Dabei deckt sich der Begriff des „Polizeidelikts" nicht mit dem der Übertretung. Er beruht vielmehr auf der Dreiteilung der strafbaren Handlungen in solche, welche 1. die Verletzung, 2. die Gefährdung eines Rechtsgutes, 3. den bloßen Ungehorsam gegen obrigkeitliche Anordnungen unter Strafe stellen und umfaßt die dritte dieser Gruppen. Es gibt Vergehen polizeilicher Art (z. B. § 139). Andrerseits haben einzelne Übertretungen (z. B. Betteln, Vernachlässigung der Unterhaltspflicht) diesen Charakter nicht. In unserem Fall kommen nur polizeiliche Übertretungen in Frage.

Für die Festsetzung von Zwangsgeld und -haft wegen Verletzung von Polizeiverordnungen (oben 923) sind die subjektiven Voraussetzungen dahin geregelt, daß entweder der Betroffene die „Polizeiwidrigkeit" seines Verhaltens kannte oder kennen mußte, oder eine besondere Androhung vorausgegangen war. § 33 II PolVerwG.

Hindemith: Ich bestehe auf der Verhandlung.

„Die Zeugen entfernten sich wieder aus dem Sitzungssaal

(usw. wie S. 917, es folgen die Vernehmung des Angeklagten zur Person, die Verlesung der polizeilichen Strafverfügung und die Erklärung zur Sache)

Die Zeugen wurden hierauf einzeln vorgerufen und in Abwesenheit der später zu verhörenden Zeugen, wie folgt, vernommen:

1. Zeuge *Knopf*

nach Leistung des Zeugeneides:

Z. P.: ....

Z. S.: Ich bin selbst Motorradfahrer und stelle manchmal mit Hilfe meiner Stoppuhr fest, ob Motorradfahrer, die durch Schmolz durchkommen, mit der zulässigen Höchstgeschwindigkeit von 30 km fahren. Der Angeklagte ist, wie ich genau beobachtet habe, mit 37,5 km die Breslauer Straße heruntergerast.

2. Zeugin *Pupke*

unter Aussetzung der Beeidigung:

Z. P.: Ich heiße *Mathilde Pupke*, bin 23 Jahre alt, Modistin in Breslau, mit dem Angeklagten verlobt, wegen Meineids nicht bestraft. Das mir zustehende Zeugnisverweigerungsrecht ist mir bekannt. Ich will aussagen.

Z. S.: Ich habe gesehen, daß die Uhr weniger als 30 km zeigte, ich glaube 22 oder 23 km. Ich weiß das darum so genau, weil ich das erste Mal mit meinem Bräutigum ausfuhr und in meiner Angst immerfort auf die Uhr gesehen habe, so daß er mich auslachte und sagte: ‚Auf den Apparat kannst du dich so wie so nicht verlassen, der ist kaputt.'

Auf Befragen:

Wir fuhren wohl ziemlich schnell, vielleicht kam es mir aber bloß deshalb so vor, weil ich das Motorradfahren noch nicht gewöhnt war. Als wir die alte Frau anfuhren, sind wir bestimmt schon langsamer gefahren, als wie vorher bei der *Knopf*schen Fabrik und Villa."

Richter: Was ist das für eine Geschichte mit der alten Frau?

Zeugin:

„Als wir an der Stelle vorbeifuhren, wo die Straße vom Bahnhof von links einbiegt, kam ein großes Auto von dort gefahren. Um nicht zusammenzustoßen, mußte mein Bräutigam ganz weit nach rechts bis an den Rand des Fahrdamms ausbiegen und riß dabei eine alte Frau um, die auf dem Fußgängerwege stand und nicht rechtzeitig wegspringen konnte."

Knopf bestätigt, daß damals eine Frau Kern aus Gohlau von einem Motorradfahrer angefahren worden sei, beim Fallen einen Rippenbruch erlitten habe und nach wenigen Tagen im Krankenhaus verstorben sei.

Darnach erscheint die Tat Hindemiths nicht mehr als bloße Übertretung verkehrspolizeilicher Vorschriften, sondern als fahrlässige Körperverletzung oder gar Tötung (§ 230 bzw. 222 StGB.). Dann konnte sie aber nicht den Gegenstand eines polizeilichen Strafmandats bilden, welches auf Übertretungssachen beschränkt ist und keine anderen Strafen androhen darf als Geldstrafe, Haft bis zu 14 Tagen oder Einziehung (§ 413 I, II StPO.). Für derartige Fälle schreibt § 418 die Aufhebung der Strafverfügung durch Urteil ohne Entscheidung in der Sache vor.

Wäre das Verfahren durch Anklage statt durch polizeiliches Strafmandat eingeleitet worden, so würde das Gericht die, über seine Zuständigkeit hinausgehende, Sache nach § 270 durch einen

Beschluß, der den Erfordernissen eines Eröffnungsbeschlusses entsprechen muß, an das Schöffengericht verweisen, etwa mit der Formel:

„Das Amtsgericht erklärt sich für unzuständig und verweist die Sache an das Schöffengericht zu Breslau, weil der Angeklagte hinreichend verdächtig erscheint, zu Schmolz am 23. September 1934:

1. durch Fahrlässigkeit den Tod eines Menschen, der Frau *Kern* aus Gohlau, verursacht zu haben,
2. durch dieselbe Handlung in Städten und Dörfern (usw. wie S. 922).

Vergehen und Übertretung gegen §§ 222, 366², 27, 29, 73 StGB., 18, 47, 48, 50 RFVO.

Innerhalb einer Frist von 2 Wochen kann der Angeklagte die Vornahme einzelner Beweiserhebungen vor der Hauptverhandlung beantragen.

Untersuchungshaft wird nicht angeordnet."

Wenn aber die Staatsanwaltschaft rechtzeitig den Antrag aus § 25²ᶜ GVG. stellt, so würde der Amtsrichter unter Beachtung des § 265 StPO. selbst über die fahrlässige Tötung erkannt haben. —

Die Beweisaufnahme wird geschlossen, die Schlußvorträge gehalten:

„Es wurde das

Urteil

durch Verlesung der Urteilsformel und durch mündliche Mitteilung des wesentlichen Inhalts der Urteilsgründe dahin verkündet:

Die Strafverfügung des Amtsvorstehers in Schmolz vom 24. September 1934 wird aufgehoben. Die Kosten des Verfahrens fallen der Staatskasse zur Last.

Richter. *Urkund."*

Die Rechtsmittelbelehrung (S. 918) erübrigt sich, denn Hindemith ist durch das Urteil nicht beschwert. Die Staatsanwaltschaft kann das Urteil innerhalb einer Woche wahlweise mit Berufung oder Revision anfechten (unten S. 993f.), § 313 StPO., der die Berufung gegen Einzelrichterurteile in Übertretungssachen im allgemeinen ausschließt, trifft unseren Fall nicht, weil der Tenor weder auf Freisprechung noch auf Geldstrafe lautet.

Nach Eintritt der Rechtskraft wird die Staatsanwaltschaft über die weitere Verfolgung der Angelegenheit zu bestimmen haben. Das aufgehobene Strafmandat wird in dem neu einzuleitenden Verfahren als nicht geschehen behandelt. Die Unterbrechung des Verfahrens (§ 413ᴵⱽ) bleibt bestehen.

Ne bis in idem: Wir sahen, daß der Tod der Frau Kern nur zufällig zur Kenntnis des Gerichts gelangte. Würde Hindemith, wenn er es bei der polizeilichen Strafverfügung belassen hätte oder wenn er vom Richter lediglich wegen Übertretung abgeurteilt worden wäre, vor einer Anklage wegen fahrlässiger Tötung oder Körperverletzung geschützt sein?

Das rechtskräftige Urteil bewirkt einen Verbrauch der Strafklage, jedoch bloß unter der Voraussetzung, daß die neuerdings abzuurteilende Tat mit der bereits abgeurteilten, so wie sie sich nach dem Ergebnis der ersten Hauptverhandlung darstellte (§ 264ᴵ), identisch ist. Wäre also in dem ersten Verfahren das Umfahren der Frau Kern mit seinen Folgen nicht zur Sprache gelangt, so würde das Urteil nur den Tatbestand des übermäßig schnellen Fahrens als solchen konsumiert haben. Anders wenn die Körperverletzung und der Tod der Frau zur Kognition des zuerst erkennenden Richters gebracht war. Es macht dann keinen Unterschied, ob das Urteil auf Verurteilung wegen Übertretung oder auf Freisprechung ging: in beiden Fällen steht der Grundsatz „ne bis in idem" der nochmaligen Anklage entgegen.

Bei polizeilichen Strafmandaten beschränkt sich die Konsumtionswirkung auf Übertretungen. Vgl. § 66ᴵ PolVerwG.: ist die polizeiliche Strafverfügung vollstreckbar (d. h. unanfechtbar) geworden, so findet wegen der selben Handlung eine fernere Anschuldigung nicht statt, es sei denn, daß die Handlung keine Übertretung, sondern ein Verbrechen oder Vergehen bildet und demgemäß das polizeiliche Verfahren ihretwegen gar nicht zulässig war (§ 413[I] StPO.).

Unanfechtbar gewordene amtsrichterliche Strafbefehle werden in § 410 dem rechtskräftigen Urteil gleichgestellt. Die Praxis läßt aber erneute Verfolgung zu, falls die Tat unter einem anderen rechtlichen Gesichtspunkt gewürdigt werden soll, der erhöhte Strafbarkeit begründet. Das wird mit der im Vergleich zum ordentlichen Verfahren geringeren Prüfungs- und Entscheidungsmöglichkeit begründet, die dem Richter bei Erlaß des Strafbefehls zusteht. RGSt. 56, 251 c. cit. Noch weniger erlischt das Strafklagerecht der Staatsanwaltschaft, wenn sie nach erhobenem Einspruch die Klage fallen läßt, gleichviel ob das Gericht darauf das Verfahren durch Beschluß für erledigt erklärt oder nicht. Erst das im Strafbefehlsverfahren ergehende rechtskräftige Sachurteil hat Konsumtionswirkung. RGSt. 61, 98; 63, 266. — Auf ähnlichen Erwägungen beruht die Nichtzulassung der Wiederaufnahme des Verfahrens gegen Strafbefehle. Vgl. Kommentare zu § 359.

Privatklagesache wegen Beleidigung.

Privatklage.

„An das Amtsgericht hier. Breslau, den 4. Oktober 1934.

Privatklage

der Frau Ökonom *Edith Müller* geb. *Krämer* in Breslau-Zimpel, Nachtigallenweg 37,

Privatklägerin,

gegen die Frau Versicherungsinspektor *Alice Schulz* geb. *Mehnert* in Liegnitz, Wahlstätterstraße 84,

Beschuldigte.

Am 4. Januar d. J. hat die Beschuldigte an den Seifenfabrikanten *Metzger*, Vorsitzenden des Theater- und Literaturvereins ‚Faust', einen Brief gerichtet, durch den sie mich schwer beleidigt und in Bezug auf mich unwahre Tatsachen behauptet und verbreitet, die mich verächtlich zu machen und in der öffentlichen Meinung herabzuwürdigen geeignet sind und zwar wider besseres Wissen. Der Brief wird zu den Gerichtsakten überreicht. Ich erhebe nach §§ 185, 187 StGB. beim Amtsgericht Breslau Privatklage und beantrage die Eröffnung des Hauptverfahrens.

2 Abschriften der Privatklage sowie 15 *RM* Gebührenvorschuß in Gerichtskostenmarken anbei.

Edith Müller."

„Breslau, den 4. Januar 1934.

Herrn *Otto Metzger*

z. Zt. Schlingelbaude bei Brückenberg i. R.

Lieber Herr *Metzger*!

Mit Vergnügen gedenke ich der schönen Abende, die ich in Ihrem Verein bei den Aufführungen und anschließenden geselligen Zusammenkünften verlebt habe. Sie wissen, daß ich immer eine begeisterte Anhängerin Ihrer Bestrebungen war. Deshalb möchte ich Sie dringend warnen Frau *Edith Müller* aufzunehmen, die, wie ich gehört habe, sich um die Mitgliedschaft bewirbt. Wer den zweifelhaften Vorzug hat die Dame näher zu kennen, wird ihr schauspielerische Begabung nicht absprechen, vor allem für das Fach der jugendlichen Liebhaberin, welches sie vor ihrer Verheiratung mit wechselnden Partnern eifrig studiert hat (die ganze Obervorstadt kennt die Namen). Sie müssen aber doch in erster Linie auf das gesellschaftliche Niveau Ihres Vereins achten und dürfen sich nicht mit einer solchen minderwertigen Person belasten. Falls Sie nähere Auskünfte wünschen, stehe ich Ihnen gern zur Verfügung. Wir siedeln übrigens Ostern nach Liegnitz über, wohin mein Mann versetzt ist. Vorher wird hoffentlich noch einmal Gelegenheit sein in Breslau mit Ihnen zusammenzukommen. Gute Erholung zum Wintersport wünschend, bin ich mit besten Grüßen

Ihre

Alice Schulz."

Vor Zahlung des in §§ 60^I, 83 GKG. bezeichneten Vorschusses wird in Privatklagesachen keine gerichtliche Handlung vorgenommen, es sei denn, daß dem Privatkläger das Armenrecht (S. 452 zu 2) zusteht oder glaubhaft gemacht wird, daß ihm die Verzögerung einen schwer zu ersetzenden Nachteil bringen würde. Hätte Frau Müller nicht die 15 RM. beigefügt, so würde ihr zunächst eine Zahlungsfrist bestimmt und nach deren Ablauf die Privatklage kostenpflichtig zurückgewiesen worden sein. Art. 10 der NotVO. vom 14. Juni 1932, Teil 1 Kap. I.

Außer den Formalien der §§ 379, 380, 381, 200 StPO. umfaßt die Prüfung bei Eingang einer Privatklage insbesondere die Zuständigkeit des Gerichts sowie die Schlüssigkeit der Klage, wobei Verjährungs- und Antragsfrist im Vordergrunde stehen.

Eines schiedsmännischen Sühneattestes (§ 380) bedarf es nicht, weil die Parteien zur Zeit der Klageerhebung nicht im selben Gemeindebezirk wohnen. §§ 380^IV StPO., 36 pr. SchiedsmO. vom 3. Dezember 1924 (GS. 747).

Die Befreiung von dem Erfordernis der Beibringung des Sühneattestes wegen distantia loci steht nach § 36 SchiedsmO. im Ermessen des Gerichts. Zuständig für das Sühneverfahren ist der Schiedsmann, in dessen Bezirk der beschuldigte Teil wohnt (§ 35 S. 1). Das Gericht sieht vom Sühneversuch ab, wenn die Entfernung so erheblich ist, daß dem Privatkläger unter Berücksichtigung seiner Verhältnisse und nach den Umständen des Falles nicht zugemutet werden kann, zur Verhandlung zu erscheinen. Statt dessen kann das Gericht den Privatkläger auch ermächtigen, sich in dem auswärtigen Sühnetermin vertreten zu lassen (§ 36^I S. 2).

Soweit der erfolglose Sühneversuch die Vorbedingung für Erhebung der Privatklage bildet, muß der Antragsteller (also der künftige Privatkläger) immer persönlich zum Sühnetermin erscheinen, während es der Anwesenheit des Gegners nicht bedarf (§§ 38^II, 40^I). Doch kann der Schiedsmann den Antragsgegner durch Ordnungsstrafe zum Erscheinen zwingen (§ 39^II).

Die Zuständigkeit des Breslauer Gerichts ist gegeben, freilich nicht aus § 8 StPO. (forum domicilii), weil es auf den Wohnsitz z. Zt. der Erhebung der Klage, nicht z. Zt. der Begehung der Tat, ankommt, sondern aus § 7 (forum delicti commissi). Dieser Gerichtsstand, in welchem die überwiegende Mehrzahl aller strafbaren Handlungen verfolgt wird, besteht überall, wo eines der zum gesetzlichen Tatbestand gehörigen Merkmale verwirklicht war: bei Urkundenfälschung (§ 267 StGB.) sowohl am Orte der fälschlichen Anfertigung bzw. Verfälschung wie an dem des Gebrauchmachens; bei brieflich begangenem Betrug oder schriftlicher Erpressung am Absendung- und am Bestimmungsort, wo der Brief zur Kenntnis der Person gelangte, auf deren Willen einzuwirken er bestimmt war. Als Begehungsort der hier zur Anklage stehenden brieflichen Beleidigung gilt demgemäß außer der Schlingelbaude, auf der Metzger Kenntnis vom Inhalt des Briefes nahm, auch Breslau als Ort der Verfassung und Absendung. Dagegen sind Orte, an denen Metzger der Privatklägerin oder dritten Personen den Inhalt des Briefes weitererzählt hat, nicht mehr Begehungsorte, denn mit der Kenntnisnahme durch Metzger auf der Schlingelbaude war die Tat bereits abgeschlossen.

Zweifelhaft erscheint die Wahrung der Antragsfrist. Verfügung:

„1. An Privatklägerin: Strafantrag wegen Beleidigung kann nur innerhalb von 3 Monaten, nachdem der Berechtigte von der strafbaren Handlung und der Person des Täters Kenntnis erlangt hat, gestellt werden (§ 61 StGB.). Da der Brief der Beschuldigten volle 9 Monate zurückliegt, wollen Sie unter Angabe von Beweismitteln darlegen, wann Sie zuerst Kenntnis von dem Brief erlangt haben. Hierzu wird Ihnen gemäß § 391^II StPO. eine

Frist von zwei Wochen bestimmt, nach deren fruchtlosem Ablauf die Einstellung des Verfahrens ausgesprochen werden wird.

2. Abschrift der Privatklage der Beschuldigten zur Erklärung mit Frist von 2 Wochen.
3. Zu 1 und 2 zustellen.
4. Abschrift der Staatsanwaltschaft zur Kenntnisnahme.
5. Am 23. Oktober."

Vgl. § 382. Die Mitteilung an die Staatsanwaltschaft hat einen doppelten Zweck. Einmal gibt sie der Behörde Anlaß, sich wegen der nachträglichen Übernahme der Verfolgung (S. 843 zu 3) schlüssig zu machen. Außerdem werden in Privatklagesachen oft Offizialdelikte behauptet, die der Privatkläger begangen haben soll (in der Behauptung dieser Straftaten wird dann die Beleidigung erblickt). Dann leitet die Staatsanwaltschaft zunächst wegen der dem Privatkläger vorgeworfenen strafbaren Handlung ein Verfahren ein. Das Privatklageverfahren wird nach § 191 StGB. ausgesetzt, und wenn das Offizialverfahren gegen den Privatkläger zur rechtskräftigen Verurteilung oder Freisprechung geführt hat, so gilt damit für den Beleidigungsprozeß der Wahrheitsbeweis endgültig als geführt bzw. als mißlungen (§ 190). Die Notwendigkeit der Aussetzung besteht übrigens auch bei Verfahren wegen falscher Anschuldigung; dort bindet aber das Urteil, welches im Prozeß über das behauptete Delikt ergeht, den über die falsche Anschuldigung erkennenden Richter nicht (§ 164 VI, Fassung der Novelle vom 26. Mai 1933). —

Frau Müller erfüllt die ihr vom Gericht gemachte Auflage:

„An das Amtsgericht, hier. Breslau, den 17. Oktober 1934.

In der Privatklagesache *Müller* gegen *Schulz*, 5 B 109. 34, überreiche ich die mir von der Privatklägerin erteilte Vollmacht und führe zufolge der Verfügung vom 6. Oktober 1934 folgendes an:

Von dem Brief vom 4. Januar 1934 hat die Privatklägerin ungefähr am 20. Januar durch *Metzger* Kenntnis erhalten.

Beweis: *Metzger*.

Anfang April wollte sie Privatklage erheben. In der Rechtsantragsstelle des Amtsgerichts von dem diensttuenden Urkundsbeamten über das Erfordernis des vorgängigen Sühneversuchs belehrt, begab sie sich zu dem für die Beschuldigte, welche damals noch in Breslau wohnte, zuständigen Schiedsmann *Friede*, der ihr aber sagte, daß die Durchführung des Sühneverfahrens mehrere Tage in Anspruch nehme und daß es wahrscheinlich nicht möglich sein würde, auf diese Weise die Antragsfrist zu wahren. Auf Rat des Schiedsmannes stellte deshalb die Privatklägerin am 17. April 1934 bei der Staatsanwaltschaft gegen Frau *Schulz* schriftlich Strafantrag, der unter dem 22. April dahin beschieden wurde, daß kein öffentliches Interesse vorliege.

Beweis: die Akten gegen *Schulz* 7 J 372. 34 der hiesigen Staatsanwaltschaft.

Inzwischen war die Beschuldigte nach Liegnitz verzogen, so daß sich die Erhebung der Privatklage verzögerte.

Für die Privatklägerin:
Schwarz, Rechtsanwalt."

Die alsbald herangezogenen staatsanwaltschaftlichen Akten bestätigen die Darstellung der Privatklägerin.

In der Regel enthält die Privatklage, ausdrücklich oder dem Sinne nach, zugleich den Strafantrag. Der Strafantrag kann aber auch in anderer Weise gemäß § 158 II StPO. gestellt werden. An die Dreimonatsfrist des § 61 StGB. ist der Strafantrag, nicht die Privatklage, gebunden, während das Erfordernis des schiedsmännischen Sühneversuchs bloß für die Privatklage gilt. Überhaupt sind Strafantrag und Privatklage für die juristische Betrachtung streng zu scheiden. Tatsächlich hat Frau Müller durch ihren bei der Staatsanwaltschaft erfolglos gestellten Strafantrag die Antragsfrist gewahrt (natürlich nur unter der Voraussetzung, daß sie die Beleidigung nicht vor dem 17. Januar 1934 erfahren hatte) und hätte mit ihrer Privatklage bis unmittelbar vor Ablauf der fünfjährigen Verjährungsfrist (§ 67 II) warten können!

Gegenerklärung. Widerklage. Für Frau Schulz meldet sich RA. Weiß mit Vollmacht und beantragt:

„die Eröffnung des Hauptverfahrens abzulehnen.

I. Die Beschuldigte bestreitet nicht, den Brief vom 4. Januar 1934 an *Metzger* geschrieben zu haben. Die in dem Brief aufgestellten Behauptungen entsprechen jedoch in allen Punkten der Wahrheit.

(folgt eine Reihe von Skandalgeschichten aus dem Leben der Privatklägerin mit Angabe von Zeugen).

Die Zeugen werden auch bekunden, daß sie der Beschuldigten die angegebenen Vorfälle erzählt haben. Die Beschuldigte hat also an die Richtigkeit ihrer Behauptungen fest geglaubt.

Das Gelingen des Wahrheitsbeweises schützt Frau Schulz nicht unbedingt vor Verurteilung. Allerdings liegt dann weder „verleumderische Beleidigung“ (§ 187) noch „üble Nachrede“ (§ 186) vor. Es kann aber auch die Mitteilung wahrer Tatsachen als Beleidigung — und zwar als sog. „Formalbeleidigung“ (§ 185) — strafbar sein, wenn sie sich als absichtliche Kundgebung der Mißachtung darstellt; dabei kommen für das „Vorhandensein“, d. h. die Absicht der Beleidigung Form und Umstände des Falles in Betracht (§ 192). Die Wahrheit zu sagen, ist eine allgemeine Freiheit, doch macht man sich strafbar, indem man seiner Äußerung eine unpassende Form gibt oder sie bei unpassender Gelegenheit vorbringt. Wer einem Jubilar vor versammelter Festgesellschaft seine vor Jahren erlittene Bestrafung vorhält, wer für eine die Öffentlichkeit nicht berührende ehrenrührige Angelegenheit die Presse benutzt (JW. 28, 2094 [19]) macht sich strafbar, und Frau Schulz kann an der boshaften Form, in der sie ihre Vorwürfe gegen die Privatklägerin erhoben hat, hängen bleiben. Auf das Strafmaß wird der Wahrheitsbeweis in jedem Fall von Einfluß sein.

Kann Frau Schulz nicht die von ihr behaupteten Tatsachen sondern bloß ihre eigene Gutgläubigkeit beweisen, so würde die verleumderische Beleidigung fallen, nicht hingegen die (minder bestrafte) üble Nachrede. Diese setzt nämlich lediglich voraus, daß die verbreiteten Tatsachen nicht erweislich wahr sind. Die Nichterweislichkeit gehört nicht zum gesetzlichen Tatbestand im Sinne des § 59, auf den sich der Vorsatz beziehen muß, ist vielmehr eine objektive Bedingung der Strafbarkeit. RGSt. 19, 386 (vgl. den ähnlichen Fall des § 113 oben S. 913). Zum Vorsatz der üblen Nachrede gehört nichts als das Bewußtsein, daß die behaupteten Tatsachen geeignet sind den anderen verächtlich zu machen und in der öffentlichen Meinung herabzuwürdigen.

II. Außerdem hat die Beschuldigte den Brief in Wahrnehmung berechtigter Interessen geschrieben, so daß ihr der Schutz des § 193 StGB. zur Seite steht. Wie *Metzger* als Zeuge bekunden wird, ist sie mit ihm und vielen anderen Mitgliedern des Vereins ‚Faust‘ seit Jahren freundschaftlich bekannt. Sie wollte deshalb *Metzger* in seinem und des Vereins Interesse warnen.“

§ 193 ist ein Ausdruck des allgemeinen Rechtssatzes, daß jede strafbare Handlung objektiv widerrechtlich sein muß. Bei Vorhaltungen und Rügen der Vorgesetzten gegen ihre Untergebenen, dienstlichen Anzeigen, tadelnden Urteilen über künstlerische Leistungen fehlt es regelmäßig an der Widerrechtlichkeit. Die „Wahrnehmung berechtigter Interessen", welche diesen Fällen gleichgestellt wird, beruht auf einer Art Notstand. Bisweilen lassen sich Rechte und Interessen nicht ohne Verletzung fremder Ehre wahren. Der Richter muß dann die einander entgegenstehenden Interessen beider Teile abwägen und besonders sorgfältig prüfen, ob die Verletzung der Ehre des Angegriffenen auch wirklich ein durch die Umstände absolut gebotenes Mittel der Interessenwahrnehmung war. Geht das „Vorhandensein" (d. h. wiederum die Absicht) der Beleidigung aus Form oder Umständen hervor, so schließt die Wahrung berechtigter Interessen die Strafbarkeit der Beleidigung nicht aus: der Täter hat dann eben nicht „in" sondern nur „bei Gelegenheit" der Wahrung berechtigter Interessen beleidigt. Vgl. dazu RGSt. 59, 414; 60, 335.

Daß Frau Schulz die Beleidigung wider besseres Wissen begangen haben soll, steht der Anwendung des § 193 nicht unbedingt entgegen. RGSt. 58, 39 c. cit.

Die Beschuldigte will aber mit ihrem Brief nicht eigene Interessen, sondern solche des Metzger und des Vereins „Faust" wahrgenommen haben. Nach dem, unserem § 193 entsprechenden, § 824 BGB. ist es gleichgültig, ob derjenige, der eine unwahre Tatsache behauptet, damit seine eigenen Interessen oder diejenigen des Empfängers der Mitteilung verfolgt. Die Rechtsprechung zu § 193 StGB. steht auf einem anderen Standpunkt. Sie hält den Eingriff in das Rechtsgut der Ehre des Verletzten um fremden Interesses willen bloß dann für erlaubt, wenn zwischen dem Täter und dem Dritten, dessen Interessen wahrgenommen werden, ein besonderes Rechtsverhältnis bestand, welches ihn dazu legitimiert, oder wenn der Dritte die Wahrung seiner Interessen dem Täter übertragen hatte. Beispiel: der Anwalt, der in Verfolgung der Rechte seiner Partei über den Prozeßgegner objektiv beleidigende Behauptungen aufstellt; das Auskunftsbüro, das auf Anfrage eine ungünstige Auskunft erteilt, um dadurch den Interessen seines Auftraggebers zu dienen. Der Redakteur einer Tageszeitung kann sich nicht auf § 193 berufen, wenn er Mißstände im Interesse der Allgemeinheit rügt; anders, wenn die Zeitung eine Vereins- oder Fachzeitung ist, oder der Redakteur im Interesse eines begrenzten Personenkreises handelt, dem er selbst angehört (etwa eines politischen Vereins). RGSt. 56, 380 c. cit.; 63, 229.

„III. Sollte gleichwohl eine strafbare Handlung der Beschuldigten angenommen werden, so ist doch jedenfalls ihre Schuld gering und die Folgen der Tat unbedeutend. Gemäß § 7 der III. NotVO., 6. Teil, I. Kap. wird deshalb das Verfahren einzustellen sein."

Die Vorschrift beruht auf dem gleichen Gedanken wie der für öffentliche Klagen geltende § 153 StPO. (S. 842 zu 2). Der Einstellungsbeschluß bedarf hier weder der Zustimmung der Staatsanwaltschaft noch derjenigen des Privatklägers, dafür wird dem Privatkläger sofortige Beschwerde gegeben. Der Privatklagerichter hat in jedem Stadium des Verfahrens von Amtswegen zu prüfen, ob eine Einstellung des Verfahrens geboten erscheint. Sogar in zweiter Instanz kann aus diesem Grunde noch eingestellt werden.

„IV. Am 10. Oktober 1933 hat die Privatklägerin bei einem Geburtstagskaffee die Beschuldigte als ‚neidische alte Ziege' bezeichnet. Das ist der Beschuldigten im Dezember 1933 von der nachbenannten Zeugin erzählt worden.

Beweis: Frau Straßenbahnkontrolleur *Zenker* in Breslau.

Namens der Beschuldigten erhebe ich

Widerklage

wegen Beleidigung aus § 185 StGB. Ich beantrage:

die Widerklage zuzulassen.

Für die Beschuldigte:
Weiß, Rechtsanwalt."

Widerklagen in Privatklagesachen sind bis zum Beginn der Schlußvorträge erster Instanz zulässig. Sie erfordern weder einen besonderen Sühneversuch noch Vorschußzahlung (§ 83^{I} S. 3 GKG.) sondern bloß Gegenseitigkeit und „Zusammenhang" des Widerklagedelikts — das ein Privatklagedelikt beliebiger Art sein kann — mit dem den Gegenstand der Klage bildenden Vergehen. § 388^{I} StPO. Der Zusammenhang ist hier unbedenklich, da Frau Schulz ihren Brief an Metzger im frischen Ärger über die ihr soeben erst bekannt gewordene abfällige Äußerung der Privatklägerin geschrieben haben dürfte.

Löwe-Rosenberg (2a zu § 388) hält keinen inneren (ursächlichen) Zusammenhang von Privatklage- und Widerklagedelikt für notwendig, sondern will sich mit dem „durch die Identität der Personen sowie von Ort und Zeit" hergestellten äußeren Zusammenhang begnügen.

Nach §§ 195 StGB., 374^{II} StPO. hätte an Frau Müllers Stelle auch ihr Ehemann die Privatklage erheben können. Im allgemeinen betrachten es die Beteiligten als prozessualen Vorteil, wenn der Mann der beleidigten Frau klagt: denn die Frau darf dann als Zeugin auftreten und muß sogar eidlich vernommen werden, weil der Ehegatte des Privatklägers als solcher kein Zeugnisweigerungsrecht hat (arg. §§ 52^{2}, 58^{I} StPO.). Das Auftreten des Mannes als Kläger würde die weitere Wirkung gehabt haben, daß der Beschuldigten die Widerklagemöglichkeit abgeschnitten gewesen wäre, da es dann an der notwendigen Personenidentität gefehlt hätte.

Dieses Ergebnis ist um so unbefriedigender, als bei der Beleidigung von Minderjährigen aus der Fassung des § 374^{III} gefolgert wird, daß der Minderjährige selbst Partei sei. Mithin darf er nicht Zeuge sein, und der Angeklagte kann wegen einer von dem Minderjährigen begangenen Beleidigung immer Widerklage erheben (vgl. § 38^{I} S. 2 JugGG.).

§ 198 StGB. verlängert für wechselseitige Beleidigungen die Antragsfrist. Der Teil, gegen welchen zuerst Strafantrag gestellt war, muß den Antrag auf Bestrafung des Gegners vor Schluß der Verhandlung erster Instanz stellen, ist hierzu aber auch dann berechtigt, wenn „zu jenem Zeitpunkt die dreimonatliche Frist bereits abgelaufen war". Legt man die Vorschrift nach ihrem Wortlaut aus, so dürfte Frau Schulz, einzig und allein durch die Verjährungsfrist eingeschränkt, jede Beleidigung zur Widerklage stellen, die Frau Müller jemals gegen sie begangen hat. Das ist jedoch nicht der Sinn des Paragraphen. Frau Schulzens Strafantragsrecht muß vielmehr noch bestanden haben, als sie die den Gegenstand der Klage bildende Beleidigung beging. Wenn die Zeitangaben des Schriftsatzes zutreffen, so würde das Erfordernis hier gewahrt sein. Die ihr im Dezember 1933 zu Ohren gekommene beleidigende Äußerung der Privatklägerin zu verfolgen, hat Frau Schulz vielleicht gerade deshalb unterlassen, weil sie erwartete, die Privatklägerin würde wegen des Briefes vom 4. Januar 1934 das Gleiche tun. Nachdem sich ihre Annahme als unrichtig erwiesen hat, ist ihr, an sich im Februar erloschenes, Antragsrecht wieder aufgelebt. Es lebte aber nicht auf bezüglich solcher Beleidigungen, die sie am 4. Januar 1934 nicht mehr zur Strafverfolgung bringen konnte. RGSt. 44, 161 (ähnliche Rechtslage bei der Mitschulderklärung im Scheidungsprozeß: S. 564).

Eröffnung des Hauptverfahrens, Vorbereitung der Hauptverhandlung.

„5 B 109.34. Beschluß.

Auf die Privatklage der ....

wird gegen die ....

welche hinreichend verdächtig erscheint, am 4. Januar 1934 zu Breslau durch den Brief Blatt.... der Akten die Privatklägerin beleidigt und durch dieselbe Handlung wider besseres Wissen in Beziehung auf die Privatklägerin unwahre Tatsachen behauptet und verbreitet zu haben, welche dieselbe verächtlich zu machen und in der öffentlichen Meinung herabzuwürdigen geeignet sind,

Vergehen gegen §§ 185, 187, 194, 61 StGB.,

das Hauptverfahren vor dem Amtsrichter hier eröffnet.

Die Widerklage wird zugelassen.

Das persönliche Erscheinen der Privatklägerin und der Angeklagten wird angeordnet.

Breslau, den 24. Oktober 1934.

Amtsgericht.

Richter."

§§ 383, 203, 207, 387 III StPO. Da es im Privatklageverfahren fast immer an vorausgegangenen Ermittlungen, welche ein Urteil über das voraussichtliche Gelingen des Schuldbeweises gestatten würden, fehlt, legt man der Entscheidung über die Eröffnung die ungeprüften Behauptungen des Privatklägers zu Grunde und spricht, nicht ganz zutreffend, von „hinreichendem Verdacht" auch dann, wenn der Privatkläger für seine vom Angeklagten bestrittenen Behauptungen erst Beweis angetreten hat. Nicht selten wird übrigens die Eröffnung wegen Geringfügigkeit (S. 931), auf Grund des § 193 StGB., wegen Ablaufs der Antragsfrist oder aus sonstigen Rechtsgründen abgelehnt. Dann steht dem Privatkläger nach §§ 390, 210 II StPO. die sofortige Beschwerde zu. — Einen förmlichen Eröffnungsbeschluß über die Widerklage schreibt das Gesetz nicht vor. In der Praxis wird üblicher Weise ein kurzer „Zulassungsbeschluß" gefaßt, welchen das Gericht, wenn die Widerklage erst in der Hauptverhandlung erhoben war, im Termin verkündet.

Der Beschluß wird den Parteien zugestellt. Der Richter bestimmt den Hauptverhandlungstermin und läßt Parteien und Zeugen laden. Die beiden Ehemänner — denen nach § 149 I das Recht zusteht in der Hauptverhandlung als Beistand aufzutreten — brauchen nicht geladen zu werden. Vom Termin erhält auch die Staatsanwaltschaft Kenntnis (§ 377 I).

Versäumnis der Privatklägerin. Wiedereinsetzung.

„Öffentliche Sitzung des Amtsgerichts. Breslau, den 15. November 1934.

Gegenwärtig:

....

In der Privatklagesache *Müller* gegen *Schulz*

erschienen bei Aufruf der Sache:

1. für die Privatklägerin RA. *Schwarz*,
2. die Angeklagte und RA. *Weiß* als Verteidiger,
3. nachbenannte Zeugen:

....

Die Privatklägerin war nicht erschienen. Es wurde festgestellt, daß ihr die Ladung zum heutigen Termin sowie der das persönliche Erscheinen anordnende Beschluß vom 24. am 27. Oktober 1934 zugestellt worden sind."

RA. Schwarz erklärt, daß die Privatklägerin noch am letzten Nachmittag zur Besprechung der Sache bei ihm gewesen sei, daß sie nicht im Entferntesten daran gedacht habe, das Verfahren aufzugeben und daß sie durch etwas Unvorhergesehenes am pünktlichen Erscheinen verhindert sein müsse. Dagegen triumphiert die Angeklagte: Frau Müller sei nicht gekommen, weil sie den Wahrheitsbeweis und die Widerklage fürchte.

Dem Strafprozeß, der auf der Offizialmaxime beruht, ist die Institution des Versäumnisurteils fremd. Erscheint der Angeklagte nicht, so wird er zwangsweise zur Verhandlung gestellt (§ 230); in gewissen leichteren Fällen darf ausnahmsweise in seiner Abwesenheit, aber unter voller Erhebung aller Beweise, verhandelt werden (§ 232). Kontumazialfolgen gegen den ohne genügende Entschuldigung nicht erschienenen Angeklagten läßt die StPO. nur eintreten, wenn bereits eine seine Schuld bejahende Entscheidung vorliegt, nämlich:

a) wenn er die erste Berufungsverhandlung versäumt (§ 329, dazu RGSt. 61, 278),
b) nach vorangegangenem amtsrichterlichen Strafbefehl (§ 412^{I}, oben S. 916),
c) nach vorangegangenem Finanzamts-Strafbescheid (§ 465^{II} AbgO.),
d) nach vorangegangener polizeilicher Strafverfügung (oben S. 924).

Anwesenheit eines bevollmächtigten Verteidigers genügt zu b bis d ohne weiteres, zu a nur in den Fällen, in denen Vertretung durch einen Verteidiger überhaupt zulässig ist.

In erheblich weiterem Umfange gibt es Kontumazialfolgen gegen den Privatkläger:

a) Einstellung des Verfahrens, wenn der Privatkläger eine ihm unter entsprechender Androhung vom Gericht gesetzte Frist (z. B. zum Nachweis der Rechtzeitigkeit des Strafantrags, oben S. 928f., zur Beibringung des Schiedsmannsattestes usw.) verstreichen läßt (§ 391^{II} StPO.).
b) Einstellung des Verfahrens, wenn der Privatkläger in der erstinstanzlichen oder Berufungs-Hauptverhandlung entweder gänzlich unvertreten oder, wie Frau Müller, trotz Anordnung des persönlichen Erscheinens nur durch einen Prozeßbevollmächtigten vertreten ist; Androhung dieses Rechtsnachteils in der Ladung ist im Gesetz nicht vorgeschrieben, aber in der Praxis üblich (§ 391^{II}).
c) Nichteinhaltung der Vorschußfrist, oben S. 928.

Das Allerverdrießlichste für Frau Müller ist, daß sie durch ihr Ausbleiben zwar die eigene Privatklage, nicht hingegen Frau Schulzens Widerklage zu Falle bringt. Infolge des Ausbleibens der Privatklägerin „gilt" nämlich die Privatklage als „zurückgenommen", was im Erlaß eines Einstellungsbeschlusses seinen prozessualen Ausdruck findet (Löwe-Rosenberg 1 d, 7 zu § 391). Nun bestimmt § 388^{III}, daß die Zurücknahme der Klage auf die Widerklage, falls diese einmal wirksam erhoben war, keinen Einfluß mehr hat. Das muß auch für die fingierte Rücknahme des § 391^{II} gelten.

Die Kontumazialwirkungen des Strafprozesses sind schärfer als die des Zivilprozesses, denn sie können nicht durch Einlegung des keiner besonderen Begründung bedürfenden Einspruchs wieder gutgemacht werden, sondern bloß unter den strengen Voraussetzungen der in integrum restitutio. §§ 235^{I}, 329^{I}, 391^{IV}, 412^{II} StPO., Art. 7 § 2 der VO. vom 14. Juni 1932, Teil 1 Kap. I. Wenn das Gesetz so schwere Verwirkungsfolgen an das Nichterscheinen knüpft, soll das Gericht die Vorschrift nicht formalistisch anwenden. Man behandelt den ausgebliebenen Privatkläger bzw. Angeklagten nicht schon deshalb als „ausgeblieben", weil er sich bei Aufruf der Sache nicht sofort gemeldet hat. RGSt. 61, 17. Das Gericht wartet also einige Zeit, läßt Frau Müller auf den Korridoren, in denen sie sich verirrt haben könnte, im Anwaltszimmer usw. suchen und stellt schließlich die Sache zurück. Aber auch nach einer halben Stunde ist die Privatklägerin nicht erschienen:

„Es wurde der

Beschluß

verkündet:

Das Verfahren wird, soweit es sich auf die erhobene Privatklage bezieht, auf Kosten der Privatklägerin eingestellt.

Zur Verhandlung über die Widerklage wird neuer Hauptverhandlungstermin auf den 8. Dezember 1934 vormittags 10 Uhr bestimmt, zu welchem Frau *Zenker* als Zeugin geladen werden soll. Das persönliche Erscheinen der Privatklägerin und der Angeklagten wird angeordnet. Über die Vorführung der Privatklägerin zu dem neuen Termin soll nach einer Woche Entscheidung getroffen werden.

Richter. *Urkund.*"

Der Richter will abwarten, ob und wie Frau Müller ihr Nichterscheinen aufklären wird.

Schon am zweiten Tage nach dem Termin geht der Wiedereinsetzungsantrag des RA. Schwarz ein:

„Die Privatklägerin hat sich am Morgen des Terminstages zu ihrer Freundin Frl. *Felizitas Fechner* hier, Klausewitzstraße 30 begeben, um sie zur Hauptverhandlung abzuholen. Als sie gemeinsam mit Frl. *Fechner* deren Wohnung verlassen und nach dem Gericht gehen wollte, erlitt sie auf der Treppe plötzlich einen so heftigen Anfall von Gallensteinkolik, daß sie schleunigst bei Frl. *Fechner* zu Bett gebracht und ein Arzt geholt werden mußte. Infolge der Aufregung vergaß man ganz, das Gericht von dem Vorfall zu benachrichtigen.

Zur Glaubhaftmachung überreiche ich eidesstattliche Versicherung des Frl. *Fechner* und Attest des Spezialarztes für innere Krankheiten *Dr. Unblutig*.

Da die Privatklägerin hiernach durch einen unabwendbaren Zufall am Erscheinen verhindert worden ist, beantrage ich gemäß §§ 391^{IV}, 44 StPO.:

der Privatklägerin gegen die Folgen ihres Nichterscheinens im Hauptverhandlungstermin am 15. November ds. Js. Wiedereinsetzung in den vorigen Stand zu gewähren, den erlassenen Einstellungsbeschluß aufzuheben, den auf den 8. Dezember 1934 angesetzten Hauptverhandlungstermin auch zur Verhandlung und Entscheidung über die Privatklage zu bestimmen und die für diese erheblichen Zeugen zu laden."

Vgl. §§ 45, 46. Über das Wiedereinsetzungsgesuch entscheidet das Gericht, welches bei rechtzeitig erfolgter Handlung zur Entscheidung in der Sache selbst berufen gewesen wäre (§ 46^{I}). In den Fällen der Terminsversäumnis ist das immer der Richter, gegen dessen auf dem Ausbleiben der Partei beruhende Entscheidung die Wiedereinsetzung sich richtet (auch wenn diese Entscheidung, wie z. B. in § 412^{I}, ein Urteil war).

Nach Anhörung der Angeklagten wird die Wiedereinsetzung bewilligt. Der Beschluß ist unanfechtbar (§ 46^{II}).

Was hätte Frau Müller wegen der ihr angetanen Beleidigung noch unternehmen können, wenn kein Wiedereinsetzungsgrund gegeben gewesen wäre?

1. Erfolgt Einstellung wegen Nichteinhaltung einer dem Privatkläger aus § 391^{II} gesetzten Frist (S. 934 zu a) und will er geltend machen, daß die Fristsetzung nicht gerechtfertigt gewesen sei, so ist eine Beschwerde (§ 304^{I}) am Platze; denn das höhere Gericht hat die Notwendigkeit und

Zweckmäßigkeit der Fristsetzung nachzuprüfen. Bei Einstellung wegen Terminsversäumnis hilft die Beschwerde nichts, weil die Nachprüfung der Beschwerdeinstanz sich auf die formalen Voraussetzungen des § 391 II beschränken würde, die in unserem Falle gar nicht zu bestreiten sind (Entsprechendes gilt für die Berufung gegen ein aus § 412 I, die Revision gegen ein aus § 329 I erlassenes Urteil).

2. Die Privatklage, ihre Erhebung und Zurücknahme sind als prozessuale Akte von der Stellung und Zurücknahme des eine materiell-rechtliche Voraussetzung der Strafbarkeit bildenden Strafantrags zu unterscheiden. Es gibt ja Privatklagedelikte, die keinen Strafantrag voraussetzen (z. B. § 374[4] StPO., vgl. § 241 StGB.) und Antragsdelikte, die mit öffentlicher Klage verfolgt werden müssen (z. B. §§ 182, 236, 237 StGB.). Im Allgemeinen wird freilich in der Klagerücknahme, besonders wenn sie auf Grund eines Vergleichs erfolgt, implicite die Antragsrücknahme liegen (Parallele bei Erhebung der Privatklage; oben S. 929). Es gibt aber auch eine Rücknahme der Privatklage, die nicht zugleich Antragsrücknahme ist, und gegenüber der bloß fiktiven Klagerücknahme des § 391 II StPO. wäre es im höchsten Maße unbillig, sie als Antragsrücknahme zu interpretieren. Ergebnis: der von Frau Müller gestellte Strafantrag hat seine Kraft behalten, und falls es ihr gelingt die Staatsanwaltschaft nachträglich vom Vorhandensein eines öffentlichen Interesses zu überzeugen, würde der ergangene Einstellungsbeschluß kein Hindernis für eine neu zu erhebende öffentliche Klage bilden.

3. Das Verbot, eine zurückgenommene — oder als zurückgenommen fingierte — Privatklage zu erneuern (§ 392), trifft nur die Privatklägerin selbst, nicht ihren Ehemann mit seiner eigenen Strafantrags- und Privatklagelegitimation (S. 932). Allerdings hat Herr Müller bisher keinen Strafantrag gestellt. Falls er aber, was durchaus im Bereich des Möglichen liegt, von der Beleidigung seiner Frau erst nach dem 15. August in Kenntnis gesetzt wurde, läuft die Antragsfrist für ihn noch und es würde ein Erfolg der von ihm anzustrengenden Privatklage denkbar sein.

4. Äußersten Falls muß es Frau Müller im Zivilprozeß mit einer „vorbeugenden Unterlassungsklage" versuchen. Diesen Rechtsbehelf hat die Praxis einerseits aus §§ 823f., 249 BGB., andrerseits aus der Analogie der negatorischen Unterlassungsklage (§§ 12, 1004 usw.) entwickelt. Er setzt voraus: 1. Verletzung eines der in §§ 823f. geschützten Rechtsgüter, zu denen die Ehre gehört, 2. die Gefahr künftiger weiterer Verletzungen. Ein Teil der Entscheidungen verlangt, daß außerdem 3. ein besonderes „Rechtsschutzinteresse" materiell-rechtlicher Natur nachgewiesen sei, welches verneint wird, sobald und so lange dem Verletzten strafrechtliche Mittel, insbesondere die Privatklage, zu Gebote stehen. Doch ist das streitig und andere Entscheidungen sowie die Mehrzahl der Schriftsteller lassen den objektiv widerrechtlichen Eingriff in Verbindung mit der Wiederholungsgefahr genügen, gleichviel ob eine Möglichkeit strafprozessualen Schutzes besteht oder nicht. Vgl. RG. 115, 74; 116, 151; 124, 253; 128, 307; JW. 27, 2422[12]; 32, 3608[3], dazu Nipperdey; Rosenthal JW. 33, 44[5]. Welche der beiden Meinungen den Vorzug verdient, braucht für unseren Fall nicht entschieden zu werden, denn es ist ja gerade unterstellt, daß Frau Müllers Privatklage- und Antragsrecht verfallen sei (übrigens ein argumentum ad absurdum gegen die einschränkende Ansicht: die Unterlassungsklage, welche eine bevorstehende Beleidigung verhüten soll, würde gerade darum zulässig sein, weil eine andere in der Vergangenheit liegende Beleidigung nicht mehr bestraft werden kann!). — Selbstverständlich kann der Unterlassungsanspruch der vorbeugenden Unterlassungsklage provisorisch durch einstweilige Verfügung gesichert werden.

Streitige Hauptverhandlung. Ausschluß der Öffentlichkeit. Vergleich. Im Termin am 8. Dezember sind nicht bloß sämtliche Zeugen (deren Ladung der Richter bei Bewilligung der Wiedereinsetzung angeordnet hat) sondern auch die beiden Parteien erschienen. Ein Vergleichsversuch des Gerichts scheitert, weil Frau Müller eine schriftliche Ehrenerklärung verlangt, welche Frau Schulz nicht abgeben will. Es muß daher in die Verhandlung eingetreten werden.

„Die Angeklagte gab zur Person an: ....

Die Privatklägerin und Widerbeklagte gab zur Person an: ....

Der Beschluß vom 24. Oktober 1934 über die Eröffnung des Hauptverfahrens und die Zulassung der Widerklage wird verlesen.

RA. *Weiß* beantragte:

die Öffentlichkeit wegen Gefährdung der Sittlichkeit auszuschließen und über diesen Antrag in nicht-öffentlicher Sitzung zu verhandeln.

Hierauf wurde in nicht-öffentlicher Sitzung über die Frage der Ausschließung der Öffentlichkeit verhandelt und nach Wiederherstellung der Öffentlichkeit der

Beschluß

verkündet:

Die Öffentlichkeit wird für die Verhandlung ausgeschlossen, weil sie eine Gefährdung der Sittlichkeit besorgen läßt.

Nach Verkündung dieses Beschlusses wurde die Öffentlichkeit ausgeschlossen und in nicht-öffentlicher Sitzung weiter verhandelt."

Vgl. §§ 172, 174^{I} GVG., Fassung der NotVO. vom 9. März 1932 (RGBl. I 121) 2. Teil Art. II. Bei den im Gesetz für den Ausschluß der Öffentlichkeit zugelassenen 3 allgemeinen Gründen — Gefährdung der öffentlichen Ordnung, insbesondere der Staatssicherheit, der Sittlichkeit und wichtiger Geschäfts- oder Betriebsgeheimnisse — sowie in den beiden Spezialfällen der Ehe- und Entmündigungssachen (§§ 170/1 GVG.) ist das Verfahren das gleiche. Bei Gefährdung der Staatssicherheit oder eines Geschäfts- oder Betriebsgeheimnisses kann aber das Gericht weiterhin den anwesenden Personen ein Schweigegebot auferlegen, dessen Übertretung mit Strafe belegt wird (§ 174^{II} GVG., Art. II Ges. v. 5. April 1888 RGBl. 133), während unbefugte Mitteilungen aus Gerichtsverhandlungen, in denen die Öffentlichkeit wegen Gefährdung der Sittlichkeit ausgeschlossen war, nur dann straffällig sind, wenn sie öffentlich und in einer Ärgernis erregenden Weise gemacht werden; ein besonderes Schweigegebot ist für diese Fälle nicht vorgesehen (§ 184b StGB.).

Ausschluß der Öffentlichkeit in Jugendsachen: S. 970.

„Die Angeklagte, befragt, ob sie etwas auf die Beschuldigung erwidern wolle, erklärte: ....."

Auf die sachlichen Erklärungen der Angeklagten und (wegen der Widerklage) der Privatklägerin folgt die Beweisaufnahme. Es ergibt sich, daß Frau Müller am 19. oder 20. Januar 1934, Frau Schulz im Dezember 1933 von der begangenen Beleidigung Kenntnis erhalten hat. Die Zeugen der Angeklagten bekunden, daß die Privatklägerin als junges Mädchen viel getanzt habe, daß eine frühere Verlobung mit einem Studienreferendar von diesem aufgelöst worden sei und daß man davon gesprochen habe, sie sei abends in den Anlagen in Umarmung mit einem jungen Mann gesehen worden.

„Die Angeklagte wurde gemäß § 265 StPO. darauf hingewiesen, daß die Verurteilung auch aus § 186 StGB. erfolgen könne."

Im Eröffnungsbeschluß waren § 186 und sein gesetzlicher Tatbestand nicht aufgeführt, weil die Bestimmung erst dann in Betracht kommt, wenn das Gericht nicht aus dem in erster Linie geltend gemachten § 187 verurteilt.

„Die Parteien und ihre Anwälte erhalten zu ihren Ausführungen das Wort.

RA. *Schwarz* beantragte: gegen die Angeklagte auf Gefängnis zu erkennen und die Widerklage abzuweisen.

RA. *Weiß* beantragte: Freisprechung auf die Privatklage, Verurteilung auf die Widerklage."

Der Richter empfiehlt den Parteien nochmals dringend einen Vergleich. Frau Schulz ist jetzt zur Abgabe der Ehrenerklärung bereit unter der Bedingung, daß Frau Müller sich ebenfalls entschuldige. Nachdem hierüber sowie über die Formulierung der Erklärungen durch Vermittlung des Richters eine Verständigung erzielt ist, kommt es zu einem neuen Streit wegen der Kostenfrage. Schließlich sieht Frau Schulz ein, daß die von ihr begangene Beleidigung schwerer wiegt:

„Hierauf schlossen die Parteien folgenden

Vergleich:

Die Angeklagte nimmt die in ihrem Brief vom 4. Januar 1934 gemachten beleidigenden Ausdrücke und die darin aufgestellten tatsächlichen Behauptungen mit dem Ausdruck des Bedauerns zurück. Sie verpflichtet sich, den Brief gegenüber dem Gesamtvorstand des Theater- und Literaturvereins ‚Faust' innerhalb von 10 Tagen schriftlich zu widerrufen und in dem Widerruf der Privatklägerin eine Ehrenerklärung auszustellen.

Die Privatklägerin nimmt die den Gegenstand der Widerklage bildende Äußerung mit dem Ausdruck des Bedauerns zurück.

Privatklage und Widerklage werden zurückgenommen.

Die Kosten des gesamten Verfahrens trägt die Angeklagte.

Hierauf wurde die Öffentlichkeit wiederhergestellt und in öffentlicher Sitzung der

Beschluß

verkündet:

Das Verfahren wird, nachdem Privatklage und Widerklage zurückgenommen sind, eingestellt. Die Kosten der zurückgenommenen Privatklage hat die Privatklägerin, die Kosten der zurückgenommenen Widerklage die Angeklagte zu tragen. Die zwischen den Parteien getroffene Vereinbarung über die Kostenlast bleibt unberührt.

Richter. *Urkund.*"

Der Vergleich in Strafsachen ist in der StPO. nicht geregelt. Daraus ergibt sich eine Reihe von Zweifeln. Fest steht, daß Privatklagen bis zur Verkündung des erstinstanzlichen Urteils und — falls rechtzeitig und ordnungsmäßig Berufung eingelegt ist — bis zur Verkündung des Berufungsurteils zurückgenommen werden können (§ 391^{1} StPO.). Im letzteren Fall macht es keinen Unterschied, ob der Amtsrichter verurteilt oder freigesprochen hat. Man konstruiert deshalb Privatklage-Vergleiche durch Zurücknahme der Privatklage und -widerklage, bisweilen auch durch Zurücknahme des Strafantrags. Ein Zivilprozeß würde mit der Aufnahme des Vergleichs zu gerichtlichem Protokoll beendet sein. Für das Privatklageverfahren ist streitig, ob auf Grund des Vergleichs noch ein besonderer Einstellungsbeschluß (vgl. § 391^{II}) erlassen werden muß. Zulässig ist die Einstellung jedenfalls (Löwe-Rosenberg 1 e zu § 391). Nun bietet das Gesetz keine Handhabe, um die Kostenregelung des Vergleichs in den Einstellungsbeschluß aufzunehmen. Deshalb hat sich der Richter an die Vorschrift des § 470 gehalten und lediglich deklaratorisch ausgesprochen, daß die durch den Vergleich begründeten obligatorischen Ansprüche der Parteien selbstverständlich unberührt bleiben. Die Verkündung des Einstellungsbeschlusses in öffentlicher Sitzung ist im Gesetz nicht vorgeschrieben, aber zweckmäßig. Damit keine falschen Gerüchte entstehen, hat der Richter nach Wiederherstellung der Öffentlichkeit auch den Wortlaut des Vergleichs bekannt gegeben. Die Damen im Zuhörerraum, die in der Hoffnung, bei Verkündung der Urteilsgründe (§ 268^{I} S. 2) pikante Einzelheiten zu erfahren, während der langen nicht-öffentlichen

Sitzung geduldig vor dem Sitzungssaal gewartet haben, kommen nicht auf ihre Rechnung.

Für die Verkündung von **Urteilen** ist die Wiederherstellung der Öffentlichkeit obligatorisch (§ 173 I GVG.), doch kann gemäß § 173 II die Bekanntgabe der Gründe in geheimer Sitzung geschehen. Das Protokoll lautet dann beispielsweise:

„Nach Wiederherstellung der Öffentlichkeit wurde das

Urteil

durch Verlesung der Urteilsformel dahin verkündet:

....

Ferner wurde der **Beschluß** verkündet:

Für die Verkündung der Urteilsgründe wird die Öffentlichkeit ausgeschlossen, weil sie eine Gefährdung der Sittlichkeit besorgen läßt.

Die Öffentlichkeit wurde daraufhin wieder ausgeschlossen und sodann in nicht-öffentlicher Sitzung der wesentliche Inhalt der Urteilsgründe verkündet.

(folgt die Rechtsmittelbelehrung und die Unterschriften)."

Außergerichtlicher Vergleich in Privatklagesachen: Es besteht Streit, ob ein Vergleich, nach welchen Privatklagen (oder Widerklagen) zurückgenommen oder überhaupt nicht erhoben werden sollen, unmittelbar auf das Strafverfahren einwirkt und ob er auch dann zu berücksichtigen ist, wenn die Privatklage, der Abrede zuwider, dennoch erhoben bzw. aufrecht erhalten wird. Da die Privatklage in den Fällen des § 380 einen erfolglos vorgenommenen schiedsmännischen Sühneversuch voraussetzt, wird man annehmen müssen, daß der vor dem Schiedsmann geschlossene bedingungslose Vergleich das Privatklagerecht des Verletzten sofort tilgt. Dasselbe dürfte vom gerichtlichen Vergleich gelten. Für den (nicht vor dem Schiedsmann abgeschlossenen) außergerichtlichen Vergleich geht die herrschende Meinung dahin, daß das Rücknahmeversprechen des Privatklageberechtigten für das Strafgericht bis zur tatsächlichen Zurücknahme bedeutungslos sei, daß aber die Abmachung die Parteien obligatorisch binde, so daß der Angeklagte aus dem Vergleich auf Zurücknahme der Privatklage klagen kann. Das ergehende Urteil dürfte nicht nach § 888 sondern nach § 894 ZPO. zu vollstrecken sein, weil die Rücknahme eine dem Gericht gegenüber abzugebende Willenserklärung darstellt und solche Erklärungen unter § 894 fallen (arg. § 896). Vgl. Löwe-Rosenberg 7 a zu § 380; Stein-Jonas I 2 zu § 894; a. M. RG. 42, 60.

Behauptet der Angeklagte in der Hauptverhandlung einen derartigen mit dem Privatkläger außergerichtlich abgeschlossenen Vergleich, so ist der dafür angebotene Beweis als unerheblich abzulehnen. Dagegen könnte man analog § 262 II StPO. das Verfahren aussetzen und die Verhandlung vertagen, damit der Angeklagte in der Zwischenzeit im Zivilprozeßweg die Rücknahme der Privatklage erzwingt. Dieses Verfahren empfiehlt Mendelssohn-Bartholdy JW. 21, 1244[22] für den entsprechenden Fall, daß Rücknahme einer Zivilklage außergerichtlich vereinbart worden ist. RG. 102, 217 will hier dem Beklagten mit einer exceptio doli generalis helfen, die zur Abweisung der vertragswidrig aufrecht erhaltenen Klage führt. Für den Strafprozeß kommt ein solcher Rechtsbehelf nicht in Frage.

Durchführung des Vergleichs: Wird die Privatklage durch Urteil abgeschlossen, so findet ein dem Zivilprozeß entsprechendes Kostenfestsetzungsverfahren beim Urkundsbeamten der Geschäftsstelle statt (§ 464 II StPO.). Auch hinsichtlich der Erstattungsfähigkeit von Anwaltskosten sind die Vorschriften der ZPO. vorbildlich (§§ 471 V S. 2 StPO., 91 II ZPO.). Vorbedingung dafür ist, daß das Urteil zu Lebzeiten der Parteien volle Rechtskraft erlangt; denn vorher bildet es keinen zur Zwangsvollstreckung geeigneten Titel im Sinne von § 103 I ZPO (arg. § 465 II StPO.).

Ein Vergleich, in dem die Parteien den Kostenpunkt geregelt haben, wird überhaupt nicht als vollstreckbarer Titel anerkannt, auf Grund dessen Kostenfestsetzung stattfinden könnte. Zahlt Frau

Schulz die Kosten nicht gutwillig, so muß Frau Müller aus dem Vergleich Klage im Zivilprozeß erheben. In einem Privatklagevergleich die Zurücknahme der Privatklage unter Vorbehalt des Widerrufs zu erklären, dürfte kaum zulässig sein. Will man also allen Weiterungen vorbeugen, so ist folgendes Verfahren anzuraten: der Vergleich wird mit Verpflichtung zur Kostentragung bzw. zur Zurücknahme der Privatklage, aber ohne die Rücknahmeerklärung selbst, protokolliert, und die Sache auf kurze Zeit vertagt. Sind bis zum neuen Termin die Kosten bezahlt, so erfolgt nunmehr die formelle Rücknahme der Privatklage und die Sache ist erledigt. Andernfalls wird verhandelt.

Ebenso muß Frau Müller, wenn Frau Schulz die versprochene Ehrenerklärung nicht abgibt, auf ihre Abgabe im Zivilprozeß klagen. Die Zulässigkeit einer solchen Klage steht jetzt fest (RG. 87, 80). Vollstreckung des Urteils nach § 888 ZPO., da der Widerruf keinesfalls eine Willenserklärung darstellt.

Klagen auf Erfüllung eines Privatklagevergleichs gehören immer vor das Landgericht, weil es sich um nicht-vermögensrechtliche Streitigkeiten handelt (arg. §§ 23^{1}, 71^{I} GVG.).

Vergleich bei öffentlicher Klage: Ist wegen eines Antragdelikts, bei dem der Antrag zurückgenommen werden kann (z. B. §§ 123^{III}, 194, 232^{II} StGB.), öffentliche Klage erhoben, so wird die vergleichsweise Beilegung der Sache in der Weise durchgeführt, daß die Beteiligten sich über die Bedingungen, unter denen der Verletzte seinen Antrag zurücknehmen will, verständigen und hierauf die Rücknahme erklärt wird. Wie wir wissen (oben S. 915) muß dann das Verfahren auf Kosten des Antragstellers eingestellt werden.

Die Rücknahme des Antrags ist aber, abweichend von der Rücknahme der Privatklage, bloß bis zur Verkündung eines auf Strafe lautenden Urteils statthaft (§ 64^{I}), wird also durch eine erstinstanzliche Verurteilung endgültig ausgeschlossen. Der Angeklagte, der sich bei öffentlicher Klage nicht vor dem erstinstanzlichen Urteil vergleicht, übernimmt daher ein weit größeres Risiko als der Privatbeklagte im entsprechenden Falle.

Bei Offizialdelikten oder wenn die Antragsrücknahme ausgeschlossen ist, hilft § 153 StPO. (S. 842 zu 2). Der Umstand, daß Angeklagter und Verletzter sich über die Schadloshaltung verständigen, kann vom Gericht dahin gewürdigt werden, daß „die Folgen der Tat unbedeutend" sind.

20. Kapitel.

Beim Schöffenrichter.

Eröffnungsverfahren. Versuchte Erpressung.

Die Staatsanwaltschaft klagt den bisher unbestraften Vorkosthändler und Bezirksvorsteher Krautwald in Breslau an:

„zu Breslau am 28. August 1934 den Entschluß:

um sich oder einem Dritten einen rechtswidrigen Vermögensvorteil zu verschaffen, einen anderen durch Drohung zu einer Handlung zu nötigen,

durch Handlungen, welche einen Anfang der Ausführung dieses beabsichtigten aber nicht zur Ausführung gekommenen Vergehens enthalten, betätigt zu haben, indem er dem Waffenhändler *Schwerdtfeger* drohte, ihn in die Zeitung zu bringen, wenn er nicht den von dem Sohne des Angeschuldigten, Elektrotechnikerlehrling *Paul Krautwald*, bei *Schwerdtfeger* gekauften Revolver gegen Herauszahlung des Kaufpreises zurücknehmen würde,

Vergehen gegen §§ 253, 43, 44 StGB."

Das Hauptverfahren soll vor dem Schöffengericht eröffnet werden. Voruntersuchung hat nicht stattgefunden. Das Ermittlungsergebnis lautet:

„Am 25. August 1934 feierte der Sohn des Angeschuldigten, Elektrotechnikerlehrling *Paul Krautwald*, seinen 17. Geburtstag. Aus diesem Anlaß schenkte ihm der Gastwirt *Erwin Hielscher* aus Grünhübel, ein Bruder der verstorbenen Ehefrau des Angeschuldigten, 20 *RM* mit den Worten: ‚Gib sie für etwas aus, worauf Du besonders Lust hast, meinetwegen kannst Du auch einmal dafür nach Hirschberg fliegen'. Der Angeschuldigte war hierbei zugegen.

Am folgenden Tag ging *Paul Krautwald* in den Laden des Waffenhändlers *Schwerdtfeger* und kaufte dort einen gebrauchten Revolver für 18.50 *RM*, welchen er mit dem von *Hielscher* geschenkten Gelde bezahlte.

Am Abend des 27. August fragte der Angeschuldigte seinen Sohn, was er mit den 20 *RM* gemacht habe. Als dieser bekannte den Revolver gekauft zu haben, geriet der Angeschuldigte in große Erregung, ließ sich den Revolver geben und sagte: ‚Das ist ja unerhört von *Schwerdtfeger*, dem Jungen das Geld für solch unnützes Zeug aus der Tasche zu ziehen. Gleich gehe ich morgen früh hin und er muß den Revolver zurücknehmen'.

Am 28. August begab sich der Angeschuldigte in Begleitung seines Sohnes in den Laden *Schwerdtfegers* und verlangte die Zurücknahme des Revolvers und Herauszahlung der 18.50 *RM* mit der Begründung, daß sein Sohn noch minderjährig, außerdem der Revolver ohne Waffenschein abgegeben und der Kauf daher ungültig sei. *Schwerdtfeger* erwiderte: ‚Das werden Sie doch selbst nicht glauben. Was Ihr Sohn mit seinem Taschengeld macht, geht Sie nichts an, und wenn ich jemandem einen Revolver ohne Waffenschein verkaufe, ist das gerade so, als ob

Sie während der Sonntagsruhe Milch abgeben, oder beim Drogisten etwas einkaufen würden, was eigentlich bloß der Apotheker führen darf. Im übrigen hat Ihr Sohn bei mir schon einmal für seinen Meister einen Revolver mit Waffenschein gekauft und da glaubte ich, der vorgestern gekaufte Revolver ginge auf den damaligen Waffenschein'. Der Angeschuldigte erwiderte darauf: ‚Das ist mir ganz gleich. Entweder Sie nehmen den Revolver zurück, oder ich bringe Sie in die Zeitung, damit die ganze Stadt Ihre Geschäftsmaximen kennen lernt'. *Schwerdtfeger* erwiderte: ‚Tun Sie, was Sie nicht lassen können'.

Der Angeschuldigte hat dann den ‚Breslauer Neuesten Nachrichten' eine Darstellung des Falles übersandt, die jedoch nicht zum Abdruck gebracht sondern von der Schriftleitung als zur Veröffentlichung ungeeignet zurückgesandt wurde."

Als Beweismittel ist (außer den eigenen Angaben des Angeschuldigten) das Zeugnis des Schwerdtfeger, seiner Verkäuferin, des Paul Krautwald und des Hielscher angeführt.

Nachdem Krautwald die Anklageschrift gemäß § 201 I S. 2 StPO. zugestellt erhalten hat und die Erklärungsfrist verstrichen ist, hält der Referendar dem Richter über die Sache Vortrag und votiert dafür, das Hauptverfahren antragsgemäß zu zu eröffnen:

„Die Erpressungshandlung besteht in der Nötigung zu einer Handlung, Duldung oder Unterlassung, begangen durch das Mittel der Gewalt oder Drohung, in der Absicht sich oder einem Dritten einen rechtswidrigen Vermögensvorteil zu verschaffen:

1. *Krautwald* hat bei seiner verantwortlichen Vernehmung angegeben, er habe die Ablehnung seiner Forderung durch *Schwerdtfeger* als unabänderlich betrachtet und habe durch seine Worte dem *Schwerdtfeger* lediglich mitteilen wollen, was er nunmehr zu tun beabsichtige, eine Einwirkung auf den Willen *Schwerdtfegers* habe ihm ferngelegen. Wäre das richtig, so würde keine Nötigungshandlung vorliegen. Der von *Schwerdtfeger* und seiner Verkäuferin übereinstimmend bekundete Wortlaut der Äußerung mit dem kategorischen ‚entweder — oder' beweist jedoch, daß der Angeschuldigte die Verhandlung noch nicht als beendigt ansah, sondern einen letzten Versuch gemacht hat den Widerstand *Schwerdtfegers* zu beugen.
2. Als Drohung kommt nach § 253 StGB. nicht bloß die Ankündigung einer strafbaren oder rechtswidrigen Handlung sondern das Inaussichtstellen jedes Übels in Betracht; auch ein an sich erlaubtes Verhalten kann zum Inhalt der Drohung gemacht werden. Die öffentliche Erörterung des Vorfalles in der Zeitung war für *Schwerdtfeger* in jedem Falle unangenehm, und der Angeschuldigte hat überdies zum Ausdruck gebracht, daß die Leser von *Schwerdtfeger* und seiner Geschäftshandhabung einen ungünstigen Eindruck haben würden.
3. Als ‚rechtswidrig' betrachtet die Rechtsprechung in § 253 (wie in § 263 und anderen verwandten Bestimmungen) jeden Vermögensvorteil, auf den man keinen Rechtsanspruch hat, so daß z. B. die Drohung, jemanden der Staatsanwaltschaft anzuzeigen, wenn er nicht einem Krankenhaus eine bestimmte Zuwendung macht, den Tatbestand der Erpressung erfüllt. Vgl. Kommentare zu §§ 253, 263. Der vom Angeschuldigten als gesetzlichen Vertreter seines Sohnes geltend gemachte Anspruch auf Rückerstattung der 18.50 *RM* gegen Rückgabe der Waffe war unbegründet, denn die Rechtsgültigkeit des Revolverkaufs ist nicht zu beanstanden:
   a) Infolge der Minderjährigkeit des *Paul Krautwald* war der Vertrag zunächst von der Genehmigung des Angeschuldigten abhängig, ‚schwebend unwirksam' (§ 108 BGB.). Der Angeschuldigte hat nicht genehmigt. Da aber der Minderjährige ihn mit Mitteln

erfüllte, die ihm von seinem Onkel unter Zustimmung des gesetzlichen Vertreters zu freier Verfügung überlassen waren, ist der Vertrag nach dem ‚Taschengeld'-§ 110 nachträglich mit rückwirkender Kraft verbindlich geworden.

b) Ob *Schwerdtfeger* beim Verkauf die Vorschriften über den Waffenschein verletzt hat, kann dahingestellt bleiben. Nach §§ 10[I] Ges. über Schußwaffen und Munition vom 12. April 1928 (RGBl. I 143) dürfen Schußwaffen und Munition nur gegen Aushändigung eines behördlich ausgestellten Waffen- (bzw. Munitions-) Erwerbsscheins überlassen oder erworben werden. § 12 befreit den Inhaber eines Waffenscheins von der Beibringung des Erwerbsscheins. Wer entgegen den gesetzlichen Bestimmungen Schußwaffen und Munition „erwirbt", „feilhält" oder „überläßt", ist gemäß § 25 zu bestrafen. Das Verbotsgesetz richtet sich also gegen beide Teile, Käufer und Verkäufer, und man kann nicht — wie in manchen anderen Fällen — die Nichtigkeit aus § 134 BGB. mit der Begründung ablehnen, daß nur das Verhalten der einen Partei und nicht „das Rechtsgeschäft" (d. h. der Vertrag) als Ganzes gegen das Gesetz verstoße. Nach § 134 tritt aber keine Nichtigkeit ein, „wenn sich aus dem Gesetz ein anderes ergibt." Bei gewerbe- und polizeirechtlichen Bestimmungen folgt aus dem Zwecke des Gesetzes, daß nur der Betrieb als solcher, nicht die zivilrechtliche Gültigkeit des einzelnen Abschlusses, von dem Verbot getroffen werden soll."

Die Rechtsprechung hat die gesunde Tendenz, nicht wegen Verletzung eines der zahllosen Verbotsgesetze jedes Mal zivilrechtliche Nichtigkeit eintreten zu lassen. Der Gesichtspunkt, daß die Verträge nur dann nichtig sind, wenn das Verhalten beider Parteien das Verbotsgesetz verletzt (RG 60, 64, 275; 100, 40; 101, 418) rettet z. B. obligatorische Abmachungen über das Nichtbieten bei Versteigerungen, weil § 270 des preuß. StGB. von 1851 bloß denjenigen bestraft, der durch Gewährung oder Versprechen vom Bieten abhält, nicht die Partei, die sich vom Bieten abhalten läßt (§ 270 ist in Kraft geblieben, denn er betrifft eine im Reichs-StGB. nicht geregelte Materie, vgl. § 2[1] EG. zum StGB.). — Daß Überschreitung der Polizeistunde keine Nichtigkeit des zwischen Gastwirt und Gast geschlossenen Vertrages herbeiführt, begründet RG. 103, 263 mit der zutreffenden Erwägung: die Einrichtung der Polizeistunde wende sich nicht gegen den Abschluß privatrechtlicher Verträge, sie verfolge vielmehr den Zweck, die öffentliche Ruhe und Ordnung aufrecht zu erhalten, in Zeiten der Kohlenknappheit auch Licht und Heizung zu sparen. Ähnlich RG. 106, 316 für Lebens- und Futtermittelverkäufe eines nicht im Besitz der damals vorgeschriebenen Handelserlaubnis Befindlichen. Die von Schwerdtfeger dem Angeschuldigten entgegengehaltenen Beispiele der Verletzung der Sonntagsruhe und des Apothekermonopols waren ebenfalls durchaus richtig. — Beim Mietwucher wird aus dem Zweck des gesetzlichen Verbots die Gültigkeit des Vertrages unter Herabsetzung der Miete auf das angemessene Maß gefolgert (oben S. 464).

Führt § 134 BGB. nicht zur Nichtigkeit, so muß stets untersucht werden, ob etwa ein Verstoß gegen die guten Sitten vorliegt und daher die Nichtigkeit aus § 138[1] eintritt. Bei den sog. „Kastellanverträgen" z. B. — deren Zweck die Ausübung einer Schankkonzession für Rechnung eines anderen ist, der nach außen hin bloß als Vertreter und Angestellter des Konzessionsinhabers figuriert — nimmt die Praxis nicht bloß Nichtigkeit der Abmachungen zwischen dem Konzessions-

[1]) Die auf Grund des Ausnahmezustandes (Art. 48 RVerf.) erlassenen Bestimmungen werden nicht berücksichtigt.

inhaber und dem Kastellan, sondern unter Umständen des über das Lokal geschlossenen Mietvertrags, ja sogar von Warenlieferungsverträgen an (Kommentare zu §§ 134/138). Bei Schmuggelgeschäften ist Nichtigkeit aus § 134 gegeben, sobald Vorschriften des deutschen Rechts verletzt sind; kommt lediglich Hinterziehung des ausländischen Einfuhrzolls in Frage, so ist der Vertrag nicht aus § 134, dafür aber aus § 138[1] nichtig, weil der gewerbsmäßige Schmuggel eine dem Gemeinwohl gefährliche Verwilderung und Verwirrung der sittlichen Begriffe erzeugt. Die „innere Beziehung" zu dem unsittlichen Zweck des Geschäfts wird durch den unverhältnismäßig hohen Gewinn, den der Schmuggler an der Verwertung der Schmuggelware erzielen will, hergestellt. RG. 96, 282 c.cit., JW. 26, 2169[1], dazu Pappenheim; vgl. auch JW. 23, 934[1] (Bayer. ObLG.) mit Anm. von Hegler. Ferner JW. 29, 244[2] c. cit.: Der Schmuggel muß sich gegen einen befreundeten Staat gerichtet haben.

„Nach alledem hat der Angeschuldigte, wenn er Rückzahlung der 18.50 RM an seinen Sohn verlangte, für diesen einen rechtswidrigen Vermögensvorteil erstrebt.

Was den subjektiven Tatbestand betrifft, so sind nach § 59[1] StGB. dem Täter solche ‚Tatumstände' nicht zur Schuld zuzurechnen, deren Vorhandensein ihm bei Begehung der Tat unbekannt war. Die Unkenntnis von Tatbestandsmerkmalen kann auch durch irrige Vorstellungen über Rechtssätze nicht strafrechtlichen Inhalts (sog. ‚Zivilrechtsirrtum') begründet werden, während hinsichtlich des Strafrechts der Satz: ‚ignorantia iuris nocet' gilt. Glaubte der Angeschuldigte infolge Zivilrechtsirrtums, daß *Schwerdtfeger* zur Herauszahlung der 18.50 RM und Rücknahme des Revolvers verpflichtet sei, so würde sein Vorsatz das Merkmal des ‚rechtswidrigen Vermögensvorteils' nicht umfaßt haben."

Nimmt jemand einem anderen eine Sache weg, die er infolge Unkenntnis der Bestimmungen des BGB. für sein Eigentum hält, während sie in Wahrheit dem anderen gehört, so hat er nicht gewußt, daß die Sache eine „fremde" war und § 59 ist anzuwenden. Im Sinne der hier gemachten Unterscheidung kann auch der Irrtum über Sätze des Verwaltungs- oder Schulrechts (z. B. Übertragung des elterlichen Züchtigungsrechts auf den Lehrer), Zivilprozeßrechts (z. B. Befugnisse des Gerichtsvollziehers), Strafprozeßrechts (z. B. Recht zur vorläufigen Festnahme gemäß § 127 StPO.) usw. „Zivilrechtsirrtum" sein. Vgl. Kommentare zu § 59; RGSt. 61, 191.

Die Abgrenzung zwischen Irrtum über den eigentlichen Strafrechtssatz und über die außerhalb des Strafrechts liegenden Rechtsbegriffe ist oft schwierig, besonders bei strafrechtlichen Blankettvorschriften. Nach der sog. „Irrtums"-VO. vom 18. Januar 1917 (RGBl. 58) wird nicht bestraft, wer in „unverschuldetem" Irrtum über das Bestehen oder die Anwendbarkeit kriegswirtschaftlicher Vorschriften seine Tat für erlaubt gehalten hat, so daß es unerheblich ist, ob man die kriegswirtschaftliche Vorschrift als Strafgesetz ansieht oder nicht. Vgl. dazu RGSt. 60, 419; 61, 326. — Entsprechend ordnet § 395 AbgO. Straflosigkeit an, wenn der Täter in unverschuldetem Irrtum über das Bestehen oder die Anwendbarkeit steuerrechtlicher Vorschriften die Tat für erlaubt gehalten hat. Irrtum über das Bestehen einer Steuerpflicht ist „Zivilrechtsirrtum" und § 59 StGB. kommt neben (richtiger: vor) § 395 AbgO. zur Anwendung. RGSt. 59, 238, 259; 61, 238. Irrtum über Vorschriften des Steuerstrafrechts wird durch § 395 selbstverständlich nicht geschützt. RGSt. 64, 25.

Bei Delikten, die nicht anders als vorsätzlich begangen werden können, führt Tatbestands-Irrtum zum Freispruch. Ist auch fahrlässige Begehung möglich, so muß weiterhin geprüft werden, ob der Irrtum auf Fahrlässigkeit beruht.

„Auf Zweifel, die etwa in dieser Richtung bestehen könnten, braucht jedoch nicht eingegangen zu werden. Denn zur vorsätzlichen Begehung genügt es grundsätzlich, wenn der Täter mit

Eventualdolus gehandelt hat, d. h. zwar nicht alle Tatbestandsmerkmale oder Folgen seiner Handlung positiv kannte, aber sich der Möglichkeit ihres Vorhandenseins bzw. Eintretens bewußt war, sie in seinen Willen aufgenommen und die alsdann gegebene Rechtsverletzung gebilligt hat. Der Angeklagte hat auf die zutreffenden rechtlichen Darlegungen *Schwerdtfegers* erwidert: ‚Das ist mir ganz gleich'. Damit brachte er zum Ausdruck, daß er mit der Möglichkeit, im Unrecht zu sein, gerechnet und trotzdem die Handlung gewollt hat. Bezüglich des rechtswidrigen Vermögensvorteils liegt also zum mindesten dolus eventualis vor. Bei den sonstigen Tatbestandsmerkmalen des Delikts kann der Vorsatz *Krautwalds* nicht zweifelhaft sein.

Der Angeschuldigte hat auch mit der Ausführung des Vergehens begonnen, indem er dem *Schwerdtfeger* gedroht hat.

Darnach sind — unter der Voraussetzung, daß die Hauptverhandlung von den Ergebnissen des Ermittlungsverfahrens nicht abweicht — alle Merkmale der versuchten Erpressung erfüllt."

Der Richter: Mit Ihren allgemeinen Rechtsausführungen bin ich einverstanden, nicht jedoch mit der Anwendung auf den Einzelfall und mit dem Ergebnis. Krautwald scheint ein ordentlicher und anständiger, in rechtlichen Dingen jedoch wenig geschulter Mensch zu sein. Er hat wohl davon gehört, daß Rechtsgeschäfte Minderjähriger unverbindlich sind und daß Vorschriften über den Verkauf von Waffen bestehen, ist aber nicht in der Lage, das Eigentümliche des vorliegenden Falles zu erkennen und halbwegs objektiv die Argumente des Gegners zu prüfen. Einen solchen einfachen Mann auf seine Worte festzunageln, wäre eine volks- und lebensfremde Rechtsprechung. Schon ob er mit seiner Äußerung wirklich beabsichtigte Schwerdtfeger einzuschüchtern und auf seinen Willen einzuwirken, ist zweifelhaft. Keinesfalls lasse ich mich überzeugen, daß er die Rückzahlung der 18.50 RM. als etwas ihm nicht Zustehendes erkannt oder auch bloß mit dieser Möglichkeit gerechnet hat. Der Jurist darf sich durch noch so elegante Konstruktionen nicht zu ungerechtfertigten Feststellungen verführen lassen.

Der Referendar: Augenblicklich handelt es sich doch bloß darum, ob „hinreichender Verdacht" für die Eröffnung des Hauptverfahrens besteht. Ich würde es für unrichtig halten, durch Ablehnung des Hauptverfahrens der Stellungnahme des erkennenden Gerichts vorzugreifen und dem Ankläger die Möglichkeit, zweifelhafte Tat- und Rechtsfragen im Instanzenzuge des Spruchverfahrens entscheiden zu lassen, endgültig zu entziehen.

Richter: Ihr Standpunkt wäre berechtigt, wenn das Hauptverfahren auf Privatklage oder wegen einer belanglosen Übertretung, die den Angeklagten nicht infamiert, eröffnet werden sollte. Ehe wir aber einen unbescholtenen angesehenen Mann unter einer so schweren Beschuldigung, wie es versuchte Erpressung ist, auf die Anklagebank bringen und ihn den damit verbundenen wochen- und monatelangen Aufregungen aussetzen, müssen wir strenger prüfen. Daß das Schöffengericht wegen Erpressungsversuchs verurteilen würde, halte ich für ausgeschlossen. — Mit der Verneinung des hinreichenden Verdachts der versuchten Erpressung ist im übrigen unsere Aufgabe nicht erledigt. Denn „iura novit curia", und das Gericht ist an die Anträge und Ansichten der Staatsanwaltschaft bei Eröffnung des Hauptverfahrens nicht gebunden (§ 206 StPO.). Liegt hinreichender Verdacht einer anderen strafbaren Handlung vor?

Referendar: Wird die Absicht der Erlangung eines rechtswidrigen Vermögensvorteils aus subjektiven Gründen verneint, so kommt versuchte Nötigung (§ 240 StGB.) in Betracht. Bei diesem Delikt sind die Absichten des Täters gleichgültig, dafür muß das angedrohte Übel eine strafbare Handlung, und zwar mindestens ein Vergehen, sein. Es ist denkbar, daß der Zeitungsartikel, den Krautwald den „Breslauer Neuesten Nachrichten" eingesandt hatte, eine Formalbeleidigung (§ 185) oder die Behauptung nicht erweislich wahrer Tatsachen (§ 186), womöglich gar wider besseres Wissen (§ 187), enthielt. So aber, wie Krautwald seine Drohung ausgesprochen hat, fehlt jeder Anhalt dafür, daß das angekündigte „in die Zeitung bringen" als Vergehen aufzufassen sei. — Schließlich wäre an Bedrohung (§ 241) zu denken, bei der auch das Merkmal der Nötigung wegfällt und die Drohung isoliert das Kriterium der Straftat bildet. Hier ist jedoch Androhung eines „Verbrechens" (im Sinne von § 1I) vorausgesetzt. — Verfügung:

„1. Beschluß: In Sachen .... wird die Eröffnung des Hauptverfahrens abgelehnt, weil ....

(folgt kurze Begründung).

Die Kosten des Verfahrens fallen der Staatskasse zur Last.

Breslau, den 10. Oktober 1934.

Amtsgericht.

Richter.

Landgerichtsdirektor und Amtsgerichtsrat.

2. Beschluß dem Angeschuldigten zustellen.

3. Vorzulegen

dem Herrn Oberstaatsanwalt

hier.

4. nach 2 Wochen."

Vgl. §§ 204I, III, 464I, 36II, 41 S. 1 StPO. Innerhalb einer Woche seit der Bekanntmachung (Präsentatum der Vorlegung, § 41 S. 2!) kann die Staatsanwaltschaft sofortige Beschwerde an die Strafkammer erheben, deren Entscheidung endgültig ist. §§ 210II, 310II. Hat das Gericht die Eröffnung durch einen nicht mehr anfechtbaren Beschluß abgelehnt, so tritt nach § 211 zu Gunsten des Angeschuldigten die gleiche begrenzte Rechtskraftwirkung ein wie im Falle des § 174II (vgl. S. 858, 909).

Schnellverfahren. Diebstahl, Unterschlagung, Betrug, Hehlerei. Gerichtliche Aussetzung der Strafvollstreckung.

Die Stütze Schönhals ist am 1. April 1934 bei Lotteriekollekteur Glücksmann in Stellung getreten. Im Laufe des Mai oder Juni hat sie verschiedene ihrer Herrschaft gehörige Schmucksachen und Wäschestücke entwendet und in ihrer Stube verwahrt. Mitte September trat die Familie eine mehrwöchige Autoreise durch Süddeutschland und die Schweiz an, übergab Wohnungs-, Zimmer- und Schrankschlüssel der Schönhals und ließ die Wohnung in ihrer Obhut. Während der Abwesenheit ihrer Herrschaft hat das Mädchen alle Gold- und Silbersachen, mehrere Kleider, seidene Wäsche und einen Persianermantel an sich genommen, in einen großen und einen kleinen Koffer verpackt und die Koffer zu ihrer 68jährigen halbblinden Tante nach Brockau geschafft. Darauf hat sie Schränke und Zimmer in künstliche Unordnung gebracht, ist auf zwei Tage zu Verwandten nach Oberschlesien gefahren und hat bei der Rückkehr Hausbewohner und Polizei alarmiert, daß während ihrer Abwesenheit eingebrochen worden sei. Einige der gestohlenen Schmuckstücke hat sie in einem Juweliergeschäft verkauft und den Erlös in Höhe von 150 RM ihrem Verlobten, Kaufmann Liebrecht, geschenkt. Ihre Absicht ging dahin, nach und nach die ganze Beute — bis auf einige Stücke, die sie für den eigenen Gebrauch zurückbehalten wollte — zu verkaufen und den Erlös ihrem Bräutigam zur Verfügung zu stellen, damit dieser in der Lage sei, die zur Übernahme einer Automobilfiliale erforderliche Kaution zu leisten und sie zu heiraten. Die Familie Glücksmann hat keinen Verdacht geschöpft. Am 14. Oktober hat die Wirtschafterin Glocke, eine Freundin der Schönhals, die in den ganzen Sachverhalt eingeweiht war, sich mit ihr entzweit und der Kriminalpolizei Anzeige erstattet. Die Sachen sind bei der Tante beschlagnahmt, die Schönhals und Liebrecht am 15. Oktober polizeilich festgenommen worden. Beide haben ein volles Geständnis abgelegt. Sie versichern, daß Liebrecht weder die Schönhals angestiftet noch sich mit Rat oder Tat an der Wegnahme und späteren Fortschaffung und Veräußerung der Sachen beteiligt habe. Dagegen gibt Liebrecht zu, sich bei Empfang der 150 RM. gedacht zu haben, daß das Geld wohl auf unredliche Weise erworben sein dürfte. Der Sachverhalt ist also außerordentlich klar und einfach, und deshalb beschließt der Staatsanwalt, dem die Akten noch am 15. Oktober zugeleitet worden sind, im Interesse der verhafteten Beschuldigten den Fall im Schnellverfahren (§ 212 StPO.) vor das am 16. Oktober tagende Bereitschafts-Schöffengericht zu bringen.

Das Schnellverfahren ist nur vor dem Einzelrichter und vor dem Schöffengericht zulässig, und zwar:

1. wenn der Beschuldigte sich freiwillig stellt,
2. wenn er infolge vorläufiger Festnahme vorgeführt wird,
3. in Übertretungssachen,
4. in Beleidigungssachen, bei denen die Staatsanwaltschaft die Verfolgung übernimmt,
5. in allen Devisenstrafsachen,
6. zur Aburteilung der in der VO. zum Schutze des deutschen Volkes vom 4. Februar 1933 (RGBl. I 35) mit Strafe bedrohten Handlungen.

§§ 212 StPO., § 5 des 8. Teils III. Kap. der IV. NotVO., § 41 VO. vom 23. Mai 1932 (RGBl. I 231), § 24 VO. vom 4. Februar 1933. Gegenüber Jugendlichen ist das Schnellverfahren ausgeschlossen (§ 38 II JugGG.).

Abgesehen vom Wegfall der Anklageschrift und des Eröffnungsbeschlusses vollzieht sich das Schnellverfahren in den sonstigen Formen. Insbesondere gilt für die Hauptverhandlung, gleichviel ob sie sich im Gerichtsgebäude, Polizeipräsidium oder anderswo abspielt, die Öffentlichkeitsmaxime:

„11 (7) M 137.34.

Öffentliche Sitzung des Schöffengerichts. Breslau, den 16. Oktober 1934.

Gegenwärtig:
1. Landgerichtsdirektor und Amtsgerichtsrat *Richter* als Vorsitzender,
2. Schlossermeister *Hartmann*,
3. Oberschwester *Weichmann* als Schöffen,
Staatsanwaltschaftsrat *Scharf* als Beamter der Staatsanwaltschaft,
Justizsekretär *Urkund* als Urkundsbeamter der Geschäftsstelle.

In der Strafsache gegen *Schönhals* und Genossen wegen Diebstahls usw. erschienen, auf Grund vorläufiger Festnahme vorgeführt:

1. die Beschuldigte *Lisbeth Schönhals*, Stütze in Breslau, Gartenstraße 22, geboren am 23. September 1908 in Leuthen, Kreis Neumarkt (Schlesien), nicht bestraft,

2. der Beschuldigte *Heinz Liebrecht*, Kaufmann in Breslau Rhedigerstraße 49, geboren am 3. Oktober 1900 in Gnesen, wegen Eigentumsvergehen nicht bestraft.

Ferner erschien RA. *Weiß* als Verteidiger für beide Beschuldigten."

Von den Schöffen — auch des Jugendgerichts, soweit es überhaupt mit Schöffen besetzt ist (unten S. 966) — muß wenigstens einer ein Mann sein (§ 29I S. 2 GVG.); dagegen ist nirgends bestimmt, daß immer eine Frau mitsitzen müsse. Die Schönhals und Liebrecht sind „vorläufig festgenommen". Auch im Schnellverfahren darf die vorläufige Festnahme nicht über die Fristen des § 128 StPO. ausgedehnt werden. Kann also das Urteil nicht mehr am Tage der Vorführung ergehen, so hat sich das Gericht zunächst über den Erlaß eines Haftbefehls schlüssig zu machen. RG. 135, 161, vgl. oben S. 893. Über das Ende der Hauptverhandlung hinaus darf man die Beschuldigten auf Grund der vorläufigen Festnahme keinesfalls zurückhalten; daraus erklärt sich der später vom Staatsanwalt gestellte Antrag auf Haftbefehl (S. 950).

Gegen die Verteidigung der zwei Beschuldigten durch einen Verteidiger bestehen in unserem Fall keine Bedenken, da beide über die Beteiligung Liebrechts die gleichen Angaben machen (§ 146).

„Die Verhandlung begann mit dem Aufruf der Zeugen und Sachverständigen. Es meldete sich als Zeugin:

Wirtschafterin *Glofke* von hier.

Die Zeugin entfernte sich zunächst wieder aus dem Sitzungssaal, nachdem sie mit dem Gegenstand der Untersuchung und der Person der Beschuldigten bekannt gemacht und auf die Bedeutung des Eides sowie insbesondere darauf hingewiesen worden war, daß der Eid sich auch auf die Beantwortung solcher Fragen bezieht, welche dem Zeugen über seine Person und die sonst im § 68 StPO. vorgesehenen Umstände vorgelegt werden.

Die Staatsanwaltschaft klagte die Erschienenen zu 1 und 2 durch Verlesung der Anlage an."

Die ins Protokoll aufzunehmende (§ 212 S. 2) Anklageformel wird üblicher Weise von der Staatsanwaltschaft schriftlich ausgearbeitet, verlesen und als Protokollsanlage überreicht. Damit ist die Anklage erhoben. Die Angeklagten haben kein Recht dem Schnellverfahren zu widersprechen, dagegen kann das Gericht bis zum Erlaß des Urteils die Sache durch unanfechtbaren Beschluß an die Staatsanwaltschaft zurückverweisen, falls sich zeigt, daß sie zur Verhandlung in diesem Verfahren ungeeignet ist. Das geschieht von Amtswegen und hat die Wirkung, daß die öffentliche Klage als nicht erhoben gilt. III. NotVO., 6. Teil, Kap. I § 4II.

Die Ladungsfrist, welche im gewöhnlichen Verfahren 1 Woche beträgt (§ 217I StPO.), ist im Schnellverfahren auf 3 Tage verkürzt und kann vom Gericht bis auf 24 Stunden herabgesetzt werden (§ 4I der III. NotVO.). Bei Nichteinhaltung der Frist hat der Angeklagte bis zur Verlesung des Eröffnungsbeschlusses — im Schnellverfahren bis zum Beginn seiner Vernehmung zur Sache (arg. § 26II GVG.) — das Recht Vertagung zu fordern; auf dieses Recht ist er vom Vorsitzenden hinzuweisen (§§ 217II, 228III StPO.). Wenn aber das Schnellverfahren auf Selbstgestellung oder, wie hier, auf vorläufiger Festnahme beruht, findet gar keine Ladung statt und es entfällt das Vertagungsrecht. —

Die überreichte Anlage klagt die beiden Beschuldigten an:

„zu Breslau im Jahre 1934 durch mehrere selbständige Handlungen:

A. die *Schönhals*:

1. fremde bewegliche Sachen, nämlich a) eine goldene Armbanduhr mit Brillanten,

b) ....., sämtlich dem Lotteriekollekteur *Günther Glücksmann* in Breslau gehörig, diesem in der Absicht weggenommen zu haben, sich die Sachen rechtswidrig zuzueignen,

2. fremde bewegliche Sachen, die sie in Besitz oder Gewahrsam hatte und die ihr anvertraut waren, nämlich a) komplettes Tischsilber für 18 Personen, b) ...., sämtlich dem Lotteriekollekteur *Günther Glücksmann* in Breslau gehörig, sich rechtswidrig zugeeignet zu haben,

3. in der Absicht sich einen rechtswidrigen Vermögensvorteil, nämlich die ungestörte Verwertung der Beute des zu 2 bezeichneten Diebstahls, zu verschaffen, das Vermögen des *Glücksmann* dadurch beschädigt zu haben, daß sie durch Vorspiegelung der falschen Tatsache, daß ein Einbruch in die *Glücksmann*sche Wohnung erfolgt sei, einen Irrtum erregte,

B. *Liebrecht*:

seines Vorteils wegen Sachen, von denen er wußte oder den Umständen nach annehmen mußte, daß sie mittels einer strafbaren Handlung erlangt waren, nämlich 150 *RM* bares Geld, an sich gebracht zu haben,

Vergehen gegen §§ 242, 246, 263, 74, 259 StGB.

Es wird Entscheidung durch das Schöffengericht beantragt."

Vgl. § 25^{2c} GVG. Ein Eröffnungsbeschluß wird nicht gefaßt, sondern alsbald in der Verhandlung fortgefahren. Zunächst sind die Angeklagten nach §§ 243^{III}, 136 StPO. zu vernehmen:

„Die Angeklagten, über ihre persönlichen Verhältnisse vernommen, erklärten:

1. *Schönhals*: ....

2. *Liebrecht*: ....

Die von der Staatsanwaltschaft überreichte anliegende Bescheinigung der hiesigen Staatsanwaltschaft über das Strafregister betreffend die Angeklagte *Schönhals* sowie die, ebenfalls von der Staatsanwaltschaft überreichte, anliegende telegraphische Auskunft der Strafregisterabteilung des Reichsjustizamts über den Angeklagten *Liebrecht*[2]) wurden verlesen. Der Angeklagte *Liebrecht* erkannte die Auskunft als richtig an.

Die Angeklagten, befragt, ob sie etwas auf die Beschuldigung erwidern wollen, erklärten:

1. *Schönhals*:

Auf den Gedanken, meiner Herrschaft Sachen wegzunehmen, kam ich dadurch, daß mein Bräutigam mir gesagt hatte, er könnte eine Filiale bekommen, wenn er 1500—2000 *RM* Kaution hätte. Er hat aber nichts von meiner Absicht gewußt. Die goldene Armbanduhr und .... habe ich abends, als Herr und Frau *Glücksmann* ausgegangen waren, aus der offenen Schublade an mich genommen. Als dann die Familie verreist war und ich die ganzen Schlüssel unter mir hatte, konnte ich der Versuchung nicht widerstehen auch das Tafelsilber und ..... wegzunehmen. Mein Bräutigam sagte, als ich ihm die beim Juwelier erlösten 150 *RM* gab: ‚Die sind doch sicher gestohlen'. Ich erwiderte: ‚Nimm nur.'

2. *Liebrecht*:

Daß die 150 *RM* von einem Diebstahl herrührten, habe ich mir gedacht, aber nichts Näheres darüber gewußt."

Die Beweisaufnahme (§ 244^{I}) besteht lediglich in der Vernehmung der Zeugin Glofke:

„Die Zeugin wurde hierauf vorgerufen und wie folgt vernommen:

Zeugin *Glofke*
nach Leistung des Zeugeneides:

---

[2]) oben S. 878.

Z. P.: ....

Z. S.: Die *Schönhals* hat es mir von Anfang an so dargestellt, daß *Liebrecht* von der ganzen Sache nichts wisse.

Nach der Vernehmung eines jeden Zeugen [Sachverständigen] oder Mitangeklagten sowie nach der Verlesung eines jeden Schriftstücks wurden die Angeklagten befragt, ob sie etwas zu erklären haben."

Es folgen die Plaidoyers (§ 258):

„Die Staatsanwaltschaft und sodann die Angeklagten und der Verteidiger erhielten zu ihren Ausführungen das Wort.

Die Staatsanwaltschaft beantragte: gegen *Schönhals* 2 Monate Gefängnis wegen Unterschlagung, 8 Monate Gefängnis wegen Diebstahls, 4 Monate Gefängnis wegen Betruges, zusammenzuziehen in eine Gesamtstrafe von einem Jahre Gefängnis, sowie Erlaß des Haftbefehls,

gegen *Liebrecht* 300 *RM* Geldstrafe an Stelle einer verwirkten Gefängnisstrafe von 2 Monaten.

Der Verteidiger beantragte: Freisprechung der *Schönhals* von der Betrugsanklage, milde Bestrafung wegen Unterschlagung und Diebstahls, alsbaldige Freilassung,

Freisprechung des *Liebrecht*.

Der Verteidiger hatte das letzte Wort.

Die Angeklagten, befragt, ob sie selbst noch etwas zu ihrer Verteidigung auszuführen haben, erklärten: das selbe wie der Verteidiger."

Die Entwendung von Sachen ist Unterschlagung, wenn der Täter sie in seinem „Besitz" oder „Gewahrsam" hatte; Diebstahl, wenn er sie einem anderen „weggenommen" hat. Man definiert Gewahrsam im Allgemeinen mit „tatsächlicher Gewalt" (vgl. § 854 BGB.), doch sind die Besitzverhältnisse des bürgerlichen Rechts für die Abgrenzung von Diebstahl und Unterschlagung nicht immer maßgebend. Strafrechtlich kommt es vielmehr darauf an, ob die entwendete Sache von einem Anderen dergestalt beherrscht wird, daß man im Sinne der natürlichen und sozialen Verkehrsauffassung sagen kann, der Täter habe sie dem Anderen „weggenommen". Der fingierte Besitz des Erben (§ 857) ist daher für das Strafrecht irrelevant, ebenso der durch Traditionspapiere (S. 516³) vermittelte und der bloß mittelbare Besitz. Bei Haus- und Geschäftspersonal — dem zivilrechtlich „Besitzdiener"stellung zukommt (§ 855) — ergeben sich Unterschiede je nach der größeren oder geringeren Selbständigkeit. Z. B. nimmt man an, daß der Prinzipal, wenn sein Kutscher (Chauffeur) am Sitze des Geschäfts Waren nach Anweisung abfährt, Mitgewahrsam behält, folglich der Kutscher durch Aneignung einen Diebstahl begeht; dagegen liegt Unterschlagung vor, falls der Kutscher die Waren nach auswärts oder unter Abweichung von dem ihm vorgeschriebenen Wege abfährt oder wenn es sich um abgeholte Waren handelt, denn hier hat der Kutscher den alleinigen Gewahrsam. Waren und Kasse von Ladengeschäften stehen regelmäßig unter der Herrschaft des Prinzipals, doch können bei größerer räumlicher Entfernung die im Geschäft tätigen Angestellten und Verkäufer Alleingewahrsam haben. Olshausen 19 (I d, II a, b) zu § 242. An den einem Dienstboten übergebenen Sachen hat die Herrschaft Gewahrsam; verreist sie aber auf nicht ganz kurze Zeit und übergibt sie der in der Wohnung zurückgelassenen Stütze sämtliche Schlüssel, so liegt darin die Einräumung einer so weitgehenden Selbständigkeit, daß von Gewahrsam der Herrschaft nicht mehr die Rede sein kann. — Der Staatsanwalt hat also zutreffend die Wegnahme der Armbanduhr und der Schmucksachen und Wäschestücke im Mai und Juni als Diebstahl, die Aneignung des Silbers usw. während der Reise Glücksmanns als Unterschlagung konstruiert.

Auch die Annahme zweier selbständiger Handlungen ist zutreffend, denn die Schönhals hat nach ihrer eigenen Darstellung den Entschluß zu der Entwendung vom September selbständig gefaßt. Vgl. S. 949.

Begeht Jemand hinsichtlich desselben Objekts Aneignungs- und Täuschungshandlungen, so kann er im allgemeinen nur entweder wegen Entwendung oder wegen Betruges bestraft werden. Die Vorspiegelung eines Straßenunfalls durch Gauner, welche die allgemeine Erregung zu Taschendiebstählen ausnutzen wollen, ist (straflose) Vorbereitungshandlung zum Diebstahl; die Weiterveräußerung einer Sache, die sich der Veräußerer erschwindelt hat, stellt keine besondere Unterschlagung mehr dar, sondern lediglich die Konsumtion des durch den vorangegangenen Betrug erlangten Vermögensvorteils; umgekehrt liegt kein Betrug vor, wenn der Täter über die durch Diebstahl oder Unterschlagung rechtswidrig angeeignete Sache endgültig verfügt (z. B. bei Abhebung eines Guthabens von dem gestohlenen Sparkassenbuch), obgleich er den Dritten dabei über die Rechtmäßigkeit seines Eigentums täuschen muß. Verursacht jedoch die spätere, mit Täuschung eines Dritten verbundene Verfügung über den Gegenstand eine neue und andere Schädigung, die über den Schaden der Vortat hinausgeht, so ist sie Betrug (Beispiel: der Dieb verkauft die gestohlene Sache an den Bestohlenen zurück; ein noch nicht ausgefülltes entwendetes Scheck-, Freifahrtschein- oder Rabattsparbuchformular wird mit der gefälschten Unterschrift des Berechtigten ausgefüllt und vorgezeigt, wobei der Betrug in Idealkonkurrenz mit Urkundenfälschung steht). RGSt. 59, 128; 60, 371; Olshausen 56 i, Leipz. Komm. 10 zu § 263. Hätte etwa die Schönhals den Einbruch in die Glücksmannsche Wohnung fingiert, um dadurch die Einbruchsversicherung zur Auszahlung einer Entschädigung zu bestimmen, so käme Betrug in Frage. Da sie aber durch ihr Manöver nur die Entwendungen verschleiern wollte, liegt der Fall auf einer Linie mit dem Auflauf, den Taschendiebe nach vollbrachter Tat hervorrufen, ist also straflos.

Hat Liebrecht sich der Hehlerei schuldig gemacht? Der subjektive Tatbestand ist einwandsfrei gegeben, denn Liebrecht hat die 150 RM. von der Schönhals in dem Bewußtsein, daß sie wahrscheinlich aus einer strafbaren Handlung herrührten, angenommen. Es fehlt jedoch an den objektiven Voraussetzungen des Delikts. Das Geld war von dem Juwelier gemäß § 929 der Schönhals übereignet. Wenn § 259 StGB. davon spricht, daß die gehehlte Sache „mittels einer strafbaren Handlung" erlangt sein müsse, so hat er einen unmittelbaren Zusammenhang im Auge, während hier durch den zivilrechtlich unanfechtbaren Eigentumserwerb der Schönhals der Kausalzusammenhang zwischen dem strafbaren Ursprung und Liebrechts Erwerb unterbrochen ist. Anders ausgedrückt: die Sachhehlerei gehört zu den Vergehen gegen das Eigentum, deshalb wird sie durch rechtmäßiges Eigentum der Zwischenperson ausgeschlossen. Der Täter hat es nur mit der Sache, nicht mit der zu ihrer Erlangung dienenden Vortat zu tun. RGSt. 57, 159 c. cit.; Frank II 3, Olshausen 16, 17, Leipz. Komm. 4 zu § 259.

Die juristische Konstruktion führt auf dem Gebiet der Hehlerei zu Ergebnissen, die vielfach das natürliche Rechtsgefühl nicht befriedigen, aber schwer zu vermeiden sind. So wird Hehlerei an dem durch Veräußerung erworbenen Erlös gestohlener Sachen allgemein verneint. Ebenso wenn ein Bettler erbetteltes Geld, ein Jagdberechtigter Wild, das er unter Verletzung der

Schonvorschriften erlegt hatte, einem Bösgläubigen gibt. Hat der Dieb die gestohlene Sache durch Verarbeitung umgestaltet, so kann die von ihm hergestellte neue Sache, deren Eigentümer er nach § 950 BGB. geworden ist, keinen Gegenstand der Hehlerei bilden. Man darf aber nicht so weit gehen, wegen des rechtsgültigen Eigentumserwerbs die Hehlerei schon dann zu verneinen, wenn gestohlenes Geld lediglich in andere Geldstücke umgewechselt worden ist (so anscheinend RGSt. 4, 321; der dort entschiedene Fall lag etwas anders). Bedenklich erscheint auf der anderen Seite die Annahme der Hehlerei bei Brot, das in der Kriegszeit auf gefälschte Brotmarken erworben war (so RGSt. 52, 95).

Steuerhehlerei: unten: S. 986.

Zivilrechtlich ist die Rechtslage in unserem Falle so, daß Glücksmann die dem Juwelier verkauften Stücke, weil sie ihm unfreiwillig abhanden gekommen sind (§ 935), von jedem gutgläubigen Erwerber vindizieren kann, falls sie vor Ablauf der Ersitzungszeit (§§ 937, 941, 943) ausfindig gemacht werden. Glücksmann kann aber auch von dem Juwelier den durch Weiterveräußerung erzielten Kaufpreis aus § 816 I S. 1 beanspruchen, indem er die Weiterveräußerung genehmigt (oben S. 428). Außerdem haften ihm natürlich die Schönhals und Liebrecht für allen Schaden. Abgesehen von den dem Juwelier verkauften Sachen, ist die gesamte Diebesbeute zur Stelle, da die Polizei sie als Beweismittel beschlagnahmt hat (S. 863); diese Sachen werden nach Abschluß des Strafverfahrens ohne förmliches Verfahren an Glücksmann herausgegeben (§ 111 StPO.). Die 150 RM. dürfen, selbst wenn sie noch bei Liebrecht vorhanden wären, nicht beschlagnahmt und nach § 111 an Glücksmann abgeliefert werden, weil Liebrecht Eigentümer geworden ist; Glücksmann könnte nur einen Arrest in das Geld ausbringen.

Bei Bemessung der Strafe für die Schönhals fallen ihre bisherige Unbestraftheit, ihr Bestreben sich eine Verheiratungsmöglichkeit zu verschaffen, sowie die verhältnismäßige Geringfügigkeit des dem Bestohlenen erwachsenen Schadens mildernd ins Gewicht. Andrerseits hat sie gegen Glücksmann einen groben Vertrauensbruch begangen und durch Vortäuschung des Einbruchs erhebliches Raffinement bewiesen. Darum erkennt das Gericht wegen des Diebstahls auf 2, wegen der Unterschlagung auf 8 Monate Gefängnis, die nach § 74 StGB. zu einer Gesamtstrafe von 9 Monaten zusammengezogen werden.

Vom Erlaß eines Haftbefehls sieht das Gericht ab. Denn wenn ihr Bräutigam freigesprochen wird, ist nicht anzunehmen, daß die Schönhals versuchen wird, sich durch Flucht der Strafvollstreckung zu entziehen.

„Es wurde das

Urteil

durch Verlesung der Urteilsformel und durch mündliche Mitteilung des wesentlichen Inhalts der Urteilsgründe dahin verkündet:

Die Angeklagte *Schönhals* wird wegen Diebstahls und Unterschlagung in je einem Falle zu einer Gesamtstrafe von 9 (i. W.) Monaten Gefängnis verurteilt.

Von der Anklage des Betruges wird sie freigesprochen.

Der Angeklagte *Liebrecht* wird freigesprochen.

Die Kosten des Verfahrens fallen, soweit Verurteilung erfolgt ist, der Angeklagten *Schönhals*, im übrigen der Staatskasse zur Last.

Die Angeklagte *Schönhals* wurde über die ihr gegen das Urteil zustehenden Rechtsmittel belehrt.

Es wurde die sofortige Freilassung beider Angeklagten angeordnet.

Richter. *Urkund.*"

„Um 11 Uhr 35 Minuten vormittags verzichtete die Angeklagte *Schönhals* auf Einlegung eines Rechtsmittels.

Urkund."

Der Verzicht ist schriftlich oder zu Protokoll eines Urkundsbeamten zu erklären (Löwe-Rosenberg 4 a zu § 302). Er hat die Wirkung, daß vom Zeitpunkt des Verzichts ab die Haft des in Untersuchungshaft befindlichen Angeklagten unverkürzt auf die erkannte Freiheitsstrafe angerechnet wird (§ 450 StPO.).

Verzichtet auch die Staatsanwaltschaft auf Berufung, so kann der Richter das Urteil nach § 267IV StPO. als „Kurz-Urteil" absetzen. Im vorliegenden Fall genügt dabei der Ausspruch, daß die Schönhals der zu A 1 und 2 der Anklage bezeichneten Handlungen als überführt erachtet worden ist, während die Beschuldigung zu A 3 ebenso wie die gegen Liebrecht erhobene aus Rechtsgründen verneint worden sind. —

Das Schnellverfahren entspricht dem volkstümlichen Justizideal, dem Angeklagten spart es Untersuchungshaft und ist auch für ihn besonders eindrucksvoll. Doch darf es nicht überstürzt angewandt werden. Vor allem darf unter dem Streben nach Beschleunigung die Verteidigung des Beschuldigten nicht leiden. In allen nicht ganz geringfügigen oder nicht ganz klar liegenden Sachen soll man dem Beschuldigten, besonders wenn er über keine Erfahrung in Rechtssachen verfügt, die Zuziehung eines Verteidigers nahelegen; der Verteidiger wird dann, wenn nicht gewichtige Gründe dagegen sprechen, im wohlverstandenen Interesse seines Klienten alles tun, um die Aburteilung zu beschleunigen. Akteneinsichtsrecht des Verteidigers im Schnellverfahren: oben S. 898. Daß das Schnellgericht die erforderlichen Feststellungen — zur Schuld- und Straffrage — mit gleicher Sorgfalt zu treffen hat, wie der Richter des ordentlichen Verfahrens, versteht sich von selbst.

Urteil in einer Beamtenbestechungssache.

„Geschäftsnummer: 11 (7) L 69.34.

Im Namen des Volkes!

In der Strafsache gegen

1. den Lademeister *Ludwig Holm* in Breslau ...., geboren in Bunzlau am 1. März 1893,
2. den Kaufmann *Peter Edlich* in Breslau ...., geboren in Marienburg am 28. August 1896,

wegen Bestechung

hat das Schöffengericht in Breslau in der Sitzung vom ...., an welcher teilgenommen haben:

1. Landgerichtsdirektor und Amtsgerichtsrat *Richter* als Vorsitzender,
2. Schlossermeister *Hartmann* } als Schöffen,
3. Oberschwester *Weichmann* } als Schöffen,

Staatsanwaltschaftsrat *Scharf* als Beamter der Staatsanwaltschaft,

Justizsekretär *Urkund* als Urkundsbeamter der Geschäftsstelle,

für Recht erkannt:

Die Angeklagten werden freigesprochen. Die Kosten des Verfahrens fallen der Staatskasse zur Last.

Gründe.

Der Angeklagte *Edlich* ist Mitinhaber der Firma *Koch & Edlich*, Getreide- und Futtermittel-Großhandlung in Breslau, welche auf der Briegerstraße einen Speicher mit eigenem

Gleisanschluß an den Güterbahnhof Breslau-Ost besitzt. Die Firma hat in ihrem Geschäftsbetrieb andauernd die Verladung ganzer Waggons auszuführen, bei der es sehr auf pünktliche Erledigung ankommt. Dabei hat sie ständig mit dem Angeklagten *Holm*, der auf dem Güterbahnhof Breslau-Ost, und zwar im Verladeabschnitt III, das Amt eines Lademeisters versieht, dienstlich zu tun.

Holm hat nun am 10. Dezember 1932, 27. Januar, 5. April, 17. Juli und 29. November 1933 von der Firma *Koch & Edlich* je einen Sack Weizenmehl 00 von 50 kg geliefert erhalten. Nach den ordnungsmäßig geführten Büchern der Firma und den im Umschlag Bl. ..... der Akten befindlichen Quittungen hat er dafür 0.28 *RM* für das kg, also 14 *RM* für jeden Sack, in Wochenraten von 2 *RM* gezahlt. Der Kleinhandelspreis für solches Mehl schwankte z. Z. der Lieferungen zwischen 0.42 und 0.39 *RM* für das kg, bei Abnahme ganzer Säcke 1½ bis 2 Pfennige weniger. Im Großhandel wurden 0.31 bis 0.30 *RM* gerechnet und zu diesem Preise haben *Koch & Edlich* ausweislich ihrer Bücher auch größere Mengen Weizenmehl umgesetzt. Der Ankaufspreis von *Koch & Edlich* lag 3 bis 3½ Pfennige unter dem von *Holm* gezahlten Preise. Seitens der Firma *Koch & Edlich* hat der Angeklagte *Edlich* mit *Holm* verhandelt und die Weizenmehlgeschäfte mit ihm abgewickelt.

Bei seiner ersten polizeilichen Vernehmung hat *Holm* in Abrede gestellt, von *Koch & Edlich* Mehl erhalten zu haben, während *Edlich* diese Tatsache sofort eingeräumt, die Preise angegeben und sich auf die Geschäftsbücher seiner Firma berufen hat. Gerichtlich vernommen, hat dann *Holm* auf Vorhalt der *Edlich*schen Aussage zugegeben, daß ihm Mehl geliefert worden sei, und hat sein früheres Leugnen damit begründet: er habe das Mehlgeschäft für eine Privatsache gehalten, die niemand etwas anginge (Bl. ..... der Akten).

Der früher bei *Koch & Edlich* angestellte Zeuge *Bilse* hat eidlich ausgesagt, daß der Angeklagte *Edlich* mehrfach, wenn *Holm* im Kontor Ratenzahlungen geleistet hatte, den *Holm* auf den Hof hinausbegleitet und dabei auffällig lange im Hausflur verweilt habe. Es wird dadurch ein gewisser Verdacht begründet, daß die Zahlungen fingiert waren oder *Holm* das gezahlte Geld jedes Mal von *Edlich* sofort zurückerstattet erhalten hat. Immerhin bleibt die Möglichkeit offen, daß *Edlich* den *Holm* lediglich begleitet hat, um mit ihm etwas zu besprechen. Die Angeklagten bestreiten aber die Richtigkeit der *Bilse*schen Bekundungen überhaupt, und da der Zeuge von der Firma in Unfrieden abgegangen ist und einen Prozeß beim Arbeitsgericht gegen sie geführt und verloren hat, konnte das Gericht der Aussage trotz des geleisteten Eides keinen Glauben schenken.

In anonymen Anzeigen und Beschwerden an die Direktion des Güterbahnhofs Breslau-Ost ist der Angeklagte *Holm* beschuldigt worden die Firma *Koch & Edlich* bei der Waggongestellung bevorzugt zu haben. Der im Verladeabschnitt I beschäftigt gewesene, im Verlaufe des Verfahrens verstorbene Lademeister *Welsung* hat bei seiner Vernehmung im Vorverfahren vor dem hiesigen Amtsgericht am 8. Juli 1934, welche in der Hauptverhandlung verlesen worden ist,"

— außer bei kommissarischen Vernehmungen (S. 986) ist der Grundsatz der „Unmittelbarkeit" in § 251 StPO. auch für den Fall, daß ein bereits vernommener Zeuge stirbt, geisteskrank oder unauffindbar wird, durchbrochen und die Verlesung des Protokolls über seine richterliche (nicht polizeiliche!) Vernehmung zugelassen —

„uneidlich ausgesagt, *Holm* sei zu ihm gekommen und habe ihn gebeten, für eine bestimmte Verladung, welche in diesem Verladeabschnitt zu erledigen gewesen sei, der Firma *Koch & Edlich* sofort 5 Waggons zur Verfügung zu stellen. Auf den Einwand, das ginge nicht, da mehr als 30 Waggonbestellungen anderer Verlader schon vorgemerkt seien, habe *Holm* erwidert: ‚ach was, die Leute brauchen die Waggons wirklich dringend, und sie sind anständig, da können Sie schon einmal eine Ausnahme machen'. *Holm* habe auch angeboten den *Welsung* zu *Koch & Edlich* ins Kontor zu bringen, ‚dann würde die Sache schon ins Reine kommen'. Die Nachprüfung der im Bezirk des *Holm* ausgeführten Waggongestellungen hat nur in einem einzigen Falle, nämlich ...., ergeben, daß *Koch & Edlich* 3 Waggons einen Tag früher gestellt erhalten haben, als es nach der Reihenfolge der Bestellungen hätte geschehen müssen. Allerdings weisen die von *Holm* geführten Listen zahlreiche Tintenstiftkorrekturen auf. Durch die Zeugen .... ist aber bewiesen, daß solche Korrekturen in Verladelisten nichts Ungewöhnliches sind. Nach Aussage derselben Zeugen muß auch mit der Möglichkeit gerechnet werden, daß die in einem Fall festgestellte objektive Bevorzugung der Firma *Koch & Edlich* auf einem Versehen des *Holm* beruhte, da solche Versehen bei der zeitweise sehr starken Beschäftigung der Lademeister unvermeidlich sind. Der Bekundung des *Welsung* aber ist kein ausschlaggebendes Gewicht beigemessen worden, weil *Welsung*, wie die Zeugen .... bekundet haben, mit *Holm* auf gespanntem Fuße gestanden hat und er vielleicht seine uneidliche Aussage in der Hauptverhandlung auf Vorhalt abgeändert oder eingeschränkt haben würde."

Damit ist die Angabe der für erwiesen erachteten Tatsachen beendet und es beginnt die juristische Subsumtion (S. 920). Freisprechende Urteile kann man auch so aufbauen, daß mit der Mitteilung des Eröffnungstatbestandes begonnen, dann mit dem Satze: „die Hauptverhandlung hat Folgendes ergeben" zum festgestellten Sachverhalt übergeleitet und zuletzt die gefällte Entscheidung kurz begründet wird. Die gesetzlichen Anforderungen an die Gründe eines freisprechenden Erkenntnisses (§ 267^{V}) sind geringer als im Falle der Verurteilung.

„Als Lademeister der Deutschen Reichsbahngesellschaft ist der Angeklagte Beamter im Sinne des § 359 StGB. Vgl. §§ 19^{II}, 23 Reichsbahn-Ges., §§ 1^{I}, 3$^{I, III}$ Reichsbahn-Personal-Ges. vom 30. August 1924 (RGBl. II 272 bzw. 287)."

Die Reichsbahnbeamten sind seit der Neuorganisation gewissermaßen mittelbare Reichsbeamte. Vgl. RGSt. 60, 2, 139.

„Die Überlassung der 5 Säcke Weizenmehl an *Holm* zu einem den Großhandelspreis knapp erreichenden Betrage gegen Gewährung kleiner Ratenzahlungen stellte nach der Überzeugung des Gerichts ein Geschenk oder einen anderen Vorteil im Sinne von §§ 331, 332, 333 StGB. dar, mag auch der Geldbetrag, den *Holm* dadurch erspart hat, geringfügig gewesen sein. Denn *Holm* hätte sonst das Mehl nicht so vorteilhaft einkaufen können. Das Gericht ist auch überzeugt, daß sowohl *Holm* als auch *Edlich*, der für die Firma *Koch & Edlich* gehandelt hat, sich dieses geschenkartigen Charakters des Geschäfts voll bewußt gewesen sind.

Da jedoch nicht festgestellt ist, daß *Holm* jemals bewußt pflichtwidrig die Firma *Koch & Edlich* bei Waggongestellungen bevorzugt hätte, so konnte eine Feststellung im Sinne des Eröffnungsbeschlusses, daß er zu Breslau in den Jahren 1932 und 1933 als Beamter für Handlungen, die eine Verletzung einer Amts- oder Dienstpflicht enthielten, Geschenke oder andere Vorteile angenommen habe (§ 332 StGB.), nicht getroffen werden.

Aus dem gleichen Grunde konnte gegen den Angeklagten *Edlich* keine Feststellung im Sinne des Eröffnungsbeschlusses getroffen werden, daß er zu Breslau in den Jahren 1932 und 1933 einem Beamten Geschenke oder andere Vorteile gewährt habe, um ihn zu Handlungen, die eine Verletzung einer Amts- oder Dienstpflicht enthielten, zu bestimmen (§ 333 StGB.)."

Die in §§ 331 f. unter der Überschrift „Verbrechen und Vergehen im Amte" zusammengefaßten Delikte zerfallen in: 1. „eigentliche" oder „reine" Amtsdelikte, d. h. Sonderdelikte, welche nur von Beamten begangen werden können (z. B. §§ 331, 332, 334^{I}, 336, 343, 345, 348, 353 a); 2. „uneigentliche" Amtsdelikte, d. h. von Beamten begangene Delikte des allgemeinen Strafrechts, bei denen die Beamteneigenschaft nur ein Qualifikationsmerkmal bildet (z. B. §§ 340, 342, 350); 3. „unechte" Amtsdelikte, d. h. Delikte, deren Täter ein Nichtbeamter ist, die aber materiell in Beziehung zu einer Amtspflichtverletzung stehen (§§ 333, 334[II]). Was die Bestechung anlangt, so wird passive Bestechung (ein reines Amtsdelikt) sowohl dann bestraft, wenn der Beamte Geschenke für eine pflichtwidrige (§ 332), als auch wenn er sie für eine an sich nicht pflichtwidrige (§ 331) Amtshandlung annimmt, fordert oder sich versprechen läßt, während die (zu den unechten Amtsdelikten zählende) aktive Bestechung (§ 333) stets die Pflichtwidrigkeit der Amtshandlung, für die das Geschenk gewährt wird, voraussetzt. Der auf dem gleichen Gedanken wie die Bestechungsvorschriften beruhende „Schmiergeld"-§ 12 UWG. verlangt sowohl aktiv wie passiv „unlauteres Verhalten" des „geschmierten" Angestellten.

„Hieraus ergab sich die Freisprechung des Angeklagten *Edlich*.

Bei dem Angeklagten *Holm* war noch zu prüfen, ob der in der Überlassung des Mehls unter dem üblichen Preise und auf Kredit liegende Vorteil im Sinne des § 331 StGB. ‚für' eine Amtshandlung gewährt worden ist."

Vgl. §§ 264, 265 StPO., oben S. 937.

„Hierzu haben die Angeklagten versichert, daß die Mehllieferungen nicht als Gegenleistung für die dienstlichen Verrichtungen, die *Holm* im Interesse von *Koch & Edlich* vorzunehmen hatte, gemacht seien, daß die Firma vielmehr ihren eigenen Angestellten sowie zahlreichen Bekannten das Mehl ebenfalls zu 0.28 *RM* für das kg und gegen kleine Ratenzahlungen abgegeben habe, welcher Preis gerade ihre Selbstkosten einschließlich Generalunkosten deckte, und daß die Abgabe an *Holm* geschehen sei, weil man ihn auf Grund der langen dienstlichen Beziehungen persönlich kennen gelernt hätte und ihm wegen seiner zahlreichen Familie den Vorteil des günstigen Mehlbezuges ebenfalls zu teil werden lassen wollte. Diese Erklärung konnte den Angeklagten nicht widerlegt werden."

Die Annahme von Geschenken durch einen Beamten ist nach § 331 StGB. nur strafbar, wenn das Geschenk nach Auffassung der Beteiligten zu der (nicht pflichtwidrigen) Amtshandlung in das Verhältnis einer Vergütung oder Gegenleistung treten soll. An diesem Merkmal fehlt es z. B. bei Trinkgeldern, die ein Beamter dafür erhält, daß er einer Privatperson außerdienstlich Gefälligkeiten erwiesen hat (ein Bahnschaffner besorgt einem Reisenden ein Telegramm od. dergl.). Ebenso wenn Beamter und Privatperson in einem Freundschafts- oder Bekanntschaftsverhältnis stehen und aus diesem Grunde geschenkt wird. Ob die Bekanntschaft auf Grundlage der dienstlichen Beziehungen entstanden ist, macht keinen Unterschied. — Disziplinarrechtlich stellt sich die Annahme des Mehls zu teilweise geschenkartigen Bedingungen durch Holm schon dann als Pflichtverletzung dar, wenn sie „in Bezug auf Dienstgeschäfte" erfolgte (§ 3[III] Reichsbahn-Personal-Ges.).

„*Holm* ist also auch der einfachen Bestechung (§ 331 StGB.) nicht schuldig, so daß er ebenfalls freizusprechen war.

Die Kosten des Verfahrens fallen, da Freisprechung erfolgt ist, nach §§ 464[I], 465[I] der Staatskasse zur Last.

Richter."

Die Schöffen unterschreiben nicht mit (§ 275[II] S. 3 StPO.).

21. Kapitel.

Beim Jugendrichter.

[Zuständigkeit des Jugendrichters: Als „Jugendrichter" bezeichnet man in der Praxis den Amtsrichter, dessen Dezernat gewisse vormundschaftsgerichtliche und gewisse strafprozessuale Aufgabenkreise vereinigt. Die Geschäftsverteilung weist ihm gewöhnlich zu: a) die vormundschaftsgerichtlichen Angelegenheiten der Schutzaufsicht, Fürsorgeerziehung und Maßnahmen aus §§ 1631 II, 1666 BGB., b) den Vorsitz im „Jugendgericht", soweit es mit Schöffen besetzt ist (unten S. 966), c) die Tätigkeit des Jugendgerichts, soweit es ohne Schöffen entscheidet, als Einzelrichter, d) die Strafvollstreckung in allen Jugendgerichtssachen, e) die Rechtshilfe (§ 157 GVG.) in Jugendgerichtssachen. §§ 57 I S. 1, 63 I RJWG.; §§ 19, 36 JugGG.; AV. vom 20. Juni 1923 (JMBl. 450).

Schutzaufsicht.

„68. XI. U. 131.

Beschluß.

Der Minderjährige *Heinz Ulber*, geboren am 2. Januar 1921 in Brockau, wohnhaft in Brockau, Eisenbahnstraße 45, Sohn des Straßenhändlers *Walter Ulber* und seiner verstorbenen Ehefrau *Paula* geb. *Rabe*, evangelisch, wird unter Schutzaufsicht gestellt.

Die Ausübung der Schutzaufsicht wird der Breslauer Zentrale für Jugendfürsorge übertragen."

Jugendzentrale: eine Vereinigung für Jugendhilfe, in der charitative Vereine der verschiedenen Konfessionen zusammengefaßt sind. Sie ist zur Ausübung von Schutzaufsichten zugelassen und bereit, außerdem ist ihr vom Jugendamt die „Jugendgerichtshilfe" (§ 22 JugGG.) übertragen. In der zweiten Funktion tritt die Zentrale an Stelle des Jugendamtes. Bei der Durchführung der Schutzaufsicht ist auf die Religion des Minderjährigen Rücksicht zu nehmen. §§ 3 5, 11, 60 I S. 2 RJWG.

„Gründe.

Der bei seinem seit 3 Jahren wieder verheirateten Vater wohnende Minderjährige hat sich während der Herbstferien am 5. Oktober d. J. heimlich aus der elterlichen Wohnung entfernt und war seitdem vermißt, bis er am 11. Oktober, vollständig erschöpft, in der Nähe von Kawallen an einer Böschung des Großschiffahrtsweges von einem Landjäger aufgegriffen und durch Vermittlung des hiesigen Polizeipräsidiums dem Vater wieder zugeführt wurde. Er gab zunächst an, von Zigeunern verschleppt und festgehalten worden zu sein. Als ihm die Unwahrscheinlichkeit dieser Behauptung vorgehalten wurde, erzählte er, daß er Bauern bei der Ernte geholfen habe und dafür verpflegt worden sei, weigerte sich jedoch Namen anzugeben. Offenbar hat er sich aus Abenteuerlust in und um Breslau herumgetrieben. Der Verdacht, daß er gestohlen und gebettelt habe, liegt nahe, jedoch läßt sich ein Beweis hierfür nicht erbringen."

Wie der Jugendrichter den von ihm als erwiesen angesehenen Sachverhalt feststellt, bleibt seinem eigenen pflichtmäßigen Ermessen überlassen. Eine Notwendigkeit, die auf der Wahrnehmung von Personen beruhenden Tatsachen durch Zeugenvernehmung feststellen zu lassen, besteht für ihn als Vormundschaftsrichter nicht, sondern es gelten die elastischen Grundsätze des freiwilligen Gerichtsbarkeitsverfahrens (S. 68). Insbesondere ist es zulässig Tatsachen, die in einem Bericht des Jugendamts oder der Polizei als festgestellt bezeichnet und vom Minderjährigen bzw. dessen Eltern nicht bestritten sind, ohne eigene Beweisaufnahme der Entscheidung zu Grunde zu legen. Vgl. dagegen für die strafprozessualen Feststellungen S. 969.

„Die Schule hat *Heinz Ulber* bisher regelmäßig besucht und ist ein nicht unbegabter Schüler mit durchschnittlichen Leistungen.

Die elterliche Erziehung genügt nicht, um ihn von weiteren Streichen, die zu seiner Verwahrlosung führen könnten, abzuhalten, zumal der Vater durch seinen Beruf meist vom Hause ferngehalten wird. Daher ist Schutzaufsicht zur Verhütung der körperlichen, geistigen und sittlichen Verwahrlosung geboten, aber auch ausreichend (§ 56 RJWG.)."

Schutzaufsicht darf man nur anordnen, wenn sie zur „Verhütung" der Verwahrlosung geboten erscheint. Eine bereits eingetretene oder begonnene Verwahrlosung (wie in § 63²: „Beseitigung") wird nicht vorausgesetzt, ebenso wenig kommt es darauf an, ob die Eltern an der drohenden Verwahrlosung eine Schuld trifft. Andrerseits ist zu prüfen, ob die Schutzaufsicht zur Verhütung der Verwahrlosung genügen wird oder nicht vielmehr die einschneidendere Maßregel der Fürsorgeerziehung angebracht ist; daher müssen sich die Ermittlungen auch auf die Frage erstrecken, ob die Eltern erheblich bestraft sind oder aus anderen Gründen ein ungünstiger Einfluß auf den Minderjährigen von ihnen erwartet werden kann.

„Entsprechend dem vom hiesigen städtischen Jugendamt gestellten Antrag"

— die Schutzaufsicht kann auch von Amtswegen beschlossen werden, da sie im Interesse des Minderjährigen angeordnet wird; ein formelles Antragsrecht haben außer dem Jugendamt beide leiblichen Eltern (ohne Rücksicht darauf, ob ihnen die elterliche Gewalt zusteht) sowie der gesetzliche Vertreter (§ 57ᴵ S. 2) —

„ist daher die Schutzaufsicht angeordnet und ihre Ausübung gemäß § 60 RJWG. der Breslauer Zentrale für Jugendfürsorge übertragen worden.

Breslau, den 2. November 1934.

Amtsgericht.

Richter."

Die — nach dem Vorbild des amerikanischen probation officer eingeführte — Schutzaufsicht ist als vormundschaftsgerichtliche Erziehungsmaßnahme aufzufassen. Sie besteht im Schutz und der Überwachung des Minderjährigen durch einen „Helfer" (§ 58). Der Minderjährige kann dabei in seiner Familie belassen werden. So eignet sich die Schutzaufsicht gerade für noch nicht verdorbene, aber sittlich labile Kinder, bei denen die elterliche Erziehung der Ergänzung durch die Kontrolle und Leitung seitens einer in der Behandlung solcher Kinder erfahrenen Persönlichkeit bedarf. —

Der Beschluß ist dem gesetzlichen Vertreter, den Eltern und dem Jugendamt zuzustellen, ferner dem Minderjährigen selbst, falls er das 14. Lebensjahr vollendet hat (§ 57ᴵᴵ). Die Stiefmutter des Knaben gehört natürlich nicht zu den „Eltern" im Sinne dieser Vorschrift. Verfügung:

„1. Beschluß zustellen: a) an Jugendamt, b) an Vater.
2. Abschrift der Jugendzentrale.
3. 2 Wochen (wer ist als Helfer bestellt?)."

Der Beschluß unterliegt nicht, wie man erwarten sollte, der sofortigen Beschwerde, sondern der einfachen Beschwerde nach §§ 20, 57 RFGG. Ist der unter Schutzaufsicht gestellte Minderjährige 14 Jahre alt, so hat er ein eigenes Beschwerderecht (§ 59, oben S. 123). Die Wirksamkeit der Schutzaufsicht wird durch die Beschwerde nicht gehemmt (§ 16 I). —

Die Zentrale meldet, daß sie Frau Fabrikdirektor Fischer als Helferin bestellt hat und reicht zuerst alle 3, später alle 6 Monate dem Gericht Abschrift der von der Helferin erstatteten Berichte ein.

An sich dauert die Schutzaufsicht bis zur Volljährigkeit des Minderjährigen (§ 59 S. 1 RJWG.). Nachdem sich aber Heinz Ulber einige Jahre hindurch gut geführt, die Schule verlassen und seine Lehrzeit absolviert hat, wird sie entsprechend dem Vorschlag der Helferin aufgehoben, weil ihr Zweck erreicht ist (§ 59 S. 2).

Fürsorgeerziehung.

Antrag.

„Städtisches Jugendamt. Breslau, den 6. November 1934.
Jug. I. K. 637.4.

An das Amtsgericht, Vormundschaftsgericht, hier.

Auf Grund nachstehenden Berichts wird beantragt, gemäß § 63 a RJWG. das am 14. Februar 1917 geborene Dienstmädchen *Frida Kodalle*, vermutlich in Breslau, Scheitnigerstr. 99 bei ihrer Mutter, verehelichten Rentenempfänger *Klara Tannapfel* verw. *Kodalle* geb. *Ewald* wohnhaft, bevormundet beim dortigen Amtsgericht unter dem Aktenzeichen 60 K VII 3960 durch den Schneidermeister *Nadel* in Breslau ......, der Fürsorgeerziehung zu überweisen.

Gleichzeitig wird beantragt, da Gefahr im Verzuge liegt, gemäß § 67 RJWG. die vorläufige Fürsorgeerziehung der Minderjährigen zu beschließen.

Zuständige Fürsorgeerziehungsbehörde: Landeshauptmann von Niederschlesien.

(folgt ein ausführlicher, in Form eines ausgefüllten Fragebogens gehaltener Bericht über die Verhältnisse der *Frida Kodalle*, ihrer Eltern und Familienangehörigen, ihre bisherige Entwicklung und die zur Begründung des Antrages dienenden Tatsachen)

Der Brief der Frau Rektor *Laube* vom 2. und die Meldung der Jugendpflegerin Frl. *Sorge* vom 5. d. M. werden in Abschrift beigefügt.

Schutz."

„An das städtische Jugendamt, Breslau.

Mein Dienstmädchen *Frida Kodalle* hat sich am 30. Oktober d. J. heimlich von uns entfernt und ist seitdem nicht zurückgekehrt. Seit einiger Zeit war hier militärische Einquartierung aus Anlaß der Brigademanöver. Von diesem Zeitpunkt ab zeigte sich *Frida*, die sonst gern mit jungen Leuten kokettierte, im übrigen aber solide, fleißig, freundlich und willig war, wie umgewandelt. Sie rauchte mit den Soldaten auf offener Straße Zigaretten, besuchte Kinos und kam mehrfach erst nach Mitternacht nach Hause. Ich redete ihr ins Gewissen und warnte sie sich mit den Soldaten einzulassen, da diese es nur darauf abgesehen hätten sich mit ihr zu amüsieren und sie nachher sitzen zu lassen. *Frida* sah das auch ein und versprach sich zu bessern. Am 28. Oktober blieb sie über Nacht weg und schwindelte mir vor, sie sei bei einer Freundin gewesen, gestand aber schließlich ein, daß sie mit mehreren Soldaten zusammen in einem Omnibus genächtigt hatte und sich dort von ihnen hatte gebrauchen lassen. Ich erklärte, daß ich sie, so leid es mir täte, unter Fürsorgeerziehung bringen müßte, wenn noch einmal das Geringste vorkäme. Am 30. Oktober gegen 6½ Uhr abends hat sie sich nun in meiner Abwesenheit unter Mitnahme ihres kleinen Koffers entfernt und ist wahrscheinlich mit dem bald nachher abgehenden Zuge nach Breslau gefahren. Ihrer Freundin *Magda Pätzold*, hier bei Kaufmann *Elsel* in Stellung, hat sie, wie mir die *Pätzold* nachträglich mitteilte, gesagt: ‚Immerfort mich von der Frau ausschimpfen lassen, das habe ich satt; die Soldaten sagen, ein hübsches Mädchen wie ich kann in Breslau jeden Tag 10 *RM* verdienen; ich will meine Jugend genießen; bei meiner Mutter finde ich immer Aufnahme, die wird nicht so aufpassen; ich bin als uneheliches Kind geboren und mein Vater hat sie erst nach 8 Jahren geheiratet.‘

Friedeberg a. Queis, den 2. November 1934.

Frau Rektor *Laube*."

„Meldung.

Gestern Abend gegen 10½ Uhr auf dem Nachhausewege vom Theater habe ich die *Frida Kodalle* auf der Schweidnitzerstraße getroffen. Sie ging langsam hin und her und blieb von Zeit zu Zeit stehen, offenbar um von Männern angesprochen zu werden. Ich kenne das Mädchen, da sie s. Zt. durch meine Vermittlung bei Frau Rektor *Laube* in Friedeberg in Stellung gekommen ist. Ich rief sie an und fragte, wieso sie nach Breslau komme. *Frida* war sehr erschrocken und sagte, sie sei mit Frau *Laube*, die eine kranke Schwester besuche, auf ein paar Tage hierher gefahren und hätte Erlaubnis erhalten heute Abend ins Theater zu gehen. Ich erklärte ihr, daß ich ihr das nicht glaube, worauf sie weglief.

Heute früh gegen 8 Uhr habe ich dann in der Wohnung ihrer Mutter Frau *Tannapfel* nach ihr gefragt. Die Mutter tat sehr erstaunt und sagte, sie hätte ihre Tochter seit einem halben Jahre nicht gesehen, da sie doch in Friedeberg in Stellung sei. Hausbewohner haben mir jedoch erzählt, daß *Frida* seit ein paar Tagen wiederholt mit einer eleganten Pelzboa und Stöckelschuhen ihre Mutter besucht, vielleicht auch bei ihr geschlafen hat.

Breslau, den 5. November 1934.

Adelheid Sorge, Jugendpflegerin."

Prüfung. Vorläufige Fürsorgeerziehung. Nach § 63 RJWG. (Fassung der NotVO. vom 4. November 1932, RGBl. 522) werden Minderjährige, welche das 18. Lebensjahr noch nicht vollendet haben, zur Fürsorgeerziehung gebracht:

1. wenn die Voraussetzungen des § 1666 oder des § 1838 BGB. vorliegen und zur Verhütung einer noch nicht bestehenden sondern erst drohenden Verwahrlosung die Entfernung des Minderjährigen aus seiner bisherigen Umgebung erforderlich ist, eine anderweite geeignete Unterbringung aber ohne Inanspruchnahme öffentlicher Mittel nicht erfolgen kann; die drohende Verwahrlosung darf nicht lediglich eine körperliche sein,
2. wenn die Fürsorgeerziehung zur „Beseitigung" der Verwahrlosung wegen Unzulänglichkeit der Erziehung erforderlich ist.

Für den ersten Fall, die „vorbeugende" Fürsorgeerziehung, ergibt sich aus dem Zitat der §§ 1666, 1838 ein wesentlicher Unterschied, je nachdem die Personensorge den Eltern oder einem Vormund zusteht. Im ersten Fall muß der Vater oder die Mutter das Sorgerecht mißbraucht, das Kind vernachlässigt oder sich eines ehrlosen oder unsittlichen Lebenswandels schuldig gemacht haben. Dagegen reicht bei Minderjährigen unter vormundschaftlicher Personensorge die objektive Verwahrlosungsgefahr aus. Frida Kodalle ist als per subsequens matrimonium legitimiertes Kind mit dem Tode des Vaters unter die elterliche Gewalt ihrer Mutter, mit deren Wiederverheiratung unter die Vormundschaft eines tutor dativus getreten, doch hat die Mutter das Erziehungsrecht behalten. §§ 1719, 1684[1], 1697.

Wann kann die anderweite Unterbringung „nicht ohne Inanspruchnahme öffentlicher Mittel" erfolgen? Die Fürsorgeerziehung hat neben der sozialen und jugendpflegerischen auch eine sehr wichtige finanzielle Seite. Die Kosten der Fürsorgeerziehung werden nämlich vom Provinzialverband getragen, dem die Staatskasse $^2/_3$ zurückvergütet. § 22 pr.AG. zum RJWG. vom 29. März 1924 (GS. 180). Mithin bedeutet es eine Entlastung des Fürsorgeverbandes, wenn ein Kind aus einer im Wege der öffentlichen Fürsorge (S. 144) unterstützten Familie in Fürsorgeerziehung kommt. § 55 RJWG., der die Anordnung der Fürsorgeerziehung begünstigte, ist durch die NotVO. aufgehoben worden. Für den früheren Rechtszustand ist das Reichsgericht der Ansicht entgegengetreten, ein hilfsbedürftiger Minderjähriger dürfe letzten Endes bloß deshalb der Fürsorgeerziehung überwiesen werden, weil er hilfsbedürftig ist, während ein bemittelter Minderjähriger bei sonst gleicher Sachlage mit der Fürsorgeerziehung zu verschonen wäre. Wenn also beispielsweise bei ganz jungen Kindern, die keine Erziehungsschwierigkeiten bieten, die Voraussetzungen einer Erziehungsmaßnahme aus § 1666 bzw. § 1838 BGB. gegeben waren, so wurde nicht Fürsorgeerziehung sondern die Erziehungsmaßnahme angeordnet und der Fürsorgeverband mußte die Kosten tragen: denn zu dem „notwendigen Lebensbedarf", welcher im Wege der öffentlichen Fürsorge zu gewähren ist, gehören nicht bloß Nahrung, Unterkunft, Kleidung und Pflege, sondern auch Erziehung und Ausbildung zur Erwerbsbefähigung. RG. 124, 309, dazu Klumker JW. 29, 2349[15]. Alles das muß nach der Gesetzesänderung in erhöhtem Maße gelten.

Der zweite Fall, die „heilende" Fürsorgeerziehung, setzt eine bereits vorhandene bzw. begonnene Verwahrlosung des Minderjährigen voraus.

In beiden Fällen muß die Fürsorgeerziehung „erforderlich", d. h. sie muß das letzte und einzige Mittel sein, um den Minderjährigen vor der Verwahrlosung zu retten. Vgl. dazu Webler JW. 33, 2040 und die dort angeführte höchstrichterliche Rechtsprechung. Bietet die Fürsorgeerziehung „offenbar" keine Aussicht auf Erfolg, so ist sie abzulehnen (§ 63 II RJWG.).

Ein förmliches Antragsrecht steht nur dem Jugendamt, nicht den Eltern oder dem gesetzlichen Vertreter (die vielmehr als durch die Fürsorgeerziehung in ihren Rechten benachteiligt erscheinen) zu (§ 65 I S. 2). Das Vormundschaftsgericht kann aber, da die Fürsorgeerziehung zum Besten des Minderjährigen angeordnet wird, auch von Amtswegen tätig werden (§ 65 I S. 1), beispielsweise auf Anregung der Staatsanwaltschaft oder Polizei, welche Straftaten eines noch nicht 14jährigen mitteilen, der Jugendzentrale, des Vormunds usw.

Die Zuständigkeit des angerufenen Gerichts ist als Vormundschaftsgericht ohne weiteres gegeben (§ 63 I RJWG., dazu § 36 I S. 1 RFGG., §§ 8, 11 I S. 2 BGB.). Durch den Gesindedienst hat sich der Wohnsitz der Frida Kodalle nicht geändert. Vgl. S. 848. —

Die sofort beigelegten Vormundschaftsakten ergeben nichts, was für die Frage der Verwahrlosung erheblich wäre. Sonstige Akten oder Vorgänge betreffend Frida Kodalle sind weder beim Jugendrichter noch in der Vormundschaftsabteilung oder bei der Jugendzentrale vorhanden. Vor der Entscheidung über den Antrag werden also umfassende Ermittlungen notwendig sein. Vor allem ist einwandfrei festzustellen, ob das Mädchen wirklich, wie es nach dem Bericht der Jugendpflegerin allerdings scheint, sich der gewerbsmäßigen Unzucht ergeben hat; ob die Mutter von dem Treiben weiß; ob die mitgeteilten Äußerungen gegenüber der Pätzold in dieser Fassung gefallen sind; wie sie sich früher, besonders in der Schule, geführt hat (Anfrage beim Rektor); ob vielleicht krankhafte Veranlagung vorliegt und daher die Fürsorgeerziehung aussichtslos ist (alsdann könnte die s. g. „Psychopathenfürsorge", vgl. § 65 IV RJWG., in Frage kommen); ob Besserung zu erhoffen und demgemäß das Verfahren auszusetzen ist (§ 66); ob Aussicht besteht die bestehende oder drohende Verwahrlosung durch Maßnahmen zu beseitigen, die nicht den infamierenden Charakter der Fürsorgeerziehung haben; ferner sind nach § 65 II die Frida Kodalle, ihre Mutter und der Vormund Nadel zu hören. Alles das wird geraume Zeit beanspruchen. Überdies findet gegen den ergehenden Beschluß sofortige Beschwerde, gegen die Entscheidung des Beschwerdegerichts weitere sofortige Beschwerde mit aufschiebender Wirkung statt (§§ 65 VI RJWG., 27 RFGG.).

Damit nun bis zur Rechtskraft des Beschlusses das Mädchen nicht vollständig verdorben wird oder sich der Fürsorgeerziehung durch die Flucht entzieht, ist die vom Jugendamt beantragte — gegebenen Falls auch von Amtswegen zu verhängende — „vorläufige Fürsorgeerziehung" (§ 67 RJWG.) geboten. Sie findet sowohl bei Gefahr im Verzuge (als „eilige") wie auch zur experimentellen Prüfung der Frage, ob die endgültige Fürsorgeerziehung Aussicht auf Erfolg bietet (als „versuchsweise"), statt. In dem ersten hier in Betracht kommenden Falle begnügt man sich — wie immer bei gerichtlichen Maßnahmen schleuniger und provisorischer Art — mit einem gewissen Grade von Wahrscheinlichkeit, einer Art „Glaubhaftmachung", obwohl das Gesetz darüber nichts ausdrücklich bestimmt. Bei der versuchsweisen vorläufigen Fürsorgeerziehung sind alle Erfordernisse ordnungsmäßig zu beweisen (Bayer. ObLG. bei Webler a. a. O.). Zur Glaubhaftmachung reichen der Brief der Frau Laube und der Bericht der Jugendpflegerin Sorge unzweifelhaft aus. Selbst die vorherige Anhörung der Frida Kodalle erscheint, soweit es sich um die vorläufige Unterbringung handelt, entbehrlich, sogar gefährlich: denn es ist mit hoher Wahrscheinlichkeit zu erwarten, daß das Mädchen, sobald sie merkt, daß ein Fürsorgeerziehungsverfahren gegen sie betrieben wird, verschwinden und so die spätere Durchführung der Maßnahme vereiteln wird. — Verfügung:

„68. XII. K 407.

1. Beschluß: Das am 14. Februar 1917 geborene Dienstmädchen *Frida Kodalle*, Tochter der verehelichten Rentenempfänger *Klara Tannapfel* verw. *Kodalle* geb. *Ewald* in Breslau, Scheitnigerstr. 99, katholischer Religion, bevormundet beim hiesigen Amtsgericht durch den Schneidermeister *Nadel* hier ......, ist gemäß § 67 RJWG. zur vorläufigen Fürsorgeerziehung unterzubringen, weil

(folgt kurze Begründung).

Breslau, den 8. November 1934.

Amtsgericht.

Richter.

2. Beschluß zustellen an: a) städt. Jugendamt hier, b) Landeshauptmann der Provinz Niederschlesien mit Nachricht, daß *Frida Kodalle* sich wahrscheinlich in Breslau aufhält und gewerbsmäßige Unzucht treibt, vielleicht bei ihrer Mutter Unterschlupf gefunden hat, c) Schneidermeister *Nadel*, d) Frau *Tannapfel*.
3. Abschrift des Beschlusses der Jugendzentrale mit Nachricht wie zu 2b.
4. Notiz: Zustellung an *Frida Kodalle* erst, wenn Nachricht von ihrer tatsächlichen Unterbringung eingegangen sein wird.
5. Standesamt um kostenfreie Übersendung einer Geburtsurkunde ersuchen.
6. Vorstrafen usw."

Die Zustellungen beruhen auf § 65 V. Die Zustellung des Fürsorgeerziehungsbeschlusses an den über 14 Jahre alten Minderjährigen wird durch den Gesichtspunkt des Erziehungsinteresses eingeschränkt (§ 65 V S. 1). Hierunter fällt auch die Verhütung der Flucht. Das gilt für den vorläufigen Unterbringungsbeschluß in erhöhtem Maße. Entsprechende Bestimmung für Zustellung von Schutzaufsichtsbeschlüssen: § 57 II.

Gegen den Unterbringungsbeschluß ist sofortige Beschwerde gegeben, welche keine aufschiebende Wirkung hat; im Beschwerdefalle kann der iudex a quo ausnahmsweise seine Entscheidung abändern (§ 67 RJWG., § 24 I RFGG.).

Weitere Ermittlungen. Aussetzung des Verfahrens. Nach wenigen Tagen wird Frida Kodalle von der, durch den Landeshauptmann verständigten, Polizei aufgegriffen und provisorisch in einer Rettungsanstalt in Breslau untergebracht. Hiervon erhält der Jugendrichter sofort Nachricht (§ 19 I pr. AG.) und läßt sich das Mädchen vorführen. Vernehmungen Jugendlicher sind mit besonderer Geschicklichkeit und Takt auszuführen. Es gilt für den Richter Einblick in die Persönlichkeit des Jugendlichen zu gewinnen und sein Vertrauen zu erlangen. Das sicherste Mittel hierfür ist im Allgemeinen, Verständnis für die begangenen Verfehlungen zu zeigen, so den Jugendlichen zum Sprechen zu bringen und ihn sich frei ausreden zu lassen; moralisierende Reden nützen ebenso wenig wie schroffes Anfahren.

Bei der Vernehmung wird Frida Kodalle von dem vorläufigen Unterbringungsbeschluß und dem ihr zustehenden Beschwerderecht — in den die Person betreffenden vormundschaftsgerichtlichen Angelegenheiten beginnt die Prozeßfähigkeit des Minderjährigen für Beschwerden schon mit vollendetem 14. Lebensjahre (§§ 59 RFGG., 65 VI RJWG.) — bekannt gemacht. Dann nehmen die Ermittlungen ihren Fortgang.

Es erweist sich, daß eine erhebliche sittliche Verwahrlosung bereits besteht, so daß die Fürsorgeerziehung ohne Rücksicht auf Verhalten und Persönlichkeit der Mutter zulässig sein würde. Verschiedene der befragten Auskunftspersonen sprechen sich jedoch dafür aus, dem Mädchen Gelegenheit zur Besserung zu geben, damit sie nicht für ihr Leben mit dem Makel der Fürsorgeerziehung behaftet wird. Auch sie selbst hat bei ihrer Vernehmung darum gebeten und das Gericht hält die Möglichkeit einer Besserung für gegeben. — Verfügung:

„1. In Sachen ...... wird das Verfahren gemäß § 66 I S. 1 RJWG. auf die Dauer von einem Jahre ausgesetzt, damit der Minderjährigen Gelegenheit zur Besserung gegeben wird."

Die Aussetzung beruht hier auf ähnlichen Erwägungen wie im Entmündigungsverfahren wegen Trunksucht (§ 681 ZPO.) oder im Scheidungs- und Herstellungsprozeß (§§ 620/1 ZPO.).

„2. Gemäß § 66 III RJWG. wird die Minderjährige für die Dauer der Aussetzung des Fürsorgeerziehungsverfahrens unter Schutzaufsicht gestellt. Die Ausübung der Schutzaufsicht wird der Breslauer Zentrale für Jugendfürsorge übertragen.

3. Zustellen usw."

Frida Kodalle wird wieder bei Frau Rektor Laube untergebracht, weil im kleinen Orte weniger Versuchungen an sie herantreten und sie leichter beobachtet werden kann und Frau Laube von der Zentrale als Helferin bestellt.

Der vorläufige Fürsorgeerziehungsbeschluß wird aufgehoben.

Endgültige Fürsorgeerziehung. Einige Monate lang geht alles gut. Dann taucht in Friedeberg ein junger Mann auf, den Frida Kodalle in ihrem Breslauer Bummelleben kennen gelernt hat und mit seiner Hilfe entflieht sie zum zweiten Male.

Inzwischen ist das Mädchen 18 Jahre alt geworden. Dieser Umstand steht aber der Verhängung der Fürsorgeerziehung nicht entgegen, weil nach § 63 IV für die Altersgrenze nicht der Erlaß des Anordnungsbeschlusses sondern der Zeitpunkt des Eingangs des Antrags (bei Fürsorgeerziehung von Amtswegen: der Zeitpunkt der Einleitung des Verfahrens) maßgebend ist. Für den Fall, daß Aussicht auf Erfolg besteht, kann sogar noch die Fürsorgeerziehung eines zwischen dem 18. und 19. Lebensjahr Stehenden beantragt werden, allerdings bloß mit Zustimmung der Fürsorgeerziehungsbehörde, d. i. des Landeshauptmanns (§ 63^{III}).

Der Jugendrichter hebt also den Aussetzungsbeschluß auf, erläßt einen neuen vorläufigen Unterbringungsbeschluß aus § 67 und benachrichtigt Landeshauptmann, Polizei und Jugendzentrale. Das Mädchen wird sehr bald in Chemnitz, wo sie sich der Unzucht ergeben hatte, aufgegriffen und auf Anordnung des Landeshauptmanns nunmehr sofort in eine Erziehungsanstalt gebracht, da am Erlaß des endgültigen Fürsorgeerziehungsbeschlusses nicht mehr zu zweifeln ist. Nach Abschluß der Ermittlungen ergeht der

„Beschluß.

Das am 14. Februar 1917 geborene Dienstmädchen *Frida Kodalle*, Tochter usw. ist nach § 63^{2} RJWG. zur Fürsorgeerziehung unterzubringen.

Gründe.

(folgen die als erwiesen angenommenen Tatsachen unter Hervorhebung der gesetzlichen Merkmale).

Breslau, den 18. Mai 1935.

Amtsgericht.
Richter."

Vgl. § 65^{III}. Zustellung und Beschwerderecht wie beim vorläufigen Unterbringungsbeschluß (S. 963). Zur Kontrolle der Rechtskraft holt der Jugendrichter beim Landgericht ein „Notfristattest" ein, denn die sofortige Beschwerde kann sowohl beim iudex a quo wie beim iudex ad quem eingelegt werden (§ 21^{I} RFGG.). Nach Rechtskraft werden die Akten dem Landeshauptmann übersandt, der sie nach einiger Zeit zurückreicht und dabei mitteilt, wo er Frida Kodalle untergebracht hat.

Die Schutzaufsicht ist mit Rechtskraft des Fürsorgeerziehungsbeschlusses von selbst erloschen (§ 59 S. 1 RJWG.).

Dauer und Wirkungen der Fürsorgeerziehung. Regelmäßig endet die Fürsorgeerziehung mit Vollendung des 19. Lebensjahrs (§ 72^{I}). Bei „besonderen Verhältnissen" kann das Gericht auf Antrag der Fürsorgeerziehungsbehörde ihre Dauer bis zum Eintritt der Volljährigkeit verlängern (§ 72 a). Auf der anderen Seite ist der Landeshauptmann — auf Antrag oder von Amtswegen — schon vor Erreichung des 19. Lebensjahrs zur Aufhebung der Fürsorgeerziehung mit oder ohne Vorbehalt des Widerrufs befugt. Lehnt er die vorzeitige Aufhebung ab, so steht den Beteiligten binnen zwei Wochen die Anrufung des Richters offen. Da manche Eltern fortwährend Aufhebungsanträge stellen, ist bestimmt, daß der erste derartige Antrag frühestens ein Jahr nach Rechtskraft des Anordnungsbeschlusses, die folgenden frühestens 6 Monate nach Zurückweisung des vorangegangenen angebracht werden dürfen. Für das Jugendamt als Antragsteller gelten die Karenzzeiten nicht. §§ 72^{II-IV} RJWG., 21 pr. AG.

Der Landeshauptmann, in dessen Hand die Durchführung der Fürsorgeerziehung liegt, trifft die Wahl zwischen Familien- und Anstaltserziehung (§ 62 RJWG.). Damit er die Fürsorgezöglinge ohne Schwierigkeiten in freie Arbeitsstellen unterbringen kann, überträgt ihm § 70^{III} die gesetzliche Vertretung, soweit es sich um

Eingehung, Änderung oder Aufhebung von Dienst- und Lehrverträgen sowie um Geltendmachung der vertraglichen Ansprüche handelt. Ferner hat er den Arbeitsverdienst zu verwalten und zu verwenden.

Im Übrigen ändert sich an der gesetzlichen Vertretung des Minderjährigen nichts. —

Der Referendar: Hat der unermittelt gebliebene Freund, mit dessen Hilfe Frida Kodalle entflohen ist, eine strafbare Handlung begangen?

Der Richter: Wenn ihm die Einleitung des Fürsorgeerziehungsverfahrens bekannt war, so hat er einen Minderjährigen dem Fürsorgeerziehungsverfahren entzogen oder ihn verleitet sich dem Verfahren zu entziehen bzw. ihm hierzu vorsätzlich geholfen, und ist auf Antrag des Landeshauptmanns aus § 76 zu bestrafen; der Umstand, daß das Verfahren ausgesetzt war, schließt den Tatbestand dieses Vergehens nicht aus. Ging die Absicht dahin das Mädchen zur Unzucht zu bringen, so liegt Idealkonkurrenz mit einfacher Entführung (§ 237 StGB., ebenfalls Antragsdelikt, antragsberechtigt: Mutter und Vormund) vor.

Referendar: Kann Frida Kodalle für ihre Flucht oder wegen Unzucht bestraft werden?

Richter: Die Selbstbefreiung eines zwangsweise Festgehaltenen ist straffrei, es sei denn, daß der Gefangene ein sonstiges Strafgesetz (Körperverletzung, Bestechung, Sachbeschädigung usw.) verletzt hat. RGSt. 61, 31 c. cit. bestraft den Gefangenen ferner, wenn er einen Dritten anstiftet ihn zu befreien bzw. ihm bei der Selbstbefreiung behilflich zu sein: eine nicht unbedenkliche Rechtsprechung, denn der übermächtige Freiheitsdrang des Gefangenen, auf dessen Anerkennung die Straflosigkeit der Selbstbefreiung beruht, wirkt hier mit gleicher Stärke wie sonst. Bei Jugendlichen wird die Bestrafung wegen Anstiftung zur Gefangenenbefreiung bzw. Fürsorgeentziehung wohl immer an dem Erfordernis der Einsicht (§ 3 JugGG., unten S. 972) scheitern. — Die Prostitution als solche ist nicht strafbar. Frida Kodalle kann nur bestraft werden, wenn sie a) entweder öffentlich in auffälliger Weise oder unter Belästigung Einzelner oder der Allgemeinheit sich zur Unzucht erboten hat (wobei es auf die Gewerbsmäßigkeit nicht ankommt), b) oder gewohnheitsmäßig zum Erwerb Unzucht getrieben hat und diesem Erwerb in der Nähe von Kirchen und Schulen, in der Umgebung von Kindern zwischen 3 und 18 Jahren oder in einem Ort unter 20000 Einwohnern, für den ein Unzuchtsverbot besteht, nachgegangen ist. § 361 ^{6}, $^{6}{}_{a}$, $^{6}{}_{b}$, $^{6}{}_{c}$ StGB. (Fassung der Novelle vom 26. Mai 1933). Die sittenpolizeiliche Kontrolle ist durch das Ges. zur Bekämpfung der Geschlechtskrankheiten vom 18. Februar 1927 (RGBl. I 61) aufgehoben.

Regreß wegen der Fürsorgeerziehungskosten: Die Provinz ist berechtigt, Erstattung der Kosten „aus dem pfändbaren Vermögen" des Minderjährigen oder seiner unterhaltspflichtigen Eltern zu verlangen, weil durch die Fürsorgeerziehung Unterhaltskosten erspart werden. Bei schulentlassenen Fürsorgezöglingen — die sich ja ohne die Fürsorgeerziehung in der Regel durch eigene Arbeitstätigkeit erhalten würden — setzt der Erstattungsanspruch voraus, daß sie in einer Anstalt untergebracht oder infolge von Krankheit erwerbsunfähig sind (§§ 75 RJWG., 22/3 pr. AG.). Streitigkeiten werden unter Ausschluß des Rechtsweges vom Bezirksausschuß entschieden (§ 23 ^{III} AG.). Erhebliche praktische Bedeutung hat der Regreß nicht: denn die Zahlungspflichtigen gehören überwiegend dem Arbeiterstand an und besitzen daher kein pfändbares Vermögen, die Pfändungsbeschränkungen der §§ 811, 850 ZPO. (S. 627, 667) gelten aber entsprechend auch für das Verwaltungszwangsverfahren (§§ 25, 46 VO. vom 15. November 1899, oben S. 644). —

Jugendstrafsache.

Anklage.

„Der Oberstaatsanwalt beim Landgericht. Breslau, den 10. November 1934.
7 J 685.34. Jugendlich!

Anklageschrift.

1. Der Arbeitsbursche *Paul Henke* aus Breslau, z. Zt. im städtischen Burschenobdach Westendstraße untergebracht, geboren am 19. Oktober 1916 in Breslau, Bestrafungen und gerichtliche Verfahren siehe unten, gesetzlicher Vertreter: der Vater, Möbeltischler *Karl Henke* in Breslau, Rosenstr. 28,

2. der Bäckerlehrling *Kurt Noster* aus Breslau, z. Zt. im städtischen Burschenobdach Westendstraße untergebracht, geboren am 7. Februar 1919 in Breslau, nicht bestraft, gesetzlicher Vertreter: die Mutter, Waschfrau verw. *Anna Noster* geb. *Hellmich* in Breslau, Rosenstr. 28,

werden angeklagt:

I. *Henke* und *Noster* gemeinschaftlich zu Breslau am 21. September 1934 fremde bewegliche Sachen, nämlich 3 goldene Ringe, 1 goldenes Armband, 1 goldene Herrenuhrkette im Gesamtwerte von 400 *RM*, dem Bäckermeister *Adolf Strietzel* in Breslau ...... gehörig, diesem in der Absicht rechtswidriger Zueignung weggenommen zu haben,

II. *Noster* durch eine weitere selbständige Handlung in der Zeit vom 5. bis 10. Oktober 1934 zu Trachenberg und im Kreise Trachenberg gebettelt zu haben.

III. *Henke* und *Noster* gemeinschaftlich durch eine weitere selbständige Handlung zu Wersingawe, Kr. Militsch am 11. Oktober 1934 fremde bewegliche Sachen, nämlich Maschinenteile aus Kupfer und Nickel im Gesamtwerte von 80 *RM*, dem Landwirt *Fichtl* in Wersingawe gehörig, diesem in der Absicht rechtswidriger Zueignung weggenommen zu haben, und zwar aus einem Gebäude, dem Maschinenschuppen des *Fichtl*, mittels Einbruchs,

wobei sie z. Zt. der Tat nach ihrer geistigen und sittlichen Entwicklung fähig waren, das Ungesetzliche ihrer Handlungen einzusehen und ihren Willen dieser Einsicht gemäß zu bestimmen,

Verbrechen und Vergehen gegen §§ 242, 243^{2}, 361^{4}, 47, 74, 77 StGB., §§ 1, 3, 9 JugGG."

„Jugendliche" im Sinne des JugGG. sind Personen, die das 14., aber nicht das 18. Lebensjahr vollendet haben (§ 1). Die materiellen Bestimmungen der §§ 2—16 finden auf alle strafbaren Handlungen Anwendung, deren Täter zur Zeit der Begehung jugendlich waren („materielle Jugendsachen"). Das formelle Sonderrecht der §§ 17f. gilt für das Verfahren vor den besonderen Jugendstrafgerichten („formelle Jugendsachen"). Als Jugendgericht fungiert in Einzelrichtersachen (§ 25 GVG.) der Jugendrichter (VO. vom 14. Juni 1932, 1. Teil Kap. I Art. 9), sonst im allgemeinen das aus dem Jugendrichter und zwei Schöffen bestehende „Jugendgericht" (§ 17^{I} S. 2 JugGG.). Für die unter die Kompetenz des Schwurgerichts- oder des Reichs-(Oberlandes-)gerichts fallenden Sachen besteht das glücklicher Weise bloß selten in Aktion tretende „große Jugendgericht" von 2 Richtern und 3 Schöffen (§ 17^{I} S. 3). Vor die Jugendgerichte kommt der Fall, wenn der Angeklagte zur Zeit der Anklageerhebung ein Jugendlicher ist (§ 17^{I} S. 1). Bei Personen, die z. Zt. der Tat jugendlich waren, z. Zt. der Anklageerhebung nicht mehr jugendlich, aber unter 21 Jahren sind, kann die Staatsanwaltschaft zwischen ordentlichem und Jugendgericht wählen (§ 17^{II}). Hierauf beruht es, daß auch der Fall des bei Begehung jugendlichen, inzwischen aber über 18 Jahre alt gewordenen Henke vor das Jugendgericht gebracht wird.

Wann gelangen *materielle Jugendsachen zur Kognition von Nicht-Jugendgerichten*? 1. Durch Zusammenhang mit Strafsachen gegen Nicht-Jugendliche (forum connexitatis, § 13 StPO.); das Verbot des § 26^{II} JugGG. ist kein absolutes, 2. dadurch daß der Täter vor Anklageerhebung 18jährig geworden ist und die Staatsanwaltschaft von § 17^{II} keinen Gebrauch macht, 3. dadurch daß der Täter nach Anklageerhebung das 21. Lebensjahr vollendet (was besonders dann leicht geschehen kann, wenn das Verfahren wegen Abwesenheit des Angeklagten längere Zeit geruht hatte) und das Gericht die Sache gemäß § 18^{II} zum ordentlichen Verfahren verweist; die Verweisung steht im freien Ermessen des Gerichts und erfordert keinen Antrag. 4. Berufungs- und Revisionsgericht gegenüber Urteilen der besonderen Jugendinstanzen sind die gewöhnliche Strafkammer bzw. das Oberlandesgericht (im Sinne des oben S. 867 dargestellten Instanzenzuges ist auch das „große" Jugendgericht ein Schöffengericht, arg. § 17^{I} S. 2).

Zum materiellen auch in nicht-formellen Jugendsachen anzuwendenden Jugendstrafrecht gehören auch die Vorschriften über die Erziehungsmaßregeln (§ 7), vorläufige Anordnung (§ 8), Strafaussetzung (§§ 10/5), erzieherische Durchführung des Strafvollzugs (§ 16).

Die Kreise Trachenberg und Militsch liegen außerhalb des Gerichtsbezirks. Doch ergibt sich die örtliche Zuständigkeit des Breslauer Gerichts zu II und III der Anklageformel aus dem Wohnsitz der beiden Angeschuldigten (forum domicilii, oben S. 848). Für Jugendstrafsachen besteht weiterhin ein besonderer — nicht ausschließlicher — Gerichtsstand am Sitz des Vormundschaftsgerichts sowie am Aufenthaltsort, damit möglichst alle Verfehlungen eines Jugendlichen von dem mit seiner Persönlichkeit vertrauten Jugendrichter abgeurteilt werden können. § 25^{I} JugGG., vgl. §§ 36, 43 RJGG.

„Ermittlungsergebnis.

Am 21. September 1934, einem Sonntag, trafen sich die Angeschuldigten auf dem Fußballplatz in Breslau-Leerbeutel. *Noster*, der bei seinem Lehrherrn Bäckermeister *Strietzel* wohnte, erzählte dem *Henke*, daß *Strietzel* sehr reich sei und viele Goldsachen besäße, die unverschlossen daliegen. *Henke* schlug dem *Noster* vor, die Goldsachen wegzunehmen, den Erlös zu teilen und davon „eine Fahrt zu machen". Beide Angeschuldigten gingen darauf in die *Strietzel*sche Wohnung, in der sich niemand befand. *Noster* zeigte dem *Henke* die zu I der Formel bezeichneten, in einer offenen Schublade des Eßtisches liegenden Goldsachen und die Angeschuldigten nahmen sie an sich. Sie fuhren noch am selben Abend nach Dresden, verkauften dort Armband und Uhrkette und schafften sich vom Erlöse je einen Anzug, Mütze, Wäsche, Stock und Reisekoffer an. Dann fuhren sie nach Görlitz, Glogau und Trachenberg, verkauften unterwegs die 3 Ringe und lebten von dem Erlöse. Am 5. Oktober hatte *Henke* noch 12.50 *RM*, *Noster* noch 8 *RM*.

In der Zeit vom 5. bis 10. Oktober 1934 hat *Noster*, weil er das noch vorhandene Geld nicht angreifen wollte, im Stadt- und Landkreis Trachenberg gebettelt, indem er von Haus zu Haus ging, sich als ‚armen Handwerksburschen' bezeichnete und um Geld und Nahrungsmittel bat, die er auch erhielt."

Zum Tatbestand des Bettelns (§ 361^{4} StGB.) gehört das — mündliche, schriftliche oder durch Gesten geübte — Ansprechen um Gaben; bloßes Annehmen nicht erbetener Geschenke genügt nicht.

„Am 11. Oktober 1934 kamen die Angeschuldigten nach Wersingawe, wo sie in einer Scheune zu nächtigen beschlossen. *Noster* bemerkte den Maschinenschuppen des *Fichtl*, der gegenüber von dessen Gehöft auf der anderen Seite der Straße liegt, stellte durch eine Luke fest, daß sich darin Maschinenteile aus Kupfer und Nickel befanden, und schlug dem *Henke* vor, diese zu stehlen. Die Bedenken des *Henke* beseitigte er mit der Versicherung, daß solche Maschinenteile gut verkäuflich seien. Als die Nacht herangekommen war, holte *Noster* aus der offenen Schmiede des Dorfschmieds Hämmer, mit deren Hilfe die Angeschuldigten mehrere Bretter herausbrachen. *Noster* zwängte sich hinein und reichte dem *Henke* die Maschinenteile heraus. Hierauf brachte *Noster* die Hämmer wieder in die Schmiede zurück."

Die Wegnahme der Hämmer ist als bloßes furtum usus straflos. Bei dem Einbruch in den Schuppen Fichtl's und der Wegnahme der Maschinenteile hatten beide Angeschuldigten den Täterdolus, denn sie wollten die Tat als eigene. Deshalb sind sie ohne Rücksicht darauf, in welchem Umfang ein jeder von ihnen aktiv mitgewirkt hat, wegen gemeinschaftlicher Begehung als Mittäter zu bestrafen. Olshausen 6, Leipz. Komm. 2 a zu § 47.

„Die Maschinenteile schafften die Angeschuldigten in Rucksäcken fort. Bei dem Versuch, sie in Militsch zu verkaufen, wurden sie angehalten und der Polizei übergeben. Die entwendeten Maschinenteile sind ihnen abgenommen und *Fichtl* zugestellt worden[1]), so daß diesem abgesehen von der Beschädigung des Schuppens kein weiterer Schaden entstanden ist."

Die Anklageschrift geht nunmehr zu der Persönlichkeit der Angeschuldigten über. Es ist damit in Jugendstrafsachen wesentlich anders als in Strafsachen gegen Erwachsene. Während sonst die persönliche Seite bei den Ermittlungen meist vernachlässigt und daher „die Tat und nicht der Täter" gestraft wird (S. 912 f.), schreibt § 31 I S. 1 JugGG. die möglichst frühzeitige Feststellung der Lebensverhältnisse des Täters sowie aller Umstände vor, die zur Beurteilung seiner körperlichen und geistigen Eigenart dienen. Hierbei betätigt sich besonders die Jugendzentrale als „Jugendgerichtshilfe". Infolge dessen stehen in Jugendsachen dem erkennenden Gericht für das Vorhandensein von Einsicht und Willensfähigkeit (§ 3), die Anordnung von Erziehungsmaßregeln neben oder statt der Strafe (§§ 5, 6), die Bestimmung von Strafart und -maß, gegebenen Falls auch für die Aussetzung der Strafvollstreckung (§§ 10 f.), fast immer gute Unterlagen zur Verfügung:

„Der Angeschuldigte *Henke* wird von den befragten Auskunftspersonen als trotziger, zu Rechtsbrüchen neigender, gewissenloser Mensch geschildert, mit dem die gut beleumdeten Eltern nicht fertig werden. Es ist bereits eine Anzahl von Strafverfahren gegen ihn anhängig gewesen:

1. wegen Sachbeschädigung, begangen im April 1930. Als sich die Strafunmündigkeit des Täters herausstellte, wurde das Verfahren gemäß § 170 II StPO. eingestellt (Akten 2 P.L. 435.30 der Amtsanwaltschaft Breslau)."

Vgl. § 2 JugGG.

„2. wegen Hausfriedensbruchs, begangen Februar 1931. Das Verfahren ist gemäß §§ 170 II StPO., 3, 32 I JugGG. eingestellt (Akten 68 C 86.31 des Amtsgerichts Breslau)."

Zur Einstellung gegen Jugendliche, also relativ Strafmündige, wegen mangelnder Einsicht oder wegen Willensschwäche bedarf die Staatsanwaltschaft der Zustimmung des Jugendrichters, die nach Anhörung des Jugendamts (Jugendzentrale) erteilt wird. Unter der gleichen Voraussetzung können Verfahren gegen Jugendliche niedergeschlagen werden, wenn zwar nach § 3 eine strafbare Handlung gegeben, aber die Sache geringfügig ist oder Erziehungsmaßregeln ausreichend erscheinen (§ 32 II).

Privatklagen gegen Jugendliche sind unstatthaft, weil das Verfahren keine Gewähr für ausreichende Ermittlung der persönlichen Verhältnisse und für Beachtung der erzieherischen Gesichtspunkte bietet. Hätte also nicht § 3 entgegengestanden, so würde das Hausfriedensbruchverfahren gegen Henke, auch wenn kein

---

[1]) Vgl. oben Seite 952.

öffentliches Interesse sondern nur ein berechtigtes Interesse des Verletzten gegeben war, im Wege der öffentlichen Klage durchgeführt worden sein (§ 38^{I} JugGG., vgl. §§ 374^{1}, 376 StPO.). Widerklage gegenüber der von einem Jugendlichen erhobenen Privatklage: S. 932. — Aus den gleichen Gründen untersagt § 38^{II} JugGG. die Anwendung des Schnellverfahrens gegen Jugendliche.

„3. wegen Übertretung verkehrspolizeilicher Vorschriften, begangen September 1931. Durch rechtskräftig gewordene Strafverfügung des Polizeipräsidenten in Breslau vom 4. September 1931 ist eine Geldstrafe von 8 RM festgesetzt worden. Da *Henke* die Strafe nicht bezahlte, wurde nach § 40 JugGG. beim Jugendrichter Umwandlung in Haft beantragt. *Henke* hat dann die Strafe vor Erlaß des Umwandlungsbeschlusses bezahlt (Akten 68 G 231.31 des Amtsgerichts Breslau)."

Polizeiliche Strafmandate gegen Jugendliche dürfen, abweichend von § 413^{II} StPO., nur auf Geldstrafe (oder Einziehung) lauten und die Polizeibehörde ist zur Substitution von Freiheitsstrafen nicht zuständig.

„4. wegen Tierquälerei, begangen Juni 1932. Es ist amtsrichterlicher Strafbefehl über 20 RM ergangen und rechtskräftig geworden; die Strafe hat *Henke* in Raten bezahlt (Akten 68 C 161.32 des Amtsgerichts Breslau)."

Dem Jugendrichter steht im Strafbefehlverfahren die Befugnis zur Substitution von Freiheitsstrafen zu (§ 39 JugGG.).

„5. wegen Veruntreuung der ihm von Spediteur *Vogel*, bei dem er in Arbeit stand, anvertrauten Waren im Werte von 250 RM, begangen im August 1933. Durch rechtskräftiges Urteil des Jugendgerichts in Breslau vom 23. Januar 1934 ist *Henke* zu 3 Monaten Gefängnis verurteilt und die Vollstreckung der Strafe gemäß § 10 JugGG. auf eine Probezeit von 3 Jahren ausgesetzt worden (Akten 68 D 348.33 des Amtsgerichts Breslau).

Noster ist gutartig und hat zu gerichtlichen Verfahren noch keinen Anlaß gegeben. Er ist aber schlechten Einflüsterungen leicht zugänglich und neigt zu unnützen Geldausgaben, besonders für Zigarettenrauchen und Kinobesuch.

Beweismittel.

............"

Darunter befinden sich auch die Personen, welche über das Wesen der beiden Angeschuldigten Auskunft geben sollen. Der bei den Akten befindliche Bericht der Jugendzentrale, in dem die Auskünfte niedergelegt sind, würde nach dem Unmittelbarkeitsprinzip (S. 983f.) kein zulässiges Beweismittel sein.

Ferner sind die von Striezel und Fichtl gestellten Strafanträge aufgeführt. Denn falls die entwendeten Goldsachen als Gegenstände „von unbedeutendem Werte" angesehen werden sollten, würde bei Noster „Lehrherrndiebstahl" vorliegen, der nach § $247^{I, III}$ StGB. nur auf Antrag verfolgt wird. Fichtls Strafantrag kann praktische Bedeutung gewinnen, falls das Gericht den Angeschuldigten zubilligt, daß sie die Maschinenteile „aus Not" gestohlen haben und wenn es diese für „geringwertige Gegenstände" erklärt (§ $248a^{II}$). Darüber, daß Notdiebstahl den § 243 ausschließt, vgl. S. 910.

„Es wird beantragt:

das Hauptverfahren vor dem Jugendgericht in Breslau zu eröffnen und gemäß § 8 JugGG. Anordnung über die Erziehung und Unterbringung der Angeschuldigten zu treffen.

An das Amtsgericht
Jugendgericht
hier.

J. A.:
Scharf."

„vor dem Jugendgericht": d. h. unter Zuziehung von Schöffen. Vgl. § 25 ᵃᶜ GVG. mit Art. 9 der VO. vom 14. Juni 1932 (oben S. 966).

Der Antrag auf vorläufige Anordnung über die Erziehung und Unterbringung aus § 8 JugGG. hat den Zweck, die Angeschuldigten vor der demoralisierenden Untersuchungshaft zu bewahren. Vgl. § 28. —

Nach § 201 I S. 2 StPO. wird die Anklageschrift zur Erklärung zugestellt und zwar außer den beiden Angeschuldigten auch an ihre gesetzlichen Vertreter (§ 30 S. 3 JugGG.).

Eröffnung des Hauptverfahrens. Vorbereitung der Hauptverhandlung.

„Geschäftsnummer: 68 *DL* 204.34.

Beschluß.

1. Der Arbeitsbursche *Paul Henke* usw.
2. der Bäckerlehrling *Kurt Noster* usw.

werden beschuldigt:

I. *Henke* und *Noster* gemeinschaftlich (usw. wie Anklageformel S. 966).

Verbrechen und Vergehen gegen §§ ......

Sie sind dieser Taten hinreichend verdächtig.

Auf Antrag der Staatsanwaltschaft wird daher gegen sie das Hauptverfahren vor dem Jugendgericht in Breslau eröffnet.

Gemäß § 8 JugGG. sind die Angeklagten vorläufig im städtischen Burschenobdach in Breslau, Westendstraße 10 unterzubringen.

Breslau, den 22. November 1934.

Amtsgericht.

Richter."

Bisher war die Unterbringung der Angeklagten im Burschenobdach bloß provisorisch durch die Polizei erfolgt. Der Beschluß schafft eine rechtliche Grundlage für ihre weitere Festhaltung und ersetzt praktisch den Haftbefehl, den man in Jugendsachen nach Möglichkeit vermeidet. Bisweilen wird auch gegen jugendliche Beschuldigte ein vorläufiger Fürsorgeerziehungsbeschluß aus § 67 RJWG. (S. 962) erlassen.

Eröffnungsbeschluß und Ladung zum Hauptverhandlungstermin werden u. a. den gesetzlichen Vertretern der beiden Angeklagten und der Jugendzentrale zugestellt (§§ 30 S. 4, 31 III S. 2 JugGG.). Die Verwaltung des Burschenobdachs erhält den Beschluß wegen der Anordnung aus § 8 mit dem Ersuchen, die Angeklagten zum Termin durch eine zuverlässige Begleitperson zu stellen.

Hauptverhandlung und Urteil. In formellen Jugendstrafsachen findet die Hauptverhandlung ausnahmslos unter Ausschluß der Öffentlichkeit statt (§ 23 I), eines besonderen Beschlusses hierüber (oben S. 937) bedarf es nicht. Dieser Grundsatz gilt auch für die Berufungs- und Revisionsinstanz (RGSt. 59, 374), nicht dagegen für Strafsachen gegen Jugendliche, die ausnahmsweise vor die ordentlichen Strafgerichte gelangen (S. 967).

Die Schöffen des Jugendgerichts werden einer besonderen „Jugendschöffenliste" entnommen (§ 20).

„Nicht-öffentliche Sitzung des Jugendgerichts.

Gegenwärtig:

Breslau, den 4. Dezember 1934.

In der Strafsache

gegen

1. Amtsgerichtsrat *Richter* als Vorsitzender,
2. Schriftstellerin *Hueter*,
3. Versicherungsmathematiker *Schirmer* als Schöffen,

Staatsanwaltschaftsrat *Scharf* als Beamter der Staatsanwaltschaft,

Justizsekretär *Urkund* als Protokollführer.

Henke und Genossen wegen schweren Diebstahls usw. erschienen:

der Angeklagte *Paul Henke* und Möbeltischler *Karl Henke* als gesetzlicher Vertreter.

der Angeklagte *Kurt Noster* und Witwe *Anna Noster* als gesetzliche Vertreterin.

Ferner waren erschienen:

die Mutter des Angeklagten *Henke*, Frau *Hedwig Henke* geb. *Iwand*,

der Verletzte, Bäckermeister *Strietzel*,

als Vertreterin der Zentrale für Jugendfürsorge Frl. *Seelhorst*."

Die gesetzlichen Vertreter haben das Recht Fragen zu stellen und müssen zum Wort verstattet werden (§ 30 S. 1), während Henkes Mutter nur als „erwachsene Angehörige" des Angeklagten Zutritt erhalten hat (§ 23II S. 2). Strietzel als Verletzter muß (§ 23II S. 1), die Vertreterin der Jugendzentrale soll (§ 23II S. 2) zur Verhandlung zugelassen werden. — Die Verteidigung ist vor dem „großen Jugendgericht" obligatorisch (§ 29I), sonst jedenfalls zulässig.

Die Verhandlung bietet keine rechtlichen Besonderheiten, bringt auch keine Überraschungen. Das Urteil lautet:

„Der Angeklagte *Henke* wird wegen einfachen und schweren Diebstahls in je einem Falle zu einer Gesamtstrafe von 9 (i. W.) Monaten Gefängnis verurteilt.

Der Angeklagte *Noster* wird wegen einfachen und schweren Diebstahls in je einem Falle zu 2 (i. W.) Monaten Gefängnis verurteilt. Von der Anklage des Bettelns wird der Angeklagte *Noster* freigesprochen.

Die Vollstreckung der gegen den Angeklagten *Noster* erkannten Strafe von 2 Monaten Gefängnis wird auf die Dauer von 3 (i. W.) Jahren ausgesetzt, damit der Verurteilte sich durch gute Führung während der Probezeit Straferlaß verdienen kann. Für die Dauer der Probezeit wird ihm die Enthaltung vom Zigarettenrauchen und vom Kinobesuch, mit Ausnahme des Besuchs von Lehrfilmen, auferlegt. Ferner wird ihm die Leistung einer in Wochenraten von je 2 *RM* (i. W.) zahlbaren Buße von 60 *RM* (i.W.) an den Bäckermeister *Adolf Strietzel* in Breslau aufgegeben.

Die gegen den Angeklagten *Henke* erkannte Strafe von 9 Monaten Gefängnis ist zu vollstrecken, ebenso die im Urteil des Jugendgerichts vom 23. Januar 1934, 68 D 348.33, erkannte Strafe von 3 Monaten Gefängnis.

Die Kosten des Verfahrens fallen, soweit Verurteilung erfolgt, den Angeklagten, im übrigen der Staatskasse zur Last."

Während nach den durch das StVollstr. u. GnR. aufgehobenen Bestimmungen (S. 877) die Gerichte über die Frage der bedingten Strafaussetzung immer durch unanfechtbaren Beschluß zu entscheiden hatten, bildet diese Entscheidung in Jugendsachen grundsätzlich einen Teil des Urteils (§ 10I). Anfechtung durch Rechtsmittel: unten S. 974. Das Urteil muß, wenn es keine Aussetzung anordnet, klarstellen, ob die Strafe vollstreckt oder die Entscheidung vorbehalten werden soll (§ 10II). Auf Grund neuer Tatsachen kann der Jugendrichter noch nachträglich Aussetzung im Beschlußwege bewilligen (§§ 11, 34).

Henke wird wieder in das Burschenobdach zurückgebracht, Noster seinem Lehrherrn übergeben (vgl. S. 974). —

Die Gründe des Urteils stellen zunächst die vom Jugendgericht als erwiesen angenommenen äußeren und inneren Tatsachen in Übereinstimmung mit der Anklageschrift fest und würdigen sie juristisch. Dann gehen sie zur Frage der Einsicht und Willensfähigkeit über:

„Auf Grund der eigenen Erklärungen der Angeklagten und des sonstigen Ergebnisses der Hauptverhandlung hat das Gericht keinen Zweifel, daß sowohl *Henke* wie *Noster* nach ihrer geistigen und sittlichen Entwicklung fähig waren, das Ungesetzliche der Wegnahme der Goldsachen und der Maschinenteile einzusehen und ihren Willen gemäß dieser Einsicht zu bestimmen (§ 3 JugGG.).

Noster gibt zu schon davon gehört zu haben, daß Bettler und Landstreicher bestraft werden und ins Arbeitshaus kommen. Er will sich aber nichts Böses dabei gedacht haben, daß er um Geld und Nahrungsmittel bat und die Spenden annahm. Die gesetzgeberischen Erwägungen, die zu der Bestrafung des Bettelns geführt haben, sind dem Verständnis junger Menschen schwer zugänglich. Deshalb ist das Gericht nicht zu der Überzeugung gelangt, daß *Noster* auch die Ungesetzlichkeit des Bettelns erkennen konnte und erkannt hat.

Die Hauptverhandlung hat mithin ergeben:

(folgt die Zusammenfassung für einfachen und schweren Diebstahl in der üblichen Form, vgl. S. 921),

nicht aber auch:

daß der Angeklagte *Noster* durch eine weitere selbständige Handlung in der Zeit vom 5. bis 10. Oktober 1934 zu Trachenberg und im Kreise Trachenberg gebettelt hat."

Es folgt die in jeder materiellen Jugendstrafsache und in jeder Instanz von Neuem erforderliche (RGSt. 59, 374) Prüfung, ob auf Strafe oder auf Erziehungsmaßregeln oder auf eine Kombination beider erkannt werden soll (§§ 5, 6 JugGG.). Von Bedeutung ist dabei, daß die „Verwarnung" nach § 7[1] zu den „Erziehungsmitteln" gehört. Wird also ein Jugendlicher nur zur Verwarnung verurteilt, so gilt das nicht als Bestrafung im Sinne der Rückfallsbestimmungen!

„*Henke* hat schon fünfmal durch Begehung objektiv strafbarer Handlungen Anlaß zu strafgerichtlichen Verfahren gegeben. Er hat die hierin für ihn liegende Warnung nicht beachtet, vielmehr während des Laufes der aus dem Urteil 68 D 348.33 laufenden Probezeit die jetzt zur Aburteilung gelangten neuen schweren Straftaten begangen. Das Jugendgericht hält deshalb Erziehungsmaßregeln nicht für ausreichend, insbesondere nicht Fürsorgeerziehung, weil der Angeklagte zu alt und zu sehr verdorben ist, als daß ein Erfolg der Fürsorgeerziehung noch erhofft werden könnte."

Die seit Begehung der Tat eingetretene Vollendung des 18. Lebensjahres würde der Anordnung einer Fürsorgeerziehung nicht entgegengestanden haben, wenn nur ein sachlicher Erfolg von ihr zu erwarten wäre (S. 964). Da der für die Fürsorgeerziehung zuständige Vormundschaftsrichter dem Jugendgericht angehört, wäre das Jugendgericht hier im Stande gewesen eine Fürsorgeerziehung unmittelbar anzuordnen. Es hätte aber auch lediglich auf Erziehungsmaßregeln erkennen und ihre Auswahl dem Vormundschaftsrichter überlassen können (§ 5[II]). Das zweite Verfahren verdient wegen seiner größeren Elastizität, und weil eine im Strafurteil verhängte Fürsorgeerziehung den Jugendlichen besonders herabzusetzen geeignet ist, im allgemeinen den Vorzug. — Über den Fall, daß dem Gericht erster Instanz die Zuständigkeit zur Fürsorgeerziehung fehlt, vgl. RGSt. 60, 47.

„Er war deshalb nach §§ 242, 243[2], 47 StGB., 1, 3, 9 JugGG. zu bestrafen. Mit Rücksicht auf die eindruckslos gebliebene Bestrafung mit 3 Monaten Gefängnis sowie auf die große

Verwerflichkeit seines Tuns erschien für den Diebstahl der Goldsachen eine Gefängnisstrafe von 5, für den Einbruchsdiebstahl bei *Fichtl* eine solche von 6 Monaten angemessen und ausreichend, welche gemäß § 74 StGB. zu einer Gesamtstrafe von 9 Monaten Gefängnis zusammengezogen worden sind."

Die noch nicht verbüßte 3monatliche Veruntreuungsstrafe bleibt daneben bestehen. Der Fall des § 79 StGB. liegt nicht vor, weil die jetzt abgeurteilten Delikte erst nach dem Urteil vom 23. Januar 1934 begangen sind. —

Bei jeder Verurteilung zu Freiheitsstrafe wegen der von einem Jugendlichen begangenen Straftat muß das Gericht die Frage der Strafaussetzung (§ 10 JugGG.) prüfen. In die Urteilsformel braucht die Entscheidung nur im Falle der Bewilligung aufgenommen zu werden (§ 10^{II}):

„Aussetzung der Strafvollstreckung gemäß § 10 JugGG. ist dem Angeklagten *Henke* nicht gewährt, vielmehr gemäß § 13 I S. 1 JugGG. bestimmt worden, daß auch die Strafe von 3 Monaten Gefängnis aus dem Urteil vom 23. Januar 1934 nunmehr vollstreckt wird, weil das Gericht die Vollstreckung für notwendig hält, um bessernd auf den Angeklagten einzuwirken.

Der Angeklagte *Noster* ist noch unbestraft und hat sich zu der Entwendung der Goldsachen durch den älteren und erfahreneren *Henke* verleiten lassen. Seine Mitwirkung bei dieser Tat stellt aber einen groben Bruch des von seinem Lehrherrn in ihn gesetzten Vertrauens dar. Außerdem wurde der Einbruchdiebstahl bei *Fichtl* von *Noster* angeregt. Deshalb und wegen der in der Hauptverhandlung festgestellten Tatsache, daß *Noster* gegenüber Versuchungen nicht den nötigen moralischen Halt besitzt, auch zu unnützen Ausgaben für Zigarettenrauchen und Kinobesuch neigt, die leicht den Anlaß zu neuen Straftaten bilden können, erschien die Anordnung bloßer Erziehungsmaßregeln nicht angängig. Vielmehr ist auf einen Monat Gefängnis für den einfachen und 6 Wochen Gefängnis für den schweren Diebstahl erkannt und aus diesen Strafen gemäß § 74 StGB. eine Gesamtstrafe von 2 Monaten Gefängnis gebildet, zugleich aber nach §§ 10 I, 12 I JugGG. die Strafvollstreckung auf eine Probezeit von 3 Jahren ausgesetzt worden. Das Gericht erwartet, daß *Noster* durch die Gefahr, bei schlechter Führung die Gefängnisstrafe verbüßen zu müssen, innerlich gefestigt und von weiteren Straftaten zurückgehalten werden wird. Gemäß § 12 II JugGG. sind ihm als besondere Verpflichtungen die Enthaltung vom Zigarettenrauchen und vom Kinobesuch (mit Ausnahme von Lehrfilmen) für die Dauer der Probezeit auferlegt und es ist ferner die Leistung einer Buße von 60 *RM* an den Geschädigten, Bäckermeister *Strietzel* angeordnet worden."

Der Referendar: Entspricht die Auferlegung einer Buße dem Gesetz? Das Reichsrecht kennt Bußen zu Gunsten des Verletzten nur in einzelnen besonders geregelten Fällen, wie §§ 188, 231 StGB., 37 PatG., 26 UWG., und schreibt für ihre Geltendmachung den Weg der Privat- bzw. Nebenklage vor (§ 403^{II} StPO.). § 59^{I} S. 1 StVollstr. u. GnR. gestattet zwar die Anordnung von Geldbußen im Zusammenhang mit bedingter Strafaussetzung, aber nur zu Gunsten der Staatskasse. Wäre es nicht richtiger gewesen Noster gemäß § 59^{III} die Auflage zu machen, daß er den angerichteten Schaden nach Kräften wieder ausgleicht, bzw. die Strafaussetzung an die Bedingung der Schadloshaltung Strietzels zu knüpfen?

Der Richter: Es handelt sich nicht um die durch Zwangsvollstreckung beitreibbare „Buße" im technischen Sinne, sondern um eine an sich freiwillige Leistung des Jugendlichen. Die Buße ist auch nicht Bedingung der Strafaussetzung. Zahlt Noster, so erwirbt er damit keinen Anspruch auf Niederschlagung seiner Strafe. Ebenso wenig verwirkt er die Aussetzung unter allen Umständen dadurch, daß er mit der Zahlung in Verzug gerät. Vielmehr ist lediglich bei der künftigen Entscheidung, ob Noster durch Wohlverhalten während der Probezeit sich des Straferlasses würdig gezeigt hat, mit den übrigen Umständen des Falles auch die Zahlung oder Nichtzahlung der Buße zu berücksichtigen. Das Jugendgericht darf die bedingte Strafaussetzung nicht von Bedingungen abhängig machen. RGSt. 58, 200. Das StVollstr. u. GnR. aber bleibt überhaupt außer Anwendung, denn seine Geltung beschränkt sich auf die Fälle, in denen eine Strafvollstreckungsbehörde zufolge Übertragung des ministeriellen Gnadenrechts, also als Verwaltungsinstanz, bedingte Strafaussetzung gewährt. In Jugendstrafsachen wird dem Gericht durch §§ 10^{I}, 12^{II} JugGG. unmittelbar die Befugnis verliehen, die Vollstreckung von Freiheitsstrafen auszusetzen, damit der Verurteilte sich durch gute Führung Straferlaß verdienen kann und ihm dabei „besondere Verpflichtungen" für die Dauer der Probezeit aufzuerlegen. Diese Verpflichtungen müssen dem erzieherischen Charakter des Jugendstrafwesens Rechnung tragen. Das trifft bei der Auflage von Bußen zu, weil sie den Jugendlichen nötigt, sich in seinen Ausgaben einzuschränken und daraus folgt ihre Zulässigkeit. Der Jugendliche wird für eine Ersatzzahlung an den Geschädigten weit eher Verständnis haben als für eine Buße, die dem Staat (oder, wie manche vorschlagen, einem gemeinnützigen Verein) zufällt. Vgl. Hellwig JW. 24, 1775^{28} c. cit.

„Von der Anordnung einer Schutzaufsicht"

— die zur Kontrolle der bei der Strafaussetzung auferlegten besonderen Verpflichtungen sonst gewöhnlich nicht entbehrt werden kann (§ 12 II S. 1) —

„ist abgesehen worden, da Bäckermeister *Strietzel* sich bereit erklärt hat, den Angeklagten *Noster* wieder in die Lehre zu nehmen und die Erfüllung der im Urteil getroffenen Maßnahmen persönlich zu übernehmen.

Die Kosten ....

Richter."

Die Berufung gegen das Urteil kann auch von den gesetzlichen Vertretern eingelegt werden (§ 298 StPO.). Will Henke (oder sein Vater) sich nur über die Versagung der Strafaussetzung, oder die Staatsanwaltschaft sich nur über die dem Noster bewilligte Strafaussetzung beschweren, so findet statt der Berufung sofortige Beschwerde statt (§ 35^{II} S. 1 JugGG.). Hinsichtlich der Erziehungsmaßnahmen (§ 35^{I}) sowie der Modalitäten der Strafaussetzung (§ 35^{II} S. 2) ist das Urteil der gesonderten Anfechtung entzogen. Vgl. dazu RG. 58, 200.

Strafvollstreckung und -aussetzung. Der Jugendrichter ist Strafvollstreckungsbehörde und entscheidet über die Bewährung (§§ 34, 36^{I} S. 1). Er muß alle Verfügungen selbst zeichnen, da es eine Übertragung auf den Rechtspfleger in Jugendsachen nicht gibt (§ 2^{II} StVollstr. u. GnR.). Die Verfügung nach Rechtskraft (S. 878) lautet hier:

„1. Rechtskräftig.
2. Zählkarte.
3. Nachricht von den Verurteilungen, der bedingten Strafaussetzung und der Bewährungsfrist zum Strafregister.
4. Nachricht dem Polizeipräsidium hier."

Die dem Noster bewilligte bedingte Strafaussetzung steht dem Vermerk der Verurteilung in Strafregister und polizeilicher Strafliste nicht entgegen; sie schiebt sogar, wie wir gesehen haben, zum Nachteil des Verurteilten den Lauf der beschränkten Auskunfts- und Tilgungsfrist hinaus (S. 890).

„5. Aufforderung an *Henke*, bis zum 21. Dezember 1934 die Strafe im Strafgefängnis, Jugendabteilung, hier anzutreten.

6. Strafvollstreckungsersuchen bzgl. *Henke* an Strafgefängnis, Jugendabteilung, hier. Zusatz: Die Zuführung des z. Zt. im Städtischen Burschenobdach hier untergebrachten Verurteilten wird durch die Zentrale für Jugendfürsorge erfolgen.

7. Nachricht der Zentrale für Jugendfürsorge mit dem Ersuchen, *Henke* nach dem Strafgefängnis, Jugendabteilung, hier zu überführen.

8. Nachricht von der bevorstehenden Abholung des *Henke* dem Städtischen Burschenobdach."

Jugendliche sollen Freiheitsstrafen in besonderen Jugendgefängnissen oder -abteilungen verbüßen (§ 16 III).

„9. Nachricht zu den Akten 68 D 348.33."

Dort wird die Vollstreckung der 3 Monate Gefängnis aus dem Urteil des Jugendgerichts vom 23. Januar 1934 verfügt werden.

„10. Am 23. Dezember 1934 wegen Strafantrittsanzeige.

11. *Noster*, Mutter und *Strietzel* zur Belehrung wegen Strafaussetzung auf .... laden."

Im Belehrungstermin erscheinen Kurt Noster, seine Mutter und der Lehrherr Strietzel:

„Die Erschienenen wurden über die Bedeutung der bewilligten Strafaussetzung und der dem Verurteilten auferlegten besonderen Verpflichtungen sowie insbesondere darüber belehrt, daß die Entrichtung der Geldbuße allein kein Anrecht auf den in Aussicht genommenen Gnadenerweis begründet, ein solcher vielmehr in jedem Falle von dem Wohlverhalten des Verurteilten während der Probezeit abhängig ist, ferner daß jeder Wechsel des Arbeitsorts oder der Wohnung dem Gericht unverzüglich anzuzeigen ist.

Kurt Noster erklärte:

Ich verspreche alle Verpflichtungen zu erfüllen und mich gut zu führen, damit mir die Strafe nach Ablauf der Probezeit erlassen werden kann.

Frau *Noster* und Herr *Strietzel* versprachen nach Kräften dafür zu sorgen, daß *Kurt Noster* sich gut führt und die ihm auferlegten Verpflichtungen einhält. Sie versprachen ferner, bei schlechter Führung dem Gericht alsbald Anzeige zu machen.

Vorgelesen, genehmigt, unterschrieben.

Kurt Noster. *Anna Noster* geb. *Hellmich.* *Adolf Strietzel.*

Geschlossen:

Richter."

Die feierliche Form der Belehrung zu Protokoll hat der Richter gewählt, um den Eindruck auf den Jugendlichen zu verstärken. Notwendig war sie nicht, eine Aktennotiz des Richters würde ausgereicht haben. Befindet sich der Verurteilte auswärts in Arbeit oder in Fürsorgeerziehung, so sieht man von mündlicher Belehrung überhaupt ab. —

Nach Ablauf von je 6 Monaten fordert der Richter durch die Jugendzentrale Berichte über Noster ein. Die Buße wird abgezahlt, und Noster läßt sich nichts Erhebliches zuschulden kommen. Daher wird, nachdem die dreijährige Probefrist verstrichen ist, die Strafe endgültig niedergeschlagen:

„Beschluß.

In der Strafsache ....

wird die durch Urteil des Jugendgerichts vom 4. Dezember 1934 gegen *Noster* erkannte Strafe von zwei Monaten Gefängnis nach Anhörung der Staatsanwaltschaft und der Breslauer

Zentrale für Jugendfürsorge hiermit gemäß § 15^{I} JugGG. erlassen, weil der Verurteilte sich innerhalb der Probezeit bewährt hat.

Breslau, den 20. Dezember 1937.

Amtsgericht.

Richter."

Vgl. §§ 33 StPO., 22, 34 S. 2 JugGG.

Außer auf Straferlaß, hätte die Entscheidung auch auf Vollstreckung der Strafe oder auf Verlängerung der Probezeit lauten können (§§ 12^{I} S. 2, 15^{II} JugGG.).

Nachdem der Beschluß vom 20. Dezember 1937 Rechtskraft erlangt hat (§ 35^{II}), zeigt das Gericht den Straferlaß zum Strafregister an. §§ 7^{1}, 11^{1} StRegVO.

Wird bedingte Strafaussetzung in Nicht-Jugendsachen gewährt, so teilt die Strafvollstreckungsbehörde dem Verurteilten mit, daß das Urteil nunmehr vollstreckbar sei, daß aber die Strafvollstreckung mit Bewährungsfrist ausgesetzt werde. Zugleich belehrt sie ihn — tunlichst mündlich, bei Auswärtigen durch Ersuchen des Vormundschaftsgerichts, Jugendamts, der Anstaltsleitung oder sonstiger amtlicher Stellen — über die Bedeutung der bedingten Strafaussetzung (§ 64 StVollstr. u. GnR.). Die Belehrung kann durch den Rechtspfleger vorgenommen werden (AusfVO. I zu § 64). Die abschließende Entscheidung über Erlaß oder Vollstreckung der Strafe trifft wieder die Strafvollstreckungsbehörde (§ 67). Dabei ist es zum Nachweis guter Führung nicht genügend, wenn den beauskunftenden Stellen nichts Nachteiliges bekannt geworden ist, sondern das Wohlverhalten muß vielmehr positiv festgestellt werden (§ 66).

22. Kapitel.

In der Strafkammer.

Erstinstanzliche Hauptverhandlung wegen Rückfallbetrugs.

„Öffentliche Sitzung der II. Strafkammer des Landgerichts. 28 (7) KL 168.34. — Breslau, den 14. Dezember 1934.

Gegenwärtig:

1. Landgerichtsdirektor *Richter I* als Vorsitzender,
2. Landgerichtsrat *Richter II*,
3. Landgerichtsrat *Richter III* als beisitzende Richter,
4. Vorarbeiter *Milde*,
5. Kaufmann *Strenge* als Schöffen,

Staatsanwaltschaftsrat *Scharf* als Beamter der Staatsanwaltschaft,
Justizsekretär *Urkund* als Urkundsbeamt er der Geschäftsstelle.

In der Strafsache gegen den Handelsmann *August Woellner* von hier wegen Betruges im Rückfall erschienen: der Angeklagte, aus der Untersuchungshaft vorgeführt, und RA. *Weiß* als Verteidiger.

Es wurden die Zeugen und Sachverständigen aufgerufen. Es meldeten sich:

1. Geh. Medizinalrat *Dr. Ansorge* von hier als Sachverständiger,
2. Kaufmann *Augustin* von hier,
3. Gastwirt *Schlegel* aus Rosenberg O.S. als Zeugen.

Der Verteidiger überreichte 3 unmittelbar von ihm bewirkte Ladungen nebst Zustellungsurkunden. Bei Aufruf der von ihm geladenen Zeugen meldete sich:

1. Kaufmann *Burgstaller*,
2. Frau *Agathe Woellner*, beide von hier.

Dagegen war der von dem Verteidiger unmittelbar geladene Graveur *Rudolf Hamann* aus Breslau nicht erschienen.

Die Zeugen entfernten sich zunächst wieder aus dem Sitzungssaal, nachdem sie mit dem Gegenstand der Untersuchung und der Person des Angeklagten bekannt gemacht und auf die Bedeutung des Eides sowie insbesondere darauf hingewiesen worden waren, daß der Eid sich auch auf die Beantwortung solcher Fragen bezieht, welche dem Zeugen über seine Person und die sonst im § 68 StPO. vorgesehenen Umstände vorgelegt werden."

Der Sachverständige darf der ganzen Verhandlung beiwohnen (arg. §§ 80^II, 243^IV StPO.).

„RA. *Weiß* beantragte:

wegen Nichterscheinens des Zeugen *Hamann* die Hauptverhandlung zu vertagen, zum neuen Termin außer den vom Gericht geladenen Zeugen und Sachverständigen auch die Zeugen *Burgstaller*, Frau *Woellner* und *Hamann* laden zu lassen und gemäß § 51^I S. 2 StPO. die zwangsweise Vorführung des Zeugen *Hamann* anzuordnen.

Staatsanwalt und Angeklagter wurden hierzu gehört."

Die Kammer berät über den Antrag des Verteidigers.

Einzelrichter, Schöffengericht (einschließlich des mit 2 Jugendschöffen besetzten und des „großen" Jugendgerichts) und Berufungsstrafkammer bestimmen den Umfang der Beweisaufnahme, ohne durch Anträge, Verzichte oder frühere Beschlüsse gebunden zu sein („Prinzip der freien Beweisaufnahme"). Diese Gerichte können also nach ihrem pflichtmäßigen Ermessen nicht bloß die Ladung neu vorgeschlagener Zeugen ablehnen, sondern auch Zeugen, die in der Anklageschrift als Beweismittel benannt und darum zur Hauptverhandlung geladen waren oder die der Angeklagte selbst zum Termin mitgebracht hat, gegen dessen Willen unvernommen nach Hause schicken. Die gleiche Befugnis steht den Sondergerichten zu. Beleidigungsprozesse, auch wenn sie vor die erstinstanzliche Strafkammer gelangen, werden immer nach dem Prinzip der freien Beweisaufnahme behandelt. § 4 der IV. NotVO. 8. Teil Kap. III; § 1 der VO. vom 14. Juni 1932, 1. Teil Kap. I Art. 3; § 13 VO. vom 21. März 1933; § 17^I JugGG.

Dagegen gilt für erstinstanzliche Strafkammer-, Schwurgerichts-, Reichs- und Oberlandesgerichtssachen der Grundsatz der „gebundenen Beweisaufnahme": die Beweisaufnahme ist auf sämtliche vorhandenen Zeugen und Sachverständigen sowie auf die anderen herbeigeschafften Beweismittel (Akten, sonstige Urkunden, Überführungsstücke) zu erstrecken, es sei denn, daß die Beweiserhebung zum Zwecke der Prozeßverschleppung beantragt wird, oder daß Staatsanwaltschaft und Angeklagter übereinstimmend auf das Beweismittel verzichten. § 245^I StPO., Fassung vom 27. Dezember 1926 (RGBl. I 529). Hierin liegt eine wichtige Garantie des Angeklagten gegen übereilte Verurteilung. Die Entlastungsbeweise der Angeklagten mögen zum großen Teil mißglücken, aber jeder Kriminalist kennt auch Fälle, in denen die Aussage des letzten Zeugen eine unerwartete Wendung gebracht und zur Freisprechung geführt hat. Damit nun der Angeklagte die Vernehmung eines Zeugen oder Sachverständigen erzwingen kann, müssen zwei Voraussetzungen zusammentreffen:

a) formelle Ladung, wobei zwischen den vom Gericht bzw. der Staatsanwaltschaft (S. 871/2) und den vom Angeklagten (Verteidiger) gemäß §§ 220, 38 Geladenen kein Unterschied besteht. Deshalb hat der Verteidiger die Ladungen überreicht.

Formlos zum Hauptverhandlungstermin gestellte oder auf Grund einer nicht ordnungsmäßigen Ladung erschienene Personen braucht das Gericht nicht zu vernehmen. Zur Ordnungsmäßigkeit der Ladung gehört, streng genommen, der Nachweis der Hinterlegung der Zeugenentschädigung nach § 220^II. Wegen der Umständlichkeit dieses Verfahrens sehen jedoch viele Verteidiger von der vorschriftsmäßigen Hinterlegung ab und RGSt. 54, 258 erklärt den Verstoß für unschädlich.

b) tatsächliches Erscheinen des Geladenen im Termin. Dieses Erfordernis ergibt sich aus § 245^I S. 2 und der Parallele mit den „herbeigeschafften" Beweismitteln. Vgl. Kommentare zu § 245.

Burgstaller und Frau Woellner sind also unbedingt zu vernehmen, während die Vernehmung des trotz ordnungsmäßiger Ladung nicht erschienenen Zeugen Hamann nach den Regeln des Beweisantragsrechts zu behandeln ist.

„Es wurde der Beschluß verkündet:

Über die Vertagung und die Ladung des Zeugen *Hamann* soll Beschluß gefaßt werden, wenn sich nach dem Ergebnis der Hauptverhandlung übersehen läßt, ob die Vernehmung dieses Zeugen erforderlich sein wird. Die Beschlußfassung über die Festsetzung einer Ordnungsstrafe und die Vorführung des Zeugen *Hamann*"

— der vom Angeklagten (Verteidiger) ordnungsmäßig geladene Zeuge unterliegt den gleichen Zwangsmitteln und Ordnungsstrafen, wie der vom Gericht bzw. der Staatsanwaltschaft geladene (§ 51) —

„bleibt vorbehalten, bis der Grund seines Ausbleibens festgestellt ist."

Der Vorsitzende läßt von der Geschäftsstelle das zuständige Polizeirevier anrufen, um Hamann an das Erscheinen im Termin zu erinnern. Inzwischen wird gemäß § 243^{II-IV} in die sachliche Verhandlung eingetreten:

„Der Angeklagte, über seine persönlichen Verhältnisse vernommen, erklärte:

....

Den Strafregisterauszug Blatt .... der Akten erkannte er als richtig an.

Der Beschluß über die Eröffnung des Hauptverfahrens vom 2. November 1934 wurde verlesen."

Der Beschluß legt Woellner zur Last:

„zu Breslau und Rosenberg O.S. in der Zeit vom 2. bis 7. August 1934 in der Absicht, sich einen rechtswidrigen Vermögensvorteil zu verschaffen, das Vermögen eines anderen, des Kaufmanns *Fritz Augustin* aus Breslau, dadurch beschädigt zu haben, daß er durch Vorspiegelung falscher Tatsachen einen Irrtum erregte und unterhielt, indem er durch die unwahre Angabe, er sei imstande und willens ihm 600 Kilogramm Sacharin zu liefern und diese lägen beim Gastwirt *Schlegel* in Rosenberg zur Abnahme bereit, den *Augustin* zur Zahlung eines Vorschusses von 1500 *RM* bestimmte und zwar nachdem er im Inlande wegen Betruges einmal und wegen darauf begangenen Betruges zum zweiten Male bestraft worden war,

Verbrechen gegen §§ 263, 264, 245 StGB."

Also Betrug unter den Voraussetzungen des strafschärfenden Rückfalls. Ferner hat die Eröffnungskammer gemäß § 207^{II} StPO. die Fortdauer der Untersuchungshaft aus den Gründen des vom Untersuchungsrichter erlassenen Haftbefehls beschlossen.

„Der Angeklagte, befragt ob er etwas auf die Beschuldigung erwidern wolle, erklärte:

Ich bin nicht schuldig. Mir hatte ein Mann, der im *Schlegel*schen Gasthaus verkehrte, viel Geschäfte machte und dessen richtigen Namen ich nicht weiß — er wurde von seinen Freunden meist scherzhaft ‚Blindschleiche' genannt — gesagt, daß Sacharin zwar nicht bei *Schlegel*, aber an einem bestimmten Ort dicht an der Grenze bei Rosenberg lagere und daß ich es gegen sofortige Zahlung von 1500 *RM* haben könnte. Als ich später mit dem Gelde hinkam, war nichts da.

Augustin hat mir wiederholt gesagt, er würde mir Geld geben, auch wenn ich im Augenblick kein Geschäft an der Hand hätte. Ich sollte dann bei nächster Gelegenheit für das Geld geschmuggelte oder ‚verschobene' Waren, möglichst Juwelen, Spitzen oder Sacharin, kaufen und den Gewinn mit ihm teilen.

Als ich sah, daß mich die ‚Blindschleiche' getäuscht hatte, benutzte ich 1000 *RM* von den 1500 *RM* zur Bezahlung eines Automobils, das ich für einen gewissen *Bochynek* aus Kreuzburg kaufen sollte. Ich hoffte innerhalb von 3 Tagen das Geld von *Bochynek* wieder zu erhalten, um es an *Augustin* geben zu können; *Bochynek* machte aber Schwierigkeiten, so daß ich ihn verklagen mußte und bis heute nichts von ihm erhalten habe. Ungefähr 300 *RM* von dem Gelde habe ich zur Bezahlung dringender Schulden aus älteren Geschäften verwendet und den Rest mit meiner Familie verbraucht.

Um *Augustin*, der auf Rückzahlung drängte und mit Strafanzeige drohte, zufrieden zu stellen, brachte ich ihm am 16. August 800 *RM*, die mir meine Schwester geliehen hatte. Die restlichen 700 *RM* zahlten ihm meine Frau und meine Schwester zurück, als ich bereits in Untersuchungshaft saß. Wie sie das Geld beschafft haben, weiß ich nicht."

Ob bei einem „Kreditbetrug", wie er Woellner zur Last gelegt wird, die zum Tatbestande des § 263 StGB. gehörige Vermögensbeschädigung vorliegt, ist, wie immer, durch Vergleichung des früheren und des späteren Vermögensstandes zu ermitteln. Augustin hat am 7. August 1500 RM. hingegeben in der durch Täuschung hervorgerufenen Annahme, dafür als sofort greifbaren Gegenwert 600 kg Saccharin zu erhalten; in Wahrheit existierte das Saccharin nicht, und er erwarb für sein Geld lediglich eine Forderung an Woellner, der ein kleiner Handelsmann ohne Vermögen ist und die Summe sofort in undurchsichtigen Schiebergeschäften festgelegt hat. Vorher bare 1500 RM., nachher eine ganz unsichere Forderung: damit war die Gesamtvermögenslage Augustins — nicht bloß von seinem persönlichen Standpunkt aus sondern auch objektiv — wesentlich verschlechtert.

Die spätere Rückzahlung konnte die eingetretene Vermögensschädigung nicht aus der Welt schaffen, sie hat lediglich für das Strafmaß Bedeutung.

Der von Woellner mit der Täuschung des Augustin erstrebte Vermögensvorteil war die Nutzung des fremden Geldes. Er beabsichtigte, sich durch die Täuschung Kredit zu verschaffen: das ist ein Vorteil, auf den er keinen Rechtsanspruch hatte und der also „rechtswidrig" im Sinne des § 263 war (S. 942).

Der Betrugsvorsatz des Angeklagten wird durch die Rückzahlung der 1500 RM., selbst wenn er sie von Anfang an beabsichtigt haben sollte, nicht ausgeschlossen. Notwendig ist aber sein Bewußtsein, daß die Forderung Augustins an ihn wegen ihrer Unsicherheit weniger wert sei als das von Augustin gegebene Geld, daß also eine Vermögensschädigung als Folge seiner Täuschung eintreten würde. Zum mindesten muß er die Vermögensschädigung als möglich erkannt, gebilligt und als eventuelle in seinen Vorsatz aufgenommen haben (S. 945).

Nun behauptet Woellner, Augustin würde ihm die 1500 RM. auch dann gegeben haben, wenn er nicht geglaubt hätte, daß 600 kg Saccharin lieferungsbereit daliegen. Das ist wesentlich. Betrug liegt nur vor, falls zwischen der arglistigen Täuschung des Täters und der vom Getäuschten getroffenen, eine Vermögensschädigung enthaltenden, Vermögensdisposition ursächlicher Zusammenhang besteht. Hat z. B. ein Heiratsschwindler einem Dienstmädchen Geld abgeborgt und erklärt sie als Zeugin, sie würde ihm den Betrag in ihrer Verliebtheit geliehen haben, wenn sie gewußt hätte, daß sowohl seine Angaben über seine glänzenden Einkommens- und Vermögensverhältnisse wie die Versicherung seiner Heiratsabsichten unwahr seien, so muß Freisprechung erfolgen. Einen Hauptpunkt der späteren Beweisaufnahme wird also die Frage bilden: wurde Augustins Entschluß, das Geld herzugeben, durch unrichtige Vorspiegelungen Woellners herbeigeführt, oder hätte er das Geld auch sonst gegeben?

Im Anschluß an die Vernehmung des Angeklagten läßt der Vorsitzende einen wichtigen Brief verlesen:

„Der Brief vom 6. August 1934 (Bl. ... d. A.) wurde verlesen. Der Angeklagte erkannte den Brief als von ihm geschrieben an.“

Der Brief lautet:

„Rosenberg O/S., den 6. August 1934.

Herrn *Fritz Augustin*, Breslau.

Die 600 *kg* Saccharin liegen hier beim Gastwirt *Schlegel*, ich brauche nur das Geld, um sie auszulösen. Überweisen Sie mir sofort 1500 *RM* Hotel ‚Deutsches Haus‘.

Hochachtend

August Woellner.“

Nach der eigenen Erklärung des Angeklagten ist der Inhalt des Briefes unwahr. Trotzdem liegt keine Urkundenfälschung vor. Denn die Urkundenfälschung (§§ 267, 269, 270) besteht entweder in der Herstellung einer „unechten“ Urkunde — d. i. einer Urkunde, die in Wahrheit nicht von der Person herrührt, welche dem äußeren Anschein nach Aussteller sein soll — oder in der „Verfälschung“ — d. h. Änderung des Textes — einer echten Urkunde. Auf die sachliche Richtigkeit der in der Urkunde mitgeteilten Tatsachen kommt es dabei überhaupt nicht an, die Urkundenfälschung ist reines Formaldelikt. Hätte z. B. das Saccharin bei Schlegel gelegen und Woellner ein Schriftstück, in welchem diese wahre Tatsache stand, mit der gefälschten Unterschrift Schlegels versehen, so wäre das Urkundenfälschung gewesen. Der Brief vom 6. August enthält unrichtige Angaben, die Unterschrift rührt aber vom Aussteller Woellner her. Die Herstellung einer „unwahren“ Urkunde („schriftliche Lüge“) ist bloßer Betrug.

Wird durch Gebrauch eines falschen Namens bei Unterzeichnung von Urkunden der Tatbestand der Urkundenfälschung erfüllt? Es kommt darauf an, ob eine Täuschung über die persönliche Identität des Ausstellers entsteht, was keineswegs der Fall zu sein braucht (man denke an inkognito reisende Personen). In dem interessanten Fall JW. 31, 1208[18] hatte der Täter für sich unter dem unrichtigen Namen „Paul P..., technischer Reisender in C..., Akazienweg 3“ ein Bankkonto anlegen lassen und den Kontoeröffnungsantrag mit diesem Namen unterzeichnet. Er war auf den Namen verfallen, weil er sich eines dort wohnenden Bekannten mit ähnlichem Namen erinnerte. Läßt sich feststellen, daß er sich gegenüber der Bank als diesen Bekannten ausgeben wollte, so war eine Identitätstäuschung beabsichtigt, und da die Anfertigung der Urkunde „in rechtswidriger Absicht“ (§ 267) geschah, liegt Urkundenfälschung vor.

Bei öffentlichen Urkunden begründet vorsätzlich herbeigeführte materielle Unrichtigkeit des Urkundeninhalts die Sonderdelikte der „Falschbeurkundung“ (§ 348) bzw. „intellektuellen Urkundenfälschung“ (§ 271).

Nunmehr trifft das Gericht Feststellungen über die Voraussetzungen des Rückfalls:

„Aus den Akten gegen *Woellner* 3 M 80/16 der Staatsanwaltschaft Hildesheim und 7 M 99/25 der Staatsanwaltschaft Breslau wurden die Urteile und Strafverbüßungsnachrichten Blatt..... verlesen.“

Damit ein Diebstahl, eine Hehlerei oder ein Betrug als Rückfallsverbrechen bestraft werden kann (§§ 244, 261, 264), müssen Begehung, Aburteilung und Strafverbüßung der mehreren Delikte in einer bestimmten zeitlichen Reihenfolge stehen: Begehung, Aburteilung, Strafverbüßung der ersten, darauf Begehung, Aburteilung und Strafverbüßung der zweiten und erst darnach Begehung der dritten Handlung. Denn jede Verurteilung und Strafverbüßung bedeutet für den Täter eine Warnung, welche die erhöhte Bestrafung der nachher von ihm begangenen gleichartigen Straftat rechtfertigt. Gänzlicher oder teilweiser Straferlaß steht der Verbüßung der Strafe gleich (§ 245). Die Höhe der früher erkannten Strafen spielt keine Rolle, so daß sogar zwei Verurteilungen zu Geldstrafe (auch auf Grund des § 27b) als Grundlage des Rückfalls genügen.

Nach dem auch bei Rückfallsbetrug und -hehlerei anwendbaren § 245 liegt kein Rückfall vor, wenn zwischen der Verbüßung (oder dem Erlaß) der letzten Strafe und der Begehung der nunmehr zur Verurteilung stehenden Handlung volle 10 Jahre verflossen sind (sog. „Rückfallsverjährung"). Dagegen ist es grundsätzlich gleichgültig, wie weit die erste Vortat zurückliegt und welche Zeit zwischen der ersten Strafverbüßung und der Begehung des zweiten Delikts verstrichen war. Folglich wird ein Täter, der einen Betrug begangen, sich nachher viele Jahre hindurch einwandfrei geführt, schließlich aber innerhalb des 10jährigen Zeitraums zwei neue Betrügereien verübt hat, grundsätzlich als Rückfallsbetrüger bestraft. Nur in einem Fall gilt eine Ausnahme: war der Vermerk über die erste Bestrafung im Strafregister bereits getilgt, so gilt die Verurteilung nicht mehr als Vorbestrafung im Sinne der Rückfallsvorschriften. § 5II StTG. Damit wird der Tilgung eine erhebliche materiellrechtliche Wirkung verliehen.

Entscheidet die tatsächliche Durchführung der Tilgung oder die materielle „Tilgungsreife"? Für die erste Ansicht spricht der Wortlaut des Gesetzes und der Umstand, daß nach § 8 die Landesjustizverwaltung die Tilgung auch dann anordnen kann, wenn ihre gesetzlichen Voraussetzungen nicht gewahrt sind, z. B. bei Zuchthausstrafen. Andrerseits erscheint es unbillig dem Täter die Vergünstigung des § 5II bloß deshalb zu versagen, weil die Strafregisterbehörde eine zulässige Tilgung versehentlich unterlassen hat. Dies um so mehr, als die Vornahme der Tilgung, wie wir wissen, von Zufallsmomenten abhängt (S. 889). Der Sinn der nicht ganz klaren und einheitlichen Rechtsprechung scheint dahin zu gehen, daß sowohl die durchgeführte Tilgung wie die materielle Tilgungsreife Berücksichtigung finden. Vgl. RGSt. 56, 68, 75; 57, 390; 64, 146. Jedenfalls ist in Rückfallssachen der Strafregisterauszug ebenso unentbehrlich, wie die Vorakten.

Bei der Strafzumessung darf das Gericht auch eine bereits getilgte frühere Verurteilung verwerten. RGSt. 60, 285.

Das Militärstrafrecht kennt — und zwar bei allen militärischen Verbrechen und Vergehen — 1. einen „gleichartigen Rückfall" (§ 13 MilStGB.: schon die zweite Begehung ist Rückfall, Rückfallsverjährung: 5 Jahre), 2. einen „ungleichartigen Rückfall", bei dem jedes militärische Verbrechen oder Vergehen als Vordelikt gilt (§ 39: die dritte Begehung ist Rückfall, Rückfallsverjährung: 6 Monate).

Im Steuerstrafrecht bezieht sich der Rückfall auf Steuerhinterziehung und Steuerhehlerei. Rückfallsverjährung: 3 Jahre. § 404 AbgO.

Die aus den Woellnerschen Vorakten festgestellten Daten lauten: erster Betrug begangen 1916, Strafe 6 Monate Gefängnis, verbüßt August 1916 bis Februar 1917, zweiter Betrug begangen März 1925, abgeurteilt Oktober 1925, Strafe 2 Jahre Gefängnis, verbüßt November 1925 bis November 1927. Keine der Strafen ist im Register getilgt.

Das Gericht geht jetzt zur Vernehmung der Zeugen und Sachverständigen über:

„Die Zeugen wurden hierauf einzeln vorgerufen und in Abwesenheit der später zu vernehmenden Zeugen, wie folgt, vernommen:

1. Zeuge *Augustin*

unter vorläufiger Aussetzung der Beeidigung und nach Belehrung über das Weigerungsrecht gemäß § 55 StPO.:

Z. P.: ....

Z. S.: Ohne den Brief würde ich die 1500 *RM* nicht überwiesen haben.

Davon, daß die Sachen, welche er kaufen wollte, ‚geschoben' seien, hat mir der Angeklagte nichts gesagt.

Das Geld habe ich nach und nach zurück erhalten, teils vom Angeklagten, teils von dessen Frau und Schwester. Auf Zinsvergütung habe ich verzichtet, weil ich froh war mein Kapital, das ich schon verloren geglaubt hatte, wiederzubekommen.

2. Zeuge *Schlegel*

nach Leistung des Zeugeneides:

Z. P.: ....

Z. S.: Es ist richtig, daß bei mir manchmal ein Mann verkehrte, der allerlei Geschäfte machte und von seinen Freunden ‚Blindschleiche' genannt wurde. Seinen richtigen Namen kenne ich nicht. Daß er bei mir schon einmal übernachtet hätte, glaube ich nicht. Seit einem Vierteljahr habe ich ihn nicht mehr gesehen.

Mir ist nichts davon bekannt, daß der Angeklagte am 5. oder 6. August 1934 mit dem ‚Blindschleiche' genannten Mann über Saccharin verhandelt hätte.

Hierauf wurde nach Anhörung der Staatsanwaltschaft, des Verteidigers und des Angeklagten der Beschluß verkündet:

Es soll das Protokoll über die kommissarische eidliche Vernehmung des Zeugen *Bock*, angeordnet durch Beschluß vom 6. November 1934, verlesen werden, weil der Grund dieses Beschlusses — besondere Erschwerung des Erscheinens des Zeugen wegen großer Entfernung — fortbesteht.

Das Protokoll *d. d.* Mannheim den 20. November 1934 wurde verlesen.

RA. *Weiß* überreichte den beiliegenden Brief des Zahntechnikers *Alter* in Memel und beantragte seine Verlesung."

Bocks Aussage war für den Angeklagten belastend, und der Altersche Brief enthält Mitteilungen, welche die Glaubwürdigkeit des Zeugen Bock erschüttern sollen.

Für die Hauptverhandlung in Strafsachen gilt das „Unmittelbarkeitsprinzip": beruht der Beweis einer Tatsache auf der Wahrnehmung einer Person, so ist diese grundsätzlich in der Hauptverhandlung als Zeuge bzw. Sachverständiger zu vernehmen und die Vernehmung darf nicht durch Verlesung des über eine frühere Vernehmung aufgenommenen Protokolls oder einer schriftlichen Erklärung ersetzt werden (§ 250 StPO.). Die Verwertung kommissarischer Vernehmungen bedeutet eine Durchbrechung des Unmittelbarkeitsprinzips. Die Vorschriften über ihre Zulässigkeit (§§ 223, $251^{II, III}$) sind jedoch überaus dehnbar (vgl. § 223^{II}: „besonders erschwert"), so daß einigermaßen entfernt wohnende auswärtige Zeugen nicht allzu oft vor dem erkennenden Gericht auftreten. Hauptsächlich kommt es auf die Beachtung gewisser Formalitäten an: Anordnung der kommissarischen Vernehmung nach Eröffnung des Hauptverfahrens, nochmalige Prüfung und Bejahung ihrer Notwendigkeit in der Hauptverhandlung. Da die kommissarische Vernehmung einen vorweggenommenen Teil der Hauptverhandlung bildet, besteht bei ihr selbstverständlich Parteiöffentlichkeit (§ 224).

Die Verlesung von Protokollen gestattet das Gesetz nur:

1. an Stelle der unmittelbaren Vernehmung:
   a) im Fall der kommissarischen Aussage (§ $251^{II, III}$),
   b) wenn ein früher vernommener Zeuge, Sachverständiger oder Mitbeschuldigter inzwischen verstorben oder in Geisteskrankheit verfallen ist (§ 251^{I}),
2. neben der unmittelbaren Vernehmung: zur Unterstützung des Gedächtnisses, zur Aufklärung von

Widersprüchen und zwecks Beweisaufnahme über ein von dem Angeklagten abgelegtes Geständnis (§§ 253, 254).

Zu 1 und bei der Beweisaufnahme über Geständnisse muß das Protokoll ein richterliches sein, während dem Zeugen oder Sachverständigen zu 2 Protokolle jeder Art vorgehalten werden können. In der Praxis hat sich trotzdem die Verlesung polizeilicher Geständnisprotokolle eingebürgert. Das wird so gerechtfertigt: das Protokoll werde nicht zum Zweck der Beweisaufnahme über das Geständnis selbst verlesen, sondern um die Tatsache zu beweisen, daß eine Urkunde über das Geständnis vorhanden sei. In dieser Richtung enthalte die StPO. keine Beschränkung. Der Beweis der Ablegung des Geständnisses werde nicht durch das polizeiliche Protokoll, sondern regelmäßig durch Vernehmung von Zeugen erbracht. Wenn jedoch der Angeklagte auf Vorhalt des Protokolls das Geständnis einräume, so sei das Gericht befugt, nunmehr mit freier Beweiswürdigung das Geständnis als erfolgt festzustellen — nicht auf Grund des Protokolls, sondern auf Grund der eigenen Erklärung des Angeklagten im Hauptverhandlungstermin. Angemessen (aber nicht unbedingt erforderlich) sei es, den bezeichneten engeren Zweck der Verlesung ins Sitzungsprotokoll aufzunehmen. RGSt. 61, 72; JW. 28, 2722[22], dazu Mannheim; 31, 953[29], dazu Jonas c.cit.; zugelassen wird auch die Verlesung tagebuchartiger Aufzeichnungen des Angeklagten „zum Beweis ihres Inhalts". RGSt. 65, 294.

Bekundungen eines Zeugen vom Hörensagen sind grundsätzlich statthaft (vgl. § 69 II, nach welchem „der Grund, auf welchem die Wissenschaft des Zeugen beruht" nötigenfalls aufgeklärt werden soll). Nun ist es vor allem in Spionageprozessen üblich geworden, daß ein als Zeuge vernommener Polizeibeamter dem Gericht Mitteilungen bekundet, die ihm von Dritten gemacht worden sind, indem er den Namen seines Gewährsmanns nicht nennt sondern ihn bloß als mehr oder weniger zuverlässig charakterisiert. Die vorgesetzte Behörde des Zeugen gibt ihm die Aussageerlaubnis (§ 54) nur in diesem eingeschränkten Umfang, weil sie befürchtet, daß die Namhaftmachung des Gewährsmannes Unannehmlichkeiten für ihn zur Folge haben, zum mindesten seine weitere Tätigkeit zum Nutzen des Reichs lahmlegen würde. Dem Gericht fehlt also jede Möglichkeit, sich über die Glaubwürdigkeit des Dritten, welcher doch der eigentliche Zeuge ist, ein eigenes Urteil zu bilden. Eine solche Zeugenaussage beweist zunächst lediglich, daß dem Polizeibeamten von dem Dritten die bekundete Mitteilung gemacht worden ist, während Schlußfolgerungen auf die Richtigkeit des Inhalts der Mitteilung nur mit großer Vorsicht gezogen werden dürfen, weil sonst der Sinn des Unmittelbarkeitsprinzips in sein Gegenteil verkehrt werden würde. Vgl. Löwe-Rosenberg 4 zu § 69, 6 zu § 250 und die dort angeführten Entscheidungen.

§ 250 will auch verhindern, daß Briefe, Atteste und dergl. an Stelle der Zeugenaussage gesetzt werden. § 256 macht Ausnahmen für Zeugnisse und Gutachten öffentlicher Behörden sowie für ärztliche Atteste über Körperverletzungen, die nicht zu den schweren gehören. Die Verlesung eines Leumundszeugnisses ist aber sogar dann unzulässig, wenn es von einer Behörde herrührt:

„Nach Anhörung der Staatsanwaltschaft, des Angeklagten und des Verteidigers wurde der Beschluß verkündet:

Die Verlesung wird abgelehnt, weil der Beweis der darin enthaltenen Tatsachen auf der Wahrnehmung einer Person beruht.

RA. *Weiß* beantragte hierauf die Vernehmung des *Alter* als Zeugen über die in dem Brief enthaltenen Tatsachen. Er zog diesen Antrag wieder zurück und beantragte, den Zeugen *Burgstaller* über den Inhalt des Briefes als Zeugen zu vernehmen."

Die Vernehmung des geladenen und erschienenen Burgstaller darf das Gericht nicht ablehnen. Hätte der Verteidiger den Antrag auf Zeugenvernehmung des Alter aufrecht erhalten, so hätte hierüber Gerichtsbeschluß ergehen müssen (§ 244 II).

„3. Zeuge *Burgstaller*
nach Leistung des Zeugeneides:

Z. P.: ....

Z. S.: Der Angeklagte hat mir erzählt, daß er ein großes Geschäft mit einem hiesigen Kaufmann vorhabe, dessen Namen er mir nicht nannte. Er wollte Saccharin, Spitzen und andere Sachen ‚schieben'. Er hätte gute Beziehungen zu Schmugglern und Zollbeamten, da könnten sie beide schweres Geld machen. Der Geldmann würde ihm nächstens mehrere tausend *RM* Vorschuß geben und dann könnte es losgehen. Diese Erzählung war ungefähr im Juli oder Anfang August d. J.

Bock ist ein Mensch, dem ich nicht ein Wort glaube. Er hat den *Alter*, der früher in Breslau mit ihm zusammen Geschäfte gemacht hat, geschädigt und betrogen. *Alter* wollte ihn deshalb der Staatsanwaltschaft anzeigen, ob er es getan hat, weiß ich nicht. Vielleicht ist *Bock* auf die Strafanzeige hin aus Breslau verschwunden.

Auf Befragen:

Den Angeklagten halte ich für einen gewandten Geschäftsmann und für geistig völlig normal.

4. Zeugin *Woellner*
unter Aussetzung der Beeidigung:

Z. P.: Ich heiße *Agathe Woellner* geb. *Giese*, bin 31 Jahre alt, Ehefrau des Angeklagten, wegen Meineids nicht bestraft.

Über ihr Zeugnisverweigerungsrecht belehrt, erklärte die Zeugin: Ich will aussagen.

Z. S.: Nicht lange bevor mein Mann nach Oberschlesien fuhr, sagte *Augustin* in unserer Wohnung zu ihm: ‚Herr *Woellner*, sobald ich die Ottwitzer Hypotheken ausgezahlt bekomme, können Sie den Vorschuß haben.' Von einem bestimmten Geschäft war damals nicht die Rede, sondern mein Mann sagte noch ausdrücklich, er würde nach Empfang des Geldes sehen, ob er etwas ausfindig machen könnte. *Augustin* sagte: ‚Es muß aber eine bessere Sache sein, Sie haben doch nicht umsonst Ihre guten Verbindungen.'

Zeuge *Augustin*

wurde vorgerufen und erklärte:

Ich habe damals in der *Woellner*schen Wohnung allerdings davon gesprochen, daß ich auf die Auszahlung von Hypotheken wartete. Ich habe aber nicht gesagt, daß ich das Geld geben wollte, bevor *Woellner* ein Geschäft an der Hand hätte. Im Gegenteil habe ich dem Angeklagten, als er wegen des Vorschusses an mich am 2. August herantrat, ausdrücklich gesagt, ich würde den Vorschuß geben, wenn es soweit sei, vorher nicht. Bei dieser Unterredung war Frau *Woellner* nicht zugegen.

Auf Befragen:

Bei der ‚besseren Sache' und den ‚guten Verbindungen' habe ich an nichts Strafbares gedacht, sondern die Ausdrücke ganz harmlos gebraucht.

Zeugin *Woellner*:

Mein Mann hat öfter epileptische Anfälle. Er weiß nach einem solchen Anfall nicht, was er getan hat.

5. Sachverständiger Geheimer Medizinalrat *Dr. Ansorge*
unter Berufung auf den am 1. April 1924 für die Erstattung ärztlicher Gutachten geleisteten allgemeinen Eid:"

Vgl. § 79 II.

„Z. P.: ....

Z. S.: Ich habe den Angeklagten zweimal im Untersuchungsgefängnis untersucht. Er ist Epileptiker. Die von der Ehefrau beschriebenen Anfälle sind epileptische Anfälle. Außerhalb solcher Anfälle hat er seine freie und uneingeschränkte Willensbestimmung. Es spricht nichts dafür, daß er sich bei Begehung der in Rede stehenden Handlung in einem epileptischen Dämmerzustand befunden habe."

Augustin und Frau Woellner sind noch nicht vereidigt:

„RA. *Weiß* beantragte:

1. den Zeugen *Augustin* nicht zu vereidigen, weil er sich durch wahrheitsgemäße Aussage der Gefahr strafrechtlicher Verfolgung aussetzen würde,
2. die Zeugin *Woellner* zu beeidigen.

Die Staatsanwaltschaft beantragte:

den Zeugen *Augustin*, nicht dagegen die Zeugin *Woellner* zu beeidigen."

Hierüber findet Beratung statt.

Der Verteidiger hat die Unzulässigkeit der Beeidigung Augustins daraus hergeleitet, daß das Saccharin, welches der Angeklagte für gemeinschaftliche Rechnung erwerben sollte, geschmuggelt, zum Schmuggel bestimmt oder „geschoben" gewesen sei und daß Augustin dies gewußt habe. Unterstellt, daß die angeblich von „Blindschleiche" dem Angeklagten angebotenen 600 kg Saccharin existierten und daß das Geschäft tatsächlich zur Durchführung gelangt wäre, so würde sich Augustin wahrscheinlich einer Hehlerei an gestohlenen oder unterschlagenen Waren (§ 259 StGB.) oder einer „Steuerhehlerei" (§ 403 AbgO.) oder der Beihilfe zur unerlaubten Ausfuhr, vielleicht auch zur unerlaubten Einfuhr und Veräußerung von Süßstoff, §§ 2, 6, 7, 8, 12 SüßstoffGes. vom 8. April 1922 (Anl. 10 zum Gesetz betr. Änderungen im Finanzwesen, RGBl. I 390), dazu §§ 398 AbgO., 49 StGB., schuldig gemacht haben.

Unerlaubte Ein- und Ausfuhr oder Abgabe von Süßstoff wird — wegen des bei legitimer Abgabe an das Reich abzuführenden Anteils am Erlös — als Steuerzuwiderhandlung aufgefaßt. An geschmuggeltem, aber vom rechtmäßigen Eigentümer erworbenen Süßstoff kann es Sachhehlerei aus dem S. 951/2 dargelegten Grunde nicht geben, wohl aber Steuerhehlerei. Diese liegt vor, wenn der Täter seines Vorteils wegen Gegenstände, von denen er weiß oder den Umständen nach annehmen muß, daß Steuern auf sie hinterzogen sind, an sich bringt. Kauft jemand Waren, die, wie er weiß, dem Eigentümer gestohlen und außerdem unter Hinterziehung von Steuern in den inländischen Verkehr gebracht sind, so macht er sich der Sach- und Steuerhehlerei in Idealkonkurrenz (§ 73 StGB.) schuldig.

Aber es ist nicht einmal zum Versuch, sondern nur zur straflosen Vorbereitung der Hehlerei (bzw. unerlaubten Einfuhr usw.) an einem vielleicht gar nicht existierenden Gegenstand gekommen und deshalb Woellner ausschließlich des Betruges angeklagt. Hinsichtlich der den Gegenstand der Untersuchung bildenden Tat — des Betruges — ist daher Augustin keinesfalls „als Teilnehmer, Begünstiger oder Helfer verdächtig" (§ 57^3 StPO.). Selbst wenn er sich durch die wahrheitsgemäße Beantwortung von Fragen die Gefahr strafrechtlicher Verfolgung zuziehen könnte (§ 55), so würde dieser Umstand, nachdem Augustin einmal ausgesagt hat, belanglos sein und seine Vereidigung nicht hindern (arg. § 58^1). Der Gesichtspunkt, daß die Feststellung der Wahrheit dem Augustin „zur Unehre gereicht", hat nur für den Zivilprozeß (§§ 384^2, 393^3 ZPO.), nicht im Strafverfahren Bedeutung.

Die Beeidigung der Ehefrau steht nach § 58^1 StPO. im freien Ermessen des Gerichts:

„Es wurde der Beschluß verkündet:

1. Der Zeuge *Augustin* soll beeidigt werden, weil er nicht als Teilnehmer, Begünstiger oder Hehler verdächtig ist.
2. Die Zeugin *Woellner* soll nicht beeidigt werden.

Der Zeuge *Augustin* leistete hierauf den Zeugeneid."

Inzwischen ist vom Polizeirevier die telefonische Auskunft angelangt, daß Hamann sich zur Vornahme einer Augenoperation im Krankenhaus befindet.

„RA. *Weiß* stellte folgende Beweisanträge:

1. nochmalige Vernehmung des Zeugen *Bock* vor dem erkennenden Gericht,
2. Vernehmung des Bruders des Angeklagten, Sparkassenbuchhalters *Edmund Woellner* in Kreuzburg OS., als Zeugen darüber, daß in den ersten Tagen des August 1934 dem Angeklagten in Kreuzburg und Rosenberg von einem Manne, der als ‚Blindschleiche' angeredet wurde, 600 kg Saccharin, sofort lieferbar gegen Barzahlung, zum Preise von 1500 *RM* angeboten worden seien,
3. Vernehmung des Graveurs *Rudolf Hamann* und der Schwester des Angeklagten, Fräulein *Helga Woellner*, beide in Breslau, als Zeugen darüber, daß in Gegenwart der Zeugen der Angeklagte dem *Augustin* gesagt habe, die zu erwerbenden Sachen seien natürlich geschoben und daß *Augustin* erklärt habe: ‚um so besser'.

Es wurde festgestellt, daß *Edmund Woellner* bei seiner Vernehmung im Ermittlungsverfahren am 18. September 1934 das Zeugnis auf Grund von § 52³ StPO. verweigert hat.

Über die gestellten Beweisanträge wurden Staatsanwaltschaft und Angeklagter gehört."

Die Kammer berät.

Darüber, unter welchen Voraussetzungen und mit welcher Begründung ein Beweisantrag des Angeklagten abgelehnt werden darf (§ 244^II StPO.), hat die Rechtsprechung feste Regeln aufgestellt. Oberster Grundsatz ist die Unzulässigkeit der Antizipation des Beweisergebnisses: der Beweisantrag darf weder abgelehnt werden, weil der Zeuge die in sein Wissen gestellte Tatsache nach der Überzeugung des Gerichts nicht bestätigen, noch weil das Gericht seiner Aussage keinen Glauben schenken würde. Dagegen kann die Ablehnung erfolgen, wenn das Beweisthema für die Entscheidung unerheblich oder das Beweismittel unzulässig oder unerreichbar oder „völlig ungeeignet" ist; auch kann das Gericht über die Beweise des Angeklagten hinweggehen, wenn es die zu beweisende Tatsache zu seinen Gunsten als richtig unterstellt (was nicht unbedenklich ist, da objektiv nicht gerechtfertigte tatsächliche Feststellungen zu Gunsten des Angeklagten ein Unrecht gegenüber dem durch die Tat Verletzten sein können, was besonders augenfällig in die Erscheinung tritt, wenn dieser sich als Privat- oder Nebenkläger am Verfahren beteiligt!). Dabei wird das Prinzip der Nicht-Vorwegnahme des Beweisergebnisses nicht immer folgerichtig durchgeführt. Z. B. braucht man Entlastungszeugen nicht zu hören, die in nahen verwandtschaftlichen Beziehungen zum Angeklagten stehen; oder wenn sie nach Meinung des Gerichts keinen Anlaß hatten, sich die Einzelheiten, auf die es gerade ankommt (z. B. die genaue Zeit eines Vorfalls), zu merken; oder wenn der zu bekundende Vorgang so weit zurückliegt, daß das Gericht eine Erinnerungsmöglichkeit des Zeugen für ausgeschlossen hält. Nicht aber darf das Gericht den Antrag auf wiederholte Vernehmung eines Zeugen deshalb zurückweisen, weil der Zeuge, falls er genauere Angaben als bisher machen würde, nicht mehr als unbefangen betrachtet werden könnte. RGSt. 54, 181; 56, 134, 139; 58, 378; Löwe-Rosenberg 10 zu § 244; Schlosky JW. 30, 2505.

Der Berichterstatter: Ich schlage vor, alle drei Beweisanträge abzulehnen.

1. Bock ist nach der Aussage Alters eine unglaubwürdige Persönlichkeit, ich lege auf seine Bekundungen für die Entscheidung keinen Wert. Außerdem kann die wiederholte Vernehmung eines Zeugen nur verlangt werden, wenn besondere Gründe dafür sprechen, daß das Ergebnis der Vernehmung vor dem Prozeßgericht von der bisherigen Aussage abweichen würde. RGSt. 51, 20; 57, 322; 58, 80; JW. 16, 1027[6]. 2. Edmund Woellner hat im Vorverfahren seine Aussage verweigert und seine Zeugnisverweigerung vorläufig nicht widerrufen. RGSt. 38, 256. 3. Die Vernehmung der Helga Woellner könnte nach der, allerdings nicht unbedenklichen, reichsgerichtlichen Judikatur mit der Begründung abgelehnt werden, daß die Zeugin als Schwester des Angeklagten nicht voll glaubwürdig und ihre Aussage daher nicht geeignet sei, die durch die bisherige Beweisaufnahme begründete Überzeugung des Gerichts zu erschüttern. Bezüglich des Hamann, der nicht zu den Verwandten des Angeklagten zählt, wäre eine solche Begründung unstatthaft. M. E. ist aber dieser Beweisantrag aus materiell-rechtlichen Gründen nicht erheblich. Der Angeklagte will durch ihn beweisen, daß er mit Augustin darüber einig gewesen sei, „geschobene" Ware für die 1500 RM. zu erwerben. Wenn das zutrifft, so verstießen die Abmachungen der Beiden gegen gesetzliche Verbote und gegen die guten Sitten mit der Folge, daß Augustin keinerlei zivilrechtlichen Anspruch gegen Woellner erwarb. Trotzdem würde Woellner gegen Augustin Betrug verübt haben, wenn er ihm durch die bewußt unwahre Vorspiegelung, das Sacharin sei zur Stelle, die 1500 RM. ablockte. RGSt. 44, 230 (Plenarentscheidung).

Nichtigkeit des zwischen dem Angeklagten und Augustin geschlossenen Gesellschaftsvertrags: oben S. 944. Dem Augustin würden nicht bloß Ansprüche auf Vertragserfüllung versagt sein, sondern er könnte nicht einmal Rückzahlung seiner 1500 RM. fordern (§ 817 S. 2 BGB.).

Betrug durch die unwahre Vorspiegelung der Begehung strafbarer Handlungen: Den Schulfall bildet der Verkauf objektiv untauglicher Abtreibungsmittel, die dem Käufer als wirksam hingestellt werden. Die ältere Rechtsprechung verneinte den Betrug, weil 1. § 263 StGB. nur die Schädigung des rechtlich geschützten Vermögens im Auge habe und 2. der andere Teil hier den Verstoß gegen Gesetz bzw. gute Sitten mit der daraus folgenden Unwirksamkeit des Versprechens kenne, daher kein Kausalzusammenhang zwischen der Täuschung und der Vermögensdisposition des Getäuschten bestehe. Dem hält RGSt. 44, 230 mit Recht entgegen, daß „Vermögen" kein rechtlicher sondern ein wirtschaftlicher Begriff ist. Mag auch der unsittliche Vertrag selbst nicht vom Recht geschützt werden, so kann doch sein betrügerischer Abschluß strafbar sein. Selbst wenn der Getäuschte sich bewußt war, wegen der Verletzung gesetzlicher Bestimmungen oder der guten Sitten keine privatrechtlichen Ansprüche an seinen Partner zu haben, so ist es doch möglich, daß für seinen Willensentschluß gerade der Punkt maßgebend war, über den er getäuscht wurde. Ebenso bejaht RGSt. 65, 3 Vermögensschädigung und Kausalzusammenhang im Falle eines „betrogenen Betrügers": zwei Leute hatten vereinbart, einen Dritten durch Hingabe einer minderwertigen Gegenleistung zu betrügen, indem sie ihm einen Kraftwagen für 16000 RM. abkaufen, 4000 RM. darauf bar anzahlen und für den Rest wertlose Wechsel geben wollten. Nachher verband sich aber der eine mit dem Eigentümer des Wagens zur Schädigung des zweiten, spiegelte ihm vor, er werde Zug um Zug gegen Zahlung von 4000 RM. den Wagen übergeben erhalten, lockte ihm dadurch das Geld ab und vereitelte nachher die Übergabe des Wagens an ihn. Obgleich der zweite sich selbst auf dem Boden des Unrechts bewegte, war doch ein strafbarer Betrug zu seinem Nachteil begangen.

Ganz anders ist folgender Sachverhalt zu beurteilen: in der Zeit der Wohnungszwangswirtschaft hat A eine auf ihn lautende, nur für ihn persönlich verwertbare, „Vordringlichkeitsbescheinigung" dem B übergeben, damit er die Rechte aus ihr gegen Entgelt für Rechnung des A an dritte Personen abtrete. B hat den vom Dritten gezahlten Geldbetrag zum größten Teil für sich behalten und A damit beruhigt, daß er ihm eine niedrigere als die tatsächliche gezahlte Summe angab. Betrug liegt auch vor, wenn man einen anderen durch Täuschung veranlaßt von der Geltendmachung seiner Ansprüche Abstand zu nehmen. Dann müssen aber die Ansprüche rechtlichen Bestand gehabt haben. Das Abkommen zwischen A und B war, weil es eine Umgehung der öffentlichen Wohnungswirtschaft bezweckte, nichtig. Darum hatte A gar keine Ansprüche gegen B und ist durch die Täuschung nicht geschädigt worden. RGSt. 65, 99. — Vgl. noch Zeiler Ztschr. f. Strafrechtswiss. 28, 471 und Goltdammer 60, 251.

Der Vorsitzende: Ob Augustin dem Angeklagten das Geld auf Grund eines verbotenen oder unsittlichen Geschäfts gegeben und gewußt hat, daß der Vertrag nichtig war, ist für die Schuldfrage allerdings gleichgültig. Das Strafmaß wird aber verschieden ausfallen, je nachdem Augustin gutgläubig war oder nicht. Die Ablehnung von Beweisanträgen des Angeklagten hat immer etwas Mißliches, nichts macht ihn und seine Angehörigen so unzufrieden mit der Tätigkeit des Gerichts wie der Umstand, daß „seine Zeugen" nicht vernommen worden sind. Ich vermeide deshalb wenn irgend möglich grundsätzlich die Abschneidung von Beweisen. Im vorliegenden Falle bin ich freilich überzeugt, daß bei der Beweisaufnahme nichts Positives herauskommen, und daß das einzige Ergebnis eine Verzögerung des Urteils sein würde. In dem Punkte nun, für den Hamann und Helga Woellner als Zeugen benannt sind, ist die Darstellung des Angeklagten wahrscheinlich richtig. Ich habe für meine Person keinen Zweifel, daß Augustin — wenn auch vielleicht nicht offiziell aber doch sozusagen „mit Augenzwinkern" — sich mit dem Angeklagten darüber verständigt hatte, daß die Ware mit strafbaren Handlungen, Schmuggel und dergl. zusammenhing. Wir tun also niemandem ein Unrecht, wenn wir den Beweisantrag ablehnen, nicht wegen Unerheblichkeit, sondern indem die in das Wissen der Zeugen gestellte Behauptung als wahr unterstellt wird.

Daß man in nicht ganz zweifelsfreien Fällen die vom Angeklagten angebotenen Beweise lieber erheben als ablehnen soll, folgt schon aus dem Grundsatz der Erforschung der materiellen Wahrheit. Besonders gilt das, wenn keine Berufung stattfindet und daher die Möglichkeit fehlt, eine abgelehnte Beweisaufnahme in höherer Instanz nachzuholen. Außerdem begründet ungerechtfertigte Ablehnung von Beweisanträgen die Revision wegen „Beschränkung der Verteidigung" (§ 338⁸ StPO.). Dieser Revisionsgrund ist ein „absoluter", d. h. das Revisionsgericht hat nicht, wie bei gewöhnlichen Revisionsgründen mit freiem Ermessen zu prüfen, ob das Urteil auf der festgestellten Gesetzesverletzung „beruht" (§ 337 I), sondern der Kausalzusammenhang zwischen Urteil und Gesetzesverletzung wird fingiert (§ 338 I). Kommt es aus diesem Grunde zur Aufhebung und Zurückverweisung, so hat der Prozeß viel länger gedauert, als wenn die Beweise sofort erhoben worden wären. —

Zu jeder dem Angeklagten nachteiligen Entscheidung in der Schuld- oder Strafzumessungsfrage bedarf es — in allen Instanzen — einer Mehrheit von $^2/_3$ der Stimmen (§ 263 I). Im 3köpfigen Kollegium deckt sich diese Mehrheit mit der einfachen Mehrheit, im 5köpfigen sind 4, im 9köpfigen 6 Stimmen notwendig (Gerichte mit gerader Mitgliederzahl gibt es nach Beseitigung der großen Schöffengerichte nicht mehr). Zur Strafzumessung gehört auch die Bewilligung mildernder Umstände, Annahme eines „besonders leichten" (§ 9 IV JugGG.) oder „minder schweren" (§ 58 II MilStGB.) Falls, Anrechnung der Untersuchungshaft. Einfache Mehrheit genügt:

a) bei den die Zulässigkeit der Strafverfolgung betreffenden Fragen, z. B. Verjährung (welche in § 263 III StPO. ausdrücklich von der Schuldfrage ausgenommen wird), Strafantrag, Prozeß-, Klage- und Urteilsvoraussetzungen,
b) bei prozessualen Zwischenentscheidungen, z. B. über Beweisanträge,

c) bei Zubilligung einer Entschädigung für unschuldig erlittene Untersuchungshaft. Über Beweisanträge ist also mit einfacher Mehrheit zu entscheiden. Die Mehrheit der Kammer tritt der Meinung des Vorsitzenden bei:

„Es wurde der Beschluß verkündet:

1. Der Antrag auf Vernehmung des Zeugen *Bock* vor dem erkennenden Gericht wird abgelehnt, weil *Bock* bereits kommissarisch vernommen worden und nichts dafür beigebracht ist, daß seine Vernehmung vor dem erkennenden Gericht ein anderes Ergebnis haben würde.
2. Der Antrag auf Zeugenvernehmung des *Edmund Woellner* wird abgelehnt, weil *Edmund Woellner* die von ihm am 18. September 1934 erklärte Zeugnisverweigerung nicht widerrufen hat.
3. Der Antrag auf Zeugenvernehmung von *Hamann* und *Helga Woellner* wird abgelehnt, weil das Gericht die von ihnen zu bekundenden Tatsachen als richtig unterstellt.

Nach der Vernehmung eines jeden Zeugen und Sachverständigen, sowie nach der Verlesung eines jeden Schriftstücks wurde der Angeklagte befragt, ob er etwas zu erklären habe."

Die Beweisaufnahme ist geschlossen.

„Die Staatsanwaltschaft und sodann der Angeklagte und der Verteidiger erhielten zu ihren Ausführungen das Wort.

Die Staatsanwaltschaft beantragte 3 Jahre Zuchthaus, 2000 *RM* Geldstrafe und 2 Jahre Ehrverlust.

Der Verteidiger beantragte Freisprechung, im Falle der Verurteilung: Zubilligung mildernder Umstände, Anrechnung der Untersuchungshaft und Aufhebung des Haftbefehls.

Der Verteidiger hatte das letzte Wort.

Der Angeklagte, befragt, ob er selbst noch etwas zu seiner Verteidigung anzuführen habe, erklärte: Ich bitte um meine Freisprechung."

Das Gericht zieht sich zur Beratung zurück.

Ein Schöffe hat Zweifel daran, daß Augustin die 1500 RM. nur auf Grund der im Briefe vom 6. August 1934 gemachten unwahren Angabe Woellners ausgezahlt habe. Bei derartigen Hehler- und Schmuggelgeschäften setze der Geldgeber in den Teil, der die eigentliche Arbeit leiste und über die persönlichen Verbindungen verfüge, ein weitgehendes Vertrauen. Es sei daher nicht unwahrscheinlich, daß Augustin das Geld auch dann hergegeben haben würde, wenn man ihm gesagt hätte, der Angeklagte wolle bei nächster sich bietender Gelegenheit ein Geschäft damit zu stande bringen. — Die übrigen Mitglieder des Gerichts lassen sich von der eidlichen Aussage Augustins überzeugen, so daß die Zweidrittelmehrheit gegen den Angeklagten erreicht ist.

Alle übrigen Voraussetzungen der Schuldfrage werden einstimmig bejaht.

Die Voraussetzungen des strafschärfenden Rückfalls sind unzweifelhaft.

Bei der Abstimmung über die mildernden Umstände sind drei Mitglieder der Kammer für Versagung, während zwei sie mit Rücksicht auf die geringe Schutzwürdigkeit der verletzten Interessen und die vollständige Wiedergutmachung des Schadens bejahen (der in der Schuldfrage überstimmte Schöffe stimmt nach § 195 GVG. mit). Die auch für das Strafmaß erforderliche Zweidrittelmehrheit gegen den Angeklagten ist also nicht vorhanden, die mildernden Umstände sind bewilligt. Doch will man Woellner empfindlich bestrafen, weil seine letzte Strafe bereits zwei Jahre betragen hat und weil Augustin durch ihn beinahe die 1500 RM. eingebüßt hätte. Es ergibt sich nach §§ 263^{I} StPO., 196^{III} S. 1, 2 GVG. eine $^2/_3$-Mehrheit für eine Gefängnisstrafe von 1 Jahr 6 Monaten und eine Geldstrafe von 1000 RM., an deren Stelle im Falle der Nichtbeitreibbarkeit nach § 29^I—III^ StGB. eine Ersatz-Gefängnisstrafe von 100 Tagen Gefängnis treten soll. Von Ehrverlust wird abgesehen.

Es folgt die Beratung über die Anrechnung der Untersuchungshaft. Sie steht im Ermessen des Gerichts (§ 60). Woellner hat seine Schuld geleugnet und damit die Dauer des Verfahrens selbst verlängert; anderseits trifft die Untersuchungshaft trotz § 116 StPO. und der VDU. (oben S. 894) den Häftling schwer, und es erscheint unbillig, die eigentliche Strafe noch um die durch die Untersuchungshaft bewirkte Freiheitsentziehung zu verlängern. Es kommt keine $^2/_3$-Mehrheit gegen den Angeklagten zustande und die Anrechnung wird bewilligt.

Die Aufhebung des Haftbefehls hat der Verteidiger mit Rücksicht darauf erbeten, daß die Aufrechterhaltung des Haftbefehls gegen einen noch nicht rechtskräftig Verurteilten die Einlegung von Rechtsmitteln praktisch beeinträchtigt. Legt nämlich der in Haft befindliche Angeklagte Berufung oder Revision ein und wird das Rechtsmittel verworfen, so hat er seine Strafe um die zwischen den beiden Urteilen liegende Zeit verlängert. Ja sogar wenn das Revisionsgericht ein Strafkammerurteil aufhebt und zurückverweist (§ 354^II^ StPO.), die Strafkammer aber bei erneuter Verhandlung wieder zur Verurteilung gelangt, besitzt der Angeklagte keine Sicherheit, daß ihm in dem späteren Urteil die seit Verkündung des ersten Strafkammerurteils verbüßte Untersuchungshaft angerechnet werden wird. — Nachdem aber das Gericht die Anrechnung der Untersuchungshaft auf die Strafe beschlossen hat, braucht Woellner diesen Nachteil nicht mehr zu befürchten und Fluchtverdacht liegt wegen der Höhe der erkannten Strafe und der Persönlichkeit des Angeklagten vor.

„Es wurde das

Urteil

durch Verlesung der Urteilsformel und durch mündliche Mitteilung des wesentlichen Inhalts der Urteilsgründe dahin verkündet:

Der Angeklagte wird wegen Betruges im Rückfalle zu einer Gefängnisstrafe von 1 Jahr 6 Monaten und zu einer Geldstrafe von 1000 *RM* (i. W.), an deren Stelle im Falle der Nichtbeitreibbarkeit weitere 100 (i. W.) Tage Gefängnis treten, sowie zur Tragung der Kosten des Verfahrens verurteilt.

Die Untersuchungshaft ist auf die erkannte Strafe voll anzurechnen."

Die Begründung geht dahin: daß nach der Überzeugung des Gerichts der Angeklagte weder bei Schlegel noch sonstwo das Saccharin liegen hatte und der Brief vom 6. August wider besseres Wissen von ihm geschrieben ist; daß Augustin ohne die unwahre Angabe sich zur Zahlung der 1500 RM. nicht entschlossen haben würde; daß der Angeklagte sich der Kausalität seiner Vorspiegelung für den Willensentschluß Augustins bewußt gewesen ist und Augustins Irrtum absichtlich für seine Zwecke ausnützen wollte; daß durch Hergabe der 1500 RM. das Vermögen Augustins objektiv geschädigt wurde, weil er für sein Geld nur eine unsichere persönliche Forderung an den Angeklagten erworben hatte, und daß der Angeklagte sich auch dieser Verschlechterung der Vermögenslage Augustins bewußt war und sie in seinen Willen aufgenommen hat; endlich daß bezüglich der freien Willensbestimmung Woellners bei Begehung der Tat keine Bedenken bestehen. Bei Begründung des Strafmaßes wird die Unterstellung, daß die ins Wissen von Hamann und Helga Woellner gestellten Tatsachen richtig seien (S. 990), zu Gunsten des Angeklagten wiederholt.

„Ferner wurde der Beschluß verkündet:

Der Antrag auf Aufhebung des Haftbefehls wird abgelehnt, weil mit Rücksicht auf die Höhe der erkannten Strafe Fluchtverdacht besteht, und der Angeklagte durch die im Urteil angeordnete Anrechnung der Untersuchungshaft in die Lage gesetzt ist Rechtsmittel ohne die Gefahr, dadurch seine Untersuchungshaft zu verlängern, einzulegen.

Der Angeklagte wurde über die gegen das Urteil sowie in Ansehung des Haftbefehls zulässigen Rechtsmittel belehrt.

Der Angeklagte wurde wieder in die Untersuchungshaft zurückgeführt.

Richter I. *Urkund.*"

Berufungsverfahren. Siegel- und Arrestbruch, Vollstreckungsvereitelung und Pfandkehr.

In der Strafsache gegen den Landmesser Arnim Ecke rlein in Canth hat das dortige Amtsgericht, Einzelrichter, auf Grund der mündlichen Verhandlung vom 5. Dezember 1934 festgestellt, daß der Angeklagte:

„1. zu Canth im September 1934 unbefugt amtliche Siegel, welche von einem Beamten angelegt sind, um Sachen zu verschließen, zu bezeichnen oder in Beschlag zu nehmen, nämlich die vom Obergerichtsvollzieher *Pfänder* in Canth an dem Klavier des Angeklagten angebrachten Pfandmarken, abgelöst und durch dieselbe Handlung Sachen, welche durch die zuständigen Beamten gepfändet worden sind, nämlich das vorerwähnte Klavier, vorsätzlich bei Seite geschafft hat,

2. durch eine weitere selbständige Handlung zu Canth im Oktober 1934 bei einer ihm drohenden Zwangsvollstreckung in der Absicht, die Befriedigung des Gläubigers, Hausbesitzers *Nickisch* in Canth, zu vereiteln, Bestandteile seines Vermögens, nämlich 7 Meßinstrumente, veräußert oder bei Seite geschafft und durch dieselbe Handlung seine eigenen beweglichen Sachen, nämlich die 7 Meßinstrumente, dem Hausbesitzer *Nickisch*, welchem an den Sachen das gesetzliche Vermieterpfandrecht zusteht, in rechtswidriger Absicht weggenommen hat,

Vergehen gegen §§ 136, 137, 288, 289, 73, 74, 61 StGB."

Der „Siegelbruch" (§ 136) besteht im Erbrechen oder Beschädigen amtlicher Siegel irgend welcher Art (Gerichtsvollziehermarken, Bahnplomben, Fleischbeschauplomben usw.) oder der sonstigen Aufhebung des durch die Siegel bewirkten Verschlusses. Er ist reines Formdelikt und unabhängig davon, ob zugleich eine materielle Rechtsverletzung (z. B. Wegschaffung von Pfandstücken) herbeigeführt oder beabsichtigt wird. — Beim „Arrestbruch" (§ 137) wird die gepfändete oder in Beschlag genommene Sache durch Wegschaffen, Zerstören oder dergl. der Verstrickung entzogen. Beschlagnahme ohne körperliche Besitzergreifung, z. B. nach § 20 ZVG., genügt (RGSt. 65, 248). Die Entziehung kann mit oder ohne äußere Verletzung der etwa angebrachten Siegel geschehen, im ersten Falle liegt Idealkonkurrenz mit Siegelbruch vor. — „Vollstreckungsvereitelung" (§ 288 StGB.) ist Beiseiteschaffung noch nicht gepfändeter Vermögensstücke (Sachen oder Forderungen) angesichts einer drohenden Zwangsvollstreckung zu dem Zwecke, die Befriedigung des Gläubigers zu vereiteln. Sie kann mit Arrestbruch in Tateinheit zusammentreffen, nämlich wenn die Vollstreckung bereits begonnen hat, aber noch weitere Vollstreckungshandlungen zu erwarten sind. — Die „Pfandkehr" endlich (§ 289) ist ein furtum possessionis: der Eigentümer nimmt seine eigene, oder ein Dritter im Interesse des Eigentums eine fremde, bewegliche Sache in rechtswidriger Absicht dem Pfandgläubiger oder Zurückbehaltungsberechtigten weg. Will er damit zugleich die Sache einer drohenden Vollstreckung entziehen, so stehen § 288 und § 289 in Idealkonkurrenz. Schädigung des Vollstreckungspfandrechts fällt nicht unter § 289, sondern ausschließlich unter § 137.

Vollstreckungsvereitelung und Pfandkehr richten sich gegen Privatrechte und werden nur auf Antrag verfolgt (§§ 288^{II}, 289^{IV}), während Siegel- und Arrestbruch als Vergehen gegen die öffentliche Ordnung Offizialdelikte sind. —

Auf Grund dieser Feststellung hat der Einzelrichter gegen den, auf seinen Antrag gemäß § 233 StPO. vom Erscheinen in der Hauptverhandlung entbundenen, Angeklagten folgendes Urteil gefällt:

„Der Angeklagte wird wegen Siegelbruchs in Tateinheit mit Arrestbruch zu 100 RM (i. W.) und wegen Vollstreckungsvereitelung in Tateinheit mit Pfandkehr zu weiteren 100 RM (i. W.) Geldstrafe sowie zur Tragung der Kosten des Verfahrens verurteilt. Es wird ihm gestattet, die Geldstrafe in wöchentlichen Teilbeträgen von je 20 RM (i. W.), beginnend eine Woche nach Rechtskraft des Urteils, zu zahlen. Im Falle der Nichtbeitreibbarkeit treten an die Stelle der beiden Geldstrafen je 20 Tage Gefängnis."

Vgl. §§ 28, 29, 78 StGB. Bei Verwirkung mehrerer Geldstrafen wird keine Gesamtstrafe gebildet, sondern es tritt volle Kumulation ein. Ist auf Grund von § 27b mehrfach auf Geldstrafe zu erkennen, so werden ebenfalls die Geldstrafen addiert. Dies gilt auch für die kraft Gesetzes als Ersatzstrafe substituierten (§ 29^{IV}), „an sich verwirkten" kurzfristigen Freiheitsstrafen. RGSt. 59, 21. — Die Vergünstigung der Ratenzahlung kann im Urteil oder nachträglich im Beschlußverfahren (§ 28^{II} S. 1) gewährt werden; im ersten Fall gehört sie in die Urteilsformel. RGSt. 60, 16.

Das Urteil ist dem Angeklagten am 9. Dezember zugestellt.

Berufungseinlegung und -Rechtfertigung.

„Die Amtsanwaltschaft. Canth, den 10. Dezember 1934.

Eingegangen am 11. Dezember 1934, vormittags 11 Uhr 40 Min.

Urkund.

An das Amtsgericht

hier.

In der Strafsache gegen *Eckerlein* wegen Siegelbruchs usw., 3 D 107,34, fechte ich das am 5. d. M. verkündete Urteil hiermit an.

Scharf

Amtsanwalt."

„Telegramm

aus Nürnberg.

Eingegangen am 16. Dezember 1934, nachmittags 12 Uhr 20 Minuten.

Urkund.

Amtsgericht Canth.

Gegen Urteil vom 5. Dezember lege Einspruch ein und beantrage neue Verhandlung.

Eckerlein."

Die in Einzelrichter- und Schöffensachen an sich möglichen 3 Instanzen (S. 867 zu 1—4) werden außer durch die Vorschrift des § 313 StPO. auch dadurch beschränkt, daß eine Partei, die Berufung eingelegt hat, nicht mehr die dritte Instanz anrufen darf. Zu 3 Instanzen kann es folglich nur kommen, wenn von der einen Seite (z. B. der Staatsanwaltschaft) die Berufung, und nachher von der anderen (z. B.

dem Angeklagten) gegen das Berufungsurteil die Revision eingelegt wird. Das Gesetz läßt aber der mit dem erstinstanzlichen Urteil unzufriedenen Partei die Wahl zwischen Berufung ans Landgericht und unmittelbarer Revision ans Oberlandesgericht; letztere wird zweckmäßig sein, wenn sich die Partei nicht durch tatsächliche Feststellungen sondern ausschließlich durch die Rechtsansicht des ersten Richters beschwert fühlt. Um die Rechtskraft des Urteils zu hemmen, muß innerhalb einer Woche seit Verkündung die „Anfechtung" erklärt werden, wobei es auf den aus der Erklärung ersichtlichen Willen, das Urteil nicht als endgültig anzuerkennen, ankommt, nicht aber auf den Gebrauch bestimmter Formeln oder Worte. Dann wird das Urteil dem Beschwerdeführer zugestellt, damit er ermessen kann, welches der beiden Rechtsmittel die besseren Aussichten bietet, und er hat binnen einer Woche seit Zustellung zu erklären, ob die Anfechtung als Berufung oder als Revision gelten soll. Bei Urteilen, die in Abwesenheit des Angeklagten verkündet worden sind, läuft die Anfechtungsfrist für ihn von der Urteilszustellung ab und die Erklärungsfrist beträgt eine Woche vom Ende der Anfechtungsfrist ab. Gibt der Beschwerdeführer in der Erklärungsfrist keine Erklärung ab, so wird die Anfechtung als Berufung behandelt: denn dieses Rechtsmittel führt zu einer Nachprüfung nicht bloß der Rechts- sondern auch der Tatfragen, ermöglicht die Anführung von nova und erfordert zu seiner Zulässigkeit keinen weiteren Schriftsatz. Hat der Beschwerdeführer seine Anfechtung als Revision bezeichnet, aber die bei einer solchen vorgeschriebene formale Rechtfertigung (§§ 344, 345) gar nicht oder nicht ordnungsmäßig eingereicht, so gilt die Anfechtung ebenfalls als Berufung und wird dadurch vor der Verwerfung als unzulässig (§ 346) geschützt. Endlich geht in dem Falle, daß von mehreren Beteiligten (Staatsanwaltschaft, Nebenkläger, Mitangeklagte, gesetzlicher Vertreter, Ehemann, Einziehungsinteressenten, vgl. §§ 298, 431/2) der eine mittels Berufung, der andere mittels Revision anfechten will, die Berufung der Revision vor. Art. 2 § 1 der NotVO. vom 14. Juni 1932, 1. Teil, Kap. I.

Verliert der Beschwerdeführer durch Wahl der Revision die Möglichkeit, Mängel des erstinstanzlichen Verfahrens zu rügen? § 340 StPO. bestimmt, daß die Sprungrevision des § 335 nicht auf prozessuale Verstöße gestützt werden darf: die Partei hätte ja Berufung einlegen und dadurch das Verfahren des ersten Richters, durch welches sie beschwert ist, gegenstandslos machen können. Nach herrschender Ansicht ist § 340 auch auf die als Revision deklarierte Anfechtung anzuwenden. JW. 33, 488[34] (Kassel), 1611[20] (Stuttgart); DRZ. 33 Spruchbeil. Nr. 204 (BayObLG.). A. M. JW. 33, 486[30] (KG.), weil nicht anzunehmen sei, daß die Rechte des Beschwerdeführers noch mehr verkürzt werden sollen, als es das Gesetz ausdrücklich vorschreibt. — Bei der unfreiwilligen Sprungrevision des § 313 ist die Nachprüfung der prozessualen Punkte zweifellos möglich.

Eckerleins Telegramm stellt eine ausreichende „Anfechtung" dar.

Während § 249[I] S. 3 AbgO. die telegraphische Rechtsmitteleinlegung ausdrücklich vorsieht, sprechen §§ 518, 553, 569 ZPO., 306, 314, 341 StPO. bloß von „schriftlicher" Einlegung bzw. Einreichung einer Rechtsmittelschrift bzw. von Erklärung zu Protokoll der Geschäftsstelle. Legt man die Vorschriften des BGB. über gesetzliche Schriftform bei Rechtsgeschäften (§ 126; anders für die gewillkürte Schriftform § 127) zu Grunde, so würde die Einsendung eines Telegramms nicht genügen. Die Entwicklung hat jedoch dahin geführt, daß die Praxis auch im Zivil- und Strafprozeß die telegraphische Einlegung anerkennt. Man begründete das zunächst damit: nicht die zu den Gerichtsakten gelangende Ausfertigung, sondern die beim absendenden Telegraphenamt verbleibende Urschrift des Telegramms sei die Urkunde, welche der Rechtsmittelkläger (bzw. sein Prozeßbevollmächtigter) mit seinem Namen zu zeichnen habe. Die neuere Rechtsprechung sieht von dem Erfordernis der Telegrammurschrift und dessen persönlicher Unterzeichnung gänzlich ab, so daß die Rechtsmittel sogar durch ein telefonisch aufgegebenes Telegramm eingelegt werden können! Es handelt sich dabei wohl um eine gewohnheitsrechtliche Fortbildung des Gesetzes, die den Bedürfnissen des Rechtslebens entspricht: denn sonst würde man, um die Ordnungsmäßigkeit eines telegraphischen Rechtsmittels zu prüfen, in jedem Falle außerhalb der Gerichtsakten liegende Tatsachen feststellen müssen. Vgl. RGSt. 8, 92 (Plenarentsch.); 38, 282; für Zivilsachen JW. 21, 527[28]; 33, 519[9]; RAG. (amtl. Samml.) 3, 252. — Für das Zivilverfahren vor den ordentlichen Gerichten hat die Frage übrigens verhältnismäßig geringe Bedeutung, weil hier die Rechtsmittel meist durch einen am Sitz des Rechtsmittelgerichts niedergelassenen Anwalt eingelegt werden müssen; anders liegen die Dinge im Arbeitsgerichtsverfahren, das für die höheren Instanzen zwar einen beschränkten Anwaltszwang, aber nicht das Lokalisierungsprinzip kennt (§ 11^{II} ArbGG.).

Das Urteil ist also von beiden Seiten wirksam angefochten. Das kann wichtig werden, wenn die Staatsanwaltschaft ihre Berufung zurücknimmt. So lange die staatsanwaltschaftliche Berufung aufrecht erhalten wird, ist auf Grund dieses Rechtsmittels eine Abänderung auch zu Gunsten des Angeklagten möglich (§ 301 StPO.). —

Nach § 316^{II} hat das Amtsgericht am 13. Dezember dem Amtsanwalt das Urteil zugestellt und zwar durch Vorlegung der die Urschrift enthaltenden Akten (§ 41). Einer Zustellung an den Angeklagten bedarf es nicht mehr, weil ihm das Urteil bereits zugestellt war.

Am 19. Dezember ist die Erklärung der Amtsanwaltschaft gemäß Art. 2 § 1 Ziff. 4^{I} der NotVO. und ihre Berufungsrechtfertigung gemäß § 317 StPO. beim Amtsgericht eingegangen:

„In der Strafsache usw. soll die unter dem 10. d. M. von mir erklärte Anfechtung des Urteils vom 5. d. M. als Berufung behandelt werden. Das Urteil wird nur insoweit angefochten, als das Gericht auf Geldstrafe statt auf Freiheitsstrafe erkannt hat. Laut Strafregisterauszug ist der Angeklagte mehrfach und nicht unerheblich vorbestraft. Er kann sich nicht damit entschuldigen, aus Not gehandelt zu haben. Denn nach der Bekundung des Zeugen *Schall* verdient der Angeklagte, der in kinderloser Ehe lebt, jährlich 6—8000 *RM*, macht häufig Vergnügungsreisen und gibt für Kartenspielen, Rennwetten und andere überflüssige Dinge viel Geld aus. Seine Taten können deshalb nur durch Freiheitsstrafe gesühnt werden.

Scharf."

Eckerlein hat die Erklärungs- und Begründungsfrist verstreichen lassen. Rechtsnachteile entstehen ihm dadurch nicht, da der Begründungszwang bei der Berufung in Strafsachen bloße Soll-Vorschrift ist (anders in Zivilsachen, oben S. 589, und bei der Revision, vgl. § 346).

Nach Ablauf der Begründungsfrist hat der Amtsrichter die Akten der Amtsanwaltschaft übersandt, die ihre Berufungsrechtfertigung dem Angeklagten zustellt (§ 320) und sodann durch den Oberstaatsanwalt die Akten dem Vorsitzenden der Strafkammer weiterreicht (§ 321).

Vorbereitung der Hauptverhandlung. Beweisanträge. Der Vorsitzende verfügt:

„1. kleine Strafkammersache.
2. Termin zur Hauptverhandlung am ....
3. Zeugen und Sachverständige sind nicht zu laden.
4. Vorzulegen

dem Herrn Oberstaatsanwalt hier."

Vgl. §§ 76^{II} GVG., 214f., 323 StPO. Die Ladungen zum Hauptverhandlungstermin werden durch die Staatsanwaltschaft bewirkt. In der Ladung ist Eckerlein darauf hinzuweisen, daß im Falle seines Ausbleibens seine Berufung nach Maßgabe des § 329 sofort verworfen, dagegen über die Berufung der Staatsanwaltschaft verhandelt und zu letzterem Zwecke nötigen Falls seine Vorführung oder Verhaftung angeordnet werden wird.

Einige Tage vor dem Termin überreicht RA. Weiß die ihm vom Angeklagten erteilte Verteidigungsvollmacht und schreibt:

„Der Angeklagte hat sich weder des Siegel- und Arrestbruchs, noch einer Vollstreckungsvereitelung oder Pfandkehr schuldig gemacht:

I. Das gepfändete Klavier war Eigentum des Schwiegervaters des Angeklagten, Fleischermeisters *Kulenbeck* in Canth, der es vom Angeklagten durch mündlichen Sicherungsübereignungsvertrag im Frühjahr 1933 erworben und dem Angeklagten bis auf weiteres zur leihweisen Benutzung überlassen hat. Der Gläubiger *Glaubitz* hatte daher durch die Pfändung kein Pfändungspfandrecht erlangt und die Wegschaffung des Klaviers durch den Angeklagten war kein Arrestbruch.

Die Pfandmarken hat der Angeklagte nicht entfernt, sie müssen sich von selbst abgelöst haben."

Wenn die letzte Behauptung zutrifft, so fällt damit die Anklage des Siegelbruchs (§ 136).

Dagegen sind die Sicherungsübereignung und die aus ihr vom Verteidiger abgeleitete Nichtentstehung eines Pfändungspfandrechts für den Siegelbruch bei dem formalen Charakter dieses Delikts ohne jede Bedeutung.

§ 137 hat nicht die Aufgabe, Rechte des Pfändungsgläubigers zu schützen, sondern wendet sich im Interesse der öffentlichen Ordnung gegen Nichtachtung der von zuständigen Vollstreckungsorganen in formell ordnungsmäßiger Weise vorgenommenen Akte. Folglich setzt der Arrestbruch lediglich eine Pfändung voraus, bei welcher die für den Gerichtsvollzieher maßgebenden Gesetze beobachtet worden sind; ob die Pfändung auch materiell gerechtfertigt war und ob sie ein Pfändungspfandrecht erzeugt hat, ist unerheblich. Die Pfändung darf, wie man es formuliert, nicht „nichtig" sein, während bloße „Anfechtbarkeit" nicht schadet. RGSt. 36, 165; 61, 367 c. cit. Da Eigentum eines Dritten der Pfändung nicht entgegensteht (S. 626) und eine unter Anbringung der Pfandmarke richtig vollzogene Pfändung durch spätere Ablösung der Marke ihre Kraft nicht einbüßt (S. 626), wird der Tatbestand des § 137 durch die Anführungen des Schriftsatzes in keiner Weise erschüttert; ihre Bedeutung beschränkt sich auf das Strafmaß.

„II. Die Meßinstrumente, durch deren Verbringung der Angeklagte sich gegen §§ 288, 289 StGB. vergangen haben soll, sind ihm, wie jeder Sachverständige bestätigen wird, zur persönlichen Ausübung der Erwerbstätigkeit als Landmesser unentbehrlich und deshalb der Pfändung entzogen (§ 811⁵ ZPO.)."

Durch Beseitigung unpfändbarer Vermögensstücke wird dem Gläubiger kein Schaden zugefügt, deshalb schließt die Unpfändbarkeit den Tatbestand des § 288 StGB. aus. Ebenso den des § 289: denn unpfändbare Sachen unterliegen nicht dem gesetzlichen Vermieterpfandrecht (§ 559 S. 3 BGB.).

„Allerdings enthält der zwischen dem Angeklagten und *Nickisch* abgeschlossene Mietvertrag in § 5 folgende Bestimmung:

Der Mieter versichert, daß alle von ihm eingebrachten Sachen sein unbeschränktes Eigentum und weder Eigentum seiner Ehefrau oder sonstiger Angehörigen, noch auf Abzahlung unter Eigentumsvorbehalt erworben sind. Soweit diese Sachen als unpfändbar dem gesetzlichen Vermieterpfandrecht nicht unterliegen, räumt der Mieter dem Vermieter ausdrücklich das Zurückbehaltungsrecht an ihnen ein.

Durch diese Vereinbarung konnte jedoch kein wirksames Zurückbehaltungsrecht im Sinne des § 289 StGB. geschaffen werden."

Die vertragsmäßige Begründung von Zurückbehaltungsrechten des Vermieters an unpfändbaren Sachen läuft der sozialpolitischen Tendenz des § 559 S. 3 BGB. zuwider. Außerdem kommt kein wirkliches „Zurückbehaltungsrecht" in Frage. Denn so lange der Vermieter die Sachen des Mieters nicht in seinen Besitz genommen hat (§ 561), stehen sie in der alleinigen Verfügungsgewalt des Mieters, und es fehlt an einer Herausgabe- oder sonstigen Verpflichtung des Vermieters gegenüber dem Mieter, an welcher er die Retention ausüben könnte. Trotz dieser Bedenken erkennt die Rechtsprechung (und teilweise die Literatur) derartige Vereinbarungen als Grundlage eines Zurückbehaltungsrechts im Sinne des § 289 StGB. an. RGSt. 35, 150; 37, 118; Leipz. Komm. 6 zu § 289 mit Übersicht.

Einen eigenartigen Fall vereinbarten Zurückbehaltungsrechts behandelt JW. 29, 2735[33]. Der Angeklagte hatte einen Kraftwagen unter Eigentumsvorbehalt gekauft und mietweise in einer Garage eingestellt. Da er die Garagenmiete nicht zahlen konnte, räumte er — ohne Vorwissen des Eigentümers — dem Vermieter ein Zurückbehaltungsrecht an dem Kraftfahrzeug ein. Nachher schaffte er es fort. Die Pfandkehr wird vom RG. verneint: Ein gesetzliches Pfandrecht am Wagen hat der Vermieter zweifellos nicht erlangt (S. 662). Das vereinbarte Zurückbehaltungsrecht ist, weil bloß obligatorisch, gegenüber dem Eigentümer unwirksam. Hieraus folgt, daß der Eigentümer, wenn er das Auto weggeschafft hätte, sich nicht strafbar gemacht haben würde. Von einem Nichteigentümer kann aber Pfandkehr nur „zu Gunsten des Eigentümers" begangen werden; deshalb ist es keine Pfandkehr, wenn ein Dritter eine Handlung vornimmt, für welche der Eigentümer nicht bestraft werden könnte. — Die Begründung ist sehr scharfsinnig, begründet aber die Möglichkeit strafloser Schiebungen und wird von Köhler a. a. O. bekämpft. —

Der Referendar: Die strafbare Handlung des § 289 besteht in der „Wegnahme" der Sache. Ich halte es für selbstverständlich, daß man diese Begriffe ebenso auslegen muß wie beim Diebstahl (§ 242). Dann ist es aber keine Pfandkehr, wenn der Mieter Sachen wegschafft, an welchen dem Vermieter vielleicht ein Pfand- oder Zurückbehaltungsrecht zusteht, die sich aber im alleinigen Gewahrsam des Mieters befinden. Warum macht RA. Weiß nicht diesen Hauptfehler des ersten Urteils geltend?

Der Richter: Obgleich, wie Sie richtig sagen, das Gesetz für eine verschiedenartige Auslegung keinen Anhalt gibt, versteht die Judikatur in Übereinstimmung mit der Mehrzahl der Kommentare und Schriftsteller das Wort „Wegnahme" in § 289 in einem weiteren Sinne. Man läßt es genügen, wenn der Pfandgläubiger (Zurückbehaltungsberechtigte) nicht die volle Verfügungsgewalt an den Sachen hatte, wenn er aber in einem dem Pfandbesitz ähnlichen Verhältnis zu der Sache stand, das nunmehr durch die Handlung des Täters aufgehoben wird. Bei Sachen, die der Gerichtsvollzieher gepfändet und im Gewahrsam des Schuldners belassen hat (S. 625), fehlt es an dem notwendigen räumlichen Verhältnis, während es bei den eingebrachten Sachen des Mieters bejaht wird. Die Beeinträchtigung des besitzlosen Vermieterpfandrechts durch heimliches „Rücken" bildet geradezu den Schulfall der Pfandkehr. RGSt. 27, 222; 37, 118; 38, 174; 64, 77. Gegen diese feststehende in die Rechtsüberzeugung des Volkes übergegangene Rechtsprechung anzukämpfen, wird dem Verteidiger aussichtslos erschienen sein.

„III. Sollten die Anführungen unter I und II objektiv unzutreffend sein, so hat der Angeklagte doch subjektiv in gutem Glauben gehandelt."

Der Referendar: Keines der in Betracht kommenden Delikte kann fahrlässig begangen werden. Befand sich also Eckerlein hinsichtlich der Sach- und Rechtslage in einem Irrtum und hat er mit der ihm ungünstigen Möglichkeit nicht gerechnet, so wird sein Vorsatz durch § 59 ausgeschlossen und es muß Freisprechung erfolgen.

Der Richter: Soweit der Irrtum den Bestand des Pfändungspfandrechts, Vermieterpfandrechts, Zurückbehaltungsrechts betrifft, ist er in der Tat „Zivilrechtsirrtum", d. h. außerstrafrechtlichen Inhalts (S. 944). JW. 31, 542[22]. Für den Arrestbruch kommt es aber, wie wir sahen, auf das Pfändungspfandrecht gar nicht an. Der Dolus des § 137 umfaßt lediglich die Gesetzmäßigkeit der Pfändung in dem vorhin festgestellten mehr formalen Sinne und die Entfernung der Sache aus der amtlichen Verfügungsgewalt. Hat Eckerlein irrtümlich geglaubt, trotz ordnungsmäßiger Pfändung wegen der Eigentumsrechte seines Schwiegervaters zur eigenmächtigen Wegschaffung befugt zu sein, so würde das reiner Strafrechtsirrtum sein, auf den er sich nicht für die Schuldfrage sondern höchstens wegen des Strafmaßes berufen kann. Leipz. Komm. 6 zu § 137.

„IV. Die Berufung der Staatsanwaltschaft ist unbegründet. Der Angeklagte hat tatsächlich unter dem Druck seiner Notlage gehandelt.

(wird näher ausgeführt)

Schall kann darüber nicht aus eigener Wissenschaft, sondern bloß vom Hörensagen aussagen. Es wird:

nochmalige Vernehmung der Zeugen *Nickisch* und *Schall*, sowie die Ladung des *Kulenbeck* als Zeugen und des gerichtlichen Sachverständigen für Landmesserangelegenheiten, vereidigten Landmessers *Dobschall* in Breslau, als Sachverständigen

beantragt.

Weiß, Rechtsanwalt
als Verteidiger."

Der Vorsitzende gibt dem Antrag des Verteidigers statt. Die Ladung wird durch die Staatsanwaltschaft ausgeführt.

Dem „Unmittelbarkeitsprinzip" entsprechend, sollen die in erster Instanz vernommenen Zeugen und Sachverständigen zum Berufungstermin wieder geladen werden, außer wenn ihre wiederholte Vernehmung „zur Aufklärung der Sache nicht erforderlich erscheint" (§ 323 II StPO.). Hat der Angeklagte die Ladung erst dicht vor oder im Berufungstermin beantragt, so kann das Gericht das Protokoll über die erstinstanzliche Aussage verlesen lassen und sich mit ihr als Ersatz der persönlichen Vernehmung begnügen (§ 325) — selbstverständlich nur, wenn es zur Aufklärung des Sachverhalts ausreicht. Bei Prüfung der Notwendigkeit der wiederholten Vernehmung will RGSt. 58, 378 den gleichen Maßstab anwenden, wie wenn die persönliche Vernehmung eines schon kommissarisch gehörten Zeugen (S. 983) vor dem erkennenden Gericht verlangt wird. Dabei ist außer Acht gelassen, daß im Falle der kommissarischen Vernehmung das Protokoll dem Zeugen vorgelesen, von ihm genehmigt und unterschrieben wird (§ 188), während es sich bei dem vom erstinstanzlichen Gericht vernommenen Zeugen, um einen einseitigen, von dem Zeugen nicht kontrollierten Versuch des Protokollführers handelt, die Aussage so gut als möglich zu fixieren (S. 917).

Hauptverhandlung und Urteil. In der Hauptverhandlung der Berufungsinstanz wird das erstinstanzliche Verfahren und Urteil nicht (wie im Zivilprozeß, § 526 ZPO.) von den Parteien, sondern durch den Berichterstatter vorgetragen. Dieser Vortrag, der gewöhnlich in einer bloßen Verlesung des Urteils besteht, findet in Abwesenheit der Zeugen vor der Vernehmung des Angeklagten statt (§ 324 StPO.). Sonst entspricht das Verfahren demjenigen der ersten Instanz.

„Öffentliche Sitzung der II. Strafkammer des Landgerichts. Gegenwärtig: ....

Breslau, den 20. Januar 1935.

Strafsache gegen *Eckerlein*.

Zur Hauptverhandlung über die Berufungen der Staatsanwaltschaft und des Angeklagten gegen das Urteil des Amtsgerichts, Einzelrichter, in Canth vom 5. Dezember 1934 erschienen:

der Angeklagte
und RA. *Weiß* als Verteidiger.

Die Verhandlung begann mit dem Aufruf der Zeugen und Sachverständigen. Es meldeten sich:

....

Die Zeugen entfernten sich aus dem Sitzungssaale, nachdem sie mit dem Gegenstande der Untersuchung

(usw. wie S. 917).

Der Berichterstatter hielt einen Vortrag über die Ergebnisse des bisherigen Verfahrens. Das Urteil erster Instanz wurde verlesen.

Der Angeklagte, über seine persönlichen Verhältnisse vernommen, erklärte:

....

Den verlesenen Strafregisterauszug Bl..... erkannte der Angeklagte als richtig an.

Der Angeklagte, befragt ob er etwas auf die Beschuldigung erwidern wolle, erklärte:

Ich habe die Pfandzeichen nicht von dem Klavier entfernt. Zur Wegschaffung des Klaviers hielt ich mich für berechtigt, weil es meinem Schwiegervater gehörte, also die Pfändung des *Glaubitz* ohnehin nicht wirksam war. Ich habe das Klavier mit Zustimmung meines Schwiegervaters an einen Händler, den ich nicht nennen möchte, verkauft und den Erlös zur Bezahlung einer Schneiderrechnung für meine Frau verwendet. Daß das Klavier früher schon 3 oder 4mal gepfändet worden war, kann möglich sein; in den früheren Fällen habe ich immer abgezahlt, zu einer Intervention meines Schwiegervaters ist es daher nicht gekommen. Die Meßinstrumente konnte ich vorteilhaft verkaufen, da mir ein Kollege überzählige Instrumente aus seinem Besitz leihweise zur Verfügung gestellt hatte. Eine Pfändung oder Beschlagnahme der Instrumente hatte mir *Nickisch* nicht erklärt.

Die Zeugen und der Sachverständige wurden hierauf einzeln vorgerufen und, wie folgt, vernommen:

1. Zeuge *Kulenbeck*

unter Aussetzung der Beeidigung:

Z. P.: Ich heiße *Ludwig Kulenbeck*, bin 53 Jahre alt, Fleischermeister in Canth, wegen Verletzung der Eidespflicht nicht bestraft. Meine Tochter ist die Ehefrau des Angeklagten. Über das mir zustehende Zeugnisweigerungsrecht bin ich belehrt. Ich will aussagen.

Z. S.: Ich habe von meinem Schwiegersohn mehrere Hundert *RM* zu fordern. Er hat mir einmal gesagt, daß meine Forderung sicher sei, da ich mich an das Klavier halten könnte. Einen schriftlichen Sicherungsvertrag haben wir nicht geschlossen. Ob wir mündlich abgemacht haben, daß das Klavier mein Eigentum sein solle und ich es leihweise im Besitz meinem Schwiegersohnes belasse, kann ich nicht sagen.

2. ....

Nach der Vernehmung eines jeden Zeugen und Sachverständigen sowie nach der Verlesung eines jeden Schriftstücks wurde der Angeklagte befragt, ob er etwas zu erklären habe.

Nach dem Schlusse der Beweisaufnahme erhielten die Staatsanwaltschaft sowie der Angeklagte und der Verteidiger zu ihren Ausführungen das Wort."

Ist nur von einer Seite Berufung eingelegt, so wird an dieser Stelle hinzugesetzt: „und zwar der Beschwerdeführer zuerst" (§ 326 S. 1).

„Die Staatsanwaltschaft beantragte:

wegen Siegel- und Arrestbruchs 1 Monat Gefängnis, wegen Pfandkehr — nicht aber auch wegen Vollstreckungsvereitelung — ebenfalls 1 Monat Gefängnis, zusammenzuziehen in eine Gesamtstrafe von 7 Wochen Gefängnis.

Der Verteidiger beantragte:

Freisprechung, hilfsweise Verurteilung zu einer mäßigen Geldstrafe.

Der Verteidiger hatte das letzte Wort.

Der Angeklagte, befragt ob er selbst noch etwas zu seiner Verteidigung anzuführen habe, erklärte:

das selbe wie der Verteidiger."

In der Beratung prüft die Kammer in erster Reihe die Zulässigkeit der Berufung. Zwar können zur Entlastung des Berufungsgerichts unzulässige Berufungen schon vom iudex a quo im Beschlußverfahren vorbehaltlich der Entscheidung des Berufungsgerichts (§ 319), und nach Eingang der Akten beim Berufungsgericht von diesem im Beschlußverfahren als unzulässig verworfen werden (§ 322^{I} S. 1). Der Umstand, daß keine Verwerfung im Beschlußverfahren erfolgt ist, steht aber der Verwerfung wegen Unzulässigkeit im späteren Berufungsurteil nicht entgegen (arg. § 322^{I} S. 2).

In der Sache hat das Gericht die Überzeugung erlangt, daß der Angeklagte die Pfandmarken von dem gepfändeten Klavier entfernt hat. Die Sicherungsübereignung an Kulenbeck erachtet es nicht für erwiesen. Dagegen steht die Unpfändbarkeit der Meßinstrumente durch das Gutachten des Sachverständigen fest. Die Kammer verneint aus diesem Grunde nicht bloß (wie es schon der Staatsanwalt in seinem Antrag getan hat) die Vollstreckungsvereitelung, sondern auch die Pfandkehr. Darnach ist lediglich wegen Siegel- und Arrestbruchs zu verurteilen, wobei die Bestrafung aus § 137 StGB. als dem strengeren Strafgesetz erfolgt (§ 73).

Das Gericht hat zwischen Geld- und Gefängnisstrafe zu wählen. Wegen der Frivolität, mit der sich Eckerlein über die staatliche Pfändung hinweggesetzt und die Rechte seines Gläubigers Glaubitz verletzt hat, sowie wegen seiner Vorstrafen hält die Kammer eine einmonatige Gefängnisstrafe für angebracht.

Die Verhängung „kurzer" (d. h. unter 3 Monaten bleibender) Freiheitsstrafen ist nicht etwa absolut unzulässig. Auch im Falle des § 27b hat das Gericht, wenn es an sich auf eine solche kurzfristige Freiheitsstrafe erkennen will, zu prüfen, ob „der Strafzweck durch eine Geldstrafe erreicht werden kann", und nur wenn diese Frage bejaht wird, tritt die Geldstrafe ein. Über die hierbei maßgebenden Gesichtspunkte vgl. RGSt. 58, 106; 59, 51; 61, 417; 64, 108; 65, 229, 308. § 27b setzt voraus, daß die anzuwendende Strafbestimmung eine Geldstrafe nicht vorsieht. Ist Geldstrafe nur bei mildernden Umständen zulässig und werden diese verneint, so gelangt ebenfalls § 27b zur Anwendung. RGSt. 58, 106.

Darnach haben beide Berufungen in gewissem Umfang Erfolg:

„Es wurde das

Urteil

durch Verlesung der Formel und Mitteilung des wesentlichen Inhalts der Urteilsgründe, wie folgt, verkündet:

Auf die Berufungen der Staatsanwaltschaft und des Angeklagten wird das Urteil des Amtsgerichts in Canth vom 5. Dezember 1934 aufgehoben.

Der Angeklagte wird wegen Siegelbruchs in Tateinheit mit Arrestbruch zu einem Monat Gefängnis verurteilt.

Im Übrigen wird der Angeklagte freigesprochen.

Die Kosten des Verfahrens fallen, soweit Verurteilung erfolgt, dem Angeklagten, im übrigen der Staatskasse zur Last.

Richter I. *Urkund.*"

Vgl. §§ 328I, 465I, 466I StPO.

Revision ist gegen das Urteil nicht mehr möglich (S. 993/4).

Berufungsurteil in einer Pressebeleidigungssache.

„Geschäftsnummer: 28 (7) N 245.34.

Im Namen des Volkes!

Strafsache gegen den Schriftsteller *Dr. Adalbert Pfefferkorn* in Breslau, geboren am 17. August 1894 in Hohenhagen (Mecklenburg).

Auf die von dem Angeklagten gegen das Urteil des Schöffengerichts in Breslau vom 23. November 1934"

— in Bayern, Württemberg, Baden und Oldenburg sind für Pressestrafsachen die Schwurgerichte in erster Instanz zuständig (vgl. die auf Grund von § 6 EG. zum GVG. erlassenen, bei Häntzschel Reichspreßges. S. 277, 281, 282, 292 abgedruckten landesrechtlichen Bestimmungen) —

„eingelegte Berufung hat die II. Strafkammer des Landgerichts in Breslau in der Sitzung vom 25. Januar 1935, an welcher teilgenommen haben:

1. Landgerichtsdirektor *Richter I*
als Vorsitzender,
2. Landgerichtsrat *Richter II*,
3. Landgerichtsrat *Richter III*
als beisitzende Richter,
4. Vorarbeiter *Milde*,
5. Kaufmann *Strenge*
als Schöffen,

Erster Staatsanwalt *Scharf*
als Beamter der Staatsanwaltschaft,
Justizsekretär *Urkund*
als Protokollführer,

für Recht erkannt:

Das Urteil des Schöffengerichts in Breslau vom 23. November 1934 wird aufgehoben, soweit es den Angeklagten wegen Übertretung gegen §§ 11, 19³ PreßGes. verurteilt und die Aufnahme der Berichtigung anordnet, sowie im Kostenpunkt.

Wegen der Anklage der Übertretung gegen §§ 11, 19³ PreßGes. wird das Verfahren eingestellt.

Im übrigen wird die Berufung des Angeklagten verworfen.

Die Kosten des Verfahrens fallen, soweit Verurteilung erfolgt, dem Angeklagten, im übrigen der Staatskasse zur Last.

Gründe.

Gegen den Angeklagten ist auf Antrag der Staatsanwaltschaft das Hauptverfahren eröffnet worden wegen der Beschuldigung, zu Breslau im Mai 1934 durch mehrere selbständige Handlungen:

1. durch den Artikel ‚Unglaubliche Zustände in einer gemeinnützigen Siedelungsgesellschaft' in Nr. 20 der Wochenschrift ‚Die Bombe' vom 16. Mai 1934, deren verantwortlicher Redakteur er war, wider besseres Wissen in Beziehung auf die Direktoren *Bruschwitz* und *Bückling* der Gemeinnützigen Siedelungsgesellschaft m. b. H. in Frankfurt a. d. Oder unwahre Tatsachen behauptet und verbreitet zu haben, welche dieselben verächtlich zu machen und in der öffentlichen Meinung herabzuwürdigen geeignet sind, nämlich daß sie unter Zurücksetzung besser berechtigter Bewerber die Wohnungen in den Neubauten ihrer Gesellschaft an Kameraden aus ihrem Fußballklub vergäben, und zwar öffentlich in einer Zeitung oder Zeitschrift,
2. als verantwortlicher Redakteur der periodischen Druckschrift ‚Die Bombe' in Breslau eine Berichtigung der in letzterer mitgeteilten Tatsachen auf Verlangen beteiligter Privatpersonen, nämlich der Direktoren *Bruschwitz* und *Bückling* der gemeinnützigen Siedelungsgesellschaft m. b. H. in Frankfurt a. d. Oder, nicht ohne Einschaltungen und Weglassungen aufgenommen zu haben

Vergehen und Übertretung gegen §§ 187, 200, 41, 61, 74, 78 StGB., 11, 19^{3}, 20^{II} PreßGes.

Das Schöffengericht hat am 23. November 1934 den Angeklagten unter Belastung mit den Kosten des Verfahrens wegen übler Nachrede, nicht wegen verleumderischer Beleidigung, zu 1000 *RM* Geldstrafe und wegen Übertretung gegen §§ 11, 19^{3} PreßGes. zu einer weiteren Geldstrafe von 100 *RM* verurteilt, an Stelle der Geldstrafen als Ersatzfreiheitsstrafen 100 Tage Gefängnis bzw. 10 Tage Haft substituiert, die Bekanntmachung des Urteilstenors in der ‚Bombe', den ‚Breslauer Neuesten Nachrichten', dem ‚Frankfurter Stadtblatt' und ‚Frankfurter Generalanzeiger' angeordnet, auf Unbrauchbarmachung der Exemplare von Nr. 20 der ‚Bombe' vom 16. Mai 1934 sowie der zu ihrer Herstellung bestimmten Platten und Formen erkannt und die Aufnahme der ungekürzten Berichtigung in die nächstfolgende Nummer der ‚Bombe' angeordnet.

Der Angeklagte hat gegen das Urteil Berufung eingelegt. In der Verhandlung vor dem Berufungsgericht ist folgender Sachverhalt festgestellt worden."

Der hier verwandte Aufbau — Eröffnungsbeschluß, Urteil erster Instanz, Berufungseinlegung, Ergebnisse der Berufungsverhandlung — paßt für jedes Berufungsurteil. Wenn das erste Urteil in vollem Umfang verurteilt hatte, ist die Mitteilung des Eröffnungsbeschlusses überflüssig.

„In Nr. 20 der in Breslau erscheinenden Wochenschrift ‚Die Bombe' vom 16. Mai 1934, als deren verantwortlicher Redakteur der Angeklagte zeichnete, war ein Aufsatz ‚Unglaubliche Zustände in einer gemeinnützigen Siedelungsgesellschaft' abgedruckt, der mit den Worten ‚Von besonderer Seite wird uns geschrieben' beginnt und die Behauptung enthält, daß die Direktoren *Bruschwitz* und *Bückling* der Gemeinnützigen Siedelungsgesellschaft m. b. H. in Frankfurt a. d. Oder die Wohnungen in den von ihrer Gesellschaft hergestellten Neubauten unter Zurücksetzung besser berechtigter Bewerber an Kameraden aus dem Fußballklub ‚Teutonia 1921' vergäben, dem sie selbst als Vorstandsmitglieder angehörten. Auf den Wortlaut des Aufsatzes (Bl.... d. A.) wird Bezug genommen.

Nachdem *Bruschwitz* und *Bückling* bei der Staatsanwaltschaft in Frankfurt a. d. Oder am 18. Mai 1934 den Bl.... d. A. befindlichen Strafantrag wegen Beleidigung gestellt hatten, hat das dortige Amtsgericht auf Antrag der Staatsanwaltschaft am 19. Mai 1934 die Beschlagnahme von Nr. 20 der ‚Bombe' angeordnet (Aktenzeichen 4 G 168.34)."

Es handelt sich nicht um die alsbald zu besprechende „vorläufige", sondern um eine gerichtliche Beschlagnahme. War das Frankfurter Gericht für diese zuständig?

Aus dem S. 841 dargelegten Wesen des forum delicti commissi würde sich für Preßdelikte mit logischer Notwendigkeit der sog. „fliegende Gerichtsstand der Presse" ergeben: denn überall, wo ein Exemplar der Druckschrift mit dem Willen des Täters verbreitet wird, ist ein Tatbestandsmerkmal der durch die Presse begangenen Beleidigung, Aufreizung, Gotteslästerung usw. verwirklicht (RGSt. 23, 155). Aus praktischen Gründen bestimmt nun § 7^II^ StPO., daß der Gerichtsstand der begangenen Handlung in Preßsachen nur am Orte des Erscheinens besteht. Eine Ausnahme gilt zu Gunsten des durch die Presse Beleidigten dann, wenn der Verbreitungsort mit seinem Wohn- oder Aufenthaltsort zusammenfällt und er dort die Privatklage erheben will; zwischen diesem Ort, dem Erscheinungsort und dem Wohnsitz des Angeschuldigten (§ 8) kann also der Privatkläger wählen. Für eine Beschlagnahme im Vorverfahren gelten jedoch nicht diese Regeln sondern der allgemeine Grundsatz, daß für richterliche Handlungen im Vorverfahren dasjenige Gericht zuständig ist, in dessen Bezirk die Handlung vorgenommen werden soll (§ 162^I^, vgl. § 98^II^ S. 3). Bis zur Erhebung der öffentlichen Klage sind also Beschlagnahmen an jedem Ort möglich, an dem sich auch nur ein beschlagnahmefähiges (§ 41^II^ StGB., unten S. 1009) Exemplar der Druckschrift befindet, so daß man in dieser Beziehung tatsächlich von einem fliegenden Gerichtsstand der Presse sprechen kann. Nach Erhebung der öffentlichen Klage darf bloß noch der Untersuchungsrichter bzw. Eröffnungsrichter bzw. das erkennende Gericht beschlagnahmen (arg. § 98^II^ S. 3 StPO.).

V o r l ä u f i g e B e s c h l a g n a h m e: Darunter ist die Beschlagnahme einer Druckschrift ohne richterliche Anordnung durch die Staatsanwaltschaft oder ihre Hilfsbeamten (S. 862) zu verstehen. Allgemein läßt § 98^I^ vorläufige Beschlagnahme bei „Gefahr im Verzuge" zu. Das Preßrecht schränkt aber für Preßsachen die vorläufige Beschlagnahme in mehrfacher Weise ein: 1. Sie findet ausschließlich in den Fällen des § 23 PreßG. statt, nämlich wegen Verletzung gewisser preßpolizeilicher Bestimmungen (Nichtangabe des Druckers oder verantwortlichen Redakteurs) sowie wegen einiger speziell aufgeführter Delikte (darunter Aufforderung zum Hochverrat oder zum Widerstand, Aufreizung, Verbreitung unzüchtiger Schriften)[1]. In der Pfefferkornschen Sache wäre sie also unzulässig gewesen, weil lediglich Beleidigung und Verletzung der Berichtigungspflicht in Frage kommen. 2. Die vorläufige Beschlagnahme von Druckschriften bedarf der nachträglichen gerichtlichen Bestätigung nicht bloß, wenn Widerspruch gegen sie erhoben war (so schon § 98^II^ S. 1 StPO.), sondern ausnahmslos in allen Fällen. Für die Erwirkung der Bestätigung sind kurze Fristen vorgeschrieben, bei deren Nichteinhaltung die Beschlagnahme automatisch außer Kraft tritt und die Polizei die beschlagnahmten Stücke freigeben muß (§ 24^II, III, IV^ PreßG.). 3. Wird nicht innerhalb von zwei Wochen nach der gerichtlichen Bestätigung „die Strafverfolgung in der Hauptsache eingeleitet", d. h. die gerichtliche Voruntersuchung oder das Hauptverfahren eröffnet, so ist die vorläufige Beschlagnahme wieder aufzuheben (§ 26). 4. Gegen die Aufhebung einer vorläufigen Beschlagnahme gibt es kein Rechtsmittel (§ 25). — Die g e r i c h t l i c h e Beschlagnahme von Presseerzeugnissen unterliegt dagegen den allgemeinen Bestimmungen

[1]) Die unter der Herrschaft des Ausnahmezustandes und in Ausnahmegesetzen erlassenen Bestimmungen sind auch hier nicht berücksichtigt.

der StPO., darf also wegen jeder Straftat angeordnet werden und bleibt (abgesehen von der Möglichkeit der Aufhebung im Instanzenzuge) dauernd in Kraft.

Der Vollständigkeit halber sei bemerkt, daß für zivilprozessuale Schadensersatz- und Unterlassungsklagen aus unerlaubter Handlung (S. 936) einschließlich der zugehörigen einstweiligen Verfügungen ein, hier auf § 32 ZPO. beruhendes, uneingeschränktes forum delicti commissi gilt. Der Redakteur oder Verleger einer weit verbreiteten Druckschrift kann also 1. im Fall der Privatklage, 2. zufolge einer Beschlagnahme, 3. gegenüber Schadensersatz- und Unterlassungsklagen sowie einstweiligen Verfügungen genötigt werden, an den verschiedensten Orten des Reiches ein gerichtliches Verfahren durchzuführen.

Die Wirkung der Frankfurter Beschlagnahme beschränkt sich nicht etwa auf den Bezirk des dortigen Gerichts. Ähnlich wie im Falle des § 919 ZPO. der vom Amtsgericht erlassene Arrestbefehl im ganzen Reichsgebiet einen Vollstreckungstitel bildet (S. 426/7), darf auch die von irgend einem deutschen Amtsgericht angeordnete Beschlagnahme überall vollzogen werden.

„Am 24. Mai 1934 verlangten *Bruschwitz* und *Bückling* von der Schriftleitung der ‚Bombe' durch Einschreibbrief Berichtigung der in dem Aufsatz ‚Unglaubliche Zustände in einer gemeinnützigen Siedelungsgesellschaft' enthaltenen tatsächlichen Angaben. Auf den Wortlaut des Berichtigungsschreibens Bl.... d. A. wird Bezug genommen.

Darauf brachte die ‚Bombe' in ihrer, wiederum vom Angeklagten als verantwortlichen Redakteur gezeichneten, Nr. 22 vom 30. Mai 1934 folgenden Artikel:

‚Die Gemeinnützige berichtigt!

Wie wir vorausgesehen hatten, haben wir mit unserem Aufsatz ‚Unglaubliche Zustände bei einer gemeinnützigen Siedelungsgesellschaft' in unserer Nr. 20 vom 16. d. M. in ein Wespennest gestochen. Die Direktoren *Bruschwitz* und *Bückling* in Frankfurt a. d. Oder, deren Praktiken wir gekennzeichnet haben, senden uns unter Bezugnahme auf § 11 PreßGes. ein längeres Berichtigungsschreiben, nach welchem alles in schönster Ordnung zugegangen sein soll. Wir kennen das schon! Natürlich ist die Vergebung der Wohnungen ganz korrekt nach Reihenfolge und Würdigkeit vor sich gegangen, Fußball-Sportbrüder wurden nicht bevorzugt und unser Artikel soll auf böswillige Angaben entlassener Angestellter oder Konkurrenzmanöver zurückzuführen sein. Dem können wir nur die Angaben unseres erstklassigen Gewährsmannes gegenüberstellen. Wir werden uns durch solche Berichtigungen nicht abhalten lassen auch in Zukunft unseren Lesern die Wahrheit mitzuteilen, ebensowenig wie durch die Beschlagnahme unseres Blattes, die der Frankfurter Amtsrichter auf Verlangen der gekränkten Herren Direktoren verhängt hat.

Die Schriftleitung.'

Nachdem in dem gegen den Angeklagten eingeleiteten Ermittlungsverfahren wegen Beleidigung verschiedene Vernehmungen stattgefunden hatten, stellten *Bruschwitz* und *Bückling* am 29. August 1934 bei der hiesigen Staatsanwaltschaft Strafantrag wegen Nichtaufnahme ihrer Berichtigung. Am 30. August ersuchte die Staatsanwaltschaft das Amtsgericht Breslau um verantwortliche Vernehmung des Angeklagten aus §§ 11, 19[3] PreßGes., am 2. September wurde die Ladung des Angeklagten zur verantwortlichen Vernehmung vom Richter verfügt.

I. *Bruschwitz* und *Bückling* sind, wie die Aussagen der Zeugen ...... ergeben haben, weder Vorstandsmitglieder des Fußballklubs ‚Teutonia 1921', noch haben sie diesem oder einem anderen Frankfurter Fußballverein jemals als Mitglieder angehört oder sich als Gönner für ihn interessiert. Der Angeklagte hat erklärt, daß er einen bestimmten Fall, in dem bei der Vergebung von Wohnungen Bevorzugungen stattgefunden hätten, nicht anführen könne.

Während der Angeklagte im Vorverfahren die Namensnennung des Verfassers des Aufsatzes ‚Unglaubliche Zustände' abgelehnt hatte, gab er in der Hauptverhandlung vor dem Schöffengericht am 23. November 1934 den Wohnungsvermittler *Schleich* in Frankfurt a. d. Oder als Autor an. Das Schöffengericht hat, ohne *Schleich* zu vernehmen, diese Angabe als widerlegt angesehen und festgestellt, daß der Angeklagte den Artikel selbst verfaßt habe. Im zweiten Rechtszuge ist *Schleich* als Zeuge gehört worden. Er hat bekundet, den Aufsatz selbständig abgefaßt zu haben und die Strafkammer hat seiner Aussage, obgleich sie im Hinblick auf § 57³ StPO. bloß uneidlich erfolgen konnte, Glauben geschenkt.

(wird näher begründet)."

Sich jetzt zur Autorschaft des Artikels zu bekennen, ist für Schleich gänzlich ungefährlich. Nach § 22 PreßG. verjähren nämlich alle durch Verbreitung von — periodischen oder nicht periodischen — Druckschriften begangenen Verbrechen und Vergehen ebenso wie die spezifisch preßrechtlichen Vergehen schon in 6 Monaten (für die preßrechtlichen Übertretungen gilt die noch kürzere Verjährungsfrist des § 67^III StGB. von 3 Monaten). Nach richtiger Meinung (Häntzschel 5 A a zu § 22) läuft die Frist vom Erscheinen der Druckschrift an und wird durch nachträgliche Verbreitung weiterer Exemplare nicht mehr unterbrochen. Nun waren zur Unterbrechung der Verjährung der Beleidigung richterliche Handlungen gegen Pfefferkorn erfolgt: aber die Unterbrechung wirkt nur gegen den konkreten Verfolgten, nicht auch gegen seine Mittäter oder Gehilfen (§ 68^II). Am 17. November 1934 war also die Strafverfolgung gegen Schleich endgültig verjährt.

Wird in einem einheitlichen, gegen zwei Mittäter gerichteten, Verfahren nach Eröffnung des Hauptverfahrens Haftbefehl gegen den einen Angeklagten erlassen, so soll damit nach RGSt. 36, 350 die Verjährung auch gegenüber dem anderen unterbrochen sein, weil der Haftbefehl das Ziel gehabt habe, den abwesenden Angeklagten zur Hauptverhandlung zu gestellen und die gemeinschaftliche Aburteilung beider Angeklagten zu ermöglichen; die Handlung des Gerichts habe sich deshalb gegen beide Angeklagten gerichtet. Diese Konstruktion dürfte mit § 68^II schwer vereinbar sein.

Auf die Anwendung des § 57³ StPO. ist die zu Gunsten Schleichs eingetretene Verjährung ohne Einfluß. Sogar Teilnehmer, Begünstiger und Hehler, die bereits rechtskräftig verurteilt sind und deren Schicksal daher durch ihre Aussage nicht mehr beeinflußt werden kann, dürfen nicht vereidigt werden. —

Wird Pfefferkorn durch den Nachweis der Täterschaft des Schleich entlastet? Die strafrechtliche Verantwortlichkeit für die durch die Presse begangenen strafbaren Handlungen ist in höchst verwickelter Weise geregelt:

1. Prinzipiell bestimmt sie sich nach den allgemeinen Vorschriften des Strafrechts (§ 20^I PreßG.). Ob also Verfasser, Einsender, Redakteur, Verleger, Drucker, Setzer, Korrektor, Verlagsangestellter, Verbreiter sich als Täter, Mittäter oder Gehilfen strafbar gemacht haben, hängt in erster Reihe von ihrer tatsächlichen Beteiligung am Zustandekommen des kriminellen Artikels und von ihrem Vorsatz ab. Dieser wird z. B. beim Verleger im allgemeinen nicht gegeben sein, doch gibt es auch Verleger, welche die Förderung gewisser künstlerischer oder politischer Richtungen anstreben und deshalb die bei ihnen erscheinenden Werke selbst prüfen; solche Verleger tragen strafrechtlich die Mitverantwortung.

2. Unbeschadet des Grundsatzes zu 1 wird der verantwortliche Redakteur einer periodischen Druckschrift immer als Täter (der Beleidigung, des Sittlichkeitsvergehens, der Aufreizung usw.) bestraft, wenn nicht durch „besondere Umstände" die Annahme seiner Täterschaft ausgeschlossen ist (§ 20^II: „Vermutung der Täterschaft"). Der Satz: in dubio pro reo wird damit zu Ungunsten des Redakteurs in sein Gegenteil

verkehrt. Die Vermutung kann widerlegt werden. Gegen den Drucker und Verleger besteht keine solche gesetzliche Beweisvermutung. RGSt. 65, 67, dazu Häntzschel JW. 31, 1037[15].

3. Endlich werden, um das Verantwortlichkeitsgefühl der an der Herstellung und dem Vertrieb von Druckschriften beteiligten Personen zu schärfen, Redakteur, Verleger, Drucker und Verbreiter, soweit sie nicht schon aus Abs. I oder II des § 20 straffällig sind, wegen „Fahrlässigkeit" bestraft, wenn sie nicht:

a) entweder nachweisen können, daß sie von sich aus die pflichtmäßige Sorgfalt zur Verhinderung der Straftat angewandt haben,

b) oder als Verfasser oder Einsender oder in der obigen Reihenfolge vor ihnen Verantwortlichen bis zur Verkündung des erstinstanzlichen Urteils Jemand nachweisen, der mindestens z. Zt. der Veröffentlichung sich im Bereich der richterlichen Gewalt eines Landes befunden hat.

(§ 21). Es handelt sich dabei nicht etwa um Bestrafung wegen fahrlässiger Beleidigung, Aufreizung usw., sondern um ein delictum sui generis. Die Fahrlässigkeit bezieht sich auf die Befolgung der preßrechtlichen Sorgfaltspflicht.

Das Urteil fährt fort:

„Damit wird jedoch die in § 20 II PreßG. gegen den Angeklagten als verantwortlichen Redakteur aufgestellte Vermutung der Täterschaft nicht beseitigt. Das Gericht hat vielmehr die Überzeugung gewonnen, daß der Angeklagte den Inhalt des *Schleich*schen Aufsatzes gekannt und den Aufsatz absichtlich in die Zeitung aufgenommen hat, weil er sich davon eine sensationelle Wirkung und erhöhten Absatz des Blattes versprach.

(wird näher dargelegt).

Der Angeklagte hat also die Verbreitung des Artikels im Bewußtsein, daß die darin behaupteten Tatsachen geeignet waren die angegriffenen Direktoren *Bruschwitz* und *Bückling* verächtlich zu machen und in der öffentlichen Meinung herabzuwürdigen, veranlaßt, und die Tat als seine eigene gewollt."

Daß die Feststellung eines anderen als Verfasser die Mittäterschaft des Redakteurs nicht ausschließt, liegt auf der Hand. — Hätte die Verhandlung den Verdacht der eigenen Täterschaft Pfefferkorns widerlegt (z. B. weil er bei Abschluß der Zeitungsnummer krank oder verreist war), so würde seine Bestrafung wegen „Fahrlässigkeit" durch die Namhaftmachung des Verfassers Schleich auf Grund der zweiten Alternative des § 21 ausgeschlossen sein. Zwar war die Strafverfolgung gegen den Autor, als er ihn dem Gericht bezeichnete, bereits verjährt, und die Tendenz des Gesetzes („in dem Bereich der richterlichen Gewalt eines deutschen Landes") geht offenbar dahin, durch die Benennung des Vormanns dessen Bestrafung zu ermöglichen. § 21 II macht aber für den Fall der Verjährung keine Ausnahme, sondern verlangt nur, daß die Namhaftmachung noch im Verlauf des ersten Rechtszuges geschah, was hier zutrifft. Häntzschel 10 b zu § 21 (streitig).

„Dafür, daß er die Unrichtigkeit der aufgestellten Behauptungen gekannt habe, hat die Hauptverhandlung keinen Anhalt ergeben. Vielmehr sieht die Strafkammer als bewiesen an, daß er sich in entschuldbarem Glauben an die Wahrheit der ehrenrührigen Behauptungen befand."

Ist eine im öffentlichen Leben stehende Person durch öffentliche Aufstellung oder Behauptung ehrenrühriger Tatsachen beleidigt und wird die bona fides des Täters oder ihre Entschuldbarkeit verneint, so tritt eine empfindliche Strafschärfung ein, und es kann — von Amtswegen — auf eine Buße erkannt werden, welche nicht (wie diejenige des § 188 StGB.) an den Verletzten sondern an die Staatskasse zu entrichten ist. §§ 1—3 der IV. NotVO., 8. Teil Kap. III.

Wie wäre zu erkennen gewesen, wenn das Berufungsgericht die Tat als wissentliche betrachtet hätte? Das Urteil des Schöffengerichts lautete auf üble Nachrede, und Berufung ist allein vom Angeklagten eingelegt. Man würde also — natürlich unter Beachtung des § 265 StPO. — seine Berufung mit der Maßgabe verworfen haben, daß die Verurteilung nicht wegen übler Nachrede (§ 186 StGB.) sondern wegen verleumderischer Beleidigung (§ 187) erfolgt. Es bedeutet keine reformatio in peius (§ 331 StPO.), wenn das Berufungsgericht ohne Verschärfung der Strafe den erstinstanzlichen titulus condemnationis durch einen an sich schwereren ersetzt. JW. 28, 2723[23], dazu v. Beling; Löwe-Rosenberg 2 zu § 331.

„In Übereinstimmnug mit dem Schöffengericht war daher festzustellen, daß der Angeklagte durch den Artikel ‚Unglaubliche Zustände in einer gemeinnützigen Siedelungsgesellschaft' in Nr. 20 der Wochenschrift ‚Die Bombe' vom 16. Mai 1934, deren verantwortlicher Redakteur er war, in Beziehung auf die Direktoren *Bruschwitz* und *Bückling* der Gemeinnützigen Siedelungsgesellschaft m. b. H. in Frankfurt a. d. Oder nicht erweislich wahre Tatsachen behauptet und verbreitet hat, welche dieselben verächtlich zu machen und in der öffentlichen Meinung herabzuwürdigen geeignet sind, nämlich daß sie unter Zurücksetzung besser berechtigter Bewerber die Wohnungen in den Neubauten ihrer Gesellschaft an Kameraden aus ihrem Fußballklub vergäben, und zwar öffentlich in einer Zeitung oder Zeitschrift, Vergehen gegen §§ 186, 200, 41, 61 StGB., 20^II^ PreßGes.

Die vom Schöffengericht erkannte Strafe von 1000 *RM* ist bei der großen Leichtfertigkeit, mit welcher der Angeklagte, ohne vorher Rückfrage bei der Siedelungsgesellschaft zu halten, schwerwiegende Vorwürfe gegen zwei angesehene Männer in aller Öffentlichkeit erhoben hat, und bei seinen zahlreichen Vorstrafen wegen Pressebeleidigungen nicht zu hoch.

(wird näher ausgeführt)

Die Substitution der Freiheitsstrafe, die Anordnung der Publikation und der Unbrauchbarmachung entsprechen dem Gesetz. Hinsichtlich der Beleidigung war mithin die Berufung des Angeklagten zu verwerfen.

II. Dagegen konnte das Urteil des Schöffengerichts nicht aufrecht erhalten werden, soweit es die Übertretung gegen §§ 11, 19[3] PreßGes. betrifft. Ob für den Angeklagten, wie der Verteidiger meint, die Pflicht zur Aufnahme der von *Bruschwitz* und *Bückling* eingesandten Berichtigung wegen des stark polemischen Charakters der Berichtigung entfiel, bedarf keiner Untersuchung."

Die Voraussetzungen der Berichtigungspflicht sind rein formalistisch. Einerseits kommt es nicht auf die objektive Richtigkeit der Tatsachen an, so daß ein Redakteur auf Grund des § 11 gezwungen sein kann eine Zuschrift, die sich gegen wahrheitsgemäße Angaben seines Blattes wendet, als „Berichtigung" abzudrucken. Andrerseits muß sich die Berichtigung auf „tatsächliche Angaben" beschränken. Man nimmt an, daß die Verbindung der eigentlichen Tatsachen mit Reflexionen, Schlußfolgerungen oder Urteilen unschädlich ist, sofern das Tatsächliche in der Berichtigung überwiegt und die Gedankenäußerung mehr als „stilistisches Beiwerk", als „Einkleidung des Tatsächlichen" erscheint. Doch braucht der Redakteur Berichtigungen, die Kritiken oder polemische Äußerungen des Einsenders enthalten, nicht aufzunehmen, ebensowenig Berichtigungen, deren Inhalt über den in der angefochtenen Notiz wiedergegebenen Tatsachenkomplex hinausgreift. Die Abgrenzung ist oft schwierig. Vgl. Häntzschel 9 b, c zu § 11 mit Rechtsprechung. Wichtig ist auch, daß die Einsendung vom Betroffenen persönlich, nicht von seinem Anwalt oder sonstigen Bevollmächtigten, unterzeichnet sein muß. Kommentare zu § 11.

„Unterstellt man nämlich die Berichtigungspflicht als gegeben, so war die Zuwiderhandlung mit Erscheinen der Nr. 22 vom 30. Mai 1934 begangen und abgeschlossen, so daß von dem bezeichneten Tage ab die dreimonatliche Strafverfolgungsverjährung des § 67 III StGB. lief."

Manche Schriftsteller wollen aus der Verletzung des § 11 PreßG. ein Dauerdelikt machen, das erst mit dem gesetzlich vorgeschriebenen Abdruck der Berichtigung „ohne Einschaltungen oder Weglassungen" (§ 11 I) ende. Diese Meinung, welche die Verjährung unabsehbar hinausschieben würde, ist abzulehnen. Erscheint die nach Empfang der Einsendung nächstfolgende, für den Druck nicht bereits abgeschlossene Nummer, in der die Berichtigung hätte abgedruckt werden müssen (§ 11 II), ohne ihrer Erwähnung zu tun, so wird damit die Übertretung vollendet und der Lauf der Verjährung beginnt. Häntzschel II D 2 zu §§ 18/9 c. cit. In unserem Fall kann kein Zweifel bestehen, da Pfefferkorn in Nr. 22 die Berichtigung in gehässiger Weise in seinen eigenen Artikel verflochten und jeder Wirkung beraubt hat.

Die erste zur Unterbrechung der Verjährung der Übertretung geeignete richterliche Handlung (§ 68 StGB.), die Anordnung der Ladung des Angeklagten zur verantwortlichen Vernehmung, erfolgte aber erst am 2. September 1934. Hieraus ergab sich die Notwendigkeit, unter Aufhebung des die Übertretung betreffenden Teiles des Schöffenurteils das Verfahren mit Rücksicht auf die eingetretene Verjährung einzustellen. § 260 I S. 2 StPO."

„Einstellung des Verfahrens" bedeutet, daß das erkennende Gericht eine Entscheidung über die Schuldfrage nicht aussprechen will, entspricht also der absolutio ab instantia des Zivilprozesses. Dieser Tenor ist insbesondere beim Fehlen eines ordnungsmäßigen Strafantrags (§ 260 II), bei Verjährung, Amnestie, Nichterfüllung der Bedingungen, unter denen ein ausländischer Staat den Angeklagten ausgeliefert hat, angebracht.

„Mit der Einstellung kommt die Anordnung der Aufnahme der Berichtigung gemäß § 19 II S. 1 PreßG. in Fortfall. Die für den Fall der Freisprechung geltende Sondervorschrift des § 19 II S. 2 ist bei Einstellung unanwendbar."

Beim Fehlen des subjektiven Tatbestandes hat nach § 19 II S. 2 der Strafrichter unter Freisprechung von Strafe und Kosten lediglich auf nachträgliche Aufnahme der Berichtigung zu erkennen. Dagegen macht es für das sog. „objektive Verfahren" (§§ 42 StGB., 430 f. StPO.) keinen Unterschied, ob die Verurteilung einer bestimmten Person wegen fehlenden Vorsatzes oder wegen Verjährung nicht ausführbar ist.

„III. Nach §§ 465 I, 466 I StPO. sind die Kosten des Verfahrens, soweit Verurteilung erfolgt ist, dem Angeklagten, im Übrigen der Staatskasse auferlegt worden.

Richter I. *Richter II.* *Richter III."*

Schließt sich die zweite Instanz dem ersten Richter im Wesentlichen an, so kann das Berufungsurteil erheblich abgekürzt werden. Eine Bezugnahme auf die Gründe des erstinstanzlichen Urteils ist statthaft, nur muß genau und zweifelsfrei angegeben werden, in welchem Umfang das Berufungsgericht die tatsächlichen Feststellungen und rechtlichen Ausführungen der Vorinstanz übernehmen will. RGSt. 59, 78, 427.

Gegen das Urteil kann die Staatsanwaltschaft, nicht aber der Angeklagte (S. 993/4), Revision ans Oberlandesgericht einlegen.

Vollstreckung von Unbrauchbarmachung, Publikation und Berichtigungszwang: I. Die im Urteil angeordnete, auf § 41 I StGB. beruhende Unbrauchbarmachung trifft nur die im

Besitz des Verfassers, Druckers, Herausgebers, Verlegers oder Buchhändlers befindlichen sowie auf die öffentlich (z. B. in Lesehallen, Kaffeehäusern, bei Zeitungshändlern u. dergl.) ausgelegten bzw. angebotenen Exemplare. Stücke im Besitz von Privatpersonen sind der Unbrauchbarmachung entzogen (§ 41 II). Wie die Akten ergeben, sind auf Grund des Beschlagnahmebeschlusses des Amtsgerichts Frankfurt (S. 1003) in Frankfurt a. d. O., Küstrin, Guben, Berlin und Breslau eine Anzahl von Exemplaren des Blattes durch die Polizei sichergestellt worden. Daß nach Verlauf so langer Zeit noch anderwärts beschlagnahmefähige Stücke aufgefunden werden sollten, ist zwar theoretisch denkbar — gegebenen Falls steht der Vollstreckungsbehörde dafür das Zwangsmittel des Offenbarungseids zu Gebote (AusfVO. zum StVollstr. u. GnR., oben S. 876, E zu § 36) —, jedoch praktisch so gut wie ausgeschlossen. Ebenso wäre es zwecklos, die im Urteil ausgesprochene Unbrauchbarmachung der Platten und Formen (§ 41 I StGB) zu versuchen, denn sie waren beim Erscheinen des Artikels sicherlich längst wieder auseinandergenommen. Nachdem das Urteil Rechtskraft erlangt hat, verfügt also der Rechtspfleger der Staatsanwaltschaft (S. 72, 878) hinsichtlich der Unbrauchbarmachung lediglich:

„Ersuchen an die Polizeiverwaltungen in Frankfurt a. d. Oder, Küstrin, Guben, Polizeipräsidium Berlin und Polizeipräsidium Breslau: die beschlagnahmten Exemplare des Artikels ‚Unglaubliche Zustände in einer gemeinnützigen Siedelungsgesellschaft' in Nr. 20 der Wochenschrift ‚Die Bombe' vom 16. Mai 1934 unbrauchbar zu machen und die erfolgte Unbrauchbarmachung zu den Akten anzuzeigen. Die Verurteilung zur Unbrauchbarmachung ist rechtskräftig."

II. Es gibt zwei verschiedene Arten der Veröffentlichung von Strafurteilen:

a) Wird wegen einer öffentlich, aber nicht durch die Presse (also z. B. in einer Versammlung oder vor einer großen Menschenmenge) begangenen Beleidigung auf Strafe erkannt, so spricht das Gericht dem Beleidigten die „Befugnis" zu, die Verurteilung in einer näher zu bestimmenden Weise und Frist auf Kosten des Angeklagten öffentlich bekannt zu machen (§ 200 I). Wird hierfür, was nicht notwendig ist, der Weg der Veröffentlichung in Zeitungen gewählt, so gehört die Herbeiführung dieser Publikation nicht zur Strafvollstreckung. Vielmehr hat die Strafvollstreckungsbehörde nur nach Eintritt der Rechtskraft dem Beleidigten beglaubigte Abschrift der Urteilsformel zu übersenden mit dem Anheimstellen, seinerseits die Bekanntmachung innerhalb der Frist zu bewirken (hiermit nicht zu verwechseln ist die in § 200 III für alle Fälle der Beleidigung (durch die Presse — öffentlich, aber nicht durch die Presse — nicht-öffentlich) vorgeschriebene Übersendung einer vollständigen Urteilsausfertigung durch die Strafvollstreckungsbehörde nach Rechtskraft des Urteils). Die dem Beleidigten dadurch entstandenen Kosten werden auf Antrag von der Geschäftsstelle des Gerichts erster Instanz festgesetzt, und auf Grund des Festsetzungsbeschlusses vom Verurteilten beigetrieben (§ 464 II StPO.). Liegt ein öffentliches Interesse vor, wie bei der Beleidigung von Beamten, so hat auf Antrag des Beleidigten die Strafvollstreckungsbehörde die Publikation selbst zu veranlassen. AusfVO. D zu § 36.

b) Erfolgte dagegen die Beleidigung in einer Zeitung oder Zeitschrift, so wird nach § 200 II StGB., wenn der Beleidigte es vor Verkündung des Urteils beantragt, die Urteilspublikation als vom Staat durchzuführende Maßnahme angeordnet, und die Kosten der Inserate sind demgemäß als Strafvollstreckungskosten zu behandeln (vgl. § 72³ GKG.), so daß in diesem Falle nicht der Beleidigte sondern die Staatskasse das Risiko der Zahlungsunfähigkeit des Verurteilten trägt.

Ob die Verurteilung auf öffentliche oder auf Privatklage erfolgte, macht für die Anwendung des § 200 I, II StGB. keinen Unterschied.

In Sachen Pfefferkorn ist auf Bekanntmachung durch das Gericht erkannt. Verfügung des Rechtspflegers:

„Urteilsformel an die Geschäftsstelle der ‚Bombe', der ‚Breslauer Neuesten Nachrichten', des ‚Frankfurter Stadtblatts' und ‚Frankfurter Generalanzeigers' mit dem Ersuchen um je einmaligen Abdruck, Übersendung eines Belagsblatts und Mitteilung der Einrückungskosten."

Kann die „Bombe" zum Abdruck gezwungen werden, wenn sie, was früher bisweilen vorkam, die Aufnahme des Inserats ablehnt, um ihren Lesern ihre Niederlage zu verheimlichen? § 10 PreßG. verpflichtet den jeweiligen verantwortlichen Redakteur periodischer Druckschriften, die ihm von öffentlichen Behörden zugehenden amtlichen Bekanntmachungen gegen Erstattung der Insertionsgebühren abzudrucken, widrigenfalls er sich aus § 19³ strafbar macht. Die Urteilspublikation im Falle des § 200 II StGB. stellt zweifellos eine solche „amtliche Bekanntmachung" dar. Es besteht also ein zwar bloß indirekter aber sehr stark wirkender Zwang zum Abdruck. — Im Falle des § 200 I läßt sich eine analoge Pflicht nur so begründen, daß die Strafvollstreckungsbehörde, wenn der Beleidigte auf Schwierigkeiten stößt, die Vermittlung der Herbeiführung des Abdrucks übernimmt, wodurch dann das Inserat wieder eine „amtliche Bekanntmachung" und § 10 PreßG. anwendbar wird. Vgl. Kommentare zu § 200; Häntzschel Anh. zu § 10.

Für beide Fälle des § 200 StGB. ist streitig, ob man die Urteilspublikation als Nebenstrafe oder als „private Genugtuung" auffassen soll. Konsequenzen aus der grundsätzlichen Auffassung ergeben sich für den Fall, daß die öffentliche Beleidigung mit einem schwereren Delikt in Idealkonkurrenz zusammentrifft; ferner für die Frage, ob die Publikation im Gnadenwege erlassen werden kann. Vgl. Kommentare zu § 200; Hartmann JW. 28, 2191.

III. Wie wäre zu verfahren gewesen, wenn das Schöffenurteil auch insoweit, als es nach § 19 II S. 1 PreßG. auf Aufnahme der Berichtigung erkannt hat, rechtskräftig geworden wäre und wenn die „Bombe" dem Urteil keine Folge geleistet hätte? Im Wege der Strafvollstreckung läßt sich die Berichtigung keinesfalls erzwingen. Manche wollen die Nichtaufnahme der im Urteil vorgeschriebenen Berichtigung als neue Übertretung gegen §§ 11, 19³ konstruieren und so auf den Redakteur einen Druck ausüben. Die Anordnung des Urteils wirkt aber immer nur gegen den angeklagten Redakteur, gegen den sie gerichtet war, und es ist in der Blütezeit des Revolverjournalismus vorgekommen, daß ein Blatt nach der Verurteilung schnell den Redakteur gewechselt hat, bloß um nicht zur Aufnahme der Berichtigung genötigt zu werden. Vgl. Häntzschel II D 4 b, c zu §§ 18, 19.

Wiederaufnahme des Verfahrens in einer Abtreibungssache.

In der Strafsache gegen den Frauenarzt Dr. Storch und die Näherin Lehmann hat das Schwurgericht den Angeklagten Storch wegen gewerbsmäßiger Abtreibung (§ 218 IV StGB.) unter Zubilligung mildernder Umstände zu einem Jahre 6 Monaten Gefängnis, die Lehmann wegen einfacher Abtreibung (§ 218 I) zu sechs Monaten Gefängnis verurteilt. Storch hatte zugegeben, in einem Falle an der Lehmann eine Schwangerschaftsunterbrechung ausgeführt zu haben, und zwar mit Rücksicht auf deren verzweifelte Gemütsverfassung und offenbare Notlage unentgeltlich. Bei ihrer Vernehmung im Vorverfahren hatte die Lehmann ausgesagt, daß Dr. Storch von ihr ein Honorar weder gefordert noch erhalten habe. In der Hauptverhandlung gab sie jedoch an, er habe 200 RM. verlangt. Das gleiche hatte sie ihrem Liebhaber, dem Zeugen Kranz, nach dessen eidlicher Bekundung erklärt, als sie ihm die durch die Schwangerschaftsunterbrechung entstandenen Kosten berechnete. Weiterhin hatte die Verkäuferin Hummel in der Hauptverhandlung ausgesagt: der Angeklagte Dr. Storch habe ihr, als sie ihn wegen einer vorzunehmenden (nachher übrigens nicht zur Ausführung gelangten) Schwangerschaftsunterbrechung konsultierte, sofort 200 RM. abgefordert. Auf Grund dieses Beweisergebnisses ist die Gewerbsmäßigkeit festgestellt worden. Den Einwand, daß Schwangerschaft und Entbindung für die Lehmann wegen ihres hochgradigen Lungenleidens mit Lebensgefahr verbunden gewesen sein würden und daß deshalb die Abtreibung notwendiger Weise hätte erfolgen müssen, hat der Gerichtsarzt verneint; das Schwurgericht hat sich seinem Gutachten angeschlossen.

Wiederaufnahmeantrag.

„An das Landgericht, Breslau, den 30. Januar 1935.
II. Strafkammer, hier.

In der Strafsache gegen *Dr. Storch* und Genossen wegen Abtreibung beantrage ich als Verteidiger des Angeklagten *Dr. Storch*:

gemäß § 359[5] StPO. die Wiederaufnahme des durch rechtskräftiges Urteil des Schwurgerichts in Breslau vom 23. Mai 1934 geschlossenen Verfahrens zu Gunsten des Verurteilten anzuordnen."

Wiederaufnahmeanträge in Schwurgerichtssachen gehören vor die Strafkammer (§ 82^{II} GVG., zweiter Satzteil); erst wenn es zur Erneuerung der Hauptverhandlung kommt (unten S. 1017), wird wieder das Schwurgericht zuständig. Obgleich ein Fall notwendiger Verteidigung vorliegt (§ 140 StPO.), hätte außer dem Verteidiger (§§ 365, 297) auch der Angeklagte selbst den Antrag stellen können, und zwar zu Protokoll der Geschäftsstelle.

„I. Gegenüber der Annahme des Schwurgerichts, daß der Angeklagte die Abtreibung an der Mitangeklagten *Lehmann* gewerbsmäßig ausgeführt habe, werden folgende neuen Tatsachen und Beweismittel geltend gemacht:

a) Wie der Nervenarzt *Dr. Brohm* in Breslau ...... als Sachverständiger bekunden wird, ist die Zeugin *Hummel* eine nervenschwache, hysterische Person, die an Erinnerungstäuschungen leidet.

b) Die Damenschneiderin *Helene Spengler* in Breslau ...... wird als Zeugin bekunden, daß die *Hummel* ihr kurz nach dem Besuch beim Angeklagten erzählt hat: sie sei bei *Dr. Storch* gewesen, um sich abtreiben zu lassen, *Dr. Storch* habe aber gesagt, daß er das bei ihr nicht verantworten könne, und habe die Operation abgelehnt, obgleich sie ihm gesagt hätte, ihr Freund würde anständig dafür bezahlen.

Den Angaben, welche die *Lehmann* dem *Kranz* und in der Hauptverhandlung gemacht hat, würde das Schwurgericht mit Rücksicht auf ihr naheliegendes Interesse, sich gegenüber *Kranz* einen Vorwand für höhere Geldforderungen zu schaffen, kein erhebliches Gewicht beigelegt haben, wenn nicht die Aussage der *Hummel* hinzugekommen wäre. Wird also durch die neuen Anführungen die Glaubwürdigkeit der *Hummel* erschüttert, so fällt damit die Feststellung der Gewerbsmäßigkeit und es ist zum mindesten die Anwendung eines milderen Strafgesetzes geboten."

Nämlich des § 218$^{I, II}$ StGB. statt des § 218^{IV} (Fassung des Ges. vom 18. Mai 1926, RGBl. I 239). Vgl. §§ 359[5], 363 StPO. — Die vom Gesetz verlangte „Gewerbsmäßigkeit" liegt nicht schon dann vor, wenn ein Arzt, eine Hebamme, Krankenpflegerin oder dergl. in Ausübung eines an sich erlaubten Gewerbes eine Abtreibung gegen Entgelt vorgenommen hat, vielmehr müssen die (unzulässigen) Abtreibungshandlungen als solche einen auf wiederholte Vornahme berechneten Erwerb bilden, dessen Einnahmen nach dem Willen des Täters zur ständigen Einkommensquelle werden sollen. RGSt. 61, 147. Jedoch kann (wie in allen Fällen, wo das Merkmal der Gewerbsmäßigkeit aufgestellt wird, z. B. §§ 260, 285, 294, 302 d StGB.) der Wille, sich durch wiederholte Begehung einer Handlung einen fortgesetzten Erwerb zu schaffen, auf Grund eines einzigen Begehungsfalls festgestellt werden, sofern die Begleitumstände dies rechtfertigen.

„II. Der an der *Lehmann* ausgeführte Eingriff war aber überhaupt nicht strafbar. Hierzu benenne ich neu als sachverständigen Zeugen den Spezialarzt für innere Krankheiten *Dr. Unblutig* in Breslau .... Er wird bekunden, daß die *Lehmann* einige Tage vor ihrem Besuch beim Angeklagten auch ihn konsultiert hat, daß er eine unmittelbare Lebensgefahr für vorliegend und eine Schwangerschaftsunterbrechung für erforderlich erachtet, und daß er dies der *Lehmann* mitgeteilt hat. Von der Äußerung des *Dr. Unblutig* hat die *Lehmann* dem Angeklagten *Dr. Storch* nichts gesagt, weil sie ihm nicht eingestehen wollte, daß sie schon bei einem anderen Arzt gewesen war. Sie hat sich aber in der hiermit überreichten Erklärung damit einverstanden erklärt, daß *Dr. Unblutig* über den Vorfall aussagt."

Vgl. S. 852.

„Darnach läßt sich die auf dem Gutachten des Gerichtsarztes Geh. Med. Rats *Dr. Ansorge* beruhende Verneinung der Lebensgefahr durch das Schwurgericht nicht mehr aufrecht erhalten.

Weiß, RA.
als Verteidiger."

Wann ist eine Schwangerschaftsunterbrechung zulässig?

Die gesetzliche Strafbestimmung sieht keine Ausnahme vor. Strafrechtlicher „Notstand" der Schwangeren (§ 54) kann den Arzt nur entlasten, wenn die Schwangere zu seinen „Angehörigen" (§ 52 II) zählt. Ein besonderes „ärztliches Berufsrecht" auf Vornahme medizinischer Eingriffe wird von der Praxis abgelehnt. Der Gesichtspunkt der Einwilligung der Schwangeren genügt ebenfalls nicht, um die Handlung des Arztes zu einer erlaubten zu machen: denn es liegt ein Eingriff nicht bloß in ihren Körper sondern zugleich in das Leben der Leibesfrucht vor, über welches zu verfügen die Schwangere nicht befugt ist. Aber auch ohne daß es das Strafrecht besonders vorschreibt, kann die objektive Rechtswidrigkeit einer Handlung deshalb ausgeschlossen sein, weil sich ihre Rechtmäßigkeit aus dem Ganzen der Rechtsordnung — und zwar sowohl aus geschriebenem wie aus ungeschriebenem Recht — ergibt; die soziologische Ausfüllung von Gesetzeslücken (S. 408 f.) ist auch im Strafrecht möglich, mit der einzigen Einschränkung daß nicht entgegen Art. 116 RVerf., § 2 StGB. neue Strafbestimmungen auf diesem Wege geschaffen werden dürfen. Nun sind nach dem, jetzt ziemlich allgemein anerkannten, „Prinzip der Güter- und Pflichtenabwägung" Handlungen, welche äußerlich den Tatbestand eines Delikts erfüllen, ausnahmsweise zulässig, sofern keine andere Möglichkeit besteht, um ein Rechtsgut zu schützen oder eine vom Recht auferlegte oder anerkannte Pflicht zu erfüllen: sog. „übergesetzlicher Notstand" (vgl. RGSt. 62, 46, 137). Daraus folgt die Rechtmäßigkeit von Schwangerschaftsunterbrechungen, wenn sie ärztlich angezeigt und nach Lage der Sache das einzige Mittel sind, um die Schwangere aus der gegenwärtigen Gefahr des Todes oder einer schweren Gesundheitsschädigung zu erretten („medizinische Indikation"). Rücksichten rein wirtschaftlicher oder erbbiologischer Natur („soziale", „rassenbiologische", „eugenische Indikation") reichen nach der bisherigen Rechtsprechung nicht aus. Wohl aber sind bei Prüfung der Frage, ob das Ziel der Gesunderhaltung der Schwangeren auch auf andere Weise erreicht werden könnte, ihre wirtschaftlichen Verhältnisse mit zu berücksichtigen, und wenn darnach andere Mittel als zu kostspielig ausscheiden, kann die Abtreibungshandlung, die bei einer besser situierten Frau unzulässig sein würde, dadurch gerechtfertigt werden („gemischte medizinisch-soziale Indikation"). Ob der Notstand der Schwangeren mit oder ohne ihr Verschulden entstanden ist, spielt keine Rolle; dagegen wird verlangt, daß eine sorgfältige und gewissenhafte Prüfung und Abwägung der Güter und Pflichten an Hand der Regeln der ärztlichen Wissenschaft stattgefunden hat, zu welchem Zwecke es (außer bei Gefahr im Verzuge) unbedingt der Zuziehung eines Arztes bedarf. RGSt. 61, 242 c. cit.; 62, 137; JW. 33, 2060[21];

Goldschmidt JW. 27, 2021[38]; Rilk JW. 33, 2037. Anwendung des „übergesetzlichen Notstandes" auf Notlagen politischer Art: RGSt. 62, 35; JW. 32, 2810[13]. Kritik der Lehre mit Darstellung der dogmengeschichtlichen Entwicklung: Kitzinger JW. 33, 405.

Der übergesetzliche Notstand wird, wie diese Darstellung zeigt, als Unrechtsausschließungsgrund konstruiert. Dazu ist zu bemerken:

Unter der Überschrift „Gründe, welche die Strafe ausschließen oder mildern" führen §§ 51—72 eine Reihe von Fällen auf, in denen die äußeren Merkmale der strafbaren Handlung gegeben sind, trotzdem aber keine Verurteilung möglich ist. Diese Tatbestände tragen ganz verschiedenartigen Charakter, auch soweit das Gesetz die Formel verwendet, daß „eine strafbare Handlung nicht vorhanden" sei. Ferner ist die Aufzählung keineswegs vollständig, sie wird vielmehr durch Vorschriften des besonderen Teils, durch Gesetzesbestimmungen außerhalb des StGB. und durch ungeschriebene Rechtssätze wesentlich ergänzt. Bei einer systematischen Anordnung ergeben sich folgende Gruppen:

1. Es fehlt an einer willkürlichen Handlung: vis absoluta („unwiderstehliche Gewalt"), § 52 I, erste Alternative.

2. Schuldausschließungs- oder Entschuldigungsgründe: Ausschluß der freien Willensbestimmung (§ 51), Jugendliche (§§ 2f. JugGG.), Taubstumme (§ 58 StGB.), Irrtum (§ 59). Hierher gehören nach richtiger Ansicht auch Drohung für Leib oder Leben des Täters oder eines Angehörigen (§ 52 I, zweite Alternative), Notstand (§ 54), Nottrauung ohne Nachweis der standesamtlichen Eheschließung (§ 67 II PersStG.).

3. Unrechtsausschließungs- oder Rechtfertigungsgründe: Notwehr (§ 53 StGB.), Wahrung berechtigter Interessen (§ 193), Einwilligung des Verletzten („volenti non fit iniuria"; Einschränkungen für Tötung und Körperverletzung: §§ 216, 226 a, oben S. 874), übergesetzlicher Notstand, dienstlicher Befehl des Vorgesetzten im Rahmen des § 47 MilStGB. (wenn der Untergebene weder den ihm erteilten Befehl überschritten noch erkannt hat, daß die Handlung ein bürgerliches oder militärisches Verbrechen oder Vergehen bezweckte). Außerstrafrechtliche Rechtfertigungsgründe folgen ferner aus den Vorschriften über Züchtigungsrechte (z. B. §§ 1631 BGB., 127 a GewO.), Waffengebrauch des Militärs und der Beamten, privatrechtlichen Notstand, Selbsthilfe und Nothilfe (§§ 228, 229, 561 I, 859, 860, 904 BGB.). Liegen insbesondere die Voraussetzungen des zivilrechtlichen Notstandes (§ 228) vor, der zum Unterschied vom Notstand des § 54 StGB. die objektive Rechtswidrigkeit beseitigt, so ist damit die Handlung nicht bloß für das bürgerliche sondern auch für das Strafrecht eine rechtmäßige.

4. Persönliche Strafausschließungsgründe: Abgeordnetenimmunität (Art. 36 RVerf.), Aszendenten- und Ehegattenverhältnis bei Diebstahl und Unterschlagung (§ 247 II StGB.).

5. Strafaufhebungsgründe: Verjährung (§§ 66f.), Begnadigung und Amnestie (S. 881), tätige Reue (unten S. 1028).

6. Bedingungen der Strafbarkeit: Verbürgung der Gegenseitigkeit bei feindlichen Handlungen gegen befreundete Staaten (§§ 102, 103), Scheidung beim Ehebruch (§ 172).

7. Bedingungen der Verfolgbarkeit, z. B. Strafantrag (§§ 61f.).

Der Unterschied zwischen Entschuldigungs- und Rechtfertigungsgründen wird vor allem bei der Notwehr wichtig: steht dem Täter ein Rechtfertigungsgrund zur Seite, so darf seine Handlung nicht durch Notwehrhandlungen abgewehrt werden; hat er bloß einen Entschuldigungsgrund, so bleibt sein Verhalten rechtswidrig und der andere Teil ist zur Notwehr befugt. Ferner kommt ein Rechtfertigungsgrund allen, ein Entschuldigungsgrund nur denjenigen Teilnehmern zugute, in deren Person er vorliegt. Bei Entschuldigungs-, Rechtfertigungs- und Strafausschließungsgründen wird auf Freisprechung bei Verjährung oder Amnestie sowie beim Fehlen von Bedingungen der Verfolgbarkeit auf Einstellung erkannt (S. 915, 1008).

Vollzieht der Arzt eine nach den aufgestellten Regeln unzulässige Schwangerschaftsunterbrechung, weil er irriger Weise einen vom Recht nicht anerkannten

Rechtfertigungsgrund (etwa das ärztliche Berufsrecht) annahm, so liegt ein unbeachtlicher Strafrechtsirrtum vor. Nimmt er dagegen infolge Tatsachenirrtums einen Sachverhalt an, der, wenn wirklich bestehend, ihn zu dem Eingriff berechtigen würde, so ist nach § 59 StGB. sein Vorsatz ausgeschlossen. Er darf aber nicht mit der Unrichtigkeit seiner Diagnose gerechnet und diese in seinen Willen aufgenommen haben (Eventualdolus, oben S. 945).

Prüfung der Zulässigkeit. Nachdem die Staatsanwaltschaft sich geäußert (§ 368^{II} StPO.) und die Akten beigelegt hat, entscheidet die dreigliedrige Beschlußstrafkammer über die „Zulässigkeit" der Wiederaufnahme:

„Geschäftsnummer: 28/34 (7) K 17.34.

Beschluß.

In der Strafsache usw.

wird der von dem Verteidiger des Angeklagten *Dr. Storch* für diesen gestellte Wiederaufnahmeantrag nach Anhörung der Staatsanwaltschaft gemäß §§ 368^{I}, 473^{II} StPO. auf Kosten des Angeklagten als unzulässig verworfen.

Gründe.

I. Wird die Aussage der Zeugin *Hummel* ausgeschaltet, so folgt daraus noch nicht die Freisprechung des Angeklagten von der Anklage der gewerbsmäßigen Abtreibung. Denn die Verurteilung ist auch auf die Erklärungen der Angeklagten *Lehmann* im Hauptverhandlungstermin in Verbindung mit der eidlichen Aussage des Zeugen *Kranz* gestützt und diese Grundlage der Entscheidung des Schwurgerichts wird durch den Wegfall der Aussage der *Hummel* nicht beseitigt.

Außerdem läuft die in das Wissen der *Spengler* gestellte neue Behauptung darauf hinaus, daß die Zeugin *Hummel* in der Hauptverhandlung am 23. Mai 1934 einen Meineid geleistet habe. Die Wiederaufnahme könnte also auf die mit der eidlichen Aussage der *Hummel* unvereinbaren Behauptungen der Wiederaufnahme nur gestützt werden, wenn die Zeugin wegen Meineids oder fahrlässigen Falscheides rechtskräftig verurteilt oder die Einleitung oder Durchführung eines Strafverfahrens gegen sie aus anderen Gründen als wegen Mangels an Beweisen nicht möglich wäre (§ 364 StPO.). *Dr. Brohm* soll bekunden, daß die *Hummel* nervenschwach und hysterisch sei und an Erinnerungstäuschungen leide. Es spricht aber nichts dafür, daß sie gerade ihre — wie hierbei unterstellt werden soll: unrichtige — Aussage unter dem Einfluß geistiger Erkrankung abgegeben habe und die Aussage sich infolge dessen nicht als strafbare Verletzung der Eidespflicht darstellen würde.

II. Wird zu Gunsten des Angeklagten unterstellt, daß *Dr. Unblutig* als sachverständiger Zeuge die in sein Wissen gestellten Behauptungen bestätigen werde, so ist damit die Unrichtigkeit der von dem Sachverständigen Geh. Medizinalrat *Dr. Ansorge* in der Hauptverhandlung vertretenen, der Entscheidung des Schwurgerichts zu Grunde liegenden Ansicht nicht bewiesen. Auch der Vorsatz des Angeklagten wird dadurch nicht ausgeschlossen, zumal die Wiederaufnahme nicht behauptet, daß der Angeklagte von der, mit der seinigen übereinstimmenden, angeblichen Diagnose des *Dr. Unblutig* bei Ausführung der Abtreibung Kenntnis gehabt hätte.

Breslau, den 16. Februar 1935.
Landgericht, II. Strafkammer.

Richter I. *Richter II.* *Richter III.*"

RA. Weiß legt sofortige Beschwerde — Frist: eine Woche seit Zustellung — ein (§§ 372, 311^{II} S. 1). Entscheidung des Oberlandesgerichts nach Anhörung der Generalstaatsanwaltschaft (§ 308):

„Geschäftsnummer: 18 W 45.35.

Beschluß.

In der Strafsache usw.
hat auf die von dem Verteidiger des Angeklagten *Dr. Storch* gegen den Beschluß des Landgerichts, II. Strafkammer, in Breslau, vom 16. Februar 1935 eingelegte sofortige Beschwerde der I. Strafsenat des Oberlandesgerichts in Breslau nach Anhörung des Generalstaatsanwalts in der Sitzung vom 28. März 1935 beschlossen:

Der angefochtene Beschluß wird aufgehoben.

Die Wiederaufnahme des Verfahrens zu Gunsten des Verurteilten *Dr. Storch* wird zugelassen.

Gründe.

I. § 359⁵ S. 1 StPO. verlangt neue Tatsachen oder Beweismittel, welche allein oder in Verbindung mit den früher erhobenen Beweisen die Freisprechung oder in Anwendung eines milderen Strafgesetzes eine geringere Bestrafung zu begründen geeignet sind. Es ist also nicht notwendig, daß die Feststellungen des früheren Urteils durch die neuen Tatsachen und Beweise geradezu widerlegt werden. Vielmehr muß es ausreichen, wenn im Falle des Gelingens der neuen Beweise bei einer erneuten Hauptverhandlung so erhebliche Zweifel an der Schuld des Angeklagten bestehen, daß eine Freisprechung, sei es auch nur zufolge des Grundsatzes „in dubio pro reo", in den Bereich der Wahrscheinlichkeit gerückt wird. Daß auf die Angaben der Mitangeklagten *Lehmann* allein das Schwurgericht die Gewerbsmäßigkeit der Abtreibung bejaht haben würde, ist nicht anzunehmen, zumal die Erklärungen dieser Angeklagten im Laufe des Verfahrens geschwankt haben. Die Aussage des *Kranz* läßt den Zweifel offen, ob er nicht s. Zt. von der *Lehmann* getäuscht wurde. Unter diesen Umständen kommt der Aussage der Zeugin *Hummel* ein ausschlaggebendes Gewicht zu."

In Einzelrichter- und Schöffensachen ist die Wiederaufnahme wegen neuer Tatsachen und Beweise durch die Bestimmung erschwert, daß der Verurteilte die nova im früheren Verfahren nicht gekannt haben oder doch ohne sein Verschulden nicht in der Lage gewesen sein darf, sie damals geltend zu machen (§ 359⁵ S. 2). Das wird in der Praxis verschieden gehandhabt. Manche Gerichte nehmen Kenntnis des Verurteilten bloß auf Grund besonderer Umstände an, während andere eine Art Entlastungsbeweis von ihm fordern. Die erste mildere Ansicht verdient den Vorzug.

Erleichtert ist die Wiederaufnahme in Sondergerichtssachen, weil dieses Verfahren einen sehr summarischen Charakter trägt. Werden Umstände vorgebracht, die eine Nachprüfung im ordentlichen Verfahren notwendig erscheinen lassen, so findet Wiederaufnahme vor dem zuständigen ordentlichen Gericht und im ordentlichen Verfahren statt. § 16^II^ SondGVO. (S. 867, 871).

„§ 364 StPO. steht der Wiederaufnahme nicht entgegen. Die Vorschrift spricht nicht von Wiederaufnahmeanträgen, in denen eine strafbare Handlung behauptet, sondern von solchen, in denen die Wiederaufnahme ‚auf die Behauptung einer strafbaren Handlung gegründet' wird. Sie ist also auf §§ 359¹, ², ³, 362¹, ², ³ zu beschränken und darf nicht auf § 359⁵ bezogen werden. Die gegenteilige Auffassung würde den wichtigen Wiederaufnahmefall des § 359⁵ so gut wie wertlos machen. Das erscheint um so weniger gerechtfertigt, als sich vor Erhebung der neuen Beweise gewöhnlich nicht übersehen läßt, ob zwischen den im früheren Verfahren abgelegten und den neuen Aussagen ein Widerspruch besteht, der nicht anders als durch Annahme eines Meineides oder fahrlässigen Falscheides gelöst werden kann. Im vorliegenden Falle hat überdies der Verteidiger unter Beweis gestellt, daß die Zeugin *Hummel* geistig nicht normal sei, so daß die Möglichkeit einer von der Zeugin strafrechtlich nicht zu vertretenden Unrichtigkeit ihrer Aussage naheliegt."

Auch in dieser Frage gehen die Meinungen auseinander. Löwe-Rosenberg 1 zu § 364.

„II. Bestätigt *Dr. Unblutig* die Behauptungen, für welche er als sachverständiger Zeuge benannt ist, so braucht das zwar nicht unbedingt den Sachverständigen Geh. Medizinalrat *Dr. Ansorge* oder das Schwurgericht von seiner bisherigen Ansicht abzubringen. Es besteht aber doch eine gewisse Wahrscheinlichkeit dafür, besonders in Anbetracht der Tatsache, daß der Sachverständige die *Lehmann* erst kurz vor der Hauptverhandlung gesehen hat, während *Dr. Unblutig* seine Untersuchung wenige Tage vor dem Angeklagten vorgenommen hatte.

Selbst wenn im übrigen trotz der Bekundungen des *Dr. Unblutig* die objektiven Voraussetzungen einer erlaubten Schwangerschaftsunterbrechung wiederum verneint werden, würde doch der Umstand, daß *Dr. Unblutig* auf Grund gewissenhafter Untersuchung eine unmittelbare Lebensgefahr für vorliegend erachtete, dazu führen können dem Angeklagten *Dr. Storch* zu glauben, daß er ebenfalls die Schwangerschaftsunterbrechung im gesundheitlichen Interesse der *Lehmann* als unbedingt notwendig ansah. Dann müßte aber aus subjektiven Gründen seine Freisprechung erfolgen.

(3 Unterschriften)."

Prüfung der materiellen Berechtigung. Das iudicium rescindens tritt jetzt in sein zweites Stadium: die Erhebung der neuen Beweise und anschließende Entscheidung, ob die Wiederaufnahme „begründet" ist (§§ 369, 370). Die Vernehmung von Frl. Spengler, Dr. Brohm und Dr. Unblutig erfolgt durch den Berichterstatter der Strafkammer als beauftragten Richter; ein Recht auf Anwesenheit hat der Angeklagte (Verteidiger) nicht. Alsdann erhalten Staatsanwaltschaft und Verteidiger Gelegenheit zur Stellungnahme. Die Behauptungen des Wiederaufnahmeantrags sind zum großen Teil, aber nicht restlos bestätigt worden. Entscheidung der Strafkammer:

„Der Wiederaufnahmeantrag wird auf Kosten des Angeklagten als unbegründet verworfen."

RA. Weiß legt gegen den Beschluß wiederum sofortige Beschwerde ein (§ 372) und bittet zugleich gemäß § 360 II den Angeklagten, dessen Herzleiden sich im Gefängnis erheblich verschlimmert hat, vorläufig zu entlassen. Entscheidung des Oberlandesgerichts:

„Der angefochtene Beschluß wird aufgehoben.

Zu Gunsten des Verurteilten, Frauenarztes *Dr. med. Bruno Storch* aus Breslau, z. Zt. im Strafgefängnis zu Brieg, wird die Wiederaufnahme des durch rechtskräftiges Urteil des Schwurgerichts in Breslau vom 23. Mai 1934 geschlossenen Verfahrens und die Erneuerung der Hauptverhandlung gegen ihn vor dem Schwurgericht in Breslau angeordnet.

Die Vollstreckung der in dem vorbezeichneten Urteil des Schwurgerichts gegen *Dr. Storch* erkannten Strafe wird bis zur neuen Hauptverhandlung erster Instanz unterbrochen."

Judicium rescissorium. Tod des Angeklagten. Mit dem nicht weiter anfechtbaren Beschluß des Oberlandesgerichts ist Dr. Storch gegen das Urteil vom 23. Mai 1934 endgültig restituiert und ihm die nochmalige richterliche Nachprüfung seiner Schuld gewährleistet. Eine Bindung des später erkennenden Gerichts an die im Beschluß zum Ausdruck gebrachte Auffassung besteht freilich nicht, und es kann geschehen, daß er trotz allem zum zweiten Mal verurteilt wird, ebenso wie andrerseits das erkennende Gericht aus Gründen, die mit der Wiederaufnahme nichts zu tun haben, diesmal zur Freisprechung gelangen kann. Die Bedeutung des Wiederaufnahmebeschlusses für die erneute Hauptverhandlung läßt sich etwa mit derjenigen eines Eröffnungsbeschlusses in Parallele stellen. RGSt. 18, 417.

Die Lehmann hat die ihr vom Schwurgericht zudiktierte Gefängnisstrafe bereits verbüßt und keinen Wiederaufnahmeantrag gestellt. Eine Wiederaufnahme ex officio gibt es nicht (arg. §§ 365 f.). Indessen wäre es höchst unbefriedigend, wenn Dr. Storch vielleicht wegen übergesetzlichen Notstandes freigesprochen würde und das Urteil gegen die Lehmann — welcher der übergesetzliche Notstand doch gleichfalls zu gute kommen müßte — bestehen bliebe. Darum beantragt vor Erneuerung der Hauptverhandlung gegen Dr. Storch die Staatsanwaltschaft, die Wiederaufnahme auch zu Gunsten der Lehmann anzuordnen (§§ 365, 296 II, 361 I). Einer Beweiserhebung (§ 369 I—III) bedarf es jetzt nicht mehr. Die Strafkammer sieht deshalb im Falle der Lehmann von einem besonderen Zulassungsbeschluß ab und verordnet alsbald die Wiederaufnahme des Verfahrens und Erneuerung der Hauptverhandlung vor dem Schwurgericht zu ihren Gunsten.

Inzwischen hat sich die Herzkrankheit Dr. Storchs verschlimmert und er ist vor dem angesetzten Hauptverhandlungstermin verstorben. Sein Tod hindert die Wiederaufnahme nicht (§ 361 I). Da es aber jetzt an einem Antragsteller fehlt, ist das Wiederaufnahmeverfahren einzustellen, wenn nicht einer der zur Antragstellung legitimierten Angehörigen (§ 361 II) oder die Staatsanwaltschaft zu Gunsten des Angeklagten den Antrag übernimmt. Das geschieht in unserem Falle durch die Mutter des Verurteilten.

Infolge des Todes ist aber die Erneuerung der Hauptverhandlung gegen Dr. Storch unmöglich geworden (§ 371 I), und die Sache muß im schriftlichen Verfahren beendigt werden, das übrigens ausnahmsweise mit Zustimmung der Staatsanwaltschaft auch zwecks alsbaldiger Freisprechung eines noch lebenden Verurteilten stattfindet (§ 371 II). Die Strafkammer vernimmt noch einige Zeugen und Sachverständige, hört Antragsteller und Staatsanwaltschaft und entscheidet alsdann gemäß §§ 371 I, III, 464 I, 467 I:

„Im Namen des Volkes!

In der Strafsache usw.

hat die II. Strafkammer des Landgerichts in Breslau auf den vom Verteidiger des am 9. Juni 1935 zu Bad Nauheim verstorbenen Angeklagten, Frauenarztes *Dr. med. Bruno Storch* aus Breslau, gestellten, nach dessen Tode von der Mutter des Angeklagten, Apothekerswitwe *Hertha Storch* geb. *Siebert* in Breslau, aufgenommenen Wiederaufnahmeantrag nach Anhörung der Antragstellerin und der Staatsanwaltschaft ohne Hauptverhandlung in der Sitzung vom 20. August 1935 unter Mitwirkung des Landgerichtsdirektors *Richter I* sowie der Landgerichtsräte *Richter II* und *Richter III* für Recht erkannt:

Das Urteil des Schwurgerichts in Breslau vom 23. Mai 1934 wird, soweit es den Angeklagten *Dr. Storch* betrifft, aufgehoben.

Der Angeklagte *Dr. Storch* wird freigesprochen.

Die Kosten des Verfahrens fallen der Staatskasse zur Last.

Gründe.

......................"

Die Entscheidung ist Urteil und als solches nicht nach § 372 mit sofortiger Beschwerde, sondern nach § 333 mit Revision anfechtbar. RGSt. 28, 146; 47, 166.

Gegen die Lehmann findet eine neue Hauptverhandlung statt.

Entschädigung. Bei jeder Freisprechung oder Verurteilung zu einer geringeren Strafe in Anwendung eines milderen Strafgesetzes hat das Wiederaufnahmegericht über die Gewährung einer Entschädigung zu beschließen. Voraussetzung der Entschädigungspflicht ist, daß das Verfahren die „Unschuld" des Verurteilten oder wenigstens dargetan haben muß, daß „ein begründeter Verdacht gegen ihn nicht mehr besteht". Sie entfällt mithin bei Freisprechung auf Grund eines „non liquet". Der Beschluß wird gleichzeitig mit dem Urteil gefaßt, und zwar von Amtswegen, so daß etwaige „Anträge" des Angeklagten oder Verteidigers bloß die Bedeutung von „Anregungen" haben. §§ 1^{I}, 4 Ges. betr. die Entschädigung der im Wiederaufnahmeverfahren freigesprochenen Personen vom 20. Mai 1898 (RGBl. 345).

Ob die Freisprechung mit oder ohne Hauptverhandlung erfolgt, begründet keinen Unterschied.

Dr. Storchs Tod macht die Beschlußfassung schon deshalb nicht überflüssig, weil außer dem Verurteilten selbst auch die Personen, denen er kraft Gesetzes unterhaltspflichtig war, z. B. seine Mutter, Anspruch auf Entschädigung besitzen (§ 1^{II}). Demgemäß lautet die Entscheidung:

„Beschluß

in der Strafsache usw.

Nachdem der Angeklagte *Dr. Storch* im Wiederaufnahmeverfahren freigesprochen worden ist, hat die Staatskasse für den aus der Vollstreckung des Urteils vom 23. Mai 1934 gegen ihn entstandenen Schaden Ersatz zu leisten, weil das Wiederaufnahmeverfahren dargetan hat, daß ein begründeter Verdacht gegen den Angeklagten *Dr. Storch* nicht mehr besteht. § 1^{I} Ges. vom 20. Mai 1898.

Breslau, den 20. August 1935.
Landgericht, II. Strafkammer.
Richter I. *Richter II.* *Richter III.*"

Der über die Entschädigung zu erlassende Beschluß, gleichviel ob er auf Bewilligung oder Ablehnung lautet, ist unanfechtbar (§ 4^{II} S. 2). Auch wenn das Wiederaufnahmeurteil auf Grund einer Hauptverhandlung ergangen war, darf der Beschluß nicht verkündet werden, weil das im Falle der Ablehnung eine Diskreditierung des soeben freigesprochenen Angeklagten gegenüber den Zuhörern und der Öffentlichkeit bedeuten würde, sondern die Bekanntmachung erfolgt immer durch Zustellung (§ 4^{II} S. 1). In unserem Falle wird an Frau Storch als Antragstellerin zugestellt.

Durch den Beschluß steht die Ersatzpflicht der Staatskasse dem Grunde nach endgültig fest. Über die Höhe ist nötigenfalls im ordentlichen Rechtsweg zu prozessieren. Vgl. § 5: Anmeldung der Ansprüche bei der Staatsanwaltschaft mit Ausschlußfrist von drei Monaten, Entscheidung des Justizministers, dagegen Klage beim Landgericht innerhalb einer Ausschlußfrist von 3 Monaten. War die Frist durch rechtzeitige Klageerhebung gewahrt, so kann die Klage nach Fristablauf erweitert werden. RG. 129, 293.

Ersetzt wird nur der durch die Strafvollstreckung entstandene Vermögensschaden (§ 2^{I}), es gibt also kein „Schmerzensgeld" nach Art des § 847 BGB. Macht der Freigesprochene den Arbeitsverdienst geltend, der ihm durch Verbüßung der Freiheitsstrafe entgangen ist, so sind nach den Regeln der Vorteilsausgleichung (S. 730) die Kosten der ihm im Gefängnis gewährten Verpflegung in Abzug zu bringen, nicht aber kann der Justizfiskus einwenden, daß der Kläger, wenn er sich in Freiheit befunden hätte, das verdiente Geld wieder ausgegeben haben würde: denn hätte er seinen Verdienst in

Freiheit ausgegeben, so würde er einen Genuß davon gehabt haben, der ihm nun entgangen ist. Insofern werden also doch immaterielle Gesichtspunkte berücksichtigt. RG. 76, 105. Der Schadensersatz umfaßt auch die vermögensrechtlichen Nachteile der Nebenstrafen (z. B. Ämterverlust, § 35 StGB.) sowie den Schaden, der für das weitere Fortkommen des Verurteilten dadurch entsteht, daß er wegen einer entehrenden Handlung eine Strafe verbüßen mußte. RG. 62, 152; 88, 198.

Die Ansprüche der Unterhaltsberechtigten nach § 1 II Ges. stehen ihnen kraft eigenen Rechts zu, sie sind ein Gegenstück zu § 844 II BGB. (S. 475). Sie können auch erhoben werden, wenn der Verurteilte seine Freisprechung erlebt hat und auch ohne oder gegen seinen Willen. Man denke an eine geschiedene Ehefrau oder uneheliche Kinder des Verurteilten. Gegen die Unterhaltsberechtigten läuft die Ausschlußfrist von der Zustellung des Beschlusses an den Freigesprochenen. § 5 I S. 1, dazu RG. 55, 399.

23. Kapitel.

Beim Schwurgericht.

Hauptverhandlung wegen Meineids.
(Erster Tag)

Die Schwurgerichte, die „bei" den Landgerichten gebildet werden (§ 79 GVG.), fallen aus der sonstigen Organisation des Landgerichts heraus. Der Vorsitzende wird vom Oberlandesgerichtspräsidenten ernannt und kann Mitglied des Oberlandesgerichts oder eines der Land- oder Amtsgerichte des Oberlandesgerichtsbezirks sein (§ 83^{I}). Die Beisitzer ernennt der Landgerichtspräsident aus den Richtern des Landgerichtsbezirks (§ 83^{II}). Unter den 6 Geschworenen müssen wenigstens 3 Männer sein (§ 84^{II}).

„Öffentliche Sitzung des Schwurgerichts. Breslau, den 18. Februar 1935.
34 (7) K 3.35.

Gegenwärtig:

1. Oberlandesgerichtsrat *Richter I*
   als Vorsitzender,
2. Landgerichtsrat *Richter II*,
3. Landgerichtsrat *Richter III*
   als beisitzende Richter,
4. Frau Hotelbesitzer *Gumpert*-Breslau,
5. Frau Restgutsbesitzer *Hochmuth*-Domslau,
6. Studienrat *Liebig*-Breslau,
7. Reedereibesitzer *Menzel*-Breslau,
8. Krankenkassenrendant *Nickel*-Breslau,
9. Gerbermeister *Schwedowitz*-Neumarkt i. Schl.
   als Geschworene,

Staatsanwaltschaftsrat *Scharf*
als Beamter der Staatsanwaltschaft,
Justizsekretär *Urkund*
als Urkundsbeamter der Geschäftsstelle.

In
der Strafsache gegen den Gärtnereibesitzer *Hofrichter* aus Buschvorwerk bei Canth

wegen Meineids

erschien:
der Angeklagte
Hofrichter,
aus der Untersuchungshaft vorgeführt,
und RA. *Weiß* als Verteidiger.

Die Verhandlung begann mit dem Aufruf der Zeugen und Sachverständigen. Es meldeten sich:

1. bis 12.: ....
als Zeugen,
Geh.Med.Rat *Dr. Ansorge* von hier
als Sachverständiger.

Die Zeugen entfernten sich zunächst wieder aus dem Sitzungssaale, nachdem sie
(usw. wie S. 917)

Der Angeklagte, über seine persönlichen Verhältnisse vernommen, erklärte: ....

Die Strafregisterauskunft Blatt .... d. A."

— nach der Hofrichter noch nicht bestraft ist —

„wurde verlesen.

Der Beschluß vom 12. Januar 1935 über die Eröffnung des Hauptverfahrens wurde verlesen."

Die Strafkammer (§ 198 StPO.) hat unter Anordnung der Fortdauer der Untersuchungshaft (§ 207 II) das Hauptverfahren eröffnet, weil Hofrichter hinreichend verdächtig erscheint:

„zu Breslau am 26. Oktober 1934 vor einer zur Abnahme von Eiden zuständigen Behörde, der III. Zivilkammer des Landgerichts in Breslau, in der Zivilprozeßsache *Kunst* gegen *Bleuel* wissentlich ein falsches Zeugnis mit einem Eide bekräftigt zu haben,

Verbrechen gegen §§ 153, 154 StGB."

Das Protokoll fährt fort:

„Der Angeklagte, befragt, ob er etwas auf die Beschuldigung erwidern wolle, erklärte: Ich weiß selbst nicht mehr, was ich damals ausgesagt habe und ob es die Wahrheit gewesen ist. In meiner Jugend bin ich von einem Kirschbaum gefallen und leide seitdem an den Kopfnerven. Ich bin sehr vergeßlich. Bei meiner Vernehmung war ich furchtbar aufgeregt.

Es wurden die Zeugenvernehmung und das Urteil vom 26. Oktober 1934 (Bl.... der Akten *Kunst* gegen *Bleuel* 3. *O*. 199.34 des hiesigen Landgerichts) sowie die vom Angeklagten an die Staatsanwaltschaft gerichtete Strafanzeige vom 28. Oktober 1934 (Bl. 1 d. A.) verlesen."

Der Anklage liegt ein verwickelter Sachverhalt zu Grunde. Im Jahre 1932 war ein Fräulein Bischoff unter Hinterlassung eines großen Vermögens verstorben. Durch Testament vom Jahre 1924 hatte sie die Beklagte des Vorprozesses, Frl. Agnes Bleuel, zur Erbin eingesetzt, dann aber im Jahre 1930 unter Widerruf aller älteren letztwilligen Verfügungen durch gerichtliches Testament die Klägerin, Frau Malermeister Therese Kunst geb. Bischoff verwitwet gewesene Hofrichter, eine Schwägerin des Angeklagten, zur Erbin ernannt. Da die Erblasserin in der letzten Zeit an Altersschwachsinn gelitten haben sollte, nahm Frl. Bleuel aus dem Testament von 1924 den Nachlaß für sich in Anspruch, indem sie Nichtigkeit des Testaments von 1930 (§ 104² BGB.) geltend machte. Zur Vermeidung eines Prozesses fand am 17. April 1933 in Anwesenheit Hofrichters eine Besprechung zwischen den beiden Erbschaftsprätendenten statt. Später klagte Frau Kunst gegen Frl. Bleuel auf Feststellung, daß der Beklagten keine Ansprüche auf den Bischoffschen Nachlaß zuständen. Nachdem der von der Beklagten angetretene Beweis der Geschäftsunfähigkeit mißglückt war, behauptete sie, es sei bei der Besprechung am 17. April 1933 ein Vergleich zustande gekommen, nach welchem die Beklagte den gesamten Nachlaß erhalten und an Frau Kunst eine Abfindungssumme von 8000 RM. zahlen sollte. Hierüber ist der Angeklagte am 26. Oktober 1934 vor der Zivilkammer als Zeuge gehört worden. Das jetzt verlesene Protokoll lautet:

„Zeuge *Hofrichter*:

Z. P.: ....

Über sein Zeugnisweigerungsrecht belehrt, erklärte der Zeuge: Ich will aussagen."

Die auf Ehe oder Schwägerschaft beruhenden Zeugnisweigerungsrechte werden durch Auflösung der Ehe nicht berührt (§§ 383², ³ ZPO., 52², ³ StPO., übereinstimmend für den materiell-rechtlichen Begriff der Schwägerschaft § 1590 II BGB.). Daß Hofrichter über sein Zeugnisweigerungsrecht belehrt worden ist, hat nach § 157² StGB. für die Bestrafung wegen Meineids Bedeutung.

„Z. S.: Bei der Besprechung am 17. April 1933 war ich als Mittelsperson von Anfang bis zu Ende zugegen. Ich weiß nur noch wenig davon, weil ich gedächtnisschwach bin. Die Klägerin bot der Beklagten an, ihr gegen eine Abstandssumme in Höhe der ungefähren Hälfte des Nachlasses, ich glaube 15000 *RM*, den Nachlaß zu überlassen. Die Beklagte sagte: ‚Da schneide ich zu schlecht ab. Mein Rechtsanwalt hat mir gesagt, wenn die Tante geisteskrank gewesen ist, muß ich alles bekommen. Ich verlange 12000 *RM* vorweg aus dem Nachlaß, der Rest kann halbiert werden.‘ Die Klägerin redete der Beklagten zu, doch lieber einfach zu halbieren, wie das bei allen Vergleichen gemacht würde und ihr 15000 *RM* herauszuzahlen. Die Beklagte erhielt aber ihre Forderung aufrecht. Ob es schließlich zu einer Einigung gekommen ist, kann ich nicht sagen.

Vorgelesen, genehmigt.

Die Parteien verhandelten unter Wiederholung der am 21. September d. J. gestellten Anträge zur Sache und über das Ergebnis der Beweisaufnahme.

Vorgelesen, genehmigt.

Es wurde der Beschluß verkündet:

den Zeugen *Hofrichter* zu beeidigen.

Der Zeuge leistete hierauf den Zeugeneid.

Die Parteien verhandelten zur Sache und über das Ergebnis der Beweisaufnahme.

Vorgelesen, genehmigt.

Es wurde das Urteil verkündet:

Es wird festgestellt, daß der Beklagten keine Ansprüche auf den Nachlaß des am 3. Februar 1932 in Wohlau verstorbenen Fräuleins *Alma Bischoff* zustehen.

Die Beklagte hat die Kosten des Rechtsstreits zu tragen.“

Zwei Tage später hat Hofrichter sich selbst angezeigt:

„An die Staatsanwaltschaft Breslau.

Vorgestern bin ich als Zeuge in Sachen *Kunst* gegen *Bleuel* vor der III. Zivilkammer des Landgerichts Breslau eidlich vernommen worden. Die von mir angegebene Aussage kann ich nicht verantworten. Die Parteien haben sich am 17. April 1933 zuletzt dahin geeinigt, daß Frau *Kunst* 8000 *RM* und Fräulein *Bleuel* den übrigen Nachlaß bekommt. Ich erstatte daher gegen mich Selbstanzeige wegen Meineids und bemerke, daß mich Frau *Kunst* in keiner Weise bei meiner Aussage beeinflußt hat.

Buschvorwerk, den 28. Oktober 1934.

Reinhold Hofrichter

Gärtnereibesitzer.“

Auf diese Selbstanzeige hin ist das Strafverfahren eingeleitet und Hofrichter, nachdem er einige unbedachte Äußerungen getan, wegen Fluchtverdachts in Untersuchungshaft genommen worden. —

„Die Zeugen wurden hierauf einzeln vorgerufen und in Abwesenheit der später zu vernehmenden Zeugen, wie folgt, vernommen: ....“

Zunächst vernimmt der Vorsitzende Richter, Anwälte und Protokollführer des Zivilprozesses zwecks genauer Feststellung der Aussage Hofrichters vom 26. Oktober 1934 und des Eindrucks, den er dabei gemacht hat. Über die verschiedenen von Hofrichter bei seinen verantwortlichen Vernehmungen abgegebenen teilweise widersprechenden Erklärungen werden Ermittlungs- und Untersuchungsrichter vernommen und gemäß § 254 StPO. die gerichtlichen Aussagen des Angeklagten zum Zwecke der Beweisaufnahme über sein Geständnis, zur Unterstützung des Gedächtnisses der Zeugen und zur Aufklärung der Widersprüche verlesen (S. 983, 984).

Über den Verlauf der Einigungsverhandlung vom 17. April 1933 wird Frl. Bleuel vernommen. Das Gleiche soll mit Frau Kunst geschehen. Da ereignet sich ein unerwarteter Zwischenfall:

„10. Zeugin *Kunst*

unter Aussetzung der Beeidigung:

Z. P.: ....

Über ihr Recht belehrt, das Zeugnis zu verweigern sowie die Auskunft auf solche Fragen zu verweigern, deren Beantwortung ihr selbst oder einem der im § 52[1—3] StPO. bezeichneten Angehörigen die Gefahr strafgerichtlicher Verfolgung zuziehen würde, erklärte die Zeugin: Ich verweigere mein Zeugnis.

Die Staatsanwaltschaft beantragte:

1. Vernehmung des Untersuchungsrichters, Landgerichtsrats *Richter IV*, als Zeugen darüber, daß Frau *Kunst* bei ihrer Vernehmung in der Voruntersuchung am 19. November 1934 den Gang der Verhandlung vom 17. April 1933 vollkommen anders dargestellt habe, als dies in der eidlichen Zeugenaussage des Angeklagten am 26. Oktober 1934 geschehen sei,
2. Vernehmung des an Gerichtsstelle anwesenden Werkmeisters *Bischoff* als Zeugen darüber, daß Frau *Kunst* in einer privaten Unterredung zu ihm geäußert habe, nach ihrer Ansicht habe der Angeklagte wissentlichen Meineid begangen,
3. Verlesung des von Frau *Kunst* bei ihrer Vernehmung in der Voruntersuchung am 19. November 1934 zu den Gerichtsakten übergebenen Briefes des Angeklagten an sie vom 29. Oktober 1934.

Angeklagter und Verteidiger wurden zu diesen Anträgen gehört."

Das Gericht (Richter und Geschworene gemeinschaftlich, § 82[1] GVG.) berät.

Dagegen, daß Bischoff über eine außergerichtliche Erklärung der Frau Kunst als Zeuge vernommen wird, läßt sich nichts einwenden. Bedenklich erscheint aber die Vernehmung des Untersuchungsrichters über die von der Zeugin vor ihm abgegebenen Aussagen sowie die Verlesung des Briefes. Denn wenn ein zur Zeugnisverweigerung berechtigter Zeuge, der in früheren Stadien des Verfahrens ausgesagt hatte, erst in der Hauptverhandlung von seinem Weigerungsrecht Gebrauch macht, so darf nach ausdrücklicher Vorschrift des § 252 StPO. seine frühere Aussage nicht verlesen werden und der Briefwechsel zwischen dem Angeklagten und zeugnisweigerungsberechtigten Personen ist durch § 97 der Beschlagnahme entzogen. Aus § 252 wird der allgemeine Rechtsgedanke zu entnehmen sein, daß die früheren Aussagen des Zeugen in keiner Weise zur Kenntnis des Gerichts gebracht werden sollen. Die Rechtsprechung des Reichsgerichts hält allerdings die Zeugenvernehmung der bei der früheren Vernehmung fungierenden Gerichtspersonen über den Inhalt der damaligen Aussage für statthaft und untersagt nur die Verlesung des Protokolls zur Unterstützung ihres Gedächtnisses. RGSt. 51, 121; siehe jedoch Löwe-Rosenberg 3 zu § 252; Löwenstein JW. 18, 102[10]. Was die Briefe der zeugnisweigerungsberechtigten Personen anlangt, so will das Reichsgericht die Verlesung trotz der nachträglichen Zeugnisweigerung zulassen, wenn sie nicht durch Beschlagnahme sondern in anderer Weise, z. B. durch freiwillige Übergabe, zu den Akten gelangt sind. JW. 17, 554[11], dazu Löwenstein. Im Hinblick auf § 252 muß es bedenklich erscheinen die Verwertung eines Briefes zu gestatten, den der weigerungsberechtigte Zeuge anläßlich seiner Vernehmung gewissermaßen zur Ergänzung des Protokolls überreicht hat. Auch ist die Verlesung kaum mit dem Unmittelbarkeitsprinzip (S. 983f.) vereinbar:

„Es wurde der Beschluß verkündet:

1. Die Vernehmung des Landgerichtsrats *Richter IV* als Zeugen über die von Frau *Kunst* vor ihm abgelegte Aussage wird abgelehnt, weil die frühere Aussage eines Zeugen, der in der Hauptverhandlung sein Zeugnis verweigert hat, in keiner Weise zur Kenntnis des erkennenden Gerichts gebracht werden darf.
2. *Bischoff* soll als Zeuge vernommen werden.
3. Die Verlesung des Briefes vom 29. Oktober 1934 wird abgelehnt, weil er von Frau *Kunst*, welche jetzt ihre Aussage verweigert hat, anläßlich ihrer Vernehmung vor dem Untersuchungsrichter übergeben worden ist und einer Beschlagnahme nicht unterliegt."

Nachdem die beiden letzten geladenen Zeugen vernommen worden sind, wird Bischoff hereingerufen:

„13. Zeuge *Bischoff*
nach Leistung des Zeugeneides:

Z. P.: ....

Z. S.: Frau *Kunst* hat mir gegenüber nur ihrer Verwunderung darüber Ausdruck gegeben, daß der Angeklagte sich selbst des Meineids bezichtigt hätte. Sie würde ihm das nicht zugetraut haben."

Zum Schlusse kommt als Sachverständiger der Gerichtsarzt Dr. Ansorge, der sein Gutachten dahin abgibt: das Nervensystem des Angeklagten sei zerrüttet und sein Gedächtnis sehr unzuverlässig, freie Willensbestimmung im Sinne des § 51 StGB. jedoch vorhanden.

„Nach der Vernehmung eines jeden Zeugen und Sachverständigen sowie nach der Verlesung eines jeden Schriftstücks wurde der Angeklagte befragt, ob er etwas zu erklären habe.

RA. *Weiß* beantragte:

den Lagerhalter *Erhardt* in Strehlen als Zeugen darüber zu vernehmen, daß der Angeklagte häufig wichtige Geschäftsvorfälle in ganz kurzer Zeit vergessen habe.

(Eine Reihe solcher Vorfälle wird angeführt.)

Staatsanwaltschaft und Angeklagter wurden hierzu gehört."

Der Sachverständige Dr. Ansorge erklärt es auf Befragen für nicht gerade wahrscheinlich aber immerhin möglich, daß bei positiver Beantwortung der Fragen durch den neuen Zeugen die Zurechnungsfähigkeit des Angeklagten oder doch wenigstens sein Vorsatz zu verneinen wäre. Darnach muß die Vernehmung Erhardts beschlossen werden, obgleich sie eine Vertagung zur notwendigen Folge hat. Denn das Beweisthema ist erheblich, und Verschleppungsabsicht liegt nicht vor (wenn auch der Angeklagte seinen Beweisantrag schon früher zu stellen in der Lage gewesen wäre). Vgl. S. 978, 987.

Nach Art. 6 § 1 der NotVO. vom 14. Juni 1932, 1. Teil Kap. I müssen unterbrochene Hauptverhandlungen spätestens am elften Tage nach der Unterbrechung fortgesetzt werden, widrigenfalls mit dem Verfahren von neuem zu beginnen ist. Der 19., 20., 21. und 22. Februar sind mit Terminen voll besetzt, der 23. Februar jedoch noch frei:

„Es wurde der

Beschluß "

verkündet:

Die Hauptverhandlung wird unterbrochen und soll am 23. Februar 1935 vormittags 9 Uhr fortgesetzt werden.

Hierzu soll der Lagerhalter *Erhardt* aus Strehlen als Zeuge geladen werden.

Die zum heutigen Termin geladenen Zeugen, der Zeuge *Bischoff* und der Sachverständige wurden darauf hingewiesen, daß eine besondere Ladung zu dem Fortsetzungstermin nicht ergeht und daß im Falle des Nichterscheinens ohne weiteres die in § 51 bzw. § 77 StPO. bezeichneten Zwangsmaßregeln angeordnet werden können.

Der Angeklagte wurde wieder in die Untersuchungshaft abgeführt.

Richter I. *Urkund.*"

Der Abschluß des Protokolls war nicht unbedingt erforderlich, da die beiden Verhandlungen als Einheit aufgefaßt werden, er ist aber bei einer mehrtägigen Unterbrechung zu empfehlen.

Unterbleibt der Abschluß des Protokolls, so heißt es hinter „der Angeklagte wurde wieder in die Untersuchungshaft abgeführt": „fortgesetzt am 23. Februar 1935", und die nochmalige Anhörung der mitwirkenden Personen fällt weg. Man nimmt an, daß es auch bei Wechsel des Urkundsbeamten während der Hauptverhandlung (vgl. § 226: „eines" Urkundsbeamten) keines Abschlusses der einzelnen Abschnitte bedarf; die Unterschrift des Vorsitzenden am Schlusse des ganzen Protokolls deckt zugleich die Unterschrift aller in der Verhandlung mitwirkenden Urkundsbeamten. Oetker JW. 32, 3105[59].

„Aussetzung" und „Unterbrechung" (vgl. § 228) unterscheiden sich nicht. Namentlich gilt die 10tägige Höchstfrist für beide in gleicher Weise. RGSt. 58, 357.

Wäre statt des Fortsetzungstermins ein neuer Hauptverhandlungstermin angesetzt worden, so würde der Protokollsabschluß obligatorisch gewesen sein und die Zeugen hätten von neuem geladen werden müssen.

(Zweiter Tag)

„Öffentliche Sitzung des Schwurgerichts. Breslau, den 23. Februar 1935.

Gegenwärtig: In der Strafsache usw.

....

waren erschienen:

der Angeklagte *Hofrichter*,

aus der Untersuchungshaft vorgeführt,

und RA. *Weiß* als Verteidiger.

Es wurden die Zeugen und Sachverständigen aufgerufen. Es meldeten sich:

1.—12.: ....

13. Werkmeister *Bischoff* von hier,

14. Lagerhalter *Erhardt* aus Strehlen,

als Zeugen,

Geh. Medizinalrat *Dr. Ansorge* von hier

als Sachverständiger.

Der Verteidiger überreichte 2 von ihm unmittelbar bewirkte Ladungen nebst Zustellungsurkunden. Bei Aufruf der von ihm Geladenen meldeten sich:

Gemeindevorsteher *Wiesinger* aus Buschvorwerk als Zeuge,

Nervenarzt *Dr. Brohm* von hier als Sachverständiger."

Daß dem Angeklagten das Recht, Zeugen und Sachverständige unmittelbar zu laden und auf ihrer Vernehmung sowie auf der Erhebung anderer zur Stelle gebrachter Beweismittel zu bestehen (S. 978), auch dann zukommt, wenn die Geladenen nicht zu Beginn sondern erst im späteren Verlauf der Hauptverhandlung erscheinen bzw. die Beweismittel nachträglich herbeigeschafft werden, ist in § 245 I S. 2 ausdrücklich bestimmt. —

Erhardt wird vernommen und bestätigt im Großen und Ganzen die Behauptungen des Verteidigers. Auch Wiesinger berichtet von mehreren Gelegenheiten, bei denen der Angeklagte sich auffällig gedächtnisschwach und verwirrt gezeigt habe. Die beiden Ärzte sind übereinstimmend der Meinung, daß Hofrichter nerven- und gedächtnisschwach sei. Besondere Anhaltspunkte dafür, daß er bei Leistung des Eides am 26. Oktober 1934 nicht im Besitz der freien Willensbestimmung gewesen sei, bestünden nicht, doch sei das immerhin möglich. Ob Hofrichter sich bei der Eidesleistung der Unwahrheit des Beschworenen bewußt gewesen sein könne, entziehe sich sachverständiger Beurteilung; die Möglichkeit hierfür sei vom medizinischen Standpunkte aus jedenfalls gegeben.

„Nach der Vernehmung eines jeden Zeugen und Sachverständigen sowie nach der Verlesung eines jeden Schriftstücks wurde der Angeklagte befragt, ob er etwas zu erklären habe.

Nach Anhörung der Staatsanwaltschaft, des Angeklagten und Verteidigers wurde der Beschluß verkündet:

von weiterer Beweisaufnahme Abstand zu nehmen, weil die Prozeßbeteiligten sich damit einverstanden erklärt haben und weil der Sachverhalt genügend geklärt ist."

Vorsitzender und Berichterstatter haben sorgfältig geprüft, ob die Erhebung einzelner Beweise, namentlich die Verlesung herbeigeschaffter Urkunden, unterblieben ist, so daß Beschluß und Verzichtserklärung wahrscheinlich gegenstandslos sind. Doch ist das hier eingeschlagene Verfahren in allen verwickelteren Sachen ratsam, damit der Revisionsgrund der §§ 245^{I}, 338^{8} vermieden wird. Daß der Angeklagte zur Verzichtserklärung nicht gezwungen werden kann, versteht sich von selbst.

„Die Staatsanwaltschaft, der Angeklagte und der Verteidiger erhielten zu ihren Ausführungen das Wort, nachdem der Angeklagte darauf hingewiesen worden war, daß die Verurteilung auch wegen fahrlässigen Falscheides erfolgen könne."

Vgl. § 265.

„Die Staatsanwaltschaft beantragte: Verurteilung wegen Meineids zu 1 Jahr Zuchthaus, 2 Jahren Ehrverlust und Ausspruch der dauernden Unfähigkeit, als Zeuge oder Sachverständiger eidlich vernommen zu werden."

Der Verlust der bürgerlichen Ehrenrechte ist bei Verurteilung wegen Meineids (ausgenommen die Fälle der §§ 157/8 StGB.), ferner bei schwerer Kuppelei und gewerbs- und gewohnheitsmäßigem Wucher obligatorisch (§§ 161^{I}, 181^{II}, 302d S. 2). Im übrigen vgl. § 32. Unfähigkeit, als Zeuge oder Sachverständiger eidlich vernommen zu werden: § 161^{I}.

„Der Verteidiger beantragte: Freisprechung, hilfsweise Schuldigsprechung nur wegen Fahrlässigkeit, Anwendung des § 158 bzw. § 163^{II} StGB., Aufhebung des Haftbefehls und Entschädigung für die erlittene Untersuchungshaft."

Dazu führt er aus: Nach den Gutachten sei die freie Willensbestimmung Hofrichters z. Zt. der Tat in solchem Maße zweifelhaft, daß Freisprechung aus § 51 erfolgen müsse; werde aber die freie Willensbestimmung bejaht, so könne doch nicht festgestellt werden, daß Hofrichter wissentlich die Unwahrheit beschworen habe, es liege höchstens fahrlässiger Falscheid vor. In jedem Falle komme dem Angeklagten auf Grund seiner Selbstanzeige vom 28. Oktober 1934 der Strafmilderungs- bzw. -Ausschließungsgrund des „Widerrufs" (§§ 158, 163^{II}) zu gute. Bei Erklärung des Widerrufs sei noch kein Rechtsnachteil aus der unrichtigen Aussage erwachsen gewesen, denn im Prozesse Kunst gegen Bleuel hätte aus rechtlichen Gründen dem Klageantrag auch dann entsprochen werden müssen, wenn Hofrichter das Zustandekommen einer Einigung am 17. April 1933 nicht verneint hätte. Nach §§ 2371, 2385 BGB. bedürfen nämlich Verträge, durch die ein Erbe die ihm angefallene Erbschaft verkauft oder in sonstiger Weise veräußert, öffentlicher Beurkundung. Nun hatten Frau Kunst und Frl. Bleuel gestritten, wer von ihnen Erbe des Frl. Bischoff geworden sei, und die Vereinbarung vom 17. April 1933 soll nach Behauptung der Beklagten dahin gegangen sein, daß Frau Kunst gegen Zahlung einer gewissen Abstandssumme den ganzen Nachlaß an Frl. Bleuel überlasse. Ein derartiger Vergleich sei aber als Erbschaftsveräußerung im Sinne des § 2385 aufzufassen, weil die Beweisaufnahme die Gültigkeit des späteren Testaments, also das Alleinerbrecht von Frau Kunst, ergeben habe, und die Vereinbarung vom 17. April 1933 daher wegen Formmangels nichtig. JW. 05, 721[12]; RGRKomm. 3 zu § 2371 (entsprechend gilt nach RG. 94, 151; 109, 23; 120, 114 für Vergleiche, durch welche die Verpflichtung zur Grundstücksübereignung aus einem ungültigen Kaufvertrag von neuem übernommen oder wesentlich verschärft wird, der Formzwang aus § 313). In der Erkenntnis der Nichtigkeit habe wohl auch Frl. Bleuel das Urteil vom 26. Oktober 1934 rechtskräftig werden lassen, obwohl ihr die Selbstanzeige des Angeklagten vor Ablauf der Berufungsfrist zu Ohren gelangt sei. Schließlich seien im Sinne der Widerrufsvorschriften das Landgericht, vor dem Hofrichter seine Aussage abgegeben, und die Staatsanwaltschaft, bei der er sie widerrufen habe, als eine und dieselbe Behörde anzusehen.

„Der Verteidiger hatte das letzte Wort.

Der Angeklagte, befragt, ob er selbst noch etwas zu seiner Verteidigung anzuführen habe, erklärte: Ich bin unschuldig."

Der Tatbestand des fahrlässigen Falscheids ist schwer konstruierbar, besonders wenn, wie in unserem Fall, die entscheidende Unrichtigkeit der Aussage in einem angeblichem Nichtwissen liegt („ob es schließlich zu einer Einigung gekommen ist, kann ich nicht sagen"). Hatte Hofrichter bei seiner Vernehmung das Bewußtsein, über den Ausgang der Verhandlung vom 17. April 1933 etwas Positives zu wissen, so hat er sein Nicht-Wissen vorsätzlich, zum mindesten mit Eventualdolus, beschworen. Glaubte er aber damals wirklich, sich einer perfekten Einigung nicht mehr zu entsinnen, so läßt sich kaum sagen, inwiefern er die Sorgfalt, die von ihm als Zeugen zu verlangen war, außer acht gelassen haben soll. Durch bloße Willensanstrengung läßt sich das Gedächtnis nicht dazu bringen besser zu funktionieren. Wer freilich als Partei einen Eid zu leisten hat, ist verpflichtet alle ihm zur Verfügung stehenden Erkundigungsmöglichkeiten zu erschöpfen und darnach zu entscheiden, ob er schwören will oder nicht, da dies ja in seinem Belieben steht. Für den Zeugen wird eine derartige Erkundigungspflicht nur anzunehmen sein, wenn bestimmte Anhaltspunkte vorhanden und ihm bewußt sind, aus denen die Notwendigkeit, Zweifel in die Treue seines augenblicklichen Erinnerungsbildes zu setzen und Nachforschungen über den wirklichen Sachverhalt anzustellen, sich ergibt. RGSt. 62, 126; JW. 29, 778[53], 1014[19], 2718[17], 2723[21] und die Anmerkungen von Metzger; 31, 935[9], dazu Graf zu Dohna; Frank I 3, Leipz. Komm. 3 zu § 163.

Deshalb vertreten in der Beratung die richterlichen Mitglieder des Schwurgerichts die Auffassung, daß ausschließlich Verurteilung wegen wissentlichen Meineides oder Freisprechung aus § 51 StGB. in Frage komme, während ein Teil der Geschworenen dazu neigt fahrlässigen Falscheid anzunehmen. 5 Mitglieder des Gerichts wollen wegen Meineids, 2 wegen Falscheids verurteilen, 2 Freisprechung aus § 51. Wie soll in diesem Falle die Abstimmung vorgenommen werden? Die

Schuldfrage des Strafrechts ist eine einheitliche, über welche — abgesehen von etwaigen Strafaufhebungsgründen oder besonderen Straferhöhungs- bzw. Milderungsmomenten — nur einheitlich entschieden werden darf; die Einteilung der Abstimmung vollzieht sich also ähnlich wie die Fragestellung an die Geschworenen im früheren schwurgerichtlichen Verfahren (§§ 293/5 StPO. alter Fassung). Löwe-Rosenberg 3 c, d zu § 194 GVG. Also wird nicht vorweg über die tatsächliche Frage der Zurechnungsfähigkeit abgestimmt, sondern zuerst die Frage des Meineids — einschließlich der Zurechnungsfähigkeit — zur Abstimmung gebracht. Da bloß 5 Stimmen für Bejahung, 4 für Verneinung sind, erhält sie nicht die erforderliche $^2/_3$-Mehrheit (S. 989). Darauf läßt der Vorsitzende über den Falscheid abstimmen, wobei die Richter und Geschworenen, die vorher für Meineid gewesen waren, mitstimmen müssen (§ 195 GVG., RGSt. 59, 83). Diesmal wird die zur Bejahung notwendige Majorität von 6 gegen 3 Stimmen erreicht.

Bei Zerlegung der Abstimmung würde § 51 StGB. mit 7 gegen 2 Stimmen verneint und nachher wahrscheinlich der Meineid mit Zweidrittelmehrheit bejaht worden sein! — Im Zivilprozeß zerlegt man Beratung und Abstimmung nach Entscheidungselementen. Beispiel: Von den 3 Richtern der Zivilkammer will einer den Klageanspruch nicht als bewiesen ansehen, die Einreden der Verjährung und Aufrechnung verneinen; der zweite sieht den Beweis der Klageforderung als erbracht an, läßt aber die Verjährung durchgreifen, während er die Aufrechnung verneint; der dritte bejaht die Klageforderung, verneint die Verjährung und will der Aufrechnung stattgeben. Hier wird mit 2 gegen 1 Stimmen die Klageforderung festgestellt, Verjährung und Aufrechnung verneint, und folglich verurteilt, obgleich jeder der Richter von seinem Standpunkt aus zur Klageabweisung gelangt wäre.

Steht das Beratungsgeheimnis (§ 198 GVG.) der Geltendmachung eines bei der Beratung und Abstimmung vorgekommenen Fehlers entgegen? Die Rechtsprechung erklärt es für zulässig, das Stimmverhältnis bzw. den Hergang bei der Abstimmung in Zweifelsfällen ausnahmsweise im Urteil mitzuteilen, damit das Rechtsmittelgericht Gelegenheit zur Nachprüfung und etwaigen Remedur erhält. Eine Vernehmung von Zeugen über Vorgänge in der Beratung lehnen die meisten Entscheidungen (in Zivil- und Strafsachen) teils aus grundsätzlichen Erwägungen, teils wegen der besonderen Lage des Falles ab, doch wird auch die Ansicht vertreten, daß das Beratungsgeheimnis unter Umständen höheren Interessen der Rechtsverfolgung weichen müsse. RG. 89, 13; RGSt. 26, 202; 60, 295; 61, 217; JW. 30, 761^{11}, 762^{12}; 31, 1069^{1}. Da das Beratungsgeheimnis unmittelbar die richterliche Unabhängigkeit berührt, erscheint jede Durchbrechung bedenklich.

Sodann geht das Schwurgericht zur Beratung des Strafaufhebungsgrundes des Widerrufs (§ 163^{II} StGB.) über. Ähnlich wie bei anderen auf dem Gedanken der „tätigen Reue" beruhenden Gesetzesbestimmungen, sind eine Reihe besonders strenger Voraussetzungen aufgestellt. Der Täter muß widerrufen haben, bevor eine Anzeige gegen ihn erfolgt oder eine Untersuchung gegen ihn eingeleitet und bevor ein Rechtsnachteil für einen anderen aus der unrichtigen Aussage entstanden war, und zwar bei derjenigen Behörde, bei welcher er sie abgegeben hat.

„Tätige Reue" ist nicht, wie oft geglaubt wird, ein genereller Strafaufhebungs- bzw. -milderungsgrund, wird aber in einer Reihe von Einzelfällen als solcher anerkannt und zwar sowohl bei unbeendigten wie bei bereits beendigten Straftaten. Der allgemeine Teil des StGB. berücksichtigt sie nur im Falle des Rücktritts vom beendigten Versuch (§ 46^{2}). Aus dem speziellen Teil kommen in Betracht: §§ 158, 163^{II} (Meineid bzw. fahrlässiger Falscheid), 204 (Zweikampf), 310 (Brandstiftung). Aus dem MilStGB.: §§ 61 (Vorhaben des Kriegsverrats), 75 (Fahnenflucht), 88 (Feigheit), 105 (Meuterei), 109 (militärischer Aufruhr). Besonders wichtig ist die tätige Reue im Steuerstrafrecht: § 410 AbgO., vgl. den „Schwarzkauf"-Fall des 27. Kap.

Im Falle Hofrichter ist 1. das Erfordernis des spontanen Handelns einwandsfrei bewahrt. 2. Schwieriger liegt schon die Frage des Rechtsnachteils. Einen solchen nimmt die Judikatur des Reichsgerichts immer an, wenn auf Grund der falschen Aussage ein für die betroffene Partei ungünstiges Urteil ergangen, ein Ermittlungsverfahren eingeleitet, ein Haftbefehl erlassen ist od. dergl., mag auch die Sache noch nicht rechtskräftig entschieden, der Nachteil daher reparabel sein. Ob das gerichtliche Verfahren bei wahrheitsgemäßer Aussage des Zeugen den gleichen Verlauf genommen haben würde, wird für unerheblich erklärt. RGSt. 29, 303; 60, 159 (Handelt es sich dagegen darum, im Zivilprozeßweg einen Rechtsanwalt für unterlassene Einlegung eines Rechtsmittels verantwortlich zu machen und hierbei festzustellen, ob dem Mandanten aus dem Fehler des Anwalts ein Schaden erwachsen war, so fragt man immer, wie bei rechtzeitiger Einlegung die höhere Instanz richtig hätte entscheiden müssen. RG. 91, 164 c. cit.; 117, 287). Daß Hofrichters Aussage vom 26. Oktober 1934 auf das am gleichen Tage ergangene Urteil von maßgebendem Einfluß war, läßt sich nach den Gründen nicht bezweifeln, und wenn man der strafrechtlichen Rechtsprechung folgt, so würde es dem Angeklagten nichts helfen, daß aus den vom Verteidiger dargelegten zivilrechtlichen Erwägungen das Landgericht in jedem Falle gegen Fräulein Bleuel hätte entscheiden müssen. 3. Was die Identität der Behörden anlangt, so war der Eid vor der Zivilkammer geleistet, die als „Widerruf" aufzufassende Selbstanzeige vom 28. Oktober 1934 aber an die Staatsanwaltschaft gerichtet. Die Rechtsprechung hat das Erfordernis für das gegenseitige Verhältnis zweier im selben Ermittlungsverfahren tätig gewordenen Amtsgerichte, für die Strafkammer des Landgerichts gegenüber dem Untersuchungsrichter, die Berufungskammer gegenüber dem in gleicher Sache erstinstanzlich tätig gewesenen Amtsgericht bejaht, dagegen verneint, wenn der Eid beim Zivilgericht geleistet, der Widerruf aber der Staatsanwaltschaft erklärt worden war. RGSt. 58, 424; JW. 29, 1014[18]; Kommentare zu § 158. — Eine Vorschrift, welche darauf berechnet ist dem Schuldigen goldene Brücken zu bauen, muß wohlwollend ausgelegt werden. Vgl. RGSt. 61, 123 (Einwurf in den amtlichen Briefkasten der Behörde ohne Präsentatum ausreichend; 61, 194 (unvollständiger, aber den wesentlichen Punkt richtigstellender Widerruf genügt). Bei der Abstimmung sind 4 Mitglieder des Gerichts für, 5 gegen den Widerruf, so daß er zu Gunsten des Angeklagten bejaht werden muß (oben S. 989).

Wie soll nun das Urteil formuliert werden? Nach § 260^{I} S. 2 StPO. darf das Urteil nur auf Verurteilung, Freisprechung oder Einstellung lauten. Damit soll indessen keine erschöpfende Norm über den möglichen Wortlaut des Urteilstenors gegeben sondern lediglich die in älteren Gesetzen vorgesehene einstweilige Einstellung wegen mangelnder Verdachtsgründe ausgeschlossen werden. Wenn Hofrichter sich eines fahrlässigen Falscheides schuldig gemacht hat und ihm gleichzeitig der Strafaufhebungsgrund des § 163^{II} StGB. zu gute kommt, so würde ein freisprechendes, d. h. das Vorliegen einer Straftat verneinendes, Urteil der gegebenen Rechtslage ebenso wenig gerecht werden, wie die Ablehnung einer Sachentscheidung durch Einstellung (S. 1008). Deshalb ist der Angeklagte für schuldig aber straffrei zu erklären.

Die Aufhebung des Haftbefehls ist selbstverständlich (§ 123^{I}). —

Entschädigung für unschuldig erlittene Untersuchungshaft wird einem Freigesprochenen nach dem hierüber erlassenen Ges. vom 14. Juli 1904 (RGBl. 321) gewährt, wenn das Verfahren seine „Unschuld" ergeben oder „dargetan" hat, daß „gegen ihn ein begründeter Verdacht nicht vorliegt" (§ 1^{I}). Hatte er die Verhaftung vorsätzlich oder grob fahrlässig herbeigeführt, so ist der Anspruch ausgeschlossen (§ 2^{I}; übereinstimmend § 1^{III} des Ges. vom 20. Mai 1898, oben S. 1018). Ein Geschworener will die Entschädigung ablehnen, weil Hofrichter nicht freigesprochen sondern bloß für straffrei erklärt werde.

Der Berichterstatter: Auf die Fassung der Urteilsformel kann es nicht ankommen. Das Gesetz will nicht, daß ein Angeklagter, der lediglich aus Mangel an Beweisen freigesprochen wird, Entschädigung erhält. Ob aber auf „Freisprechung" oder auf „Straffreierklärung" erkannt wird, muß gleich sein. Sieht das Schwurgericht den Strafaufhebungsgrund des § 163^{II} StGB. als ausreichend bewiesen an, so muß das für die Entschädigungsfrage den gleichen Wert haben, wie wenn Hofrichter unter Verneinung jedes Verdachts freigesprochen würde.

Der Geschworene: Der Angeklagte ist doch aber an seiner Verhaftung selbst schuld. Wie am ersten Verhandlungstag bekundet wurde, hatte er geäußert: er habe nicht geglaubt, daß der Staatsanwalt gegen ihn vorgehen würde, nachdem er sich selbst angezeigt hätte; er würde nicht so dumm sein sich ins Zuchthaus einsperren zu lassen; Frau Kunst werde schon für ihn sorgen, weil sie ihm die große Erbschaft verdanke. Daraufhin ist erst der Haftbefehl gegen ihn erlassen worden.

Berichterstatter: Trotzdem bin ich gegen die Anwendung des § 2^{I}. Ein Beschuldigter, gegen den ein so schweres Verfahren anhängig ist, beschäftigt sich fortwährend mit seiner Sache und redet in der Erregung manches, was nicht so schlimm gemeint ist. Wir kennen außerdem Hofrichter aus der Beweisaufnahme als unklaren und verworrenen Menschen. —

Bei der Abstimmung sind 5 Stimmen für, 4 gegen die Entschädigungspflicht. Die einfache Mehrheit genügt (arg. § 263 StPO., oben S. 990):

„I. Es wurde das

Urteil

durch Verlesung der Urteilsformel und durch mündliche Mitteilung des wesentlichen Inhalts der Urteilsgründe dahin verkündet:

Der Angeklagte wird von der Anklage des Meineids freigesprochen. Er ist des fahrlässigen Falscheids schuldig, aber straffrei.

Die Kosten des Verfahrens fallen der Staatskasse zur Last.

II. Ferner wurde der Beschluß verkündet: Der gegen den Angeklagten erlassene Haftbefehl vom 12. Januar 1935 wird aufgehoben, weil der Angeklagte für straffrei erklärt worden ist.

Der Angeklagte wurde aus der Untersuchungshaft entlassen.

III. Beschlossen und nicht verkündet:

Gemäß § 1 Ges. vom 14. Juli 1904 hat die Staatskasse Entschädigung für die erlittene Untersuchungshaft zu leisten, weil das Verfahren einen Strafaufhebungsgrund ergeben hat.

Richter I. *Urkund.*"

Der über die Entschädigungsfrage gefaßte Beschluß wird aus den gleichen Gründen wie im Falle der Wiederaufnahme (S. 1018) nicht verkündet sondern zugestellt (aber erst nach Rechtskraft des Urteils). § 4^{III} S. 1 Ges. Manche Gerichte nehmen ihn nicht einmal ins Protokoll auf. —

Gegen das Urteil findet Revision statt (§ 333 StPO.), die nach Beseitigung der früheren Besonderheiten des schwurgerichtlichen Verfahrens auf alle Gesetzesverletzungen materieller und prozessualer Natur gestützt werden kann, sofern das Urteil auf ihnen beruht (§ 337).

Die Aufhebung des Haftbefehls kann die Staatsanwaltschaft mit der (einfachen) Beschwerde angreifen (§ 304^{I}).

Der Beschluß über die Haftentschädigung ist sowohl im Falle der Bewilligung wie der Ablehnung jeder Anfechtung entzogen (§ 4^{III} S. 2 Ges.).

Die Entschädigung für unschuldig erlittene Untersuchungshaft und das Verfahren entsprechen in allen Punkten der Regelung des Ges. für den Wiederaufnahmefall (S. 1018): Beschlußfassung von Amtswegen, Anmeldung innerhalb einer Ausschlußfrist von 3 Monaten usw.

Die Entschädigungspflicht besteht nach § 1^{I} Ges. nur bei Freisprechung oder gerichtlicher Außerverfolgungsetzung (oben S. 1018). Es muß also ein gerichtlicher Beschluß über die Schuldfrage vorliegen. Wird ein Verfahren, in dem Haftbefehl ergangen und vollstreckt war, durch Einstellungsverfügung der Staatsanwaltschaft (S. 855 abgeschlossen, so ist das Gesetz unanwendbar. Aus Billigkeitsgründen wird jedoch nach Analogie der gesetzlichen Bestimmungen auch hier Entschädigung gewährt. AV. vom 23. November 1904, I 7599.

Außerdem steht selbstverständlich dem Verhafteten die Syndikatsklage (§ 839 BGB., Art. 131 RVerf. oben S. 65) offen. Während aber die Entschädigungspflicht nach den Gesetzen von 1898 und 1904 von der Schuldfrage unabhängig ist und den §§ 302, 600, 717, 945 ZPO. entspricht, setzt die Syndikatsklage den Nachweis des Verschuldens der beim Erlaß des Haftbefehls tätigen Richter voraus. Das Privileg des Spruchrichters (§ 839^{II} S. 1 BGB.) steht dem Richter, der einen Haftbefehl erlassen hat, nicht zu, weil Haftbefehle keine „Urteile“ im Sinne dieser Vorschrift darstellen. RG. 116, 90 c. cit.

War im Laufe des Verfahrens eine Beschlagnahme angeordnet und durchgeführt, so bildet die Syndikatsklage überhaupt die einzige Möglichkeit, Ersatz für den entstandenen Schaden zu erlangen. „Urteil“ im Sinne von § 839^{II} S. 1 ist auch die Beschlagnahmeanordnung nicht.

FSC
www.fsc.org
MIX
Papier | Fördert gute Waldnutzung
FSC® C083411

Kolibri 360 GmbH
Ferdinand-Jühlke-Straße 7
99095 Erfurt, Deutschland
produktsicherheit@kolibri360.de